행동주의
투자 전략

행동주의

행동주의 헤지펀드 매니저들이 **세계와 맞붙는 법**

투자 전략

| 로널드 D. 오롤 지음 | 공태현 옮김 |

이콘

목차

Part Three

주주행동주의 2.0

서문

이 책은 작지만 반항적인 투자자 집단이 기업들이 주도하는 세상을 어떻게 흔들어 놓을 수 있는지에 대한 이야기를 담고 있다. 실제로 이들은 미국United States 및 전 세계의 대기업, 중소기업의 주식가치를 높이기 위해 기업들에게 주주가치 개선 방안들을 재촉하고, 압박하고, 요구하고 있다. 그 결과, CEOChief Executive Officer가 교체되고 이사회가 재편성되며, 기업의 장기적 지배구조가 변화한다. 왜? 바로 이들 주주행동주의 투자자들 때문이다.

다른 투자전문가들과는 달리, 주주행동주의 투자자들은 일부 기업들이 정상적인 수준 이하로 운영되거나, 통폐합이 진행되고 있는 산업에서 활동하고 있다고 믿는다. 이들은 경우에 따라 수백만 달러를 투입해가면서 상당한 규모의 소수지분을 매수하고, 경영진에 접근하여 주주가치 향상을 위한 방안을 모색한다. 만약 이러한 협의를 통한 방법이 효과적이지 않으면, 주주행동주의자들은 기업에 변화를 일으키기 위한 그들만의 노력을 강구한다.

그들의 이러한 행동은 해당 기업뿐만 아니라 그 이상에도 영향을 미친다. 주주행동주의 투자자들은 보다 넓은 범위의 영향력을 가지고 있다. 실제로 이들은 은행업에서부터 기업금융 및 경영 분야까지 투자의 지평을 바꾸고 있다. 이들은 또 기업이 다른 기업에 인수되도록 압박한다. 초대형 M&AMerger&Acquisitions야말로 반항적인 투자자들이 투자이윤을 확보하는 주요 방법 중 하나다.

이 책을 쓰기 위해 자료를 수집하면서 나는 2006년과 2007년에 50명 이상의 익명을 요구한 주주행동주의 투자자들을 인터뷰했다. 주주행동주의자들은 금융시장이 가장 어려운 시기에도 S&PStandard&Poor's500 지수와 같은 벤치마크지표를 능가하는 성과를 냈다. 불황과 호황에 상관없이 기업들이 변하도록 압박하는 전술을 구사하기 때문에, 이들과의 인터뷰 내용은 전 세계 금융위기를 겪고 있는 지금도 유효하다. 나는 이 책을 통해서, 왜 주주행동주의 투자자들이 엔론Enron 사태 이후 2001년부터 2002년 사이의 경기침체기에서도 다른 투자자들보다 높은 투자성과를 낼 수 있었는지에 대해 설명할 것이다. 세계 경제가 하락세를 보이고 있는 가운데, 난관에 봉착한 기업들은 M&A 시장이 경색됨으로 인해 자신들이 주주행동주의 헤지펀드 매니저들의 표적이 될 가능성이 낮아지기를 바라왔다. 하지만 불행히도, 실상은 그렇지 않았다. 많은 주주행동주의자들이 수익 악화와 투자자 환매에 대항해야 했지만, 이들은 여전히 살아있다. 단지 변화하는 시장 환경에 맞추어 적응하고 있을 뿐이다.

오히려 주식시장 상황이 좋지 않을 때는 어려움을 겪고 있는 기업의 경영진들이 노출되기 쉽다. 결과적으로 주주행동주의 투자자들이 연기금과 같은 다른 주주들에게 경영진의 변화가 필요하다고 설득할 기회가 많아진다. 기업의 이사진과 CEO는 이제 과거보다 더 많은 것을 해야 한다. 주가 향상을 요구하는 반항적인 투자자들은 장기적인 지배구조와 자격과 역량을 갖춘 이사 후보를 물색하는 것과 같이 기업 경영에 대한 접근성을 중요하게 여긴다.

오늘날, 적어도 단기적으로는, 손익계산서에 집중하는 주주행동주의자들이 시장에서 살아남고, 재무상태표의 현금을 보는 데 시간을 투자한 투자자들은 퇴출되고 있다. 자사주매입, 특별배당, 최고입찰가를 제시한 입찰자에게 사업부 매각하기 등을 시행하도록 압박하는 주주행동주의 투자 전략은 적어도 시장이 회복할 때까지는 논외 대상이다.

월별 또는 분기별 환매가 가능한 일반 펀드와는 달리, 주주행동주의의 한 가지 이점은, 투자자로 하여금 1~3년 정도의 장기간 환매를 금지할 수 있다는 것이다. 이렇게 장기적으로 투자금을 보유할 수 있기 때문에 주주행동주의 펀드매니저들은 경제 상황과 관계없이 자신들의 장기투자 전략을 구사할 수 있다.

한편, 주주행동주의자들은 금융위기 속에서도 보유하고 있을 만한 M&A 대상 기업들을 찾아왔다. 금융도 주요 관심 대상이다. 은행의 예금 및 대출 시장은 이미 성숙기에 접어들어 통폐합이 진행될 것이다. 게다가 미국 정부는 이들 은행들을 지원하고 있다. 미국 재무부는 7,000억 달러 규모의 정부 긴급구제 금융지원을 통해 건전성이 악화된 금융기관들에 현금을 지원하여 경영난에 빠진 소형 저축은행들을 매수할 수 있도록 했다. 그동안 대마불사의 특혜를 받아온 그 밖의 대형 금융회사들은 정부로부터 사업부 매각에 대한 압박을 받고 있다. 소형 지역 은행 부문에 전문화한 일부 주주행동주의 투자자들은 조만간 매각될 회사의 지분을 매수함으로써 이러한 흐름 속에서 수익을 거두고 있다.

사실, 주주행동주의자들은 은행뿐 아니라 모든 종류의 부실기업을 투자대상으로 삼는다. 일부 주주행동주의자들은 궁지에 몰린 신문사들을 비롯해 통폐합을 겪고 있는 상업용 부동산회사들도 주시하고 있다.

일반 기업들도 예전보다 빈번하게 주주행동주의 전략을 펼치고 있다. 세계적인 맥주회사 인베브Inbev와 기술공룡 마이크로소프트Microsoft와 같은 회사들은 주주행동주의를 통해 다른 기업들에게 M&A에 대한 압력을 행사한다. 인베브는 버드와이저 맥주를 생산하는 앤호이저부시Anheuser-Busch의 경영권을 확보하기 위해 이 회사의 이사진 교체를 추진하면서 주주행동주의 투자자처럼 행동했다. 앤호이저부시는 결국 인베브의 600억 달러 규모의 매수 제안을 받아들였다.

이 책에는 미국에서 활발히 전개되었던 주주행동주의가 전 세계의 국가, 기업, CEO들에게 퍼져나가는 변화과정이 기록되어 있다. 미국, 일본Japan 그 밖의 여러 나라들의 기업 임원들은, 주주행동주의에 적극적으로 대응하든지 주주행동주의가 기대하는 대로 순응하든지 간에, 어떻게 자본을 분배하고 기업을 경영할 것인지에 대해 생각을 되짚어보고 있다. 미국과 유럽Europe의 경제가 지속적으로 악화되면서 스틸파트너스IISteel PartnersII와 같은 주주행동주의자들은 다양한 범위에서 저평가된 기업이 많은 일본과 같은 시장에 관심을 기울이고 있다.

예전에는 이러한 투자자들이 세간의 주목을 받지 못하는 잔소리 많은 삼류 외톨이, 또는 일류 기업 침략자 정도로 여겨졌으나, 이제는 지배구조 중심의 주주행동주의 투자자로 인정받고 있다. 나는 다우존스뉴스와이어Dow Jones Newswires에서 근무중이던 2000년도에 처음으로 행동주의 주주들을 접하게 되었다. 당시 내 업무는 증권거래위원회(SEC: Securities and Exchange Commission) 공시자료를 읽고, 주요 재무 내용을 포착하여, 이에 대한 글을 신속히 작성하는 것이었다. 같은 부서의 일부 기자들은 페더럴파일링스Federal Filings에 접속하여 연차보고서를 보고, 또 어떤 기자들은 전자 문서로 된 파산 문서만 찾아 읽곤 했다. 나는 증권거래위원회 공시자료 중 하나인 '스케줄13DSchedule13D'를 해석하는 작업을 했다. 다소 지루하게 들리는 이 공시자료는 상장기업 주식의 5% 이상을 취득하고, 이사진, 주주, 또는 임원들과 전략적인 의사소통을 하고자 하는 투자자가 제출하는 것이다. 이 일을 맡은 초기에는 특별한 흥미를 느끼지 못했다. 하지만 얼마 지나지 않아 대표이사와 나눈 대화를 임원들에게 알리기 위해 스케줄13D 공시자료를 제출하려는 특이한 투자자 집단을 발견하게 되었다. 일부는 포이즌-펜 레터(Poison Pen Letter, 역주: 상대를 공격하는 편지)이기도 했다. 한 예로, 어떤 편지에는 자신이 그토록 접촉하려고 노력했던 CEO가 그의 끈질긴 질문에 결국 "당신은 XX처럼 성가신 존재입니다. 우리는 당신과 대화하고 싶지 않습니다."라고 답변한 내용을 포함했다.

나는 이 투자자들이 누구인지 궁금해졌고, 이들에게 전화하여 잘못된 기업 경영, CEO의 부정행위, 이와 관련한 투자자들의 대응방안에 대한 이야기를 듣고자 했다. 그리고 투자자와 기업의 관계에 대한 큰 그림을 이해하기 위해, 그 밖의 주주, 기업 CEO, CFOChief Finance Officer, IRInvestor Relations담당자, 애널리스트, 투자은행가 등과 접촉하기 시작했다.

그로부터 8년이 지난 지금은 다우존스마켓워치Dow Jones&Company's MarketWatch에서 여전히 금융기자로 일하며, 예전에는 전화로 이야기를 나누었던 스케줄13D 공시자료 제출자들과 만나 대화를 나누고 있다. 또한 이들이 타깃으로 하는 회사의 여전히 혼란스러워하거나 방향을 잡지 못하는 임원들에게도 연락을 한다.

금융위기 속에서도 주주행동주의자들은 수백만, 수십억 달러 이상의 자산을 운용한다. 이들은 꼼꼼한 내·외부 홍보담당자를 두고, 이전보다 더 큰 규모의 회사를 타깃으로 한다. 기업들의 주가가 많이 낮아졌기 때문에, 최근의 주주행동주의자들은 기업인수시 자금조달을 자기 자본만으로 하는 경우도 있다.

주주행동주의 투자자의 인지도가 높아지고 그 수도 많아지면서 관련 취재량도 폭발적으로 증가했다. 주주행동주의로 알려진 이러한 현상이 확산되면서 몬트리올Montreal, 댈러스Dallas, 샌프란시스코San Francisco 등 많은 도시의 기자들로부터 이들이 무엇을 했는지 배경에 대해 알고 싶다는 전화를 무수히 받고 있다. 주주행동주의에 대해 처음에는 수동적이었던 기업의 CEO, CFO들도 이제는 전화를 걸어와 자신들에게 시련을 주는 반항아들에 대해 묻는다. 대체 어떤 인물인가? 자신들 말고도 당한 다른 기업은 어디인가? 왜 이런 일이 벌어지는가? 이 책은 이 주제에 대한 사실과 분석을 한데 모은 것이다.

랠프 위트워스, 가이 와이저-프랫, 제프리 솔로몬, 마크 슈워츠, 필립 골드스타인, 로런스 사이드먼과 같은 다수의 거물급 주주행동주의 투자자들은 바쁜 와중에도 시간을 내 주주행동주의에 관한 그들의 다양한 접근법에 대해 이야기해주었다.

이들 중 대부분은 예전부터 투자활동을 해왔지만, 주주행동주의 투자를 한 것은 1990년대 이후 최근의 일이다. 나는 그 밖에도 많은 주주행동주의 투자자들의 이야기를 좇아왔고, 이들이 무명의 문제아에서 유명하고 성공한 펀드매니저로 변모하는 과정을 지켜보았다. 이들은 자신만의 전문성을 무기로 삼아, 다양한 전략을 통해 지분을 보유한 회사에 적극적으로 관여했다.

이 책을 통해, 위트워스는 노동자들의 지지를 받는 주주집단이 홈디포Home Depot의 CEO 밥 나델리Bob Nardelli를 물러나게 하기 위한 수년간의 노력이 실패한 이후, 자신이 나서서 이를 성공적으로 해결한 사례를 설명한다. 골드스타인은 뉴욕New York 시 소속의 엔지니어 경력을 버리고, 주주행동주의 반항아들이 할 수 있는 모든 수단과 방법을 동원하여 소규모 회사들을 향한 주주행동주의 캠페인을 벌인 이야기를 전달한다. 그는 자신보다 훨씬 덩치 큰 거물인 증권거래소를 상대로 한 성공적인 노력에 대해서 논한다. 채프먼Robert Chapman은 자신만의 독특한 방법을 전한다. 그의 '사회적 지레Social lever' 주주행동주의는 대중에게 널리 알려진 방법으로 주가가 기업가치보다 낮은 타깃기업을 사회적 비난을 받게 하여 CEO를 교체하거나, 기업 매각, 이사회 재편 등의 변화를 일으킨다. 각각의 전략은 다르지만, 이들은 주주가치 개선이라는 같은 목적을 가지고 있다.

많은 학자들도 이러한 현상에 의견을 보태었다. 마이클 반 비어마 전前 컬럼비아 경영대학원Columbia Business School 교수는 자신의 인적 네트워크와 경험을 통해 주주행동주의자들과 투자를 함께하는 재간접 헤지펀드를 결성했다. 그는 이 펀드가 어떻게 운영되는지에 대해 자세히 알려주었다. 루시언 베브처크 하버드 대학교 로스쿨Harvard Law School 교수는 헤지펀드와 기관 주주행동주의 투자자들이 실적이 좋지 않은 기업에서 고액연봉을 받는 임원들이 있는 기업을 타깃으로 고르는 방법을 알려준다.

전 세계에서 활동을 넓히고 있는 주주행동주의자들의 주요 트렌드 또한 이 책에 정리되어 있다. 1990년대 후반, 나는 체코Czech의 프라하 포스트Prague Post에서 동유럽 기업 및 금융 담당 기자로 일한 바 있다. 그러면서 소련체제 붕괴 후의 금융시스템이 어떻게 작동하는지에 대한 궁금증을 가지고 있었다. 이 호기심은 동유럽 및 전 세계의 주주행동주의 투자자들을 찾아 나서게 만들었다. 서구에서 교육을 받은 반역자들이 왜 자신들의 역량을 그동안 미개발된 영역에서 활용하려 하는지, 그리고 이들이 현지 시장에서 미치는 영향은 무엇인지 알고 싶었다. 연구를 위해 모스크바Moscow, 토론토Toronto, 런던London 등 수많은 도시를 다니며 주주행동주의 투자의 전선에서 활동하는 펀드매니저들을 만나보았다. 모스크바의 세르게이 암바르추모프는 러시아Russia의 주주행동주의에 대해 그만의 독특한 문제제기와 해답을 내놨다. 와이저-프랫은 왜 유럽의 CEO들이 실직에 대한 걱정을 안 하는지, 그리고 왜 자신이 기업 한 곳 한 곳에서 이들의 이러한 태도를 바꾸려고 하는지에 대해 말한다.

이 책은 주주행동주의 속에서 위기에 몰린 기업들의 이야기이기도 하다. 필자는 주주행동주의 움직임에 대한 기업들의 반응을 알아보기 위해 다수의 기업 임원들과도 인터뷰를 진행했다. 교정시설 시공업체인 코넬Cornell Companies의 CEO, 제임스 하이먼은 왜 임원들이 효과적으로 활동하는 주주행동주의자들에 대해 초기에 신속하게 대처해야 하는지를 설명한다(그렇게 하지 않으면 일이 걷잡을 수 없게 될 것이다).

경제 여건이 좋았던 시기에, 일부 단기 주주행동주의자들은 기업들로 하여금 자사주를 매입하고 차입금을 늘리라고 압박했다. 시장이 악화되자 더 많은 문제점들이 생겨났다. 이들은 불경기를 대비한 기업의 유보현금을 특별배당으로 사용할 것을 강요했다. 하지만 경기침체가 지속되자, 단기 주주행동주의자들은 이미 떠난 지 오래였고, 기업 임원들은 유보현금 없이 기업을 유지하기 위해 고군분투할 수밖에 없었다. 일부 기업들은 이들 압력의 결과로 감당할 수 없는 수준의 부채를 부담하기도 했다.

2008년 10월 사모펀드 시장이 신용경색으로 침체되었을 때, 세계적인 PEFPrivate Eguity Fund인 블랙스톤Blackston Group Lp의 CEO, 스티븐 슈워츠먼Stephen Schwarzman은 "이러한 환경은 PEF가 막대한 수익을 낼 수 있는 절호의 기회이다"라고 말했다.

하지만 자본력이 충분한 주주행동주의자들도 경기가 침체되면

보다 많은 저평가 기업의 소수지분을 매수할 수 있고, 경기가 회복되면 이익을 실현할 수 있기 때문에 경제위기를 이용하고자 한다. 주주행동주의자인 리처드 브리든은 최근 어려움을 겪고 있는 보석업체 제일에 대한 지분율을 기존의 18%에서 28%로 높였다. 주주행동주의자들과는 달리, 사모펀드들은 낮은 가격에 기업을 매수하는 목적을 달성하기 위해 M&A를 완료해야 한다. 이는 투자에 있어서 큰 걸림돌이 되며, 차입금을 확보해야 하기 때문에 쉬운 일이 아니다. 반면 주주행동주의자들은 기업을 인수할 만큼의 지분율을 갖지 않아도 수익이 가능하기 때문에, 이러한 상황은 주주행동주의자들에게 더 유리하다.

호황과 불황에 관계없이, 주주행동주의자들은 항상 존재하고 있다. 이 책은 다양한 주주행동주의자들에 대한 이야기, 일화, 성공과 실패, 경험 등을 집약하고 있다. 다양한 표와 그림을 통해 주주행동주의 투자자들의 전략을 보다 명확하게 전달하고, 이들이 어떻게 생각하고 행동하며, 자신들이 추구하는 기업의 질을 포착하는지 설명하고자 했다. 여러 이야기들을 종합하면서, 주주행동주의자들이 자본시장에 미치는 영향을 큰 그림에서 바라볼 수 있게 되길 바란다.

감사의 글

제가 이 책을 출판하는 데 이르기까지 도움을 주신 감사한 분들이 많습니다. 많은 분들이 바쁜 일정 가운데에도 시간을 내주어 통계, 자료, 인용 등에 대해 검토해주셨습니다. 주주행동주의 펀드 산업에 대한 각종 통계와 리서치에 대해 많은 도움을 주신 헤지펀드리서치의 COOChief Operating Officer인 스콧 에서Scott Esser에게 감사의 마음을 전합니다. 저의 집필자료를 읽고 소중한 피드백을 주신 앨런 코탄Allan Kortan, 데이비드 시리그나노David Sirignano, 로런스 래리 골드스타인Lawrence

"Larry" Goldstein, 배리 크로닌, 폴 라피데스, 로스 헨딘, 마크 슈워츠에게 도 감사드립니다.

이 책은 저의 에디터인 존 와일리&선즈John Wiley&Sons의 파멜라 반 기센Pamela van Giessen의 지원이 없었다면 불가능했을 것입니다. 또한 제작과 교열에 도움을 준 제니퍼 맥도널드Jennifer MacDonald, 스테이시 피쉬켈타Stacey Fischkelta, 수잔 쿠퍼Susan Cooper에게도 고마움을 전합니다.

랠프 위트워스, 리처드 펄라토, 찰스 엘슨, 루시언 베브처크, 스티븐 캐플런, 넬 미노우, 필립 골드스타인, 로버트 채프먼, 시모어 홀츠만, 제임스 미타로톤다, 크리스토퍼 영, 가이 와이저-프랫, 스탠리 골드, 매니 펄먼Manny Pearlman, 세르게이 암바르추모프, 리처드 래슐리, 제프리 우벤, 벤 본스타인, 도리언 포일, 에번 플라셴, 아르노 애들러, 에릭 로젠펠드, 피터 푸체티, 제임스 리치, 브라이언 깁슨, 로런스 사이드먼, 허버트 덴튼, 빌 매켄지Bill Mackenzie, 존 올슨, 마크 와인가튼, 조지 메이진, 스티븐 하워드, 하워드 고드닉, 터랜스 오맬리, 페리 와이너, 크리스토퍼 바톨리, 피터 앤토직, 피터 블럼, 미첼 니히터, 제이 배리스, 팀 셀비, 저스틴 케이블 등 여러분의 도움과 지원이 없었다면 이 책을 완성하지 못했을 것입니다. 시간을 내어 주주행동주의자, 기업사냥꾼, 기업지배구조에 대한 값진 통찰력을 주신 여러분들께 감사드립니다.

소송자료를 통해 주주행동주의에 대한 이해를 도와준 앨런 칸에게도 감사의 말을 전합니다. 감정 소송에 대한 이해와 델라웨어Delaware 주의 법률 검토를 도와준 프랭크 발로티와 제프리 자비스에게도 감사드립니다. 혜안으로 기술과 주주행동주의의 미래에 대해 명확하게 밝혀준 증권거래위원회 의장 크리스토퍼 콕스와, 에릭 잭슨, 앤 포크에게도 감사드립니다.

재간접헤지펀드 주주행동주의의 세계로 나를 인도해준 마이클 반 비어마, 서배스천 스터브, 데이브 스미스에게도 고맙다는 말을 전합니다.

국제적 시각에서 헤지펀드와 일본과 중국 금융시장 등에서 헤지펀드의 글로벌 야심에 대해 유용한 통찰력을 제공해준 마이클 태넌바움, 윌리엄 나트보니, 마크 골드스타인, 제임스 파더리, 에론 보에스키에게도 감사드립니다. 대한민국에서 처음으로 성공한 위임장대결 사례에 대해서 분석해준 제이슨 부스Jason Booth에게도 감사드립니다.

일부는 주주행동주의에 잠깐 손을 대보기도 한 많은 가치투자자들 또한 이 책을 저술하는 데에 큰 힘이 되었습니다. 모니시 파브라이, 지크 애슈턴, 휘트니 틸슨, 스티븐 로믹, 카를로 캐널도 감사합니다.

전·현직 규제기관 관료분들도 저술에 많은 도움이 되어주셨습니다. 인내력을 가지고 좋은 설명해주신 로엘 캠포스, 마틴 던, 브라이언 레인에게도 감사드립니다. 브로커의 의결권 대리행사가 금지된 표라는 감추어진 세계를 알게 해주신 제니퍼 베델, 스튜어트 길런, 히리스티안 브라크만Christiaan Brakman, 데이비드 버거David Berger, 존 엔딘도 감사합니다.

연기금을 포함한 다수의 기관투자자들도 이 책에 많은 공헌을 해주셨습니다. 존 윌콕스, 마이크 무슈라카, 마이클 갈랜드, 대니얼 페드로티, 브래드 파체코에게도 감사하다고 전합니다.

또한 특별히 '주주행동주의 시대의 경영(Management in an Era of Shareholder Activism)'이라는 뛰어난 보고서를 작성해 준 투자은행 모건조지프Morgan&Joseph Company의 랜디 램퍼트와 앤드루 시프턴에게도 감사드립니다. 에이프릴 클라인의 2006년 9월 보고서 '헤지펀드 행동주의(Hedge Fund Activism)' 그리고 알론 브래브, 웨이 지앙Wei Jiang, 프랭크 파트노이Frank Partnoy, 랜들 토머스Randall Thomas가 공동집필한 '헤지펀드 행동주의, 기업지배구조, 기업 성과(Hedge Fund Activism, Corporate Governance and Firm Performance)'의 통찰력도 매우 도움이 되었습니다. 공의결권과 변환이 가능한 숨겨진 지분이라는 복잡하고 그늘진 세계를 알게 해준 헨리 후에게도 감사의 말을 전합니다. 샤크리펠런트SharkRepellent 데이터베이스를 활용할 수 있게 해준 톰 퀸도 정말로 감사합니다. 자신들의 연구 '기업지배구조와 기업통제에 관한 헤지펀드(Hedge Funds in Corporate Governance and Corporate Control)'를 통해 투자자 행동주의의 신비에 대한 이해를 높여준 에드워드 록과 마셀 카한 모두에게 감사하다고 말씀드립니다.

　　　사전조사 과정에서 재계와 주주 각각의 관점에서 바라본 이야기를 제공해준 피터 왈리슨Peter J. Wallison, 데이비드 채번, 데이비드 파스퀘일, 제임스 하이먼, 찰스 존스에게도 고마움을 전합니다.

　　　더딜The Deal의 편집자들도 고맙습니다. 더딜의 편집장인 로버트 테이텔만Robert Teitelman도 소중한 통찰력을 제시해 주셨습니다. 좋은 가르침 감사합니다. 빌 맥코넬Bill McConnell, 자렛 세이버그Jaret Seiberg, 알래인 쉴터Alain Sherter, 존 모리스John Morris, 척 윌뱅스Chuck Wilbanks, 에드 페이즐리Ed Paisley도 수년간의 주주행동주의 헤지펀드 이야기들을 편집하면서 겪으신 노고에 감사드립니다. 또한, 다우존스의 재인 미참Jane Meacham과 토니 쿡Tony Cooke에게도 감사드립니다. 1999년에 스케줄13D

부문으로 저를 배정하지 않았다면, 이 책을 쓸 수 없었을 것입니다.

이 모든 것들은 우리 가족과 친구들의 변함없는 지원 덕분입니다. 트레보Trevor의 지속적인 격려와 열정이 없었다면 이 책은 나오지 못했을 것입니다. 국제적 시각과 언론의 세계에 대한 소중한 경험을 가능하게 해준 부다페스트Budapest의 라즐로 버네스Lazslo Bernath도 감사합니다. 항상 세계에 대해 배우고 제가 인생에서 내리는 결정마다 지원해주시는 어머니, 아버지께도 감사하다고 전합니다. 댄Dan과 줄리 페센마이어Julie Fesenmaier 모두, 도움과 조언 고맙습니다. 리처드 마틴Richard Martin의 사려깊은 말씀도 감사합니다. 강직한 직업윤리와 국제적 안목으로 항상 영감을 주시는 우리 조부모님께도 감사 드립니다.

그리고 지루했을 통계자료를 그래픽디자인 작업을 통해 생생한 차트로 만들어 준 나의 친구 로버 티본 브라이슨Robert "Tbone" Bryson에게도 고마움을 표합니다. 그 밖에도 손다 그레고르Sonda Gregor, 자넷 베드나르칙Janet Bednarczyk, 케이틀린 해링턴Caitlin Harrington, 조 샤츠Joe Schatz, 애나 커즈네초바Anna Kuznetsova 등 많은 분들이 이 책을 검토해줬습니다. 이 책의 색인 작업에 도움을 준 마가렛 페센마이어Margaret Fesenmaier도 감사합니다.

마지막으로, 세계 주주행동주의 투자자들에 대한 소중한 안목을 저에게 주신 미국과 세계 전역의 주주행동주의 펀드매니저, CEO, 변호사 분들께 감사한 마음을 전합니다.

도입

2003년 4월, 헤지펀드 채프먼캐피털Chapman Capital LLC의 매니징 디렉터, 로버트 채프먼Robert Chapman은 캐나다Canada의 일간지 글로브&메일Globe and Mail에 "도와주십시오"라는 전면광고를 게재했다. 경영난에 빠진 교육/엔터테인먼드 기업인 시나Cinar Corporation의 CEO 퇴진을 요구하는 내용의 컬러 광고였다. 채프먼은 광고의 중앙에 시나의 로베르 데프레Robert Després 회장의 사진이 커다랗게 놓여 있고 그의 얼굴 바로 아래 배너 형식의 "로베르 데프레의 교체를 도와주세요"라는 문구를 넣었다.

데프레는 그 당시 플로리다Florida에서 휴가를 보내고 있었고, 이 광고에 제대로 대응하지 못한 듯했다. 일부 임원들은 이에 대해 혼란스러워 했으며, 채프먼을 만난 후에는 심지어 분노하기까지 했다. 캐나다의 금융계 또한 머리를 긁적이기 시작했다. 채프먼이 대체 누구이고, 과연 그가 신문광고와 국경을 초월한 사회적인 캠페인을 통해 얻으려 하려는 것이 무엇인지 궁금해했다.

사실, 채프먼은 1년 전 시나의 이사회로 하여금 애니메이션 사업을 최고액을 제시한 입찰자에게 매각할 것을 요구해왔지만, 데프레가 이를 거부한 바 있었다. 채프먼에 따르면, 데프레는 사람들이 예상한 것처럼 이 사업부에 대한 매수자를 찾고 있지도 않았을 뿐만 아니라, 회사 경영에도 부적절한 인물이었다고 한다. 채프먼은 데프레와의 전화통화에서 수많은 질문을 한 끝에 그가 주요 수익 수치를 인지하지 못하고 있는 것을 발견했다. 그후 채프먼은 공세의 수위를 높여 "도와주세요" 광고와 같은 대중적인 캠페인과 이사회에 보내는 편지, 잠재고객들과의 소통과 같은 방법을 택했다. 얼마 지나지 않아, 피델리티Fidelity Investments와 같은 장기 기관투자자들이 시나에 대한 채프먼의 캠페인을 지지하는 내용의 편지를 보내어 채프먼을 지원했다.

시나에 투자한 기관투자자들 중 많은 수의 투자자들이 채프먼을 지원하자, 데프레에게도 변화는 불가피한 것이 되었다. 결국 10월이 되자, 토론토 도미니언 은행Toronto Dominion Bank의 PEPrivate Equity부문과 투자그룹 한 곳에서 시나를 인수했고, 이 회사의 유명한 아동용 텔레비전 애니메이션 시리즈 '아서와 까이유(Arthur and Caillou, 역주: 국내에서는 "호야네 집"으로도 알려짐.)'의 가치는 1억 4,390만 달러로 평가되었다. 자신을 최저가매수자bottom fisher라고 부르는 41세의 채프먼은 거래 이후, 다른 투자자들과 마찬가지로 보유하고 있던 시나 지분을 매각하여 수익을 거두었다. 그는 은밀하고 기회주의적인 태도로 일반적으로 월스트리트의 주목을 받지 못하는 소형주를 공략하는 것이 강점이었다. 채프먼은 수시로 게재되는 신문 전면광고뿐만 아니라, 자신의 트레이드마크인 재치 있는 편지를 통해 관련 기업의 임원들을 '지능이 없는' '진실성 없는' '무능하면서 자신감만 있는' 이들이라고 쏘아붙이기도 했다. 이 때문에 사람들은 그를 '폭도rabble rouser'라고 불렀다. 채프먼이 CEO들과 이사회들에게 보낸 편지는 워싱턴Washington의 증권거래위원회 공시자료에도 포함되어 있다. 투자자들 중에는 이러한 편지가 공시자료에 포함되어 있는 것을 성가시게 생각하는 사람도 있지만, 그는 이 방법이 기업의 임원들과 대화하는 노력을 대중들에게 알릴 기회가 된다는 것을 즐긴다. 최근에는 이런 내용을 더 많이 알리고자 기자회견이나 이메일 폭탄 등 보다 다양한 수단을 활용하지만, 의무공시가 없었다면 채프먼이 하는 일은 불가능했을 것이다.

채프먼은 사임하거나 주가 향상을 위한 조치들을 취하도록 신문광고, 의무공시 등을 통해 타깃기업들의 경영자들을 괴롭히는 접근 방식을 "사회적 지레"라고 부른다. 구체적인 방법으로는 타깃기업의 매각을 도발적으로 유도하는 것이다. 이에 대해서는 뒷부분에서 자세히 다룰 것이다.

채프먼의 도발적인 전술은 업계 기준으로 볼 때 극단적으로 보일 수도 있지만, 오늘날 헤지펀드 매니저들이 기존의 수동적인 접근법을 버리고 미국뿐 아니라 전 세계에 걸쳐 기업 경영에 적극 관여하고 기업의 변화에 대한 압력을 행사한다는 점에서, 그의 방식은 투자업계의 새로운 트렌드의 축을 이루고 있다.

채프먼은 헤지펀드를 운용하지만, 그의 운용방식은 전통적인 헤지펀드와는 큰 차이점을 보인다. 1950년대 개발된 모델에 기반한 전통적인 헤지펀드는 매수포지션long과 매도포지션short을 모두 활용한다. 본질적으로 헤지펀드는 주식, 화폐, 파생상품, 원자재 등과 같은 다양한 종류의 증권에 투자하고, 이중 일부는 가치가 상승하고, 나머지는 가치가 하락할 것으로 예상한다. 헤지펀드의 기본적이면서 핵심적인 전략은 투자위험과 변동성을 줄이고, 약세장과 강세장 모두에서 수익을 내는 것이다. 헤지펀드 매니저들은 자신들이 투자한 주식에 대한 헤징을 하기도 한다. 뮤추얼펀드와 달리, 헤지펀드는 레버리지leverage를 활용할 수 있다.

헤지펀드 매니저들은 기본적인 전략을 활용하면서 수백 가지의 파생기법으로 확장시켰다. 일부 매니저들은 상관관계가 있는 기업들의 주식이나 채권을 매수, 매도하면서 일시적인 가격차이를 겨냥해 투자한다. 어떤 매니저들은 파산에서 회생 직전에 있거나, 곧 파산 신청을 할 것 같은 부실기업에 투자한다. 지방채, 이머징마켓Emerging Markets, 성장산업에 투자하는 것도 헤지펀드 전술의 몇 가지 예라고 할 수 있다. 또 일부 수학전문가들은 숫자와 소프트웨어를 활용하는 퀀트 방법을 통해 투자 의사결정을 하기도 한다. 전통적인 헤지펀드 매니저들은 일반적으로 하루에도 수백 개의 매도, 매수 거래를 체결한다. 헤지펀드의 투자방식이 매우 다양하다는 것이 중요하다. 헤지펀드의 성과, 위험,

행동주의 투자 전략

변동성은 천차만별이며, 구사하는 전략에 따라 상이하다.

이러한 헤지펀드와는 달리, 채프먼과 같은 분야에 있는 투자자들은 일부 기업들이 정상적인 수준 이하로 운영되거나, 통폐합이 진행되고 있는 산업에서 활동하고 있다고 판단되는 회사들을 포착하고 수백만 달러 규모의 지분을 매입한다. 그리고는 주식가치 향상을 위한 전략에 대해 논의하기 위해 기업의 임원들에 접근한다. 이 방식에서는 퀀트방식을 구사하는 헤지펀드처럼 매일매일 거래를 빈번하게 하는 것을 보기 어렵다. 한번에 대량으로 주식을 구매하여 수년간 보유해야 한다.

이러한 투자자들은 어떤 경우에는 수익성이 높으나 부채비율이 낮고 제때 재투자하지 않아 쌓여 있는 현금이 많은 기업들을 좇기도 한다. 이 방법은 이들 투자자들의 시각을 보여주고 있다. 어떤 경우에는 지분을 대량으로 인수한 다음, 회사로 하여금 기업을 시장에 매물로 내놓도록 압박한다. 기업이 매각될 때 해당 기업의 주식은 프리미엄에 거래된다. 이러한 투자는 주주행동주의자들에게 상당히 성공적인 투자가된다. 이는 투자자산의 가치가 더이상 저평가되지 않는다는 말이다.

보통 타깃기업의 최대주주 또는 2대주주가 되는 이들 투자자들은 자신들을 지분을 매입한 기업의 소유자, 경영자, 심지어 대표이사로 간주한다. 또한 기업의 매니저와 이사들도 이들 투자자들에게 경영과 관련하여 보고할 것을 기대한다.

다양한 의견을 가진 주요 주주로서, 이들은 다양한 장치를 통해 주주가치를 높이면서 세간의 관심을 끌 수 있는 적극적인 방안을 활용한다. 때로는 경영진에 영향력을 행사하거나 무능한 CEO를 해임하기 위해 이사후보를 지명하기도 한다. 또는 임원들과 비공식 대화를 통해 겉으로 존재를 드러내지 않고 경영진과 협력적인 분위기로 경영에 참여하는 온건한 방법을 활용하기도 한다. 이 과정에서 임원들과 나눈 비밀스런 대화 및 이로 인해 투자자들이 기업의 미래에 미친 영향에 대해서도 뒷 페이지에 기록되어 있다. 채프먼과 같은 많은 주주행동주의자들은 검을 차고 다니면서 다른 주주들과 연대하여 자신들의 제안을 지지하고, 타깃기업들이 실제로 변화를 일으키도록 하기 위해 다른 주주들에게 공적인 메시지를 전한다. 주가 개선을 위해, 소송을 걸거나 기업 경매에 참여하기도 한다. 물론 이들 투자자들은 이 같은 여러 가지 방식을 필요한 경우에 맞게 선택적으로 사용한다.

특수한 상황이 발생하면, 주주행동주의자들, 때로는 벌처vulture 투자자들과 같은 헤지펀드 매니저들은 백오피스에 리서치팀을 조직해 포트폴리오에 담긴 회사의 임원들에게 전달할 비용 절감과 같은 긴급 대응방안이나 자사주매입, 주주배당 등의 제안사항을 연구한다. 만약 기업의 임원진이 이러한 제안사항을 받아들이지 않는다면, 행동주의 주주들은 자신들이 정한 이사후보를 이사회에 포함시키는 등 사회적 캠페인을 통해 압박의 수위를 높일 것이다. 이들의 목적은 주식가치 향상을 위해 어떠한 방법(법적 소송이나 이사회 재편성 등)이든 사용하여 변화가 필요하다고 여기는 기업이 변화하도록 만드는 것이다. 이들은 타깃기업을 인수하는 것이 아니라 자산을 매각하거나 전략적 인수자를 찾는 등 기업 스스로가 전략적 변화를 시행하도록 만드는 것을 목표로 한다. 주주행동주의 헤지펀드는 전체 헤지펀드 산업에서 차지하는 비중이 낮음에도 불구하고, 영향력이 매우 크다. 뉴욕의 캐튼무친로젠먼Katten Muchin Rosenman LLP의 파트너, 윌리엄 나트보니William Natbony는 전통적인 헤지펀드 매니저들도 주주행동주의 전략을 눈여겨보고 있고, 이러한 접근법이 자신들의 투자에도 활용될 수 있다는 것을 깨닫고 있다고 말했다. 주주행동주의 투자방식의 핵심은 주주가 기업의 상황이 악화되면 현금을 빼가는 것이 아니라 기업활동에 참여하는 것이다. 나트보니는 "주주가 기업활동에 참여하면 기업가치도 향상된다는 믿음이 널리 퍼져 있다"고 말한다.

주주행동주의자들은 다양한 배경을 가지고 있다. 일부는 기업사냥꾼으로서 활동했었고, 또다른 일부는 뮤추얼펀드에 종사하면서 만족을 하지 못한 경우도 있다. 어떤 이들은 투자은행에서 근무하다가 독립하기도 했다.

이들은 투자자들을 위해 돈을 벌기 때문에 이중 많은 이들이 장기적으로 성공한다. 다른 헤지펀드들과 마찬가지로, 이들 중 상당수의 매니저들이 약세장과 강세장 모두에서 시장 대비 높은 수익률을 기록한다. 이 책에서는, 수익률이 중요한 부분이긴 하지만, 수익률 너머에 있는 것들에 대해 다루고, 타깃기업에 이들이 미치는 영향력에 대해서 알아보고자 한다. 주주행동주의자들이 겨냥하고 있는 기업들도 이들의 존재를 느끼고 있다. 자신들도 언제든지 다음 목표물이 될 수 있기 때문이다.

사회적으로 좋은 평판을 가지고 있음에도, 주주행동주의 헤지펀드들에 대해서는 알려진 내용이 별로 없는 이유는 주주행동주의가 최근에 와서야 하나의 투자방식으로 인정받고 있기 때문이다. 세 부분으로 나누어진 이 책은 발생, 발전, 전 세계로의 확장 등의 단계별로 주주행동주의를 추적한다.

요약하자면, 우선 주주행동주의자들이 어디서 왔고, 어떻게 행동하는지를 알아보고, 그다음으로 기관투자자들과 주주행동주의자들이 어떻게 협력 또는 갈등 관계를 갖는지, 마지막으로 주주행동주의자들이 목표하는 것은 무엇인지를 다룬다. 또한 주주행동주의자들이 어떻게 이리떼와 같은 연합 세력을 만들거나 또는 단독으로 타깃기업에 압력을 행사하는지를 구체적인 사례를 통해 다룰 것이다. 한 부분에서는 주주행동주의자들이 뮤추얼펀드, 연기금 등과 같은 전통적 기관투자자들과 갖는 상호작용을 분석한다. 다른 장에서는 초대형 합병 계약을 저지하고자 하는 행동주의 투자자들insurgents의 새로운 주주행동주의 전략을 다룬다. 2001년에 많은 기대를 받았던 AOL과 타임워너Time Warner의 초대형 M&A의 부정적인 결말은 일부 행동주의 주주들로 하여금 자각심과 책임감을 일깨워주었다.

또한 미국 정부의 관점에 대한 이야기도 있다. 미국 증권거래위원회가 채택하여 수정된 법률들이 지난 수년에 걸쳐 의도된 효과를 보이고 있다. 이 법률들은 주주행동주의자들로 하여금 좌절하여 주식을 매각하거나, 회사 전체를 매수하여 청산하는 대신에 기업의 가치 개선을 위한 노력을 하도록 장려하고 있다.

많은 주주행동주의자들은 특정 산업에 전문화되어 있다. 이 책은 소형 은행과 저축은행과 같은 한 가지 특정 산업에 대한 변화를 유발하기 위해 힘쓰는 주주행동주의자들에 대한 찬반 의견도 다루고 있다. 이러한 특성화 펀드specialized fund는 분산형 펀드diversified fund와 대비된다. 물론 소극적인 방식의 전통적 가치투자자들은 자신들의 투자방식이 더욱 옳다고 생각할 수도 있다. 이 책은 이 두 집단의 전략들이 가지는 흥미로운 불가분의 상관관계에 대하여 소개할 것이다. 마지막으로, 인터넷, 유튜브YouTube, 온라인포럼, 기업을 매수하는 주주행동주의자들, 부실자산투자, 재간접헤지펀드 등도 면밀히 다뤄질 것이다.

이 책의 주목표는 주주행동주의자에 대한 잘못된 이해를 바로잡고자 함이다. 상당수의 국회의원들과 기업대변인들은 주주행동주의자들이 집단을 결성하면 단기적이 되고, 자신들만 아는 이기적인 존재가 되어 다른 주주들에게 피해를 입히고, 회사의 임직원들을 몰아내고, 회사를 파괴한다고 말한다. 아직도 주주행동주의자들을 1980년대 스타일의 기업사냥꾼으로서 적대적 M&A를 시도하고 기업을 분해, 청산하여, 자신들을 제외한 모든 이해관계자들에게 피해를 입히는 존재로 받아들이는 인식이 만연하다. 또한 경영진에 그린메일(greenmail, 역주: 기업주식 대량 매집 후, 대주주에게 적대적 M&A 포기 조건으로 프리미엄에 주식 매입을 요구하는 행위. 주식매점)을 시도하여 시세보다 높은 가격에 자신들의 지분을 매입하면 회사를 괴롭히는 것을 중단하겠다고 협박하는 존재로 인식한다.

물론, 아직도 이런 방법을 사용하는 일부 행동주의 투자자들도 있다. 이들은 기업에 비용 절감, 직원 해고, 자산 매각 및 매입, 자사주 매입, 위험한 수준까지 부채를 높이기, 강제적인 사업부 분리 및 기업 매각 등 이기적이고, 기업에 해가 되는 방식을 강요하기도 한다. 그러나 CEO들 또한 잘못된 합병안이 모든 이해당사자들에 피해를 줄 수 있음에도 불구하고 이기적인 목적으로 인해 기업에 압력을 행사하는 등, 기업에 좋지 않은 일을 강요할 수 있다는 점을 명심해야 한다.

주주행동주의자들을 구식 기업사냥꾼으로 보는 것은 옳지 않다. 특히 증권업과 은행업이 분리되면서, 1980년대 스타일의 기업사냥 꾼 시대는 막을 내렸다. 대신 새로운 투자 시대가 열렸다. 오늘날 주주 행동주의자들은 과거의 기업사냥꾼들과는 다른 동기를 가지고 있다. 이들 주주행동주의자들의 대부분은 기업을 매수하여 청산하려는 목적 을 가지고 있지 않으며, 앞으로도 그럴 것이다. 과거에는 적대적 인수 와 청산이 기업사냥꾼들이 기업에게 기업의 의무를 물을 수 있는 유일 한 방법이었다면, 오늘날 주주행동주의자들은 기업 경영자들과 협력을 하면서 다양한 전략과 방법을 구사한다. 이 책을 읽으면서 보겠지만, 대 부분의 주주행동주의자들은 CEO들과 협력하여 기업의 운영과 주가를 개선하고자 하는 기업지배구조 중심의 장기투자자들이다. 특정 상황에 서는 주주행동주의 헤지펀드 매니저들과 CEO들이 성공적으로 협력했 고, 이후에 좋은 친구가 된 경우도 있었다. 때때로 서로 연합하여 부정 적인 이사회나 채권자들에게 자신들이 옳다고 생각하는 바를 관철시키 기도 했다. 이러한 적극적이고 지속적인 접근은 주가에도 좋은 영향을 미쳐 대부분의 경우 장기적으로 시장보다 높은 수익률을 기록했다.

관계는 항상 장밋빛인 것만은 아니다. 채프먼과 같은 주주행동 주의자들은 성과가 나쁜 기업들에 대해 공격적인 접근을 시도한다. 어 떤 경우에는 초반에 우호적으로 시작되었던 경영진-주주행동주의자 관계가 무너지기도 한다. 적대적인 사례의 대부분에서, 주주행동주의 자는 무능하거나 과한 보수를 받는 경영자를 해임하면서 주식가치 향 상을 노리는 경우가 많았다. 다른 사례에서는 기업 매각이나 사업 분할 에 대한 압박을 하는 경우도 있었다. 이 투자자들은 모든 투자자들의 주 식 가치 향상을 위해 행동한다고 말하지만, 일반적으로 자신들의 이익을 우선적으로 고려한다. 단지 자신들의 이익이 다른 투자자들과의 이익과 우연히 일치하는 경우가 많을 뿐이다.

주주행동주의자들은 요구할 사항이 있으면 이에 대한 결과를 얻어낸다. 뉴욕 대학교New York University 스턴 경영대학Stern School of Business의 에이프릴 클라인April Klein 교수의 연구에 따르면, 임원들은 주주의 이사회 개입이나 자산 매각과 같은 문제에 직면하는 경우, 60% 이상 관련된 요구사항을 받아들인다고 한다.[1]

이러한 주주행동주의 투자자들은 경영참여engagement 전략을 채택하는 투자자 집단 중에 운용자산AUM 측면에서 역대로 가장 큰 규모를 형성하고 있다. 이들의 숫자는 증가해왔으며 거대한 운용자산을 통해 강력한 세력으로 존재감을 드러내고 있다. 기업의 임원들도 이들의 영향력을 인정하고 있으며, 이들에 대해 신속하게 대응해야 한다는 사실을 실감하고 있다.

일부 자료에 따르면, 기업이 주주행동주의자들의 영향을 인지할 경우, 이익과 주가 모두에 긍정적인 영향을 미친다고 한다. 2006년에 발표된 보고서, '헤지펀드 주주행동주의, 기업지배구조, 기업 성과'에 따르면, 주주행동주의자들의 표적이 된 기업들은 적어도 단기적인 주식가치 측면에서 기업 경영성과가 개선되는 것으로 나타났다.[2] 이 보고서의 작성자들은 이에 대한 자료를 얻기 위해 2001년부터 2005년까지 780개의 주주행동주의 사례를 분석했다.[3] 이들의 분석에 따르면, 표본기업들의 영업성과가 주주행동주의자들이 개입한 후 2~3년 사이에 급격히 개선되는 것으로 나타났다.[4] 저자 중 한 명인, 듀크 대학교Duke University의 알론 브래브Alon Brav 재무학과 부교수는 이 연구자료와 관련해, 해당 기간 내에 매각되어 표본에서 제외되거나 추적이 어려워진 기업이나 사업부가 제외되었다는 점을 지적했다. 그는 이 부분이 연구에 반영된다면, 표본기업들의 평균 영업성과는 더욱 높아질 것이라고 덧붙였다.

또한 이 책은 상호연관된 두 가지 중요한 트렌드에 대해 논한다. 첫번째 트렌드는 주주행동주의자들이 점점 더 큰 기업들을 상대하기 시작한다는 점이다. 두번째는 세계화globalization이다. 주주행동주의자들은 전 세계적인 캠페인을 벌이고 있다.

10년 전 주주행동주의자들이 캘리포니아California의 조그마한 첨단기술 회사를 대상으로 변화에 대한 압력을 시도했다면, 오늘날 주주행동주의는 포천Fortune 500대 기업을 다루고, 도쿄Tokyo 등 미국 이외의 도시에서도 진행되고 있다. 최근까지 이러한 주주행동주의 잔소리꾼들의 활동은 주로 미국 내로 한정되어 있었다. 오늘날 이들은 일본이나 한국과 같이 주주에 우호적이지 않은 나라들의 공시 및 이사진의 투명성 강화를 요구하고 있다. 보다 많은 주주행동주의자들이 러시아, 중국, 우크라이나Ukraine, 심지어 아제르바이잔Azerbaijan처럼 투자자에 대한 선관의무, 주주권한강화empowerment 등과 같은 개념도 잘 알려지지 않은 국가들에서까지 주주가치를 발굴하고자 한다. 이런 국가를 대상으로 주주행동주의 투자를 하기 위해서는 개별국가 주식시장의 안정성보다 본인들의 안전에 신경을 쓸 필요가 있다. 어느 투자자는 우크라이나에 투자한 기업의 연차주주총회가 아무런 사고 없이 진행될 수 있도록 하기 위해 직접 여단 규모의 군인 및 전직 정부보안요원들을 고용한 사례를 묘사하기도 했다. 또다른 거물급 투자자는 시베리아Siberia에서 발생한 법적인 분쟁에서 뇌물에 현혹된 판사들로 인해 부당한 패소를 당했다.

이렇듯 신흥시장의 주주행동주의자들은 시장의 불투명성과 불합리가 존재하도록 암암리에 또는 공공연하게 유도하는 세력들과 최전선에서 겨루고 있다. 그 밖의 다른 나라들에서도 각자 나름의 문제점과 해결책을 가지고 있으며, 이 책은 캐나다, 프랑스France, 독일Germany, 스웨덴Sweden, 핀란드Finland, 덴마크Denmark, 노르웨이Norway의 주주행동주의활동들을 담고 있다.

주주행동주의자들이 전 세계 곳곳을 파고들면서, 이들의 영향을 받지 않는 곳을 찾기란 더이상 쉽지 않다.

소수의 주주들이 소수지분을 가진다는 것은 한 손만을 가지고 오케스트라를 지휘하는 것과 같이 무모한 행동이다. 여기서 우리는 이런 질문을 하지 않을 수 없다. 대체 이들은 어떻게 한 것일까? 만약 주주행동주의자들이 초대형 합병에 대한 또하나의 비밀을 풀었는지에 대한 숨겨진 이야기가 궁금하다면 이 책을 읽기를 권한다. 만약 당신이 주식 매매를 고려하고 있는 개인투자자, 또는 헤지펀드의 기능에 대해 좀더 알고 싶은 사람이라면, 이 책은 당신을 위한 책이다.

대안투자 전략을 통해 수익을 창출하고 싶거나, 주주행동주의자들이 어떻게 지속적으로 시장수익률을 상회하는 성과를 낼 수 있는지 알고 싶은 사람들에게도 이 책은 많은 도움이 될 것이다. 어떻게 소규모 주주행동주의 주주들이 대기업을 상대로 이렇게 강력한 힘을 발휘할 수 있는지에 대해 궁금한 전문투자자들도 이 책을 통해 이들의 생각에 대한 유용한 통찰력을 엿볼 수 있을 것이다. 또한 기업의 주식가치와 임원보수의 관계에 대해 관심이 있다면, 이 책을 추천한다.

나는 금융잡지 더딜이 주최한 행사의 패널단으로 이러한 포트폴리오 매니저들을 초대하는 역할을 해왔다. 내 동료들과 행사 참가자들은 이들 펀드매니저들을 가리켜 가장 화려하고 흥미로운 집단이라고 부른다. 청중들은 항상 행사가 종료된 후에도 끝까지 남아 더 많은 것을 배우고자 했다. 내가 주주행동주의 투자자자들에 대한 글을 쓴다는 사실이 알려졌을 때, 사람들은 무수히 많은 질문을 해왔다. 질문에 답을 해나갈수록 더 많은 질문이 쌓여갔다. 이 책이 그러한 질문들에 대한 충분한 대답이 되기를 바란다.

미국의 금융시장Wall Street이든, 캐나다 금융시장Bay Street이든, 실물경제Main Street든 간에, 주주행동주의자들은 인형극의 조정자처럼 전 세계 기업들의 뒤에서 자유자재로 이들을 움직이는 존재들이다. 이 책이 여러분들을 무대 커튼의 뒤로 안내할 것이다.

Part One

기업사냥꾼에서
주주행동주의자로…
그리고
그 사이의 모든 것

| 1장 |

주주행동주의의 성장과 기업사냥꾼들이 더이상 활동할 수 없는 이유

지난 수년간 미국을 비롯해 전 세계적으로 주주행동주의 헤지 펀드의 숫자가 크게 증가했다. 시카고Chicago의 데이터베이스 및 분석 업체인, 헤지펀드리서치(HFR: Hedge Fund Research Inc.)는 2006년 9 월 기준으로 펀드를 운용하고 있는 주주행동주의 헤지펀드 매니저들 이 약 150명으로, 2005년 77명 대비 약 두 배 증가했다고 발표했다. 또 2006년 이들 펀드의 자산규모는 1,170억 달러로 2004년의 486억 달러 보다 두 배가량 증가했다고 전했다. (도표 1.1 참조)

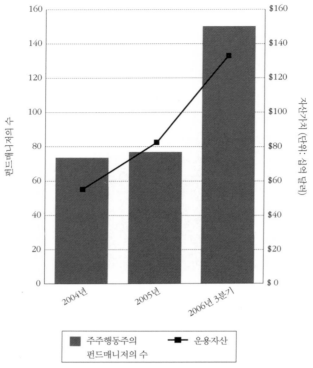

도표 1.1 주주행동주의 펀드매니저 수와 운용자산 규모
출처: 헤지펀드리서치

　　또한 주주행동주의자들은 지난 수년간 시장수익률보다 높은 수
익률을 기록한 것으로 나타났다. 헤지펀드리서치에 따르면, 대형주 벤
치마크로 유명한 S&P500은 2004년 10.86% 증가한 반면, 주주행동주
의자들은 같은 기간 23.16%를 기록했다. 2005년에는 주주행동주의자
들이 16.72%를, S&P500은 15.78%를 기록했다. 금융위기가 확산되면
서 자금을 보유한 주주행동주의 헤지펀드 매니저들에게는 많은 투자기
회가 발생했다. 필라델피아Philadelphia의 컨설팅회사, 헤지펀드솔루션

Hedge Fund Solution의 2008년 10월 보고서에 따르면, 미국 내 기업 열 개 중 한 개의 주식이 현금/주가가치 비율보다 낮은 가격에 거래되고 있는 것으로 나타났다. 주주행동주의가 확산되고 있는 유럽과 일본에서도 유사한 밸류에이션이 나타났다. 헤지펀드솔루션의 데미안 파크Damien Park 회장은 미국에서만 2008년 8월 54개, 9월 57개, 10월 50개의 주주행동주의 캠페인이 진행되고 있다고 집계했다. 또 주주행동주의자들은 다양한 범주의 기업들에 대해 경영에 참여하고 변화를 요구하고 있으며, 초기 타깃기업들의 대부분은 미국과 전 세계의 대기업들이었다. 이들은 2008년 한 해 동안 제일Zale Corporation, 홀푸드마켓Whole Foods Market Inc., CSXCSX Corporation, 선-타임스 미디어그룹Sun-Times Media Group Inc., 롱스 드러그스토어Longs Drug Stores Corporation 등과 같은 대기업 수십 곳의 경영자들을 대상으로 조사하고 경영에 참여했다. 주주행동주의 전략을 구사하는 재나파트너스Jana Partners LLC는 2008년 5월 시넷네트웍스Cnet Networks Inc.가 CBSCBS Corporation로 18억 달러에 매각되도록 했다. 과거에 주주행동주의의 표적이 되었던 기업들로는 GEGeneral Electrics Co., ABN 암로홀딩스ABN Amro Holding NV, 모토로라Motorola Inc., 타임워너, 맥도날드McDonald's, 웬디스Wendy's International Inc., 하인즈Heinz, 보다폰Vodafone Group plc, 캐드베리슈웹스Cadbury Schweppes plc, 커-맥기Kerr-McGee Corporation 등이 있다. 목록을 만들자면 끝이 없을 것이다.

한때 소수에 불과했던 주주행동주의자들이 오늘날 어떻게 영향력 있는 거대 세력이 되었는가? 그 답은 그들을 성숙한 주주행동주의자로 만든 여러 가지 요소들에 있다.

첫번째 이유는 주주행동주의자들을 포함한 모든 헤지펀드들이 개인 및 기관으로부터 추가적인 자금을 수탁받았다는 점이다. 두번째는 거래 위주의 주주행동주의 산업의 성장이다. 예를 들어 2004년과 2007년 사이 채권을 통한 자금조달방법이 쉽고 다양해지고, PE 바이아웃buyout 등의 M&A 거래 규모가 급증하면서 주주행동주의가 실현되는 데 더욱 좋은 환경이 되었다.

엔론, 월드컴Worldcom 등의 주요 기업들의 몰락으로 기업지배구조 향상을 위해 기업 경영에 참여하는 주주들은 더욱 신뢰를 얻고 있다. 이와 더불어 규제 및 법적 환경이 변하면서 한때 강력했던 기업사냥꾼들을 주주행동주의자들로 진화하게 했다.[1] 한편 전환차익convertible arbitrage 등, 한때 주목받던 전략들은 예전과 같은 수익률을 내지 못하고 있고, 이로 인해 투자자들은 주주행동주의 등의 새로운 접근법을 찾고 있다.[2]

여러 가지 요소들을 하나하나 알아보자.

제 1 요소: 자산 증가

헤지펀드리서치에 따르면, 2003년에서 2007년 사이, 헤지펀드의 운용자산 규모는 두 배로 증가하여, 1조 달러를 훌쩍 넘었다. 2007년 중반 헤지펀드의 자산은 약 1조 6천억 달러로 추산된다. 1996년만 하더라도 헤지펀드들은 고작 2,560만 달러를 운용했었다. 게다가 금융위기로 인해 투자자들이 환매함에 따라 헤지펀드 자산 규모도 줄어들었다. 하지만 주주행동주의 헤지펀드들은 그 숫자와 규모 면에서는 작았

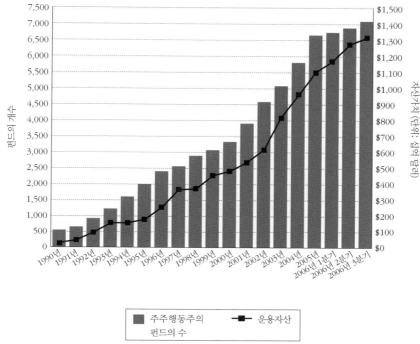

도표 1.2 주주행동주의 펀드 수와 운용자산 규모
출처: 헤지펀드리서치

지만, 산업 전체에서 커지고 있는 중요한 부분으로 자리잡았다. 헤지펀드리서치에 따르면, 주주행동주의 투자 규모는 전체 헤지펀드 산업에서 10% 정도 차지한다. (도표 1.2 참조)

　　또한, 다른 헤지펀드들에 투자하는 재간접헤지펀드는 본격적으로 주주행동주의자들과 투자활동을 함께하기 시작했다. 기부기금 endowment funds이나 연기금 담당자와 같은 기관투자자들은 특히 기업지배구조에 중점을 두는 펀드매니저를 포함한, 주주행동주의 투자자들에게 보다 많은 투자자산을 할당하고 있다. 결과적으로, 주주행동주의 펀드매니저들은 소수의 개인 고액자산 투자자들이 주요 고객이었던 10년 전과는 다른 투자환경을 경험하고 있다. 운용자산이 많아진 주주행동주의자들은 더욱 높은 수익률을 기대하는 투자자들의 눈높이를 맞추기 위해 보다 많은 숫자의, 보다 규모가 큰 기업들을 표적으로 삼아야 한다는 부담감을 가지고 있다.

제 2 요소: 거래 흐름

2000년대 초반, 미국을 비롯한 많은 국가들은 M&A 활동이 크게 늘어나는 것을 경험했다. 거래가 많아지고 거래 참여자도 그 수가 증가함에 따라 주주행동주의자들도 주식가치 창출 전략의 일환으로 타깃 기업에 M&A 압력을 넣을 수 있는 기회가 많아졌다.

실제로 주주행동주의 헤지펀드 매니저들이 M&A 거래 및 합병 프리미엄 높이기에 대한 압박을 행사하는 등의 이유로 인해, 딜 점핑(deal jumping, 역주: M&A 거래시 가격 급등 현상)이라 불리는 현상도 나타났다. 기업이 M&A에 동의하면, 침입자interloper로 알려진 또다른 기업이 다가와 타깃기업에 대한 매수가를 제시한다. 주주행동주의자들은 이 상황에서 딜 점핑 현상을 부추긴다. 이들의 목표는 입찰전쟁을 일으켜 주가를 올리는 것이다.

버라이즌Verizon이 MCIMCI Inc.를 인수할 때의 사례를 보자. 이동통신사업을 하던 MCI는 당시 퀘스트Qwest Communications International Inc.와 인수 협의를 한 상태였다. 그럼에도 불구하고, 버라이즌은 새 인수가격을 제시했다. 퀘스트와 버라이존은 경쟁적으로 입찰가를 올리기 시작했고, 주주행동주의 헤지펀드 매니저들은 주가 밸류에이션 상승을 부추겼다. 당시 주주였던 엘리엇 어소시에이트Elliott Associates LP는 2005년 2월, MCI가 퀘스트보다 100만 달러 낮은 입찰가를 제시한 버라이존에 매각되는 것에 반대표를 행사했다. 엘리엇 어소시에이트는 MCI 이사회에 이 내용을 편지를 통해 전달했다. MCI의 이사회는 결국 버라이존의 81억 달러 제안을 승인했다. 비록 퀘스트의 입찰가 97억 5,000만 달러보다 14.4%나 적은 금액이었지만, 버라이존이 처음 제시한 금액에 비하면 엄청난 프리미엄이 붙은 것이었다[3]. 일부 주주행동주의 헤지펀드 매니저들은 네덜란드계 은행 ABN 암로 인수를 위한 은행들 사이에서 이와 유사하면서도 규모가 훨씬 큰 수십억 달러 단위의 입찰경쟁을 하기도 했다.

제 3 요소: 사모펀드

최근의 뚜렷한 추세 중 하나로, 수십억 달러의 자산 규모를 가진 사모펀드(PE: Private Equity)의 성장을 들 수 있다. 사모펀드는 다수의 투자자들을 하나의 펀드로 모아 주로 저평가된 기업을 매수하고, 기업가치 향상에 집중하는 경영진을 조직하는 등 다양한 방법을 통해 기업을 개선한다. 사모펀드회사는 투자한 기업의 구조조정이 완료되면, 기업을 매각하거나 주식 상장 등의 출구전략을 모색한다. 이러한 사모펀드의 존재는 '잠재적인 기업 매수자' 세력을 키워주며, 특히 행동주의자가 타깃기업의 합병을 요구하는 경우 그 가능성을 높여주는 역할을 해왔다. 그러나 사모펀드는 최근 신용 규제의 첫번째 희생자가 되었다. 시장 신뢰가 낮아지면서, 사모펀드들은 잠재적 기업 매수자로서의 존재감을 일시적으로 감추고 있다. 디처트Dechert LLP의 조지 메이진George Mazin 파트너는 사모펀드의 숫자가 증가하고, 이들의 자산 규모가 커짐으로 인해 행동주의 투자가 확실히 활발해졌다고 언급했다. 2005년과 2006년은 바이아웃펀드buyout fund들에게 중요한 해였다.

　　뉴욕에 본사를 두고 있는 투자은행인 모건조지프는 2006년 '주주행동주의 시대의 경영'이라는 보고서를 통해 사모펀드 산업이 행동주의자들에 의해 강제로 매각되는 기업들에 대해 준비된 매수자 시장을 형성했다고 발표했다. 또한 다양한 권한 이임 방식을 통해 주식 펀드 종류가 다변화되면서 바이아웃펀드의 요구조건을 충족하는 기업들도 많아졌다고 전했다.[4]

　　휴스턴Houston에 소재한 교정시설 시공 및 운영 회사 코넬의 CEO 제임스 하이먼James Hyman은 행동주의자들과 사모펀드들 사이의 연관성이 뚜렷하다고 말했다. 하이먼은 2005년, 행동주의자들이 코넬의 전 CEO를 사임하도록 압박한 뒤, 대표이사직을 맡게 되었다. 그의 임기는 짧았다. 회사는 2006년 10월 뉴욕의 바이아웃펀드인 베리타스캐피털Veritas Capital에 매각되었다.[5]

　　하이먼은 이들이 서로에게 조력자 역할을 했다고 말한다. 사모펀드들이 헤지펀드들에게 기업을 방임하도록 만들고, 행동주의자들이 기업 지분을 인수해 매각하도록 압박해, 사모펀드회사들이 기존에는 엄두를 내지 못했던 사업부나 기업 전체를 소유할 수 있도록 했다는 것

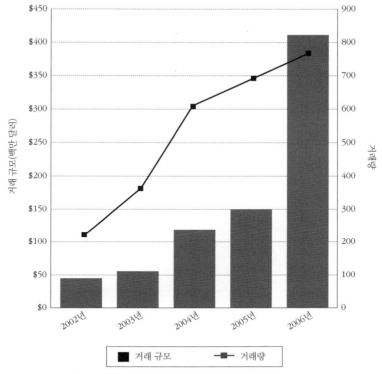

도표 1.3 M&A 거래 규모와 거래량

출처: Mergermarket, an M&A intelligence and research service, 2006

이다.

　　이와 관련된 현상으로, 행동주의자 자신들도 어떤 경우에는 기업가치 향상의 의도를 가지고 입찰에 참여해 기업을 인수하는 등 바이아웃펀드를 모방했다. 일부 행동주의자들은 최종 인수를 위해 전략적 또는 전통적 사모펀드회사를 선호한다. 바이아웃펀드의 제안과 인수 거래가 폭발적으로 성장하는 M&A 시장 환경에 영향을 미친 것이다. (도표 1.3 참조)

예전과는 다르게 차입매수leveraged buyouts를 위한 차입뿐 아니라 다양한 자본조달방법이 생겨났으며, 전체적인 차입비용도 과거보다 낮아졌다. 행동주의 펀드매니저들은 차입비용이 낮아짐에 따라 기업이 차입을 통해 차입증가형자본재편(leveraged recapitalization, 역주: 부채수준을 높이고 조달금을 통해 자사주매입이나 특별 주주 배당을 하는 것)을 진행하도록 압박하는 것에 관심을 갖게 되었다. 모건조지프의 램퍼트Lampert는 거래를 갈구하는 행동주의 주주들로부터 압박을 받는 기업 CEO들이 자신이 경영하는 기업을 상장폐지하거나 차입증가형자본재편을 시행하면서 보다 다양한 자금조달방법을 이용할 수 있었다고 말한다.

헤지펀드의 부채조달 개념을 일찍이 도입한 뉴욕의 헤지펀드 및 바이아웃전문업체 서버러스Cerberus Capital Management LP는 10년 이상 자금조달을 제공해왔다. 그리스 신화의 지옥문을 지키는 머리가 3개 달린 개를 의미하는 서버러스는 2006년 제너럴모터스General Motors의 금융부서인 GMACGeneral Motors Acceptance Corporation을 인수했다. 이후 2007년, 서버러스는 놀랍게도 다임러-크라이슬러DaimlerChrysler AG로부터 74억 달러에 미국 거대 자동차회사인 크라이슬러그룹Chrysler Group까지도 인수했다. 이 거래는 그 어떠한 M&A보다도 바이아웃펀드와 헤지펀드들이 세간의 주목을 받으며 국가적 논쟁의 대상이 되었다. 그러나 시장의 혼란 속에, 크라이슬러와 지맥은 시련을 겪게 되었다. 이 두 자동차회사는 2008년과 2009년에 수십억 달러의 정부 긴급구제지원을 받았다.

제 4 요소: 부정사건

2001년 엔론 사태, 연이은 월드컴, 글로벌크로싱Global Crossing Inc.의 파산, 그리고 몇몇 주요 기업의 부정사건으로 인해, 미국 정부는 분명하고 명확한 조치의 필요성을 느끼게 되었다. 미 의회 의원들은 기업들이 다시는 수백만 달러를 유용하지 못하도록 관련 법안을 통과시켰다. 2008년, 담보대출과 파생상품으로 인해 무더기로 발생한 규제 문제들은 결국 리먼브러더스Lehman Brothers의 파산 및 뱅크오브아메리카Bank of America, 씨티그룹Citigroup, AIGAmerican International Group에 대한 초대형 정부긴급지원bailouts을 야기했다. 결과적으로 규제당국은 시장 통제 및 금융산업 제제 강화를 위한 입법적 조치를 다시 한번 취하게 되었다.

2002년, 폴 사베인즈Paul Sarbanes 상원의원과 마이클 옥슬리 Michael Oxsley 하원의원이 공동작성한 사베인즈−옥슬리 법(Sarbanes− Oxley Act, 이하 SOX)은 기업의 이사회 및 회계관행을 개혁하는 촉매제가 되었다. 그후 얼마지나지 않아 대표자 자격이나 감사의 독립성을 요구하며 논란이 되었던 기업지배구조 관련법이 시행되었다. 나스닥(NASDAQ: The Nasdaq Stock Market Inc.)과 뉴욕증권거래소(NYSE: New York Stock Exchange)는 상장사들이 경영진과 재정적, 또는 혈연적 관계가 없는 사외이사 비중을 높이도록 하는 규정을 채택했다. 이러한 규정들은 주주 전체가 아니라 CEO의 이익을 위해 일하는 내부자들로 구성된 이사회의 문제를 해결하기 위한 것이었다. 이 규정과 더불어 2008년, 2009년 발생한 금융위기는 기업지배구조를 중시하는 주주행동주의자들에게 기회가 되었고, 이들의 주주경영참여 방식이 세상의 주목을 받기 시작했다. 기존에 수동적이었던 기관투자자들 중에서도, 이사회 내 사외이사 비중 등 기업지배구조 전략을 중시하는 기관들을 중심으로 주주행동주의자들에게 기회를 주려 한다. 최근 주주행동주의자들이 기업지배구조에 주목하면서 시장의 신뢰를 얻게 되었고, 이로 인해 변화에 대해 더욱 큰 목소리를 낼 수 있게 되었다. 과거에 기업에 투자하면서 많은 실패를 경험했던 기관투자자들은 이제 더욱 투명한 기업 경영을 위해 이사회 구성원을 교체하고자 하는 주주행동주의자에게 더 많은 지원을 한다. 모건조지프의 앤드루 시프턴Andrew Shiftan은 "시장에는 항상 고전하는 기업과 형편없는 이사회가 있다. 하지만 이들을 개선하고자 나서는 펀드는 많지 않았다."고 말한다.

리먼 사태 이전의 기관투자자들은 기업에 대한 신뢰를 잃은 주식을 매도함으로써 이사회에 대한 반대의사를 표명하거나, 경영진의 문제를 받아들이고 지분을 보유했다. 금융위기가 도래하면서 과거 수동적이었던 기관투자자들은 주주행동주의자들을 지지하거나, 본인 스스로 주주행동주의자가 되었다.

코퍼러트 라이브러리Corporate Library의 넬 미노우Nell Minow는 주식시장에 수십억 달러를 투자하고 있는 연기금과 같은 기관투자자들이 기업지배구조 강화의 중요성을 이해하기 시작했다고 말했다. 그녀는 "이들도 주주행동주의자들을 돕는 것이 기업에 필요한 지배구조 변화에 가장 좋은 방법이라는 것을 인정하고 있다"고 언급했다.

헤지펀드솔루션의 데미안 파크는 좋은 의도를 가진 주주행동주의자들이 기업지배구조를 개선함으로써 장기적으로 주가를 높일 수 있다고 말했다. 그러면서 그는 기업지배구조 전문가라고 자칭하면서 다른 주주들의 비용을 통해 개인적인 이득을 챙기려는 가짜들이 많다고 말한다. 진정한 기업지배구조 주주행동주의자들은 참을성이 있으며 개선이 되기까지 시간이 필요하다는 것을 잘 안다. 일부 CEO들은 기업지배구조 주주행동주의자들에게 상장폐지라는 방식을 통해 대응하기도 한다. 규제 관련 비용이 정점에 달하고, 실력과 자질을 갖춘 이사들을 찾는 데 어려움을 겪는 기업들이 많아지면서, 상장을 폐지하는 기업도 늘어났다. 컬럼비아 경영대학Columbia School of Business의 글렌 허버드Glen Hubbard 학장과 워싱턴의 싱크탱크think tank 브루킹스 인스티튜션Brookings Institution의 회장이자 골드만삭스Goldman Sachs&Company 前前 회장인 존 손턴John Thornton이 이끄는 민간단체는 2006년 11월 보고서를 통해, SOX와 법과 관련된 최소 규정 기준법은 많은 기업들이 공모시장에 진입하지 않도록 만드는 주요 요인 중 하나였다고 밝혔다.[6] 이 보고서에 따르면, 이 법률의 제404항 '기업 내부통제의 재무적 보고'가 많은 수의 상장기업들, 특히 소형 회사들에게 적대적인 환경을 조성했다고 한다. 보고서에 따르면, 제404항을 준수하는 데 소모되는 비용이 법률 시행 후 첫해 동안 기업당 평균 436만 달러였다.[7]

　　많은 CEO들이 금융업계의 단기실적 기대에 대한 끊임없는 압박에 지치고, 상장 유지 비용이 증가하면서 상장폐지를 고려하게 되었다. 주주행동주의자들은 이러한 요인들을 인지해왔으며, 기관투자자들과 함께 기업들에 차입매수라는 마지막 공세를 펼치려 하고 있다.

제 5 요소: 역사적인 근원

주주행동주의자들이 어떻게 행동하는지 알기 위해서는 먼저 이들의 근원을 알아야 한다. 이들이 어디에서 왔는지가 오늘날 이들이 구사하는 전략의 많은 부분을 설명한다. 지금의 주주행동주의자들의 조상이라 할 수 있는 1980년대의 기업사냥꾼들은 오늘날 활동하고 있는 주주행동주의자들에게 영감과 가르침을 주는 존재였다. 오늘날 획기적이라 불리는 주주행동주의자들도 아마 이들이 없었다면 존재하지 않았을 것이다.

하지만, 1980년대 이전에도 세력은 작았을지라도 기업에 변화를 요구하는 주주들이 존재했다. 1940년대와 1950년대에는 토머스 멜론 에번스Thomas Mellon Evans, 루이스 울프슨Louise Wolfson, 리어폴드 실버스타인Leopold Silberstein 등과 같은 투자자들이 저평가된 기업들 중 현금을 지나치게 많이 보유하고 있는 곳에 변화를 요구했었다. 이 시기는 투자정보에 대한 엄격한 공시를 요구하는 규제당국의 역할이 부재했기 때문에, 많은 면에서 서부 개척기와 같이 거친 주주행동주의가 보였다. 주주행동주의 투자자들은 다른 사람들이 이들의 존재를 알기 전에 상당한 규모의 타깃기업 지분을 매수할 수 있었다. 다이애나 엔리케스Diana Henriques는 자신의 저서『월스트리트의 백상어White Shark of Wall Street』를 통해 울프슨이 어떻게 자신의 목적에 따라 시카고의 백화점체인 몽고메리 워드Montgomery Ward에 성공적으로 변화를 일으켰는지 설명하고 있다.[8]

울프슨은 1954년 몽고메리 워드 지분의 6.5%를 매수하고 이사진 축출을 위한 캠페인을 벌였다. 그의 궁극적인 목표는 이 회사의 CEO, 슈얼 에이버리Sewell Avery를 물러나게 하는 것이었다. 이사 3명을 선출하고 결국 에이버리를 사임시키기 위해 울프슨이 제시한 이사후보자 추천명단에 대해 투자자의 30%가 동의했다. 결국 몽고메리 워드는 울프슨이 요구하는 다른 개선사항을 시행에 옮겼고, 회사의 주가는 급격하게 상승했다. 1950년대 기업사냥꾼들의 타깃이 되었던 그 밖의 회사들로는 프랫&휘트니Pratte&Whitney와 20세기폭스Twentieth Century Fox 등이 있다.[9]

1980년 기업사냥꾼들 중 일부는 이와 같은 초기 기업사냥꾼들을 통해 영감을 받았다. 그러나 미국 및 전 세계의 기업들에 변화를 도모하는 현재의 많은 주주행동주의자들이 단지 초기 기업사냥꾼들의 연장선에 있는 것인지 아니면 이것이 새로운 현상인지는 논의할 여지가 있다. 우선 정의의 문제가 있다. 1980년대 기업사냥꾼들은 일반적으로 기업에 대하여 적대적 인수를 시도한다. 어떤 경우에는 마치 대대적인 창고 세일과 같이 기업을 매수한 뒤 사업부와 자산을 분리하여 매각하는 방식으로 청산하기도 한다. 실질적으로 기업사냥꾼이 나타나기 전의 기업의 모습은 더이상 존재하지 않게 된다. 또다른 경우, 기업은 이러한 주주들에 의해 청산되지 않게 하기 위해 이들이 과격한 캠페인을 중단하고 회사를 괴롭히지 않도록 유인하기 위한 인센티브, 즉 그린메일 방식을 통해 이들에게 주가에 프리미엄을 넣은 가격으로 지분을 매수한다. 다른 투자자들은 받지 못하는, 특별히 지급되는 주가에 대한 프리미엄인 그린메일은 1980년대에 두드러진 탐욕적인 시대환경과 연관된 것으로 여겨진다. 기업사냥꾼들의 전략은 타깃기업에게 두 가지

옵션을 제공했다. 기업을 전략적 투자자에게 매각하거나, 기업사냥꾼들에게 그린메일 제안을 하고 물러나게 하는 것이다. 기업사냥꾼 입장에서는 어느 옵션이든지 이익이 된다. 오늘날의 주주행동주의자들과는 달리, 1980년대 기업사냥꾼들은 타깃기업의 경영진들과 협력을 통해 기업가치 향상을 추구하지 않았다. 그저 이들은 주가 향상을 위해 임원 보수 계획을 수정하도록 이사회를 압박하는 정도였지, 기업지배구조상의 변화를 요구하지는 않았다. 당시에는 그렇게 할 수 있는 장치가 마련되어 있지 않았기 때문이었다.

이 기업사냥꾼들이 오늘날 기업의 변화를 촉구하는 주주행동주의자들에게 동기부여를 해왔다. 주주행동주의를 실천하는 이들 중 다수는 칼 아이칸Carl Icahn, 애셔 에델먼Asher Edelman, 로널드 펄먼Ronald Perelman, 분 피컨스T. Boone Pickens 등과 같은 기업사냥꾼들을 위해 일했었다. 1980년대의 기업사냥꾼들은 새로운 시장의 법칙을 따라야 했지만, 일부는 당시와 유사한 수익 구조를 바탕으로 오늘날에도 거대한 세력을 이루며 활발히 활동하고 있다.

예를 들어, 수십억 달러의 자산을 보유한 억만장자 아이칸은 20년 전과 같은 방식으로 부지런히 기업들을 압박하고 있다. 1980년과 1981년, 그는 제지회사 해머밀Hammermill Paper Company과 대결을 펼쳤다.[10] 아이칸은 해머밀 의결주의 10%를 인수하고 적대적 인수를 계획했다. 그는 회사를 장악하고 자산을 경매에 부쳐 청산하려 했다. 그러나 아이칸은 회사가 자신의 지분에 프리미엄을 붙여 매입하겠다는 제안을 받아들이고 적대적인 계획을 중단하였다.[11] 1984년에는 전동차 제작업인 아메리칸카&파운드리American Car&Foundry Company를 인수하여,[12]

일부 자산을 청산하고 기업의 실적을 개선시켰다.

2006년 아이칸은 1980년대 자신의 적대적 M&A를 연상시키며 KT&G에 100억 달러 규모의 적대적 매수를 제안했다. 기존의 제안들과 유사하면서도, 아이칸이 표적으로 삼은 지구 반대편에 위치한 KT&G의 사례에는 몇 가지 차이점이 있었다. 그중 하나는, 아이칸 및 1980년대 기업사냥꾼들 중 현재까지 활동하는 투자자들은 이들에게 영향을 받은 다음 세대 투자자들이 가득한 환경에서 활동하고 있다는 점이다. 아이칸의 KT&G 인수 건은 기회를 처음 포착한 워런 리히텐슈타인Warren Lichtenstein이라는 새로운 주주행동주의자의 지원으로 성사되었다. 리히텐슈타인은 결국 KT&G의 이사회 의석 1개를 확보하였고, 기존의 기업사냥꾼들과는 다르게 기업주가 향상을 위해 현재 경영진들과 협력하고 있다. 아이칸은 전형적인 기업사냥꾼이라는 인식이 널리 퍼져 있어서, 투자방식을 바꾸기도 어렵다. 그래서 그는 여전히 공격적인 투자만을 하고 있다. 밸류액트ValueAct Capital의 제프리 우벤Jeffrey Ubben은 "칼 아이칸이 기업에 전화를 걸어 '당신 기업에 대해 좀 알고 싶군요'라고 말하는 것은 상상도 안 됩니다."라고 말했다.

아이칸 이외에도, 석유업자에서 기업사냥꾼으로 변신한 분 피컨스는 1980년대 에너지 기업에 대한 도발로 유명했다. 그의 전략은 기업 매수 후 분할을 통해 주식가치를 높이는 방식이었다. 기업사냥꾼의 적대적 인수로 인해 가장 큰 고통을 받는 사람들은 타깃기업에서 일하는 직원들, 특히 구조조정으로 실직하는 이들이다. 피컨스는 에너지 기업에 대한 기업사냥꾼으로 유명했다. 그는 현재 시트고Citgo에 속한 시티스 서비스 컴퍼니Cities Services Company를 1982년에 분할하려 한 바 있다. 그후, 그는 유노컬Unocal Corporation, 필립페트롤럼Phillips Petrolum Company, 걸프오일Gulf Oil Corporation과 같은 다른 에너지 기업들에도 눈을 돌렸다.[13]

또다른 1980년대 기업사냥꾼이며 '기업청산가 어윈'이라고도 알려진, 미니애폴리스Minneapolis 주의 어윈 제이컵스Irwin Jacobs는 압박을 통해 많은 기업에 변화를 일으켰다.[14] 1989년 그는 화장품 및 미용제품 직판업체인 암웨이Amway Corporation과 합세하여 암웨이의 경쟁사인 에이본 프로덕츠Avon Products Inc.의 지분 10%를 확보하고 기업 매각의 압력을 가했다.[15] 그가 타깃으로 했던 다른 기업들로는 월트 디즈니Walt Disney Company와 ITT 등이 있다.

기업사냥꾼들을 위해 일하면서 많은 것을 배우는 경우도 있다. 1980년대 카날-랜돌프Canal Randolph Company, 럭키스토어Lucky Stores Inc., 벌링턴인더스트리스Burlington Industries Inc. 등의 기업에 도발했던 기업사냥꾼 애셔 에덜먼 밑에서 일하던 이매뉴얼 펄먼Emanuel Pearlman과 배리 로젠스타인Barry Rosenstein은 독립의 길을 걸었다.[16] 에덜먼은 유나이티드 스톡야드United Stockyards의 모회사인 카날-랜돌프 이사회를 장악해 사업부들을 매각한 바 있다.[17]

로젠스타인은 에덜먼에게서 독립한 후 에너지 기업에 대한 도발적인 접근에 집중하는 주주행동주의 펀드인 재나파트너스를 설립했다. 경영대학원을 마친 후 3년간 에덜먼 밑에서 일했던 펄먼은 기업사냥꾼들과 일한 경험이 자신에게 영향을 미친 것은 사실이지만, 자신이 운영하는 주주행동주의 헤지펀드 리버레이션Liberation Investment Group의 투자전략을 대변한다고 하는 것은 지나치다고 말한다. 펄먼은 리버레이션에서 오히려 '당근과 채찍' 접근법을 활용한다. 펄먼은 "우리는 많은 일에서 주주행동주의를 실천하려 한다. 경영진에게 찾아가 격식 있게 대화를 나누고 기업에 좋은 변화를 일으키도록 설득한다. 만약 이 같은 방법이 잘 통하지 않으면 보다 사회적인 주주행동주의 자세를 취한다."고 말한다.

1980년대 스타일의 기업사냥꾼들이 자취를 감춘 데에는 많은 요인이 있다. 우선은 당시 투자자들이 기업사냥꾼들로 인해 손실을 보았다는 것이다. 또 1990년대 초부터 많은 주식시장 관련법이 개정되면서, 주주들은 기업사냥꾼들의 도움 없이도 투자한 기업의 투명성을 확보할 수 있게 되었다. 기업들도 적대적 기업사냥꾼들을 쫓아내기 위해 포이즌 필poison pills과 같은 적대적 M&A에 대한 보호막을 설치했다. 주주권리계획shareholder rights plan이라고도 불리는 포이즌 필은 기존 주주들이 적대적 매수 시도가 있을 때 시가보다 낮은 가격에 새로운 주식을 매수할 수 있게 함으로써 적대적 매수자가 이사회의 승인 없이는 지배지분을 확보할 수 없도록 하는 기업들의 경영권방어의 수단이다.

미국 기업의 약 50%가 등록되어 있는 델라웨어 주는 타깃회사의 지분 15% 이상을 가지는 기업사냥꾼은 적대적 인수를 할 수 없도록 하는 법안Section 203을 통과시켰다. 이 법안은 본질적으로 이사회가 승인하는 경우를 제외하고, 타깃회사의 자산을 3년간 동결시킬 수 있게 했다.[18] 뉴욕과 매사추세츠Massachusetts 주에서도 이와 유사한 법안이 채택되었다. 델라웨어 주 법과 적대적 인수 방어수단으로 인하여, 기업사냥꾼들은 협상테이블로 나와 이사회와 임원들을 만나야만 했다.

주주행동주의 펀드인 뉴캐슬Newcastle Capital Group LLC의 CEO, 마

크 슈워츠Mark Schwarz는 기업사냥꾼들의 전성기가 지난 또다른 이유로 오늘날의 환경에서는 기업사냥꾼들이 1980년대보다 차입금을 마련하는 데 어려움을 겪고 있기 때문이라고 지적한다. 1980년대, 유명한 금융업자인 드렉셀번햄램버트Drexel Burnham Lambert Inc.의 마이클 밀켄Michael Milken은 적대적 인수에 대해 정크본드 기반의 자금을 지원했다. 밀켄은 재무 관련 혐의로 징역형을 살았다. 요즘에는 적대적 인수에 지원하기 위해 대기하고 있는 자금이 따로 존재하지 않거나, 이러한 자금을 찾기도 어려운 상황이다. 슈워츠는 주요 대출기관들이 기업인수자들의 적대적 M&A에 대해 자금을 대출할 수 없도록 법으로 규정되어 있기 때문에, 더이상 미국의 대형 회사들에 대해 적대적 인수를 추진할 수는 없을 것이라고 말한다. 사실, 미연방준비제도이사회(FRB: Federal Reserve Board)는 기업사냥꾼 세력이 급증하자, '셸 컴퍼니(shell corporations, 역주: 페이퍼 컴퍼니 또는 외형만 유지하는 회사로서 M&A 이후 타깃기업을 그대로 흡수해 버리는 회사)'들이 적대적 인수를 위해 부채를 조달하는 것을 금지했다.[19] 이러한 법안은 아이칸과 피컨스와 같이 셸 컴퍼니를 세워 적대적 M&A를 시도하는 기업사냥꾼들을 겨냥한 것이었다.

오늘날의 주주행동주의자들이 적대적 M&A를 완수하려면 내부적으로 상당한 자금을 조달해야 한다. 이는 현실적으로 적대적 M&A가 일어날 확률이 현저히 낮아졌으며, 기업을 인수한 후 사업부를 분리하여 개별적으로 매각하는 것이 거의 불가능함을 의미한다. 일부 거대 기업사냥꾼들이야 적대적 M&A를 할 수 있는 자금과 의지를 가지고 있을 수도 있지만, 거의 대부분의 경우 자금이 부족하여 더이상 적대적 M&A를 진행할 수 없는 상황이다.

대중적인 인지도가 높아진 것도 중요한 역할을 했다. 비평가들은 기업사냥꾼들에 대해 타깃기업의 성장에는 특별한 관심이 없는 불만 많은 투자자들이라고 지칭했다. 최근 5년 사이에 등장한 일부 주주행동주의자들에게도 해당될 수 있는 표현일지 모르나, 주주행동주의자 대부분을 포괄하는 표현은 아니다. 다수의 주주행동주의자들은 기업 분할보다 비공식적으로 기업의 경영진과 기업 개선을 통한 가치 향상을 추구한다.

주주행동주의자들이 1980년대 기업사냥꾼들과 확연히 다르다고 믿는 사람들은 1986년도에 발생한 사건을 주목한다. 그해, 랠프 위트워스Ralph Whitworth는 소액주주들을 대변하는 단체인 주주연합협회(USA: United Shareholders Association)를 창설했다.

51세인 위트워스는 오늘날 매우 성공적인 주주행동주의 펀드이자 투자기업의 지배구조 개선에 초점을 맞춘 릴레이셔널 인베스터Relational Investors를 운용하고 있다. 2006년 그는 홈디포 CEO 겸 대표이사였던 로버트 나델리Robert Nardelli의 퇴진을 이끈 중심인물이었다. 위트워스는 홈디포가 나델리에게 부당하게 지급한 보수와 부진한 주가실적을 문제삼았다(6장 참조).

위트워스는 1986년부터 예전 자신의 보스였던 피컨스와 기타 투자자들에게서 종잣돈을 받은 주주연합협회를 운영하고 있었다. 이들의 의도는 규모는 작지만 급성장하고 있는 주주행동주의 투자자들이 기업들과의 협상에서 영향력을 키울 수 있도록 하는 것이었다.[20]

주주연합협회에서 커뮤니케이션과 리서치 부문 이사를 역임했었던, ISSInstitutional Shareholder Services의 팻 맥건Pat McGurn은 주주연합협회가 기업지배구조 및 주주가치 개선에 중점을 두고 활동한 최초의 소규모 투자자 단체라고 강조했다. 회원들은 연간 약 50달러 정도의 명목상의 회비를 냈다. 이 협회는 위트워스가 이끄는 동안에만 회원수 1천 명을 넘었으며 워싱턴의 K 스트리트 1667번지 사무실에서 10명 남짓 되는 직원들로 구성되었다.

맥건은 "포천 500대 기업 CEO들이 우리의 사무실로 울상을 하고 들어와 자신들의 입장에 대해 말하고 간다"고 말했다.

1989년, 주주연합협회는 지배구조에 문제가 있다고 판단되는 50개 기업을 타깃으로 하는 기업 행동주의 프로그램을 실시했다. '타깃 50'이라고 이름 붙여진 이 프로그램의 시작은 미약했다. 프로그램 시행 첫해에는 일부 회사들만 주주연합협회의 전화에 응답했으며, 기업지배구조 개선을 요구한 주주들의 제안도 다른 투자자들로부터 평균 17%만의 지지를 받았다.[21] 하지만 1993년 주주연합협회 회원들이 채택한 제안사항은 평균 44%의 지지를 받았고 기업 임원진들과의 협상을 통해 22개 사안에 대한 동의를 받아냈다.[22] 기업들은 갈등 관계에 있는 이사들을 퇴출시키고, 황금낙하산(golden parachute, 역주: 고액의 퇴직금제도) 계약을 삭제하기로 동의했다.[23] 1992년에는 텍사스Texas 휴스턴의 쿠퍼 인더스트리스Cooper Industries가, 애리조나 피닉스Arizona Phoenix의 다이얼Dial이 그러했던 것처럼, 이사후보추천위원회를 사외이사들로만 구성되도록 재조정하는 것에 동의했다. 1993년, 폴라로이드Polaroid는 주주들에게 투표권을 부여하고, 전액 현금 인수제안이 들어올 경우 포이즌 필 조항을 삭제하도록 해당 정관을 개정하는 것에 동의했다. 주주연합협회와 합의에 이른 다른 기업들로는 웬디스, 월풀Whirlpool, 타임워너, 유니시스Unisys 등 무수히 많다. 소수주주 집단은 타깃으로 정한 기업들에만 직접적인 영향을 미치는 것뿐만 아니라, 규제당국이 주주들에게 이사선출과 투자자와 기업 간의 소통 등에 대한 사안에 힘을 실어주는 데 효과적이었다.[24]

맥건은 위트워스가 최근 릴레이셔널에서 성공적인 성과를 이루어낸 것은 그가 주주연합협회에서 쏟은 노력의 결과라고 말한다. 또한 위트워스는 ISS에서도 기업지배구조를 활용한 투자법에 대한 이해도를 높였다.[25] 맥건은 "위트워스는 주주연합협회에서 기업 경영진들과 소통하는 기술을 갈고닦았다. 그는 기업지배구조 개선을 통해 성과 향상을 성공적으로 이루어낼 수 있다고 믿었다."고 전했다.

또한 1995년 릴레이셔널의 설립은 기업사냥꾼 스타일에서 기업지배구조 주주행동주의 방식으로의 커다란 전환점이 되었다. 릴레이셔널은 설립 당시 자사를 저평가 부실기업을 압박하여 기업지배구조 등을 개선하는 데 중점을 두는 특별한 펀드라고 홍보했다.

릴레이셔널은 여러 가지 면에서 기존의 기업사냥꾼의 모습을 탈피한 첫번째 주주행동주의 펀드였다. 이 펀드는 경영진들과 협력을 통해 공통된 이해를 만들면서 기업가치 향상 방안을 모색했다. 기업지배구조 전문가들은 이 부분이 기업사냥꾼에서 진정한 주주행동주의로 최초로 변화한 중요한 순간이었다고 인정한다. 릴레이셔널은 피컨스와 일했던 또다른 투자자인 데이비드 배첼더David Batchelder가 공동창업한 것이다. 리버레이션의 펄먼은 "위트워스가 기업사냥꾼이라는 부정적인 개념을 주주경영참여를 통한 기업지배구조 접근이라는 긍정적인 개념으로 바꾸어놓았다"고 말한다.

위트워스의 펀드가 세상에 모습을 드러내자 기관투자자와 주주행동주의 헤지펀드들 사이의 관계에도 전환점이 되었다. 릴레이셔널은 전대미문하게도 기관투자자들의 지지를 받는 것에 성공했다. 일반적으로 고액자산가로부터 자금을 지원받는 기업사냥꾼들과는 달리, 배첼더와 위트워스의 펀드는 장기적으로 운용되는 공적 연기금인 캘리포니아 공무원연금(CalPERS: California Public Employees' Retirement System, 이하 캘퍼스)로부터 첫 투자금을 유치했다. 캘퍼스는 릴레이셔널이 투자기업의 경영에도 참여하고 때로는 저평가 부실기업을 압박하여 기업지배구조를 개선시킬 것을 기대하면서 릴레이셔널에 자산을 배분했다.

또한 릴레이셔널은 캘퍼스의 도움으로 비슷한 연기금들의 지원도 손쉽게 얻을 수 있었다. 이 모든 자금 지원을 통해 릴레이셔널은 이사회 회의에서 임원들에게 보다 큰 목소리를 낼 수 있었다. 이후 많은 수의 주주행동주의자들이 기업지배구조 개선을 주가 향상의 수단으로 활용하는 릴레이셔널의 방식을 모방해왔다.

오늘날의 주주행동주의자들은 일반적으로 변화를 일으키려는 기업의 경영에 참여하는 전략을 택해왔다. 이 전략의 한 가지로, 주주행동주의자들은 기업 경영진들을 만나 우호적이고 동등한 관계에서 주가 개선을 위한 의견을 나눈다. 일부 주주행동주의자들이 처음부터 칼자루를 손에 쥐고 요구사항부터 제시하는 경우도 있는 것이 사실이다. 하지만 대부분의 주주행동주의자들은 비공개적으로 문제를 해결하려고 하고, 만약 그것이 실패하면 보다 도발적인 기업사냥꾼 스타일로 접근한다. 상황이 이 정도까지 이르면 주주행동주의자는 어떤 반응을 유도하기 위해 기업에 적대적 인수제안을 보낸다. 뉴욕에 기반을 둔 디처트의 조지 메이진 파트너는 "냉정하게 전략적으로 계산하는 기업사냥꾼들과는 달리, 오늘날 주주행동주의자들은 잠재력이 있다고 믿는 기업에 투자하고 기업 개선을 위해 경영진과 함께 노력한다. 이는 소극적이면서도 공격적인 접근법이다."라고 말한다.

또한 메이진은 주주행동주의자들이 투자기간의 측면에서 이전의 기업사냥꾼들과는 다른 양상을 보인다고 언급한다. 과거 기업사냥꾼들은 일반적으로 지분 매입으로부터 1년 안에 자금을 회수하려고 했지만, 주주행동주의자들은 지분 매수 후 2~3년, 경우에 따라서는 그보다 더 장기적으로 보유하면서 기업에 변화를 위한 압력을 지속적으로 넣는다(그래도 기관투자자들의 장기투자기간에 비하면 상당히 단기라고 할 수 있다). 주주행동주의 모델은 최소 5년의 투자기간을 갖는 PE와 유사한 전략이라 할 수 있다. 환매금지기간lockups이 짧아 특히 폭락장에서 대량 환매가 일어나는 펀드들에 비해, 주주행동주의 펀드는 상대적으로 투자기간이 길기 때문에 자신들의 전략을 지속적으로 구사할 수 있다. 또한 기업사냥꾼들은 일반적으로 기업의 경영권을 장악하고 즉시 기업을 분할하려 하지만, 주주행동주의자들은 기업들이 스스로 매수자를 찾도록 장려하는 경향이 있다.

모건조지프의 램퍼트는 또다른 차이점으로 밸류에이션을 말한다. 그는 1980년대 전형적인 기업사냥꾼들이 약간의 단기 수익을 목표로 했다고 강조한다. 그에 비해 주주행동주의 투자자들은 관심 있는 기업에 대해 보다 장기적인 관점을 가지며, 일반적으로 주주경영참여 접근법을 통해 기업의 숨겨진 가치를 드러나게 한다. 램퍼트는 기업사냥꾼들이 투자금 회수시 얻는 수익은 일반 주주들과 주주행동주의자들이 얻을 수 있는 수익의 최대치에 비하면 낮은 수준이라고 말한다.

주주행동주의자들과 기업사냥꾼들의 수익률을 비교해보면, 두 그룹 간의 근원적인 차이점을 알 수 있다. 대부분 기업사냥꾼들은 투자에 있어서 기업사냥꾼들 본인들만 수익을 거둔다. 그러나 기업지배구조를 중시하는 주주행동주의 투자자들의 경우, 수익이 주주행동주의자 본인들뿐만 아니라 기관투자자, 개인투자자 등 모두에게 돌아간다. 주주행동주의자들이 해당 기업에 상당한 지분을 보유한 다수의 이사들을 이사회에 포진시키는 데 성공하면, 해당 이사들의 이익이 다른 주주들의 이익과 연결된다고 볼 수 있다. 델라웨어 대학교University of Delaware 기업지배구조센터Corporate Governance Center의 찰스 엘슨Charles Elson은 어떤 주주가 이사회를 장악하여 경영진을 교체하려 한다 해도 그 자신을 기업사냥꾼이라고 할 수는 없다고 말한다. 이 투자자는 다른 주주들의 과반수의 지지를 얻어내야 목표를 이룰 수 있다. 목표를 이룬다고 해서 이 투자자가 다른 투자자들이 받는 수익보다 많은 수익을 얻는 것은 아니다.

일부 기업 임원들은 주주행동주의적인 노력을 통해 얻는 단기적인 수익이 장기적인 가치를 저해한다고 반박한다. 다시 그린메일 이야기로 돌아가보자. 메릴랜드 록빌Maryland Rockville에 위치한 ISS의 M&A 리서치본부장 겸 이사인 크리스토퍼 영Christopher L. Young은 모든 주주행동주의자들을 그린메일의 기회를 노리는 단기적 기업사냥꾼 스타일의 기회주의자라고 규정하는 것에 반대한다고 말한다. 그는 전통적인 개념의 그린메일이 1980년대에는 만연했을지 모르지만, 오늘날에는 그런 부분을 찾아보기 어렵다고 강조했다. 영은 "기업들은 주주행동주의자들이 일반 주주들은 얻지 못하는 어떠한 이득을 취하고자 한다는 인상을 만들려고 한다. 그러나 주주행동주의자들은 모든 주주들에게 혜택이 돌아가는 일을 한다."고 말한다.

재나파트너스의 로젠스타인은, 2005년 3월의 파이낸셜타임즈 Financial Times사설에서, 자신을 비롯한 주주행동주의자들이 상어 또는 기업사냥꾼으로 불리는 것에 대한 분노를 표출했다.[26] '주주행동주의는 모든 주주들에게 좋은 것이다(Activism Is Good for All Shareholders)'라는 제목의 이 사설에서, 그는 주주행동주의자들은 결코 단기투자자가 아니며, 해당 기업에 대한 이들의 노력은 모든 투자자들에게 좋은 뉴스라고 반박한다.

채프먼캐피털의 로버트 채프먼은 2000년 ACTPAmerican Community Properties Trust의 CEO, 마이클 윌슨Michael Wilson에게 보내는 답변 서한을 통해 전통적인 개념의 그린메일에 대한 본인의 의견을 표현했다. 이 편지에서 채프먼은 기업의 임원들이 모든 주주들과 파트너 관계에 있다는 본인의 믿음을 강조하기 위해 ACPT의 주주 전체를 '퍼블릭 파트너public partners'라고 명명했다. 또한 이 편지는 윌슨의 제안사항에 대해 답변하는 형식이기도 했는데, 윌슨의 제안만 보면 채프먼이 자신의 지분을 다른 주주들이 시장에서 받는 주가보다 높은 가격으로 매수해주기를 바라는 듯한 인상을 준다. 그러나 2000년 4월 채프먼은 "나는 ACPT에게 내 지분을 시장가보다 높은 프리미엄에 사줄 것을 제안한 적이 결코 없다"고 밝혔다.

모건조지프의 램퍼트는 주주행동주의자들은 주주 전체로부터 신뢰를 얻을 때 성공한다고 말한다. 이들이 기업으로부터 그린메일 혜택을 한 번이라도 받게 되면, 나중에 다른 기업에 주주행동주의 투자를 시도할 때 기관투자자들로부터 좋은 평판을 받을 수 없게 된다. 또한 주주행동주의자들은 ISS나 프록시 거버넌스Proxy Governance Inc.와 같이 기관투자자들을 대신해 직접 의결권을 행사하거나 의결에 대한 조언을 하는 대리자문기관proxy advisory services과 같은 기관투자자들의 대리인과도 신뢰를 쌓고자 한다. 그린메일을 받아들이는 순간 이들 자문기관들과의 관계는 타격을 입고 만다.

사실 CEO나 이사회도 어느 한 주주에게 그린메일을 제공하면, 증권 변호사나 기관투자자들이 자신들은 같은 주가로 매각할 기회를 부여받지 못했다는 점을 들어 집단소송을 할 수도 있어 이를 제공하기 꺼린다. 램퍼트는 "만약 기업들이 그린메일을 제공하게 되면, 수많은 투자자들이 자신들도 같은 주가로 대우해달라는 엄청난 항의가 들어올 것이다."라고 말한다.

미국 워싱턴 상공회의소U.S. Chamber of Commerce in Washington 데이비드 채번David Chavern 선임부회장은 기업사냥꾼들의 그린메일 전술이 모두 사라진 것은 아니라고 말한다. 그는 오늘날에도 여전히 그린메일과 관련한 회색지대가 존재한다고 언급한다. 주주행동주의자들이 특별배당 또는 자본재편 등을 요구하고 이를 달성하면, 이를 통해 모든 주주들이 같은 혜택을 받기 때문에 전통적인 개념의 그린메일이라고 볼 수는 없다. 그러나 어떤 점에서 보면, 성가시게 하는 주주행동주의 투자자들을 달래기 위한 수단으로 회사 내 현금을 주주들에게 주기로 약속했다면, 이는 기업이 현금을 사내에 유보하고 사업을 키우는 데 활용하기를 바랐던 다른 장기투자자들의 가치를 훼손하는 것이 된다. 채번은 "기본적으로 기업은 보유한 현금을 주주행동주의자들을 쫓아내는 데

쓰는 것과 사업에 투자하는 것 사이의 득실을 비교하게 된다. 나는 주주행동주의자들이 이러한 관점에 동의하지 않을 수도 있는 다른 주주들에게 주주행동주의 캠페인을 지지하기 위한 비용을 지불하라고 요구하는 것이 과연 옳은 일인지 의문이 든다."라고 말한다.

그는 주주행동주의 헤지펀드 매니저들이 여러 가지 이유로 인해 과거 기업사냥꾼의 전술을 활용하지는 않지만, 그린메일 이외에도 이 둘 사이에는 유사점들이 있다고 덧붙인다. 기업사냥꾼들과 주주행동주의자들은 모두 타깃기업에 쓸모없는 군살이 있고, 이를 비용 절감이나 사업부 분리 등의 혹독한 훈련을 통해 개선할 필요가 있다는 이론에 바탕을 두고 있다. 그러나, 그는 주주행동주의자들은 기업 경영진과 목표를 달성하기 위해 협력하고, 이들의 노력으로 향상된 가치가 주주 전체에게 고르게 나누어진다는 점에서 기업사냥꾼들과 다르다고 말한다.

주주행동주의자들이 기업사냥꾼들과 같은 그린메일 전문가라는 일부의 인식에도 불구하고, 주주행동주의자들은 독특한 투자자 그룹으로서 자신들만의 영역을 구축하고 있다. 이들의 숫자와 운용자산 규모의 증가는 새로운 자금조달방식에 기인한다고 할 수 있다. 주주행동주의자들은 연기금의 규모가 거대해지면서 시장에서 신뢰와 영향력을 키울 수 있었다. 리먼브러더스 사태 이후의 기업지배구조 스타일의 주주행동주의자들은 임원 보수를 기업의 성과와 연동하도록 이사회를 압박하도록 기관투자자들을 유도하는 운동을 전개해왔다. 입법당국 및 규제당국이 금융위기에 대해 고심하는 가운데, CEO들의 보수에 대한 종합개혁 및 규제법안이 워싱턴에서 나오기를 기대한다. 이미 정부 긴급지원금을 받은 대형 은행의 CEO들은 주주행동주의 펀드와 관련하여 임원 보수에 대한 강력한 규제를 적용받고 있다. 주주행동주의 투자자들은 단지 새로운 보수 법안에 대해 지지하는 것뿐만 아니라, CEO 보수 체계 개혁에 대한 자신들의 노력을 정당화하기 위해 법안 수정을 제안한다. 주주행동주의자들은 기업 임원들이 자신들을 위해 일하는 것처럼 주주들을 위해 일하도록 하기 위해 기업 이사회에 사외이사들을 선임하고 있다. 기업지배구조에 관한 어젠다로 무장한 주주행동주의자들은 기업 세계에서 일어나는 권모술수에 있어서 주요 세력이 되고 있다. 기업을 인수해 청산하는 것이 목표였던 기업사냥꾼들과 달리, 대부분의 주주행동주의자들은 비공개적으로 기업의 임원들과 대화하며 투자 대상의 기업지배구조와 주식가치 향상을 위해 노력한다.

책의 뒷 내용에서는, 비공개적으로 은밀히 진행되는 협력이 무산될 경우 주주행동주의자들이 어떻게 기업들에 변화를 위한 압박을 가하는지에 대해 자세히 다루고 있다. 주주행동주의자들이 어떻게 투자 결정을 내리는지, 이들이 기업에 변화를 요구할 때 구사하는 전략은 무엇인지도 논의될 것이다. 이들의 전술과 전략에 대해 보다 잘 이해한다면, 주주행동주의자들의 사고방식을 들여다볼 수 있을 것이다.

| 2장 |

주주행동주의의 기본:
그들이 주주행동주의자가 된 과정

가치투자, 위임장대결, 그리고 기타 주주행동주의 전술들

투자자들은 주주행동주의자가 되기 전에, 우선적으로 자신이 투자하고자 하는 기업, 흔히들 말하는 '타깃'을 찾아야 한다. 고를 수 있는 상장기업의 수가 무궁하다는 것을 고려하면 타깃을 선정하는 것은 쉬운 일은 아니다.

주주행동주의자들은 경영진에게 변화를 따르도록 압박하기 전에, 우선 주식시장과 월스트리트 애널리스트들이 저평가하거나 주목하지 않고 있는 기업의 지분을 매입한다.

이렇게 수동적인 방식으로 투자하고 있는 투자자는 하루 수천 명이나 되며, 이들은 전형적인 가치투자자로 알려져 있다. 가치투자자들은 본질적으로 부채와 현금을 포함한 기업이 보유한 모든 기초자산 가치의 합보다 낮은 가격에 거래되는 주식을 찾아다닌다. 기업 입장에서도 여러 가지 이유로 가치투자자들을 선호하게 되었다. 주식시장이 기업에 대한 부정적인 뉴스에 과잉반응을 보일 수도 있으며, 일부 기업의 생산활동이 최적화된 수준으로 진행되지 않을 수도 있다. 뮤추얼펀드이든 헤지펀드이든, 오늘날 대부분의 가치투자자들은 주주행동주의자가 아니다.

1990년대 말 IT버블 속에서 살아남은 거대 IT기업들과 같은 특별한 경우에는, 기업이 부채가 매우 적거나 아예 없고 현금보유량이 시가총액을 넘어서는 경우도 있다. 이처럼 재무제표상 보유 현금이 기업의 총 가치보다 높은 주식들은 가치주의 극단적인 예이다.

가치투자자들은 리서치가 끝나면 매수 가격보다 높은 가치를 살 수 있다고 믿는 주식을 매수한다. 그리고 차분히 기다리며 주가가 오르기를 기다린다. 대다수의 경우, 이들이 매수한 주식은 기업의 역량을 시장이 제대로 반영할 때까지 가격이 서서히 오른다. 그러나 이렇게 시장이 기업의 매출과 이익을 주가에 반영하기까지 기다리는 방법은 주가가 오르기까지 정말 긴 시간이 필요할 때도 있다. 또한 오랜 시간이 지나도 주가가 실제 가치만큼 오르지 않는 경우도 있다. 그러면 어떻게 해야 하는가?

이 부분에서 바로 주주행동주의자들의 행동이 시작된다. 대부분의 주주행동주의자들은 어떠한 면에서 전형적인 가치투자자들이면서 점차 투자기업의 형편없는 주가실적에 대해 참지 못하고 이에 대해 직접 무언가를 하려는 투자자들이다. 기본적으로 이들은 무엇이든지 고단 기어를 장착하고 해결하려고 한다. 주주행동주의자들은 여전히 가치투자자들처럼 저평가된 주식을 매수하지만, 주가에 가치가 반영되기를 앉아서 마냥 기다리는 것이 아니라 변화가 일어나도록 압박하고, 비교적 단기간에 기업의 숨겨진 가치가 세상에 드러나도록 사실상 촉매제 역할을 한다. 즉, 주주행동주의자는 기업이 스스로를 매각하거나 자사주를 매입하도록 해 주식의 가치가 정상 수준으로 상승하도록 기업을 압박한다. 기업이 매각되는 경우, 아마도 높은 주가 평가를 받을 것이다. 보통 기업 매각이 진행되면, 시장가에 프리미엄을 얹은 가격에 인수제안이 들어오고 거래가 체결되는데, 이 과정에서 기업의 숨겨진 가치가 반영되는 것이다. 제안된 인수가보다 자신이 생각하는 주식가치가 높다고 생각한다면 주주행동주의자는 도발행위를 계속할 것이고, 반대의 경우에는 인수가 성사될 것이다. 주주행동주의자들은 사업부 매각이나 경영진에 기업활동 개선을 장려함으로써 기업 주가를 향상시킬 수 있고 묶여 있는 가치를 풀어낼 수도 있다.

주주행동주의자들은 경영진이 이러한 변화를 받아들이고 추진하도록 압박하고자 하는 의도를 가지고, 5% 이상의 상당한 비율의 지분을 매수한다. 때로는, 전통적으로 수동적인 가치투자자들이 그림자 밑에서 나와 보유기간이 지독하게 길었던 투자기업에 대해 발 벗고 나선다. 이들을 '주저하는 행동주의자reluctant activist'라고 부른다. 일부 주주행동주의자들은 타깃회사의 임원들과 갖는 비공개 회의를 통해서 요란하지 않게 은밀한 압박을 가한다. 거물급 가치투자자들도 가끔 주주행동주의에 손을 대기도 한다. 가치투자의 구루, 벤저민 그레이엄Benjamin Graham과 억만장자 투자가 마이클 프라이스Michael Price도 때때로 주주행동주의 전략을 구사했다. 1996년 프라이스는 체이스맨해튼 은행Chase Manhattan Bank이 케미컬 뱅크Chemical Bank와 합병하도록 공개적으로 압박했다.[1]

ISS의 크리스토퍼 영은 "주주행동주의자는 긍정적인 효과를 만들어낸다. 이들은 숨겨진 주식가치를 드러내기 위해 기회가 생기면 압박의 끈을 놓지 않는다."고 말한다.

투자은행 모건조지프는 주주행동주의자들은 주식 매수 후 주가상승을 오랜 기간 동안 기다릴 준비가 되어 있지 않으며(일부의 경우 제외하고), 주식 인수를 통해 기업 전체를 인수하려는 의도는 없는 투자자들이라고 묘사한다. 주주행동주의자들은 오히려 저평가주 또는 부실하게 경영되는 회사의 주식을 매수하여 의미 있는 가치창출의 촉매제가 되고자 한다.

대다수의 경우에서 나타나듯이 이러한 방식은 효과적이다. 14년의 역사를 가진 주주행동주의 펀드 오퍼튜니티파트너스Opportunity Partners LP의 공동창업자인 필립 골드스타인Phillip Goldstein은 1996년 이후 약 40개 기업에 주주행동주의 캠페인을 벌였다. 오퍼튜니티 펀드는 1993년에 70만 달러의 규모로 설립되었으며, 설립부터 2006년 청산까지 7분기를 제외한 전 기간 양의 수익률을 기록했다. (49분기 플러스 수익률) 2006년 말까지 자매 펀드들을 포함한 총 운용자산은 3억 2,500

만 달러 이상이었고, S&P500지수가 같은 기간 평균 10.86% 상승한 가운데, 설립부터 청산까지 연평균 16.46%의 수익률을 기록했다. 이는 1993년, 골드스타인에 1억 달러를 투자했다면 2006년 말까지 8억 4,416만 달러를 벌었고, 같은 기간 같은 금액을 S&P500에 투자했다면, 4억 2,300만 달러밖에 창출하지 못했음을 의미한다.

골드스타인은 "워런 버핏Warren Buffet과 같은 가치투자자들과 주주행동주의자들 사이의 유일한 차이점은 주주행동주의자들이 단기적 가치 향상을 위한 촉매제 역할도 한다는 점이다"라고 말한다.

대다수의 주주행동주의자들은 가치투자자들보다 높은 수익률을 기록하고, 특히 하락장에서 더욱 빛을 발한다. 주주행동주의자들은 시장 상황과 관계없이 투자기업에 중대한 변화를 일으키기 때문에, 특히 경기침체기에 자신들과 경쟁하는 헤지펀드나 가치투자자들보다 좋은 실적을 낸다. 그러나 이런 작업에는 리서치, 소송, 캠페인 등 많은 노력이 필요하다. 이러한 노력의 목적은 기업, 주주, 자문기관 등이 자신들이 필요하다고 주장하는 변화에 대해 이해하고 지지하도록 하는 것이다.

대부분의 주주행동주의 헤지펀드 매니저들은 가치투자방식에서 시작했다. 그러나 가치투자는 이들이 좋은 성과를 내도록 하는 요인 중 일부에 불과하다. 칼 아이칸과 애셔 에덜먼 모두 기업사냥꾼 밑에서 일한 배경 이외에도 리스크와 합병을 활용한 차익거래 방식을 활용한 적이 있다.

성공한 주주행동주의자들의 상당수가 위험차익거래 배경을 가지고 있다. 합병차익거래로도 알려진 위험차익거래는 펀드매니저가 아직 서명되지 않은 합병 대상 기업에 투자하는 것을 말한다. 이때 투자자는 특정 시점에 특정 가격으로 합병이 체결될 것을 예상하면서 매수가에 대한 위험을 안고 투자한다. 이때 합병 기업들이 주주들과 규제당국의 승인을 필요한 만큼 얻어 합병을 할 수 있는지 여부가 리스크 요인이 된다. 규제상의 요건이 충족된다고 하더라도, 합병차익거래자는 합병이 최종적으로 체결될 것이라고 예상될 때 투자를 단행한다.

합병 또는 위험 차익거래는 이벤트 드리븐event-driven 투자 전략이라고 알려진 넓은 범주의 하위분류에 속한다. 이 투자자들은 기업이 파산이나 구조적으로 중요한 사건이 발생할 것으로 예상되는 등, 특수한 상황에 처했을 때 해당 기업의 지분을 매수한다.

이벤트 드리븐 투자자들은 이러한 베팅이 결실을 맺기를 기다리면서 지루함에 짜증이 나고 참을성을 잃게 된다. 이들은 자신들을 M&A 같은 특수한 상황에 있는 기업들에 주주가치 향상을 위한 변화를 요구하는 주주행동주의자로 변모시켰다. 또다른 이들은 파산과 같은 상황에서 기업들이 회생하도록 압박했다. 뉴욕의 어느 투자은행가는 "오늘날 이벤트 드리븐 투자자들은 주가가 바닥을 향해 떨어지는 것을 좌시하지 않는다"고 말한다.

일부 주주행동주의자들은 PE 투자에 대한 경험을 가지고 있다. 예를 들어, 클리프턴 로빈스Clifton S. Robbins는 1999년 PEF인 KKR(Kohlberg Kravis Roberts&Company, 이하 KKR)의 이사직을 버리고 코네티컷 그리니치Connecticut Greenwich에 위치하고 12억 달러 규모의 자산을 운용하는 블루하버그룹Blue Harbour Group을 설립하여 투자기업의 임원들과 비공개적인 방법을 통해 협력하고 있다.

로빈스는 기업들이 꺼리는 변화를 요구하는 전통적인 주주행동주의자들과 달리 임원진이 변화에 대한 제안을 수용할 의지와 관심이 있는지 우선적으로 확인한다는 점에서 자신의 전략은 공모시장의 PE 전략이라고 칭한다. 로빈스는 기업의 임원진이 제안사항을 수용할 의지를 보이고 자신이 해당 회사 지분을 인수하는 것을 희망하는 경우에만 5~10% 지분을 인수한다. 로빈스는 임원과 이사들의 신뢰를 얻은 후 은행, PEF, 자문사 등에 자신과의 긴밀한 관계를 밝힌다. 로빈스와 이 기관들의 펀드매니저들은 기업 내부자들과 기업가치 향상을 위해 협력한다.

이 과정에는 해당 회사를 매수해줄 PEF를 찾는 것이 필요할 때도 있지만, 자사주매입이나 경영에 대한 제안이 요구되는 경우도 있다. PEF를 찾는 과정에서 기업 경영진은 로빈스의 이야기를 듣겠다고 동의하고, 어떤 경우는 실제로 M&A가 이루어지기도 한다. 블루하버그룹은 양키캔들Yankee Candle의 10% 주주였는데 결국 이 회사는 2006년 10월 바이아웃펀드인 매디슨디어본Madison Dearborn LLC에 17억 달러에 매각되는 데 동의했다.[2] 또한 로빈스가 주요 주주로 있었던 리더스다이제스트 Reader's Digest도 24억 달러에 리플우드홀딩스Ripplewood Holdings가 주도한 컨소시엄에 매각되었다.[3]

스틸파트너스IISteel Partners II의 공동창업자인 주주행동주의 투자자 워런 리히텐슈타인은 PE, 위험차익거래, 가치투자 등의 배경을 가지고 있다. 그는 1987년 이러한 전략을 구사하는 뉴욕의 헤지펀드 파라파트너스Para Partners에서 애널리스트로 금융계에 진출했다. 그는 그후 1989년 주주행동주의 및 PE 전략을 활용하여 기업형 연구소 데이먼Da-mon Corporation을 3억 2,000만 달러에 인수한 발란트래파트너스Ballantrae

Partners로 이직했다.

리히텐슈타인은 이러한 경험이 오늘날 PE와 유사한 주주행동주의자로 활동할 수 있게 해주었다고 말한다. 스틸파트너스II는 헤지펀드와 PE의 전략을 모두 활용하지만 헤지펀드도 PE도 아니다. 리히텐슈타인은 오히려 기업 임원진이 기업활동을 개선하여 결과적으로 주주가치가 향상되는 자신의 접근법을 보다 잘 설명하는 '변장을 한 PEPrivate Equity in Drag'라는 별명을 선호한다. 리히텐슈타인은 "우리의 전략은 PE와 매우 유사한데, 다른 점은 우리가 좀더 장기적으로 투자한다는 점이다."라고 말한다.

주주행동주의자들 중 일부는 가치투자와 뮤추얼펀드 두 가지 배경을 모두 가지고 있기도 하다. 주주행동주의자 제프리 우벤은 1987년부터 1995년까지 뮤추얼펀드인 피델리티Fidelity에서 절대 저평가 주식 투자(deep value investing, 역주: 일반적인 가치투자보다 더 낮은 가격에 주식을 매수하는 가치투자의 한 종류) 펀드를 운용하면서 커리어를 시작했다. 이 펀드를 운용할 때는 저평가 기업의 지분만 인수하고 주주권 행사에는 소극적이었다. 그러다 이 펀드 규모가 우벤이 감당할 수 없을 만큼 빠른 속도로 성장했다. 1년 반 만에 운용자산은 4억 달러에서 50억 달러로 증가했으며, 우벤은 이 엄청난 자금의 유입속도에 맞추어 수백 개 기업의 주식을 매수해야 하는 위치에 있음을 깨달았다. 우벤은 "매일매일 나의 수익률과 좋은 아이디어를 희석시키고 있었다. 평균을 향해 가고 있었다. 나는 투자회사들을 충분히 알지 못했고, 20분짜리 짤막한 회의를 통해 투자결정을 내리기 시작했다."고 말한다.

우벤은 이후 피델리티를 떠나 블럼캐피털파트너스BLUM Capital

Partners의 매니징파트너가 되어, 자신의 가치투자기법을 활용해 주주행동주의와 PE 투자방식을 결합한 투자를 시행했다. 우벤은 수백 개 기업의 주식을 매수하는 것이 아니라 블럼이 대량 지분을 가지고 있는 몇 개 기업의 경영진들과 관계를 형성하는 것에 노력을 집중할 수 있었다. 이 시점에서 그는 기업 이사회에서 어떻게 독립적인 사외이사 활동을 할 수 있는지 배우면서 자신의 능력을 확장해나갔다. 우벤은 "사람들에게 책임감 있는 행동을 보여주어야 한다. 주주행동주의는 위험자본을 이 사회로 끌어오는 역할을 한다."고 말했다.

그러나 블럼캐피털은 결국 우벤의 구미에 맞는 경영참여보다 기업 매각에 더 집중하게 되었다. 결국 그는 주주행동주의 기업지배구조 접근법을 보다 많이 활용하는 스틴턴캐피털Stinton Capital을 설립했다. 2000년 그는 45억 달러 운용자산 규모로 PE 스타일의 주주행동주의 헤지펀드인 밸류액트를 세웠다. 샌프란시스코에 위치한 이 펀드는 매년 5개의 기업을 신규 편입하면서 몇몇 회사의 지분을 대량 매입하고 경영진에 압력을 행사한다. 우벤은 밸류액트에서 좋은 투자 아이디어에 역량을 집중할 수 있었다고 말한다. 밸류액트는 때때로 타깃기업에 대한 인수제안을 하기도 한다. 우벤은 피델리티에서 얻은 좋은 저평가주 발굴법을 몇 개 기업에 전략적인 대량 매수를 통해 이사회에 기업가치 향상을 위한 압력을 행사하는 주주행동주의 전략과 접목시켰다.

주주행동주의자들은 다양한 배경을 지녔지만, 그와 무관하게 이들 중 대부분은 현재가치보다 내재가치가 높은, 즉 저평가주를 찾는 가치투자자들이다. 리버레이션의 이매뉴얼 펄먼은 "우리는 오늘날 우리의 투자에 영향을 미치는 수없이 다양한 배경을 가진 가치투자자들이다"라고 말한다.

　　이러한 주주행동주의자들을 보다 잘 이해하려면 소극적인 가치
투자자가 주주행동주의자로 변모하는 과정을 살펴보면 좋다. 뉴욕 라
치몬트Larchmont의 헤지펀드 산타모니카파트너스Santa Monica Partners LP의
임원인 로런스 골드스타인Lawrence J. Goldstein은 과거 특정 시점까지는 이
와 같은 수동적 가치투자자였다.

　　골드스타인은 1960년대 주요 증권사 리서치 부서에서 업계로의
첫발을 내디뎠다. 그는 투자은행 번햄Burnham and Company에서 자기가 처
음 맡은 일이 리서치 부서의 조수였다고 말했다.

　　투자은행인 번햄은 1973년 다른 회사와 합병 후 정크본드로도
알려진 하이일드본드high yield bond 투자로 유명한 드렉셀번햄램버트가
되었다. 그러나 이 회사는 1990년 회사의 일약 스타였던 마이클 밀켄이
수감되면서 파산했다. '정크본드의 왕'으로 불렸던 밀켄은 적대적 M&A
를 계획하는 소규모 펀드매니저들에게 드렉셀번햄이 자금을 지원할 수
있다는 매우 자신 있는 편지와 실질적인 자금 지원을 통해 기업사냥꾼
세상의 시작에 큰 역할을 했다.

　　나중에야 알려졌지만 당시 번햄은 정석적인 가치투자 훈련을 하
기에 좋은 곳이었다. 골드스타인의 리서치 담당자였던 조 커시하이머Joe
Kirschheimer는 이따금 규모가 너무 작아 월스트리트가 다룰 수 없는 기업
들에 대해 질문하곤 했다. 골드스타인은 이러한 질문을 받자마자 전화
기로 달려가 질문을 하기 시작했다. 그러면서 그는 남들이 존재조차 모
르는 이러한 소규모 상장주에 대해 자신만의 리서치를 만들기 시작했
다. 골드스타인은 여기에 재미를 붙였다. 그는 이렇게 세상의 주목을 받

지 못하는 기업에 대한 조사를 하면서 심지어 화물철도차량리스업, 주조업을 비롯한 관련 소규모 산업 등에 대해서도 전문성을 갖추기 시작했다. 그는 이렇게 감춰진 산업 내의 많은 기업들이 실제 수익은 매우 좋은 반면, 월스트리트 애널리스트들의 주목은 받지 못하고 있다는 것을 발견했다. 골드스타인은 "나는 항상 시장의 그늘진 부분이나 구멍난 곳을 찾아다녔다. 나는 건초 더미에서 바늘을 찾고 있었다."고 말한다.

골드스타인은 얼마 후 모든 사람들이 뉴욕증권거래소에 상장된 모든 회사에 대해 알고 있음을 깨닫게 된다. 그는 상장회사의 20%가 뉴욕증권거래소에서 거래되고 월스트리트에서 발표되는 기업보고서의 80%는 이들 20% 기업에 대한 것임을 확인했다.

1970년대 어느 날, 골드스타인은 경쟁력은 있으나 사람들이 일반적으로 주목하지 않는 기업에 집중하는 펀드를 운용하기 시작했다. 그는 1960년대와 1970년대에 장외시장에서 소외받고 있는 기업이 약 1만 6천여 곳 있다고 추산했다. 골드스타인은 산타모니카파트너스 설립 직후 펀드에 '현명한 투자자들이 아니었다면 세상에서 잊혔을 주식에 투자하는 펀드Stocks overlooked or ignored by otherwise intelligent investors'라는 이름을 붙였다.

그는 기록적인 이익과 성장세를 보이고 부채비율도 낮지만, 주가는 저평가 받고 있는 좋은 기업들을 많이 발견했다. 시장이 이 기업들에 주목하게 하면 주가도 오를 것으로 예상했다. 그러던 중, 골드스타인은 자신이 투자한 가치주 기업 중 일부가 수익률이 떨어짐에도 불구하고 임원들에게 높은 보수를 비롯해 컨트리클럽 회원권이나 고가의 회사차량 등 특별 혜택이 지속적으로 지급되고 있음을 발견했다.

골드스타인이 가치투자 관점에서 투자한 기업 중 하나인 매사추세츠 에이번Avon에 위치한 신생 제조업체 퍼스트이어스First Years Inc.는 임원 보수가 지나치게 높게 책정되어 있을 뿐만 아니라 주주들의 비용으로 CEO 일가의 생명보험 비용을 지불하고 있었다. 동시에 회사의 수익은 해가 갈수록 악화되고 있었다. 이에 격분한 골드스타인은 먼저 퍼스트이어스의 CEO 마셜 시드먼Marshall Sidman을 비공개적으로 찾아가 생명보험과 같은 특별 혜택은 지나치게 과하다고 지적했다. 그러나 그는 퇴짜를 맞았다.

골드스타인은 이에 대해 적극적인 대중운동을 시작하기로 결심했다. 그리고 이때 수동적인 가치투자자에서 대중적으로 알려진 주주행동주의자로 변신했다. 1988년 골드스타인은 위임장대결을 한차례 실시했다.

위임장대결: 주주행동주의와 채찍
(당근은 집에 놓고 오시길)

주주행동주의자들의 주요 전략 중 하나는 위임장대결이다. 기업의 경영진이 공개적 또는 비공개적 요청에 불응하면 주주행동주의자들은 이사회에 자신들이 추천한 이사후보자를 임명하고자 한다.

이들은 경영진이 지명한 이사후보자들과 경쟁하게 된다. 주주행동주의자들의 목표는 이사회에 자신들의 목소리를 대변할 이사들을 선출하여 이사회 및 경영진 전체에 충분한 담론을 재기해 회사 내에서 변화를 유발하는 것이다. 또 드물지만 가능한 경우 주주행동주의자들은 이사회의 모든 이사를 교체하여 CEO 해임이나 최고가입찰자에 회사를 매각하는 것을 목표로 한다. 기업사냥꾼 시대가 지난 오늘날에는 기업들이 1년에 선출되는 이사의 비율을 일정 수준으로 제한하는 이사선출 규정을 세우기 때문에, 대부분의 경우 이 방법은 더이상 통하기 어렵다. 이로 인해 기업들은 주주행동주의자들이 경영진에 우호적인 이사들을 몰아내고 자신들의 이사들로 이사회로 채우는 것을 막을 수 있다.

골드스타인은 더이상 주주로서 퍼스트이어스 CEO인 시드먼과 그 일가의 생명보험 비용을 지불하는 것을 용납하지 않기로 했다. 그는 일반적인 가치투자자들처럼 좌절하고 지분을 매각하는 것이 아니라 계속해서 지분을 보유하면서 위임장대결을 통해 회사 외부인사를 이사회 멤버로 데려오는 방법으로 기업을 개선하고자 했다.

그는 1988년, 1989년 각각 한 차례씩 퍼스트이어스 이사 선임을 위한 위임장대결을 펼쳤다. 두 차례 모두 실패로 끝났지만, 골드스타인은 사실 위임장대결을 시작하기 전부터 실패를 예상하고 있었다. 시드먼 일가는 총 지분의 54%를 보유하고 있었기 때문에 시드먼보다 지분율을 높일 수는 없었다. 골드스타인은 "사람들은 절대 이길 수 없는 대결을 시작한 나를 미치광이라고 불렀다"라고 말한다.

그러나 골드스타인의 전략은 위임장대결에서 이기고자 한 것이 아니라 기업을 향한 사회적 압박을 유도하고자 했다. 전투에서 지더라도, 전쟁에서 승리하기 위한 전략이었던 것이다. 매년 골드스타인과의 위임장대결이 반복되자, 퍼스트이어스의 경영진들은 결국 주주에 대한 기업의 투명성을 강화하는 변화를 받아들였다.

시드먼은 골드스타인의 요구에 따라 연봉을 삭감했고, 인센티브에 기반한 보너스 제도를 마련했으며, 폴라로이드와 질레트Gillette에서 영입한 마케팅 임원들과 새로 고용한 제품개발인력들을 통해 매년 60~70개의 신제품을 출시했다. 또한 압력의 결과로, 퍼스트이어스는 과거에 본인, 아내, 아들, 사위 등 네 명의 친인척으로 구성되었던 이사회에 두 명의 사외이사를 선출했다. 퍼스트이어스와 달리 대부분의 기업들은 경영에 참여하지 않는 외부 지분이 충분히 많아, 주주행동주의자들이 위임장대결을 시도할 경우 승산이 높다. 일례로 2006년 3월 주주행동주의 헤지펀드 파이러트캐피털Pirate Capital이 캘리포니아의 항공우주공학기업 젠코프GenCorp의 이사 열 명 중 세 명을 교체하고자 했던 위임장대결에서는, 경영에 관심을 가지는 주주들 대부분이 이를 지지했다.[4] 젠코프의 이사회 의석을 확보하는 것은 11억 달러라는 엄청난 시가총액을 가진 기업의 수많은 주주들을 설득해야 하는 것을 고려할 때 결코 쉬운 일이 아니다. 이 사례는 주주행동주의자가 기업 지분을 인수하고, 연이어 모여든 다른 주주행동주의 성향의 투자자들이 합세한 경우였다.

ISS의 최신 보고서에 따르면, 주주행동주의자들은 목표달성을 위해 과거보다 빈번하게 위임장대결을 하려고 한다. 팩트셋리서치시스템FactSet Research System의 '샤크리펠런트닷넷SharkRepellent.net'에 따르면, 2006년 상반기에만 80개의 의결권경쟁 사례가 있었다. 이는 2005년 한해 총 54건, 2004년 총 40건에 비하면 높은 수준이라 할 수 있다. 투자은행 모건조지프는 2006년 위임장대결 사례의 35% 이상에서 이사진 교체에 성공했다고 추정했다.[5]

행동주의 투자 전략

하지만 이 수치는 전체 내용의 일부에 불과하다. 위임장대결의 대부분은 실제로 일어나기 전에 합의되는 경우가 많은데 이런 사례는 통계에 잡히지 않기 때문이다. 일부 경우에서는, 위임장대결 신청서 제출만으로도 기업을 긴장하게 만드는 목적을 달성한다. 스턴 경영대학의 에이프릴 클라인 교수는 2006년 9월 발표한 연구보고서 '헤지펀드 행동주의'에서 헤지펀드 102곳이 참여한 155건의 주주행동주의 캠페인에 대해 표본조사를 실시했다. 그녀는 기업이 위임장대결의 위협을 인지하게 하는 것만으로도 주주행동주의자 관점에서는 목표를 달성하거나 또는 이사회 의석을 확보하게 한다는 결론을 도출했다.[6]

오퍼튜너티의 필립과 로런스 골드스타인은 연합세력을 형성하여 오프라인 및 온라인 의류 백화점 기업 블레어Blair Corporation에 고객금융수취부서Customer-Finance Receivables Division를 매각하도록 압박했다. 로런스 골드스타인은 블레어의 CEO, CFO, 부사장과 회의실에 앉아 "여러분, 우리는 위임장대결을 하기도 합니다."라고 말했던 것을 기억한다. 그는 이 같은 발언이 위임장대결을 실시하겠다는 공식적인 경고는 아니었지만, 은밀한 위협이 되었다고 말한다. 실제로는 위임장대결까지 가지도 않았다. 경영진들이 이 경고를 받아들이고 사업부 매각에 대한 계획을 발표했다. 2005년 4월, 해당 사업부는 1억 7,600만 달러에 댈러스의 결제대행업체 얼라이언스 데이터 시스템즈Alliance Data Systems Corporation에 매각되었다.[7] 또 블레어는 자사주 50% 이상을 시장가보다 훨씬 높은 프리미엄에 매입했다.

주주행동주의자들이 위임장대결로 위협하면 기업은 이를 달래기 위해 이사후보자들을 기업 외부에서 추천받기도 한다. 릴레이셔널의 랠프 위트워스는 자신이 기업에 하는 제안사항이 이사회 총투표에 부쳐지기 위해서는 두 표 이상이 필요하기 때문에 이사회에 의석 두 개 이상을 확보하는 수준에서 합의 보는 것을 선호한다. 이사회 투표가 진행되면 주주행동주의자를 지지하는 이사들을 통해 전체 이사들의 특정 전략적 안건에 대한 의견이 공식적으로 알려지게 된다.

기업지배구조 스타일의 주주행동주의자들은 이사회 좌석을 확보할 수 있다면, 기꺼이 회사와 합의한다. 이사회 자리를 확보한다는 것은 주주들의 이익을 대변하는 목소리를 더욱 키울 수 있다는 것을 의미한다. 다른 합의의 방법으로는, 다수의 신규 사외이사를 이사회에 포함하는 것이 있다. 주주행동주의자들은 주주를 위해 일하지 않는 이사들을 올바른 이사들로 교체한다는 점에서 이러한 방법에 대해 일반적으로 만족한다. 언론은 유명인사들의 위임장대결에 대해 집중조명하기 때문에 일반인은 위임장대결이 빈번한 것으로 알기 쉬우나, 실제로는 주주행동주의자들과 기업 경영진들이 합의를 하는 경우가 더 많다.

보통 합의가 이루어지는 경우는 경영진이 위임장대결에서 승산이 없다고 판단하거나, 강경하게 변화를 요구하는 주주행동주의자를 달래고자 할 때이다. 기업의 입장에서는 위임장대결에서 패하고 이로 인해 기업의 평판에 손상을 입는 것보다 합의를 하는 것이 더욱 효율적일 수 있다. 합의는 보통 주주총회 몇 시간 전과 같이 마지막 순간에 이루어진다. 실제로 경영진이 위임장대결과 합의 사이에서 합의하는 것이 득이라는 판단을 하기까지 긴 시간이 걸리기도 한다. ISS의 영은 2006년 1월에서 8월 사이에 진행된 51건의 주주행동주의 캠페인 사례에서 31건이 합의를 보았다고 발표했다.

서드포인트Third Point LLC의 펀드매니저 대니얼 러브Daniel Loeb와 리건드Ligand Pharmaceutical의 사례를 살펴보자. 뉴욕에 있는 이 주주행동주의자는 샌디에이고San Diego의 제약회사 리건드의 이사 전원을 교체하기 위해 여덟 명의 이사후보를 지명했다. 이러한 결정은 경영진과의 비공개 협상을 통해 기업이 자산 매각과 같은 대안을 고려하도록 하기 위한 노력이 무산된 결과였다. 한 달 뒤, 리건드와 러브는 이 사안에 대해 서드포인트가 추천하는 이사후보 세 명을 이사회에 추가하는 방식으로 이사회 의석을 여덟 개에서 열한 개로 늘리기로 합의했다. 합의 후 약 1년 뒤인 2006년 9월, 리건드는 종양제품 라인과 주요 자산 중 하나인 아빈자(Avinza, 역주: 강력 마취진통제 제품명)의 진통치료법에 대한 지적재산권을 각각 다른 곳에 매각하는 것에 동의했다.[8] 또한 리건드는 구舊 본사 토지와 두개의 미개발 부동산도 4,760만 달러에 매각하기로 했다.[9] 리건드는 매각한 빌딩을 재임대하였고, 말리부의 서프라이더 해변에서 보낸 휴가를 자신이 운용하는 펀드의 이름으로 붙인 러브는 이에 대해 만족스러워 했다.

2006년 중반, 주주행동주의 헤지펀드 펨브릿지캐피털Pembridge Capital Management LLC과 크레센도파트너스 IICrescendo Partners II LP는 톱스Topps Company Inc.에 대해 CEO를 포함한 세 명의 이사를 축출하고 자신들이 지명한 새로운 이사들로 교체하기 위한 위임장대결을 펼쳤다. 트레이딩 카드 게임(trading card games, 역주: 트레이닝 카드는 주로 운동선수 등과 같은 유명인들의 얼굴을 담은 카드)과 전략 게임strategy games 제작을 하는 이 기업은 위임장대결에서 이길 수 있을 것이라 기대했지만, 주주총회가 다가오면서 이들이 원하는 방향으로 일이 해결되지 않을 것이 분명해 보였다.

연차주주총회가 시작한 지 얼마 되지 않아, 톱스는 위임장대결을 연기했고, 부분적인 합의에 동의했다. 톱스는 이들 주주행동주의자들이 지명한 이사 3인을 이사회에 포함시켰고, 톱스의 CEO 쇼린Arthur Shorin은 이사직을 유지했다. 톱스는 마지막 순간에 합의를 받아들임으로 인해, 현 CEO가 이사회에 남아 있을 수 있도록 한 것이다. 영은 톱스 사례에서 보듯이 기업들은 때로 주주행동주의자들이 어느 정도까지 전체주주들의 지지를 받을 수 있는지에 대해 잘못된 인식을 가지고 있다고 말한다.

위임장대결을 통해 결판을 내는 경우보다 공개적인 합의가 더욱 빈번한 것이 사실이지만, 주주행동주의 관련 통계 수집가들이 고려하지 않는 비공개 합의 또한 상당하다. 이런 경우는 주주행동주의자들이 말하지 않는 한 알 수가 없다. 오퍼튜니티의 필립 골드스타인은 기업 임원들과의 관계가 매우 중요하다고 말한다. 골드스타인은 "나는 항상 경영진과 대화를 통해 '귀사에 문제가 있습니다. 앉아서 함께 대안에 대해 논의해봅시다'라고 이야기한다."고 말한다.

뉴욕 플레전트빌Pleasantville에 위치한 헤지펀드를 운용하는 골드스타인은 일부 자산에 대한 매각이 필요하다고 판단되는 기업 한 곳의 경영진을 비공개적으로 만났다. 이 기업의 CEO는 이에 대해 회의적인 태도를 보였으나, 골드스타인이 "이러시면 저희는 위임장대결을 할 수밖에 없습니다"라며, 사안의 위급함을 표명하자, 결국 사업부 한 개를 매각하는 데 동의했다. 골드스타인은 "기업이 많은 변화를 받아들였고, 모든 일은 비공개적으로 진행되었다. 협상이 비공개적이지 않았다면 불가능했을 것이다."라고 말한다.

주주행동주의자와 기업이 조기에 위임장대결을 끝내려는 주요 이유는 비용 때문이다. ISS에 따르면, 2001년 위임장대결에서 건당 평균 주주행동주의자는 31만 9천 달러를, 기업은 62만 달러를 소모했다. 2006년, 주주행동주의 투자자인 세네카캐피털Seneca Capital는 릴라이언트에너지Reliant Energy Inc.의 이사 3인을 교체하기 위해 전형적인 위임장대결을 시도했다. 4월에, 릴라이언트와 세네카는 합의에 이르렀다. 릴라이언트는 세네카가 아닌 다른 주요 투자자가 추천하는 이사 1인을 선출하는 데 동의했고, 세네카는 위임장대결을 취소했다. 그러나 합의가 되기 전, 릴라이언트는 위임장대결을 통해 세네카가 감수해야 하는 예상 비용을 전달했다.

릴라이언트는 증권거래위원회 공시자료를 통해 위임장대결을 펼칠 경우 소송비용을 제외하고 약 150만 달러가 소요될 것이라는 서한을 주주들에게 공개했다. 이렇게 막대한 비용에는 의결권모집업체 (proxy solicitor, 역주: 주주총회 투표에서 행사할 수 있는 의결권을 모아주는 서비스를 제공하는 기업) 이니스프리 M&AInnisfree M&A Inc.에 지불했을 50만 달러의 수수료가 포함되어 있었기 때문에, 회사 직원들이 릴라이언트 주주들에게 이사선출안에 대한 투표권을 행사하도록 청원할 수 있었다. 의결권모집업체들은 기업이나 주주 고객의 편에서 주주권을 모으기 위한 캠페인을 벌인다. 증권거래위원회 공시자료에 포함된 다른 예상 비용에는 외부자문료, 인쇄 및 배부 비용, 금융수수료, 독립 선거감독 비용 등이 있었다. 위임장대결에 대하여 4월 18일에 합의가 이루어졌지만, 증권거래위원회 공시에 따르면, 릴라이언트는 4월 13일까지 이미 약 20만 달러의 비용이 발생했다.

투표를 통한 방법이 주주행동주의자들에게 항상 유리하게 작용하는 것은 아니다. 주주행동주의자가 자신이 내세운 이사후보에게 적절한 지원을 해주지 못한다면 공격적인 캠페인을 재고해야 한다. 2003년 오퍼튜니티의 골드스타인이 겪은 워윅밸리텔레폰컴퍼니Warwick Valley Telephone Company 사례가 이에 해당한다. 당시 워윅은 어느 휴대전화교환회사 소수지분을 소극적으로 보유하고 있었다. 골드스타인은 이 소수지분 규모가 통신사인 워윅의 총 자산에서 대부분을 차지하고 있지만, 주주권을 적극적으로 행사하지 않음을 이유로 워윅이 법률적으로는 투자회사라고 주장했다. 그러나 골드스타인이 그해 이사 선임을 위한 위임장대결을 시작한 후, 그는 고작 15%의 표를 얻고 말았다. 그는 "우리의 계획을 수정해야 했다"고 말한다.

위임장대결이 없는 주주행동주의
(또는 위임장대결의 위협조차 없는 주주행동주의)

기업을 향한 캠페인을 진행하면서 주주행동주의자들은 대개의 경우 위임장대결의 가능성에 대해 언급조차 하지 않는 때가 많다. 사실, 이들은 자신들의 의도에 맞는 이사선출을 위해 위임장대결을 활용하지는 않을 것이라고 구체적으로 말하기까지 한다.

로버트 채프먼은 2006년 6월 7일 캐러커Carreker의 CEO 존 캐러커John Carreker에게 보내는 서한에서 "우리는 캐러커 클럽 내부인이 정한

행동주의 투자 전략

회원규정에 구속되기는 싫다"고 전했다. 그는 "솔직히 말해서, 나는 내가 댈러스로 비행기를 타고 가서, 소수주주를 대변하는 이사로서 집단사고에 따라 움직이는 다수의 이사들과 이들의 이름이 명부의 상단에 큼지막하게 인쇄된 것을 상상하면 구역질이 난다. 당신과 당신의 편에 있는 텍사스 친구들이 마구마구 주는 고급 샌드위치는 내 목을 조르고, 사전에 알려주지도 않은 자기들만의 장기 사업계획을 퍼부어대는 것은 그야말로 악몽일 것이다."라고 말한 바 있다.

주주행동주의자들은 특히 이사회가 자신들과 주주들이 말하고자 하는 것에 대해 관심을 보이지 않는 점과 자신들이 이사회 내 소수세력이라는 점 등에서 좌절하게 된다. 또다른 문제로, 주주행동주의자들이 이사회에 포함되면 지분 매각에 제약이 생긴다. 이는 주가가 충분히 올라, 주주행동주의자가 더이상 주주행동주의를 통해 상승 여력이 없다고 판단할 때 문제가 된다. 이러한 제약들로 인해, 반대세력이 시간을 끄는 동안 주주행동주의자 본인의 장기투자계획에 차질이 생길 수도 있다.

그렇다면, 주주행동주의에서 위임장대결 또는 위임장대결의 위협을 배제한다면, 투자자가 어떻게 기업을 압박할 수 있을지에 대한 의문이 생길 수 있다. 기업들이 이렇게 주주행동주의 투자자가 이사의 일부나 이사회 전체를 교체하기 위해 위임장대결이라는 수단을 활용하지 않는다는 것을 안다면, 어떻게 변화를 이루어낼 수 있을까?

이에 대한 답은 기업 임원들을 당혹스럽게 만들고, 일반 주주들을 동원하는 것에 있다. 타깃기업과 이사회를 당혹스럽게 만들어 CEO 퇴진이나 사업부 및 기업 매각 등을 추진하도록 하는 것이다. 주주행동주의자들의 목표는 기업에 대한 사회적 분노를 조성하여, 기관투자자를 포함한 다른 투자자들이 무시하지 못할 규모로 힘을 합쳐 자신들의 캠페인을 지지하도록 하는 것이다. 앞서 언급한 바와 같이, 채프먼은 이러한 전략을 '사회적 지레'라고 정의한다. 모건조지프는 이러한 유형의 압박은 주주행동주의자의 입장을 대중이 알게 하고, 이들이 해당 기업의 저조한 실적과 임원진의 무능함에 주목하게 하는 것을 포함한다고 말한다.

또한 주주행동주의자들은 대중에 호소하는 캠페인을 효과적으로 펼치기 위해, 공시자료에 해당 기업에 대한 불만을 개재하여 기업 임원들을 당혹감에 빠지게 하고 사회적인 망신을 받도록 한다. 때로는 기업 CEO에게 이 같은 내용과 경영상의 문제점을 담은 편지를 전달하는 형식으로 진행되기도 한다. 증권거래위원회에 공시가 제출되면 기존 주주들, 다른 주주행동주의 투자자들, 기관투자자들 모두 쉽고 편리하게 이 내용을 확인하고 이 주주행동주의자를 지원할지 여부를 결정할 수 있다. 사실상 공시를 통해 이들의 노력이 사회적으로 널리 알려지게 된다.

최근에는 더 많은 대중적 홍보를 위해, 기자들에게 직접 이메일을 보내어 해당 내용을 기사화하는 등 보다 고차원적인 방법을 동원하기도 한다. 또한 자신들의 캠페인에 대한 메시지를 전달하기 위해 외부 PR업체를 고용하기도 한다. 2006년 12월, 채프먼은 사이프러스세미컨덕터Cypress Semiconductor Corporation에게 전사적 재정비와 상장폐지를 촉구하기 위한 PR캠페인을 전개했다.[10] 이 전략은 현재 및 잠재 투자자들을 염두에 두고 자신의 의견을 다각적인 언론을 활용하여 세간의 관심을 끌기 위한 전략이었다. 채프먼은 사이프러스세미컨덕터 CEO에게 보낸 서한을 곧바로 기자회견을 통해서도 공개했다.[11] 이는 금융분야 언론매체들을 통해 자신들과 생각을 공유하는 투자자들에게 관련 내용을 널리 알리고자 관련 기사를 만들어내려 한 것이었다. 해당 언론 보도자료의 독자들은 주로 주주행동주의자가 주도하는 캠페인을 지원할 수 있는 투자자들이었고, 주주행동주의자는 이를 통해 보다 강력한 사회적 압력을 기업에 행사할 수 있었다. 뉴욕 소재의 대처 프로핏&우드 Thatcher Proffitt&Wood LLP의 스티븐 하워드Steven Howard 파트너는 헤지펀드들이 PR회사를 고용하고 홍보 캠페인을 진행하는 현상은 이들의 운용방식이 얼마나 많이 변하고 있는지를 대변한다고 말했다. 그는 20년 전의 헤지펀드들은 기자들은 물론, 외부와 소통하지 않으며 세상과 거리감을 두는 산업이었지만 요즘은 적지 않은 수의 헤지펀드들이 언론을 찾고 있다고 전했다.

산타모니카파트너스의 로런스 골드스타인은 1988년, 1989년 지나친 임원 보수에 대한 연속기사를 지역신문인 퀸시패트리어트레저 Quincy Patriot Ledger가 내주지 않았다면, 그가 퍼스트이어스와 벌인 위임장대결에서 당시만큼의 폭발적인 지지를 받을 수 없었을 것이라고 지적한다. 골드스타인은 퍼스트이어스의 CEO인 시드먼이 당시 매사추세츠 에이번의 작은 도시에 살고, 입소문이 나기 쉬운 조건이어서 서한과 보도자료가 매우 효과적이었을 것이라고 말한다. 골드스타인은 자신이 퍼스트이어스 CEO에게 전달한 서한들을 해당 기자에게 보냈기 때문에 언론의 관심을 살 수 있었다고 말한다. 골드스타인은 "이를 통해 아마 CEO 시드먼은 혼쭐이 났을 것이다"라고 덧붙였다.

기존 주주에 소극적인 기관투자자들과 개인투자자들만 있을 때, 새로 지분을 매입한 투자자가 주주행동주의 성향이 강할수록 소음공해noise pollution 캠페인은 더욱 효과적이다. 이러한 변화는 규모가 작은 기업, 특히 시가총액 2억 달러 미만인 기업에서 빈번하게 일어난다.

하지만 전체 주주 구성에 변화가 없다 하더라도, 다수의 기존 주주들을 설득할 수 있다면, 주주행동주의자는 사회적인 압박을 통해 성공적으로 목표를 달성할 수 있다. 물론 목표는 주가 향상이다.

주주행동주의자가 의미 있는 수준의 지지 주주세력을 얻고 나면, 임원진에게 많은 주주들이 특정한 기업 전략에 불만을 품고 있다는 것을 알게 한다. 그 과정에서 개인 및 기관투자자들이 주주행동주의를 지지하는 서한을 작성해 기업 측에 보내도록 설득하는 작업도 진행된다. 채프먼은 시나에 변화를 일으키려 했던 자신의 노력을 언급하면서 "피델리티를 포함해 장기투자를 중시하는 세계적으로 명성이 높은 주주들로부터 주주행동주의 지지 서한을 받는 것은 우리 캠페인에서 중요한 일이었다"라고 말한다.

글로벌헌터시큐리티스Global Hunter Securities의 저스틴 케이블Justin Cable 리서치 담당 이사는 채프먼의 대중을 향한 노출전략이 매우 효과적이라고 말한다. 케이블은 "채프먼은 이사회 내에 주주행동주의를 심는 것보다 사회적 압력을 통해 기업의 당혹감을 유발해 변화를 일으키려 한다. 매우 의미심장한 방법이며, 표적이 된 CEO의 명성에 큰 영향을 미친다. 나 같으면 그와 반대세력에서 CEO 자리에 앉아 있고 싶지 않을 것이다."라고 말했다.

채프먼은 2000년 메릴랜드 세인트찰스St. Charles의 부동산투자 개발신탁회사인 ACPT의 사례에서 처음으로 사회적 압박 전술을 활용했다. 주주행동주의 캠페인이 끝나자, ACPT에 많은 변화가 생겼다. ACPT는 토지를 매각하고, 부채를 줄였으며, 매년 주당 40센트의 배당을 실시했다. 또한 자산 청산을 서둘러 지나친 차입을 줄이면서 재무상태를 개선했다.

그러나 이러한 변화는 하루아침에 이루어진 것이 아니다. 채프먼은 ACPT의 이사회 의장이자 CEO인 마이클 윌슨과 사업부 매각에 대한 논의를 하기 위해 무수히 많은 접촉을 시도했다. 새로운 국면을 만든 건 채프먼이 2000년 3월 20일 공시자료에 포함시킨 ACPT에 보내는 서한이었다. 다음은 그 일부이다.

채프먼캐피털의 챕-캡파트너스Chap-Cap Partners는 ACPT의 많은 윌슨 반대파 주주들과 마찬가지로, 귀사의 행위가 명백히 반反투자자적이라고 규정합니다. 채프먼 그룹은 매일같이 귀사 임원 비서에게 확인 메시지를 남겨왔지만, 전화에 대한 답장은 1년이 지나서야 도착했습니다. 연간 27만 5천 달러의 보수를 받는 ACPT 대표 에드윈 켈리Edwin Kelly는 최근 우리가 하루 세 번씩 시도하는 전화 접촉에 무려 2주 뒤에나 응답하는 등 지연행렬에 합세하기 시작했습니다.

2001년 2월에 채프먼은 또다른 공시를 등록했다. 이번에 그는 윌슨과 전화로 나누었던 대화 내용을 요약했다. 아마 윌슨은 자신과 나눈 대화 내용이 이렇게 큰 사회적 파장을 불러일으킬지 예상하지 못했을 것이라고 채프먼은 말했다. 채프먼은 공시를 통해 2월 중 윌슨이 전화로 자신에게 "당신은 XX처럼 성가신 존재입니다. 우리는 당신과 대화하고 싶지 않습니다."라고 답변하고 바로 전화를 끊은 내용을 공개했다.

공시에 따르면, 위의 대화 내용은 채프먼이 윌슨에게 왜 ACPT의 최대주주인 자신을 무시해왔는지 묻고 난 직후 발행한 것이었다. 주주행동주의자들은 타깃으로 하는 중소형 기업의 최대주주 또는 적어도 3대주주의 지위를 얻는 경향이 있다.

이로 인해 악화된 여론은 다른 투자자들에게도 영향을 미쳐 채프먼을 지지하고 기업에 바람직한 변화를 일으키도록 압박했다. 위임장대결도 필요치 않았다. 채프먼은 "우리의 의사소통은 경영진의 약점, 실패, 위법행위에 대해 밝은 조명을 비추고자 고안되었다. 우리는 평소에 소극적이던 주주들에게 대담하게 혁명에 참여하도록 유도하기 때문에, 때로는 집단적 폭력성이 도출되기도 한다."고 말한다.

채프먼의 ACPT 사건이 있었던 후, 많은 주주행동주의자들이 그를 따르기 시작했고, 자신들의 분노를 상세히 적은 서한을 공시에 포함하는 방식을 포함한 사회적 압력 캠페인을 펼쳤다.

물론 모든 사람들이 사회적 캠페인을 벌이는 주주행동주의자들을 좋아하는 것은 아니다. 투자은행 루틴Lutin&Company 회장이자 주주컨설턴트인 게리 루틴Gary Lutin은 일부 주주행동주의자들이 잘못된 이유를 가지고 엉뚱한 회사를 공략하는 압박 전술을 쓴다고 말한다. 기업의 장기적 가치를 저해시키는 자사주매입과 같은 왜곡된 반응을 예상하고 경영상의 문제가 없음에도 사회적 압박 캠페인을 벌이는 주주행동주의자도 있다는 것이다. 루틴은 "일부 주주행동주의자들은 소심한 경영진이 있는 기업을 공략한다. 연약함이 바로 이들이 좋아하는 것이다."라고 말했다.

샤크리펠런트는 2006년 한 해 동안 위임장대결이 없었던 주주행동주의 캠페인이 총 122개 있었다고 추산했다. 이 캠페인들이 진행되는 동안, 주주들은 기업에 자사주매입, 배당 확대, 기업 매각, 기타 개선 촉구 등의 사유로 기업들을 괴롭혔다. 뉴욕 대학교의 클라인 교수는 그녀의 보고서에서 이사회 의석을 확보할 필요가 전혀 없었던 일부 사회적 캠페인 사례에서 위임장대결을 통한 이사회 의석 확보가 이루어진 적이 있다고 설명했다. 그녀의 연구에 따르면, 위임장대결 가능성으로 경영진에 겁을 주거나 실제로 위임장대결을 펼치는 것이 주주행동주의 목표를 달성할 가능성이 높았다. (표 2.1 참조)

표 2.1 위임장대결과 주주행동주의 목표 달성 및 이사회 의석 확보 간의 관계

	횟수	목표 달성		이사회 의석 확보	
		예	아니오	예	아니오
실제 위임장대결	18	13 (72%)	5 (28%)	13 (72%)	5 (28%)
위임장대결 위협	42	26 (62%)	16 (38%)	24 (57%)	18 (43%)
위임장대결 없음	95	54 (57%)	41 (43%)	31 (33%)	64 (67%)
계	155	93 (60%)	62 (40%)	68 (44%)	87 (56%)

출처: 뉴욕 대학교 스턴 경영대학, 에이프릴 클라인 부교수 및 이매뉴얼 저(Emanuel Zur, 박사과정), '헤지펀드 주주행동주의' (2006년 9월): 43

리버레이션의 이매뉴얼 펄먼은 "주주행동주의자는 지분 보유 기업의 이사가 되면, 해당 지분을 매각하는 데 제약이 생기는 것은 사

실이지만, 위임장대결의 가능성이나 실제 위임장대결을 통한 이사선출 및 목표달성의 측면에서 이 주주행동주의 전략은 과소평가될 수 없다."고 했다. 펄먼은 "이사 선임을 통해 주주행동주의 목적을 달성하려 한다면, 위임장대결은 주요 전략이 되어야 한다. 기업에 압력을 행사해야 하는 경우에는 위임장대결이 유일한 방법이다."라고 언급했다.

보다 신속해진 위임장대결: 서면동의요청

때때로 주주행동주의자들 중에는 위임장대결을 하기 위해 연차주주총회까지 기다리지 못하는 이들도 있다. 이런 경우에는 다른 주주들에게 '서면동의요청written consent solicitations'을 통해 이사 해임에 동참할 것을 요청한다. 다소 음울하게 들리는 이 방법은 서면동의요청을 허용하는 정관을 갖춘 기업에 매우 효과적인 전략이다.

서면동의요청을 활용하면, 주주행동주의자는 다른 투자자들에게 기존의 이사에 대한 해임과 주주행동주의자가 지명한 신규 이사의 선임에 동의하고 이에 대한 주주권을 행사한다는 내용의 위임장에 서명하도록 한다. 만약 주주의 과반수가 주주행동주의 의견에 찬성하면, 주주행동주의자들이 승리하는 것이며, 이들이 지명한 이사후보가 이사회 의석을 차지하게 된다.

이 캠페인은 기업의 연차주주총회 당일에 진행되는 것이 아니라는 점에서 일반적인 위임장대결과 다르다. 캠페인 자체는 의제에 대한 투표나 이사 해임 및 선출 등에 관한 주주총회를 필요로 하지 않는다. 뉴욕의 의결권모집업체 조지슨Georgeson Inc.의 데이비드 드레이크David Drake 회장은 "서면동의요청 방식을 활용하면, 주주행동주의자는 다음해 주주총회까지 기다릴 필요없이, 즉각적인 행동을 전개할 수 있다."고 말한다.

서면동의에 참여하는 주주들은 두 가지 선택을 할 수 있다. 첫번째는 기존 이사에 대한 해임에 동의한다는 내용의 위임장을 주주행동주의자에게 전달하거나, 두번째는 아무런 행동을 하지 않는 것이다. 주주행동주의자는 과반의 비율로 찬성표를 얻었다고 판단하면, 종합한 위임장을 기업에 전달해 공식적인 집계 및 확인을 요청한다. 그러나 이는 아직 최종 단계가 아니다.

일반적으로 위임장대결에서 기업은 왜 기존 이사들이 이사회에 남아 있어야 하는지에 대한 경영진의 입장과, 자신들을 지지해줄 것을 요청하는 내용을 담은 '동의번복서consent revocation cards'로 알려진 문서를 주주들에게 배포한다. 주주들이 이 서한에 서명 후 기업에 반송하면, 결과적으로 기존에 주주행동주의자의 서면동의요청에 동의했던 주주의 찬성표는 무효가 된다. 따라서 주주행동주의자가 과반의 동의를 얻는다 하더라도, 기업이 수집한 동의번복서가 충분하면 이를 무마할 수 있다는 것이다. 어떤 투자자는 "주주들의 동의를 받은 카드를 가지고 기업을 찾아가도, 기업이 가지고 있는 것은 알 수 없다."고 말한다.

또 서면동의서 자체가 무효가 되는 경우도 있다. 먼저 서명이 정확하지 않거나, 서류에 오류가 있는 경우 요건미충족으로 무효 처리된다. 그리고 기업은 서면동의요청이 불법적으로 이루어졌다고 반박할 수도 있다. 2000년 고어Gore와 부시George W. Bush의 미국 대선에서 펀치로 눌러 투표용지에 구멍을 뚫는 과정에서 잘려나가야 하는 부분의 모서리 일부가 용지에 붙어 있거나, 찍은 자국만 있고 구멍이 나지 않은 표는 검표기가 인식하지 못한 사례를 생각해보면 될 것이다. 일반적인 위임장대결에서, 의결권모집업체는 반대주주와 기업이 함께 고용하여 일반 주주들에게 양측의 의견을 전달할 수 있게 한다. ISS와 같은 위임자문회사들은 기관투자자들에게 리서치 자료를 제공하고, 반대주주측의 이사 후보 지지 여부에 대한 조언을 한다.

최근 서면동의요청을 통한 위임장대결은 워싱턴레드스킨스 Washington Redskins를 소유한 대니얼 스나이더Daniel Snyder의 사례가 있다. 버지니아 애쉬번Virginia Ashburn의 투자회사 레드존Red Zone LLC을 경영하는 스나이더는 경영난에 허덕이는 놀이공원기업 식스플래그스Six Flags Inc.의 경영진을 교체하고 직접 경영권을 잡기 위해 서면동의요청을 활용했다. 2005년 11월, 스나이더는 CEO와 CFO를 해임하고 자신이 지명하는 이사들로 이사회를 구성하는 안건에 대해 주주 과반의 서면동의를 받았다고 발표했다. 자신이 지명한 ESPN 임원 출신 마크 샤피로Mark Shapiro를 CEO로 임명하고, 이사회를 장악하는 것은 시간문제였다.[12]

스나이더는 마크 샤피로의 사업경험을 토대로 놀이공원의 사업계획과 인지도를 향상할 것임을 투자자들에게 어필했다. 그는 식스플래그스의 기관투자자들에게 스포츠, 음악, TV애니메이션 캐릭터 등을 활용해 방문객 수를 늘릴 것이라고 설득했다. 이제 운전대를 잡고 있는 스나이더가 식스플래그스의 실적을 개선할 수 있을지는 아직 지켜봐야 한다. 최소한 초기 모습은 문제가 있는 것으로 보인다.

서면동의는 경영진과 주주들 양측을 향한 찬성과 반대로 나눈다. 기업의 이사 및 임원들은 이 과정에서 얼마나 많은 자금과 시간이 소요될지 가늠할 수 없기 때문에, 서면동의를 매우 어려워한다. 이들은 시간, 에너지, 자금을 소모하면서 자신들의 의견을 피력할 수는 있지만, 그 메시지가 투자자들에게 도착하기도 전에 모든 과정이 끝나버릴 수 있다.

워싱턴의 올스턴&버드Alston&Bird LLP의 데이비드 브라운David Brown 파트너는 전형적인 위임장대결과 정치적 선거의 차이점에 대해 강조한다. 브라운은 "만약 기업 내 투표가 12월 14일에 실시된다고 하면, 당신은 이 날짜를 고려하여 그전에 캠페인, 주주설득, 기획 등을 많이 시행할 것이다. 하지만 서면동의요청 제도가 있으면, 기업과 현직 임원들은 전체 과정이 얼마나 걸릴지 알 수 없는데다가, 당장 내일 끝날 수도 있으므로 계획을 세우는 데 어려움을 겪는다."고 말한다.

서면동의요청이 매우 빨리 마무리되어 기업 CEO들이 기습을 당한 경우도 있다. 주주행동주의자 이매뉴얼 펄먼은 서면동의요청 전 과정을 단 이틀 만에 끝낸 적이 있다. 1991년 펄먼은 헤지펀드 제미니 파트너스Gemini Partners LP의 제너럴매니저였고 당시 또다른 주주행동주의자 아서 골드버그Arthur Goldburg와 함께 일하고 있었다. 그는 보스턴 Boston의 치과 납품업체 헬스코인터내셔널Healthco International Inc.에 대한 기업 경매 압력의 일환으로, 이사진을 축출하기 위한 전형적인 위임장 대결을 시작했다. 그러나 헬스코의 오너인 마빈Marvin과 마이클 사이커 Michael Cyker는 결과가 자신들에게 좋지 않을 것임을 예견하고 회의 몇 시간 전 돌연 회의를 취소했다.

헬스코의 9.9% 지분을 보유하고 있던 펄먼은 즉각적으로 서면동의요청을 진행해 임원진을 교체하고자 했다. 펄먼은 위임장대결에서 제미니의 편에 있던 주요 주주들을 포함한 모든 주주들을 대상으로 '서면동의'를 요청했고, 이틀 만에 과반의 찬성표를 얻었다. 펄먼은 제미니의 다른 이들과 함께 헬스코 CEO의 사무실로 찾아가 유통주식 50% 이상이 이사회 교체에 찬성하고 있음을 나타내는 공식 집계자료를 제시했다. 헬스코는 이에 대해 법적 대응을 하겠다고 했으나, 결국 제미니와 합의했다. 헬스코는 소송을 취하하고, 제미니는 그 대신 9인 이사회에서 네 개의 의석을 확보했다. 얼마 뒤 헬스코는 바이아웃펀드 힉스, 뮤즈&컴퍼니Hicks, Muse&Company Inc.에 2억 2,500만 달러에 매각되었다.

반대주주 입장에서는 서면동의 제도가 확실히 유리하다고 펄먼은 말한다. 그는 "판돈이 큰 치킨게임과 같다. 당신은 경영진과 회의를 할 필요가 없고, 그럴수록 경영진은 자신들이 언제 패할지 전혀 알 수 없다."고 말한다.

하지만 정확히 서면동의를 하고 실제로 표를 행사할 수 있는 주주들이 누구인지 가리는 것 등의 문제가 있을 수 있다. 고전적인 위임장대결에서는 일반적으로 최소 두 달 전에 주주총회일이 정해진다. 주주명부폐쇄일 전이나 최소한 당일에는 지분을 매수해야 해당 주주총회에서 주권을 행사할 수 있다. 이는 다시 말해, 주주행동주의자나 이사진이 해당 주주총회에서 투표할 수 있는 주주 구성이 어떻게 되는지 미리 알 수 있고 이에 맞게 계획을 세울 수 있다는 것을 의미한다.

물론 주주명부폐쇄일 전후로는 어느 정도 혼선이 발생한다. 기업은 증권거래위원회 규정에 따라 증권사, 은행 등의 중개기관들에게 연차주주총회를 위한 주주명부폐쇄일로부터 최소 20일 이전에 주주명부폐쇄에 대해 공지해야 한다. 하지만 이 중개기관들은 주주들에게 주주명부폐쇄일에 대한 공지를 할 필요가 없다. 일부의 경우, 주주행동주의 헤지펀드 매니저들은 주주명부폐쇄일에 대한 정보를 신속히 알기 힘들어 투자결정에 어려움을 겪는다고 호소한다.

어떤 주주행동주의자는 주주총회에서 주주권을 행사하기 위해 지분을 매입했지만, 주주명부폐쇄일이 지난 시점에 매수했기 때문에 물거품이 되어버렸다고 화를 냈다. 하지만 이 투자자에게 지분을 매각한 기존의 주주는 주주총회에서 주주권을 행사할 수 있음을 알리는 위임장권유신고서를 우편을 통해 받았다. 다시 말해, 기존의 주주는 주주총회일에 보유한 지분이 없음에도 주주권을 행사할 수 있다는 것이다. 이 제도를 잘 활용하면 주주행동주의자들은 주주명부폐쇄일에 지분을 추가 매수하고 그 부분을 다시 바로 매각하는 방식을 통해 큰 비용을 들이지 않고 연차 및 특별 주주총회에서 실제보다 많은 주주권을 행사할 수 있다.

그러나 서면동의요청 제도가 있으면 상황이 좀더 복잡해진다. 일반적으로 기업이 최초의 서면동의를 받는 날을 주주명부폐쇄일로 정한다. 이때 반대주주들은 자신들의 지분에 해당하는 최초의 동의서를 등기우편으로 기업에 내어 수신을 확인하는데, 이를 통해 주주명부폐쇄일이 정해지게 된다. 또는 경영진이 주주명부폐쇄일을 정할 수도 있다.

서면동의요청 제도는 반대주주보다 경영진에 더 유리한 점이 있다. 서면동의를 진행하려면 반대주주가 의결권이 있는 유통주의 50% 이상의 표를 모아야 한다. 하지만 주주총회에서는 참여주주의 표를 절반 이상 받으면 의결권경쟁에서 이기기 쉽다.

이해를 돕기 위해, 주주행동주의자가 유통주식수가 1억 주인 기업이 변화하도록 압박하려 한다고 가정해보자. 위임장대결과 서면동의요청 제도 모두의 경우, 상당히 많은 비율의 주주들이 의결권을 행사하지 않기 때문에 대략 7,000만 주 정도가 투표에 참여할 것이다. 일반적인 위임장대결에서 반대주주가 승리하려면 3,500만 주 이상의 찬성표 또는 유통주식의 36% 이상을 획득해야 한다. 하지만 서면동의요청 제도에서 반대주주는 5,000만+1주를 얻어야 이길 수 있다.

기업의 주주층이 다양하고 넓다면, 반대주주는 충분한 규모의 지지를 모으기가 까다로울 것이다. 소액주주들에게 서면동의를 받는 것이 어렵기 때문이다. 대부분의 소액주주들은 서면동의를 매우 복잡한 것으로 생각한다. 소액주주들은 반대주주들의 정체에 의문을 품으며 왜 기업 외부인이 이러한 요청을 하는지 의아해한다.

그러나 유통주식 수가 적은 소형주 기업들의 경우, 주주행동주의자는 이미 상당한 지분을 모은 다른 주주행동주의 성향 투자자들의 지원을 받을 수 있는 경우가 많다. 주주행동주의자들 사이에는 이러한 투자자들의 지지를 확인하고 서면동의요청 운동을 진행하는 특징이 있다.

예를 들어, 서드포인트의 대니얼 러브는 2006년 9월, 하비스트Harvest Management LLC와 노트파트너스Knott Partners Management LLC 등 두 개의 주요 주주세력이 자신의 계획을 지지한다는 것을 확인한 직후, 나비바이오파머슈티컬스Nabi Biopharmaceuticals에 대하여 서면동의요청 운동을 개시했다. 이들의 지분을 합치면 약 30% 수준이었다. 이러한 상황 속에서 서드포인트는 나비에 접근하여 회사가 반대주주들이 지명하고 헤지펀드가 고용하지 않은 이사후보 2인에 대한 임명안을 포함한 몇

행동주의 투자 전략

가지 제안을 수용한다면 서면동의요청 운동을 중단하겠다고 제안했다. 이에 대해 나비는 역제안을 했고, 러브는 이를 거절했다. 11월, 양측은 결국 합의에 이르렀고, 러브는 이사회 의석 두 개를 얻었다. 러브가 수익 창출에 무능하다고 비판했던 나비의 대표이사 및 CEO, 토머스 매클레인Thomas McLain은 2007년 2월 사임했다.[13]

2006년 9월, 아이칸은 마사 스튜어트Martha Stewart와의 커넥션으로 유명해진 바이오기술 기업 임클론시스템즈ImClone Systems Inc.에 대하여 서면동의요청 운동을 전개했다. '살림의 여왕'으로도 알려진 마사 스튜어트는 2001년 회사의 항암치료제 어비턱스Erbitux의 출시 지연에 대한 내용이 공개되기 전에 임클론 지분을 매도한 것과 관련하여 연방조사관에게 고의적으로 허위진술을 한 혐의로 6개월 징역형을 선고받았다.

아이칸은 어비턱스에 대한 홍보 및 개발과 관련된 문제들을 통해 임클론에 관심을 갖게 되었고, 서면동의요청을 단행했다. 아이칸에 대한 투자자들의 지지는 강력했다. 9월 28일, 캠노스아메리카CAM North America LLC, 스미스바니Smith Barney Fund Management, 살로몬브러더스Salomon Brothers Asset Management를 포함한 기관투자자들은 11.3%의 지분을 소유하고 있다고 발표했고, 자신들이 아이칸의 서면동의를 지지한다는 내용을 담은 서한을 임클론에게 전달했다. 10월, 임클론은 자신들의 의지를 접었다. 기존의 CEO는 사임에 동의했으며, 아이칸은 이사회에 이름을 등재했다.[14] 아이칸은 이번 협의의 일환으로 서면동의요청을 철회하는 것에 동의했다.

임클론, 식스플래그스, 헬스코 등의 기업들을 대상으로 서면동의요청을 활용한 주주행동주의 사례가 있긴 하지만, 이러한 전술은 일반적으로는 잘 활용되지 않는다. 주주행동주의자들이 이 방법을 활용하지 않는 이유는 대부분의 미국 기업들이 기업설립허가서Corporate Charter를 통해 이를 명시적으로 금하고 있기 때문이다. 일반적으로 기업들은 이사선출을 연차주주총회를 통해서만 할 수 있다고 규정하고 있다. 어떤 경우는 기업설립허가서에 따라 서면동의요청을 시도할 경우, 유통주식의 100%의 동의가 필요하도록 하고 있어 현실적으로 불가능하다. 결국 이는 단지 기업이 서면동의요청을 불허한다는 것을 우회적으로 표현한 것이다. 투자자들과 기업들은 지금도 델라웨어 주법상 서면동의요청이 가능한지에 대해 언쟁을 벌이고 있다.

경영난으로 인해 주주행동주의자들의 표적이 되기 쉬운 기업들은 차입을 통한 자본조달을 신속하게 진행하려면 서면동의요청을 통해 주주들의 찬성표를 빠른 시일 안에 얻어야 하는 경우가 발생하기 때문에 이를 허용하기도 한다. 하지만 서면동의요청 조항이 있으면, 기업은 반대주주들의 이사진 교체 위협에 취약할 수밖에 없다.

올스턴&버드의 브라운은 일반적인 위임장대결에서 주주행동주의자들이 승산이 없음을 알면서도 서면동의요청을 시도하는 경우가 많다고 말한다. 기업 경영진들은 이들의 요구를 수용하지 하지 않으면, 이들이 계속해서 서면동의요청을 시행할 것이고 결국에는 점점 더 많은 사람들의 지지를 얻게 될 것을 조기에 알아채기도 한다. 브라운은 만약 반대주주가 근소한 차이로 지더라도 기업의 변화에 대한 압력을 가한다는 점에서 궁극적인 목표를 달성한 것이라고 볼 수 있다고 말한다.

특별주주총회: 위임장대결을 향한 보다 신속한 방법

주주행동주의자들이 기업 개선을 요구할 때 활용하는 또다른 전술로 특별주주총회가 있다. 이는 특정 사안에 대해 주주와 기업관계자들을 한데 모아 투표를 진행하기 위한 특별회의이다. 합병 제안, 채권 발행, 정관 수정 등과 관련한 투표를 진행하기 위해 기업의 이사진들이 특별주주총회를 소집하기도 하지만, 주주행동주의 헤지펀드 매니저들도 정관이 허용하는 한에서 이사진 교체를 위한 특별주주총회를 소집하기도 한다.

일부 기업들은 서면동의요청과 마찬가지로 주주들이 특별주주총회를 소집하지 못하도록 하는 규정을 정관에 명시한다. 그러나 기업 설립허가서가 이를 허용하고 관련 내용에 예외조항이 있지 않는 한, 주주행동주의자는 서면동의요청을 활용할 기회를 놓치지 않으며, 특별주주총회 역시 마찬가지이다. 캐나다, 영국United Kingdom, 스웨덴, 우크라이나 등의 국가들은 기업이 주요 주주가 주주총회를 소집하지 못하게 하는 것을 법적으로 금지하고 있다.

특별주주총회는 서면동의요청과 같이 신속하다는 장점이 있다. 가장 큰 차이점은 이사선출투표에서 필요로 하는 찬성 득표수가 다르다는 것이다. 특별주주총회에서는 참여지분의 과반표를 얻으면 되는 반면에, 서면동의요청은 유통주식의 과반표를 얻어야 한다.

때로는 주주들이 특별주주총회를 소집하기 위해 다른 주주들에게 서면동의요청을 보내어 이들의 동의를 구해야 하는 경우도 있다. 회사 정관에 주주들이 특별주주총회를 소집하기 위해 필요한 득표 기준이 명시되어 있는 경우가 해당된다. 기업들은 종종 특별주주총회 개최일 선정에 관한 권한을 남겨두어 경영권을 방어하기도 한다.

약 1억 달러의 운용자산을 보유한 리버레이션의 펄먼 매니저는 텍사스 오스틴의 전자빙고게임, 시스템, 비디오 복권 터미널 제작업체인 멀티미디어게임즈Multimedia Games Inc.의 특별주주총회를 소집하기 위해 유통주식의 10%를 얻기 위한 서면동의요청 캠페인을 벌였었다.

당시 리버레이션이 이미 8.4%의 지분을 보유하고 있었으므로, 1.6%를 추가적으로 얻는 것은 그리 어려운 일은 아니었다. 펄먼은 기존의 이사회에 대항하기 위해 주주총회를 통해 신규 이사 3인을 임명하고자 계획했으나, 멀티미디어게임즈가 펄먼과 합의하면서 주주총회는 취소되었다. 펄먼은 합의의 일환으로 자신이 추천한 이사후보인 카지노업계 임원 출신 닐 젠킨스Neil Jenkins와 함께 이사회에 등재되었다. 또한 멀티미디어게임즈는 합의에 따라 이사후보추천위원회와 기업지배구조위원회corporate governance committee에서 헤드헌팅업체를 고용하여 사외이사 2인을 추가적으로 선출하기로 했다. 그 대가로 펄먼은 기업과의 대결을 중단하였다.[15]

멀티미디어게임즈에서는 특별주주총회가 소집되지 않았지만, 2005년 10월 컴퓨터호라이즌스Computer Horizons Corporations에서는 한차례 소집된 적이 있다. 주주행동주의 헤지펀드인 크레센도파트너스II는 뉴저지 마운틴레이크스New Jersey Mountain Lakes에 위치한 이 IT기업에 대해 특별주주총회를 소집했다. 주주들은 주주총회를 통해 헤지펀드 크레센도의 매니징디렉터 에릭 로젠펠드Eric Rosenfeld를 포함하여 크레센도가 지명한 총 다섯 명의 이사후보를 선출하였다.[16] 새로운 이사회는 그후 CEO 윌리엄 머피William Murphy를 해임하고 크레센도가 추천한 데니스 콘로이Dennis Conroy를 새로운 CEO로 임명하였다.[17] 이듬해 컴퓨터호라이즌스에서는 크레센도가 계획한 대로 기업 분할이 진행되었다. 이 회사의 사업부 세 개는 각각 다른 곳에 매각되었고, 총 매각대금은 1억 5,200만 달러였다. 아르노 애들러는 "특별주주총회 개최를 통해 연차 주주총회를 거치지 않고도 주주행동주의 작업을 보다 신속하게 처리할 수 있다. 하지만 미국 기업들의 대부분은 특별주주총회를 허용하지 않고 있어, 이번 기회는 정말 드문 경우라고 할 수 있다."고 말한다.

위임장대결, 서면동의요청, 사회적 압력 넣기 등에 대해 배운다면, 제3자들도 행동주의 주주의 생각을 보다 잘 이해할 수 있다. 기업에 대해 이들이 활용하는 독특한 방법에 있어서 중요한 개념들이기 때문이다. 주주행동주의자들은 매우 다양한 배경을 가지고 있으며, 기업에 대한 캠페인을 펼치는 경우 이들이 고려하는 요소들은 무척이나 많다. 기업이 저평가되었는가? 정관이 서면동의요청을 허용하고 있는가? 특별회의를 소집하면 기업에 변화를 더욱 신속하게 야기할 수 있는가?

각각의 주주행동주의자들은 자신만의 시행착오들을 거쳐 특화된 방법으로 투자기업에 접근한다. 채프먼은 사회적 압박을 활용해 캠페인을 펼치며, 오퍼튜니티파트너스의 골드스타인은 타깃기업에 대한 협상력을 높이기 위해 위임장대결을 하겠다고 기업에 위협을 하거나, 실제로 위임장대결을 실시한다. 그러나 주주행동주의자들은 상황에 유연하게 적응한다. 기업마다 갖고 있는 문제점과 해결책이 다양하기 때문에, 전술전문가들도 언제든지 신속하게 전략을 전환할 준비를 하고 있어야 한다. 상황에 따른 전략의 다양성은 성공에 매우 중요한 부분이다. 사회적 지레를 활용해 주주행동주의 캠페인을 벌이든지, 위임장대결을 통해 다소 진흙탕 길을 가든지 간에, 모든 주주행동주의자들은 기업가치 향상이라는 공통의 목적을 가지고 있다.

다음 장들에서는 더욱 다양한 주주행동주의 전략 및 접근법에 대해 알아볼 것이다. 주주행동주의의 과제는 주주행동주의자와 기업 임원진의 비공개적인 대화를 통해 가장 잘 해결된다. 그렇지 않으면 사회적 캠페인이 필요하다. 다음 장에서는 대중적 캠페인과 비공식적 캠페인이 각각 어떻게 활용되는지, 그리고 언제 각각의 캠페인 방식을 적용해야 하는지에 대해 자세히 다룰 것이다. 또 연합세력을 만들어 활동하는 주주행동주의자들에 대해서도 알아볼 것이다. 주주행동주의자들은 서로를 도우면 보다 활발하고 신속하게 주주행동주의 성과를 만들 수 있다는 것을 알고 있다. 그러나 연합군을 형성하여 자신들의 역량을 한데 모으는 것 자체만으로 이들이 의도한 결과를 완벽하게 만들어낼 수 있는 것은 아니다.

| 3장 |

이리떼:
주주행동주의자들이 함께 일하는 방법

서드포인트의 대니얼 러브는 스타가스파트너스Star Gas Partners LP
의 대표이사 및 CEO, 이릭 세빈Irik Sevin에게 다음과 같은 제안을 담은
서한을 보냈다.

이제 당신은 CEO 및 대표이사직에서 물러나 햄프턴의 바닷가 대
저택에서 친구들과 테니스를 치며 노는 것처럼 본인이 가장 잘할
수 있는 것을 할 때입니다.

또한 러브는 이 편지를 통해 세빈의 '무수히 많은 인수 및 경영상의 오류'로 인해 기업에 5억 7,000만 달러의 추가적인 비용이 발생했다며 항의했다. 또한 러브는 스타가스의 경영진과 수차례 전화연결을 시도했으나 모두 실패로 돌아갔다고 기술했다. 러브는 "당신이 엉망진창으로 만든 사항들은 전문 경영진과 그 밖에 경영성과에 직접적인 이해관계가 있는 이들에게 맡기십시오"라고 덧붙였다.

2005년 2월 작성된 이 서한은 증권거래위원회 공시자료인 '스케줄13D'에 포함되었다.

보유 지분이 5%를 초과하고, 경영진 및 일반 주주들과 경영간섭 등 기업과 관련한 전략적 협의를 계획하고 있는 투자자는 지분이 5%를 넘는 날짜를 기준으로 10일 이내에 증권거래위원회에 스케줄13D 공시를 제출할 의무가 있다. 러브는 당시 6%의 지분을 소유하고 있었다.

이렇게 제출된 공시자료는 사업보고서, 분기보고서 등과 같은 다른 공시자료와 마찬가지로 증권거래위원회의 전자공시시스템EDGAR 온라인 서비스를 통해 누구나 쉽게 열람할 수 있다. 보유 지분이 5% 미만인 경우, 증권거래위원회 공시자료 제출은 의무사항이 아니다.

지분이 5%를 초과하지만 적극적으로 경영에 참여할 의사가 없는 투자자들은 증권거래위원회에 보다 간소화된 '스케줄13G' 자료를 제출하면 된다. 스케줄13D 공시와 달리, 스케줄13G는 5%를 초과한 연도의 마지막 날을 기준으로 45일 이내에 지분보유에 대한 내용을 제출하면 된다. 대량지분보유를 통해 기업 경영에 전략적인 간섭을 할 의도가 없는 경우, 지분보유 상황에 대한 공시를 하기 전에 매량 매집 및 매도를 가능하게 한 것이다. 스케줄13D에는 주주행동주의자들이 스스로의 신원을 밝히는 내용으로 채워야 하는 부분이 많다. 그중 네번째 항목인 '보유 목적'은 해당 투자기업의 의도를 명시하도록 하고 있다. 이 부분은 다른 잠재적 투자자들이 주주행동주의 의도를 알기 위해 가장 먼저 읽는 항목이다. 이 네번째 항목은 해당 투자자가 기업 매각 또는 사업부 매각 등을 계획하고 있는지 여부도 명시하도록 하고 있다.

러브, 채프먼과 같은 주주행동주의자들은 스케줄13D를 기업에 대한 사회적 지레 캠페인에 활용한다. 그들은 일반적으로 투자 대상 기업과 관련된 의도를 적고, 그 기업에 대한 분석이 담긴 포이즌-펜 레터를 제출한다. 러브가 스타가스 CEO 세빈에게 쓴 공격적인 편지와 같은 서한은 스케줄13D의 맨 아랫부분에 첨부된다. 앞서 언급한 바와 같이, 이러한 공시는 해당 기업에 대한 정보와 주가 향상 가능성에 대해 알고자 하는 투자자들의 지지를 얻기 위한 홍보캠페인의 일환이다.

만약 2인 이상의 투자자들이 유사한 의도를 가지고 협력중에 있다면, 본인들이 어떤 식으로 기업에 변화의 압력을 넣기 위해 협력하고 있는지를 정리한 '합동 스케줄13D'를 제출해야 한다. 이러한 집단 공시는 점점 흔하게 볼 수 있다.

한 보고서에 따르면 2004년과 2005년 사이 조사된 374개 주주행동주의 사례에 등장한 110개 주주행동주의 헤지펀드의 25%가 합동 스케줄13D를 작성했다고 한다.[1]

뉴욕 대학교 스턴 경영대학의 에이프릴 클라인 교수와 동 대학 박사과정에 있는 이매뉴얼 저는 2006년 9월 실시한 '헤지펀드 주주행동주의'라는 제목의 연구에서 주주행동주의 헤지펀드 102곳, 스케줄13D 사례 155개에 대한 자료를 수집했다. 이 두 사람은 주주행동주의자들이

제출한 스케줄13D 사례를 14가지 유형으로 분류했다. (표 3.1 참조)

표 3.1 스케줄13D 투자목적에 명시된 주주행동주의 목적과 각각의 성공률

스케줄13D에 명시된 의도	헤지펀드 주주행동주의자	성공의 경우
기업의 이사 보수 조정	41	30 (73%)
기업의 경영 전략 변경	29	14 (48%)
기업의 M&A 반대	18	10 (56%)
기업 매각 또는 다른 기업과 합병	16	9 (56%)
기업 매수를 위한 추가적인 지분 매입	12	7 (58%)
기업의 자사주매입	4	4 (100%)
기업의 주주명부 확보	4	2 (50%)
기업 경영진 지원	4	2 (50%)
적극적인 주주권 행사	4	4 (100%)
기업지배구조에 대한 우려 표시	3	1 (33%)
CEO 교체	3	3 (100%)
CEO 보수 삭감	2	1 (50%)
현금배당 요구	2	2 (100%)
기타	13	4 (31%)
총계	155	93 (60%)

(단위: 개)

출처: 뉴욕 대학교 스턴 경영대학 에이프릴 클라인 부교수 및 이매뉴얼 저(박사과정), '헤지펀드 주주행동주의' (2006년 9월): 43

　　　스케줄13D가 제출이 되고 나면, 인터넷은 주주행동주의자들이
활용하는 주요 수단이 된다. 앞서 설명한 바와 같이, 서한과 증권거래
위원회 공시의 조합은 주주행동주의 전략에 주요 요소가 된다. 투자대
상을 물색하는 다른 투자자들은 재무정보를 찾다가 우연히 또는 적극적
으로 주주행동주의자들이 공시한 스케줄13D를 발견하게 된다. 여기에

첨부된 서한들을 읽고 나면, 투자자 및 잠재적인 주주들은 새로운 정보를 접하고 자신만의 리서치를 완료한 뒤 주주행동주의에 대한 자신들의 생각을 정리한다.

만약 주주행동주의자가 스케줄13D를 통해 공시한 최초의 내용이 기업가치 향상을 위해 옳은 말이라고 판단되면, 이들 투자자들은 해당 기업의 지분을 대량 매수하고, 자신들의 스케줄13D를 공시하여 유사한 관점의 서한을 공개할 것이다. 상대적으로 덜 과격하고 우호적인 태도로 경영에 관여하기를 선호하는 주주행동주의자들은 포이즌 펜 레터는 아니더라도 불만사항이 담긴 짧은 글을 스케줄13D에 첨부하여 공시할 것이다. 마지막으로 이보다 덜 활동적인 주주행동주의자들은 해당 기업의 지분을 매수한 뒤, 한발 물러서서 다른 주주행동주의자들이 기업가치 개선에 대한 이벤트를 진행하기를 기다릴 것이다. 이러한 상황에 편승하려는 투자자들은 기업가치 향상을 위해 힘쓰는 주주행동주의 투자자들이 주가도 향상시킬 가능성이 높다고 예상한다. 이런 성향의 투자자들 중 일부는 주주행동주의자들이 목표를 달성할 때까지 장기적으로 기다릴 것이다. 또다른 투자자들은 지분을 더 빨리 매도하기 위해 이사회에 개입할 것이다. 이러한 초단기투자자들은 칼 아이칸과 같은 이들이 지분 매입을 한 직후 나타날 수 있는 주가급등을 노린다. 이러한 투자 접근법은 주주행동주의자들과 기관투자자들을 분노하게 만든다.

이벤트 발생에 편승하려는 이러한 투자자들은 주주행동주의적 의사표명을 하지 않으며, 따라서 스케줄13D 공시도 하지 않는다. 그러나 이들의 존재는 많은 차이를 만든다. 스케줄13D 공시는 기업당 한 개가 보통이다. 하지만 그렇다고 해서 이 기업들에 대해 주주행동주의자들이 5% 미만으로 지분을 유지하고 있는 준*準* 주주행동주의 투자자들을 모집하지 않고 있다는 것은 아니다. 최초 스케줄13D 공시 이후 합세하는 투자자들은 다양한 배경을 가지고 있다. 이들 중에는 연기금펀드, 위험차익거래 전문가, 주주행동주의 헤지펀드 등이 있으며, 서로가 더 많은 일들을 해주기를 바라는 것도 사실이다. 오퍼튜니티파트너스의 골드스타인은 "자신이 투자한 기업에 자신을 지지하는 투자자가 지분을 매입한다면 도움이 된다. 많은 투자자들이 우리의 투자방식을 모방한다. 이들이 주주행동주의 편에서 표를 행사하지 않더라도 경영진에 표를 주는 것이 아니기 때문에 이들이 가만히 지분을 보유하고 있는 것만으로도 우리에게는 좋은 일이다."라고 말한다.

기업은 어느 날 갑자기 대량의 지분을 보유한 주주행동주의자들과 준*準* 주주행동주의 투자자들이 주주명단에 나타나 경영상의 변화에 대해 압박하는 것을 보게 될 것이다. 기존에 소극적인 자세로 경영진에 우호적이었던 투자자 집단도 이제는 주가 향상에 대한 압력을 행사할 준비를 하고 있다. 뉴욕 소재의 IR컨설팅기업 더루스그룹The Ruth Group의 데이비드 파스퀘일David Pasquale 부사장은 "인터넷을 통해 정보를 쉽게 구할 수 있게 되면서, 이제 누구나 쉽게 참여할 수 있다. 주주행동주의자가 되는 것은 이제 그렇게 어렵지 않다."고 말한다.

한 가지 주의사항은 주주행동주의자들의 공개적인 활동 이후에 전체 주주층이 변모하는 것은 오직 시가총액이 작은 기업에만 해당된다는 점이다. 주주행동주의자들이 중형주 및 대형주를 대상으로 다른 주주행동주의 투자자들을 모집할 수는 있지만, 변화를 일으킬 수 있는 수준까지 달성하기는 매우 어려운 것이 사실이다. 10장에서도 다루겠지만, 이러한 기업들에 대해서 주주행동주의 운동을 성공적으로 펼치려면 보다 많은 기관투자자들의 지원을 얻어야 한다.

일단 전체 주주층이 변하게 되면, 경영진은 주요 주주행동주의자를 무시하기 매우 어려워진다. 스케줄13D를 가지고 있는 몇몇 주요 주주들이 있는 이러한 경우에는, 기업에게 끔찍한 상황이 발생할 수 있다. 이 같은 연합을 통해 형성된 거대 세력을 무시할 수는 없기 때문이다.

많은 이들은 이처럼 변모한 투자자 계층과 스케줄13D를 보유한 주주행동주의자들을 한데 일컬어, 납작 엎드려 변화를 강요하는 '이리떼'라고 표현한다. 또 어떤 이들은 좀더 부정적인 의미로 '바퀴벌레잡이 헤지펀드hedge fund roach motel'라고 부르기도 한다. 기관이든 개인이든 소극적 장기투자자들의 대부분은 주주행동주의자들의 세력화에 대해 분노하며, 주주행동주의자들이 지극히 단기적 성과에만 관심이 있으며, 자신들이 수년간 기다려 온 기업의 장기적 가치를 해치는 투자집단이라고 여긴다. 그러나 유난히도 주가가 부진한 경우에는, 소극적인 투자자들도 세력화를 통해 지분을 축적한 주주행동주의자들을 지지하며, 이들에게 표를 던지기도 한다. 2005년 말 및 2006년 초, 당시 미국에서 두번째로 큰 신문체인이었던 나이트리더Knight Ridder Inc.의 사례를 살펴보자. 11월 1일, 헤지펀드 PCMPrivate Capital Management의 CEO인 브루스 셔먼Bruce Sherman은 나이트리더의 CEO 앤서니 리더Anthony Ridder에게 경매를 통한 기업 매각을 요구하는 서한이 첨부된 스케줄13D를 공시했다.

사실 2005년 11월까지 이 신문사의 18.9% 지분을 보유하고 있었던 PCM은 이미 8개월 전인 2005년 4월부터 비공개적으로 리더에게 기업 자산을 매각할 것을 요구했다. 또한 8개월간 PCM은 점차적으로 해당 기업에 대한 지분을 늘리고 있었다. 전통적인 가치투자를 지향하던 셔먼에게 주주행동주의적인 접근은 익숙하지 않았다. 그러나 셔먼은 나이트리더에 대해서는 수동적으로 결과를 기다리는 것이 옳지 않다는 결론을 내렸다. 오퍼튜니티파트너스의 골드스타인은 셔먼을 가리켜 소극적 투자방식에 문제가 생겼을 때 가끔씩 주주행동주의 캠페인을 펼친다는 의미에서 '주저하는 주주행동주의자'라 묘사한다.

　　　　PCM의 관점에서 나이트리더의 문제는 경영진의 노력에도 불구하고 기업 주가가 개선되지 않고 있다는 점이었다. 나이트리더는 이 문제를 해결하기 위해, 자사주매입 등 주가부양을 위한 전방위 노력을 펼쳤다. 신문광고가 전통적인 종이신문에서 인터넷신문으로 옮겨가는 가운데, 신문업계 전반적으로 겪고 있는 수익난 또한 적절한 수익모델을 개발하지 못하면서 상황을 악화시키고 있었다. 한편 나이트리더의 많은 주요 주주들이 셔먼의 노력에 지지를 보내고 있었다. 11월 3일 헤지펀드 사우스이스턴에셋매니지먼트Southeastern Asset Management Inc.는 스케줄13D에 대해 소극적이었던 태도를 주주행동주의 형태로 바꾸고 8.9%의 지분을 공시했다. 사우스이스턴은 스케줄13D 공시를 통해 PCM의 제안에 대해 나이트리더 경영진 및 다른 주주들과 함께 폭넓은 논의를 하고 싶다고 밝혔다. 같은 날, 또다른 주주행동주의 헤지펀드 해리스어소시에이츠Harris Associates LP는 마치 경쟁이라도 하듯 스케줄13D 공시를 통해 경영진과 이사회에 기업인수자를 찾아볼 것을 요구했다. 해리스의 당시 지분율은 8.2%였다.

이 세 개의 펀드를 합치면 나이트리더 총 지분의 3분의 1에 달했다. 이들은 공식적인 연합세력은 아니었지만, 가공할 만한 세력을 이루고 있었다. 세 펀드가 나이트리더에 공식적으로 압박을 시작한 직후, 리더는 자신의 자문기관인 투자은행 골드만삭스에 전략적 자문을 구했다.

나이트리더는 문제점을 파악하고, 주주행동주의자들을 달래기 위해 일부 지점의 인력을 감축하고, 분기배당을 실시하며, 추가로 자사주를 매입하고, 7월에는 디트로이트프리프레스Detroit Free Press를 경영하는 디트로이트뉴스페이퍼파트너십Detroit Newspaper Partnership LP의 보유 지분을 매각하였다.[2] 그러나 셔먼과 기타 주주행동주의자들은 만족하지 못했다.

2006년 6월, 나이트리더는 캘리포니아 새크라멘토Sacramento 소재의 신문사 매클래치컴퍼니McClatchy Company에 45억 달러에 매각되었고, 주주행동주의자들은 비로소 목적을 달성했다.[3]

이 일이 없었더라면 나이트리더는 어떻게 되었을까? 투자자들은 나이트리더가 여전히 성과가 부진했고, 주가도 고전하고 있었으며, 구조조정 또한 총체적인 문제해결에는 역부족이었다고 파악했다. 나이트리더의 주주들 중, 이 신문사가 독립된 기업으로 존재하는 것에 대해 우려하는 다수의 기타 소액투자자들도 주주행동주의를 지지하고 있었을 것이다. 셔먼과 기타 주주행동주의자들이 없었다면, 나이트리더는 여전히 독립 회사로 남아 있었을지도 모른다. 하지만 나이트리더의 경영진은 계속 불길한 징조를 느껴야 했을 것이다.

주주행동주의자들이 집단으로 기업의 지분을 의미 있는 수준까지 높이는 것은 기업 경영진이 이들의 조언이나 요구사항에 좀더 귀를 기울일 가능성을 높인다. 만약 경영진이 세력을 키우고 있는 이러한 주주들의 말을 무시한다면, 이들 중 누군가가 스케줄13D를 작성하고 나머지 소액주주들도 이에 동참시켜 결국 경영진이 꺼리는 변화를 요구할 것이다. 또 주식가치를 향상시킬 수 있도록 이사회를 장악하기 위해 경영진에게 위임장대결의 위협을 안겨줄 것이다. 결국 나이트리더 경영진은 마지못해 투자자들이 자신들에게 원하는 것이 무엇인지 이해하게 된 것이었다.

DLA파이퍼DLA Piper Rudnick Gray Cary US LLP의 페리 와이너Perrie Weiner 파트너는 "CEO들은 주주행동주의 집단이 기업에 암적인 존재라고 생각한다. 그렇게 말하는 것은 쉽다. 그러나 CEO들은 왜 주주행동주의자들이 자신이 운영하는 기업에 투자하는 것인지 스스로에게 질문해봐야 한다. 그 답은 개선해야 할 문제점이 있다는 것이다."라고 말한다.

은행용 컨설팅 및 결제 소프트웨어 제작기업 캐러커에 주주행동주의자들이 뛰어든 엉망진창의 사건을 살펴보자. 2005년 프레스콧캐피털매니지먼트Prescott Capital Management LLC의 제프리 왓킨스Jeffrey Watkins 회장은 캐러커에 대한 7.6% 지분보유 현황을 신고했고, 스케줄13D를 공시했으며, 본 기업의 매각에 대한 의도를 표현하기 시작했다. 왓킨스는 공시를 통해 유사한 경쟁기업들이 높은 가격에 매각되었다는 점을 강조했다. 프레스콧캐피털은 캐러커에 대해 "다양한 제품군과 매우 튼튼한 고객층으로 인해 대형 전략적 투자자에게 높은 가치평가를 받을 수 있을 것"이라고 말했다. 2006년 3월, 프레스콧캐피털의 노력이 결실을 맺고 있었다. 왓킨스가 위임장대결을 주장하기 시작하자, 캐러커는 왓킨스를 이사회에 포함시키는 것을 제안했고, 왓킨스는 이를 받아들였다.

그뒤, 다른 주주행동주의자들도 이에 동참했다. 채프먼캐피털의 로버트 채프먼은 6월에 5.6% 지분을 신고했고 기업 매각을 관철하기 위한 노력을 시작했다. 채프먼은 캐러커에게 서한을 통해, 2001년 멤피스Memphis 소재 은행시스템 전산화서비스업체, 체크솔루션즈Check Solutions Company를 인수한 것에 대해 비난했다.

체크솔루션즈를 인수하면 전前 파트너였던 페가시스템즈Pegasystems Inc.가 벌일 소송에 휘말릴 수 있다는 위험을 캐러커가 예견하지 못했다는 것이다. 결국, 페가시스템즈는 파트너십 계약위반을 근거로 캐러커가 체크솔루션즈의 소프트웨어 제품을 생산할 수 없도록 봉쇄하는데 성공했다.

6월 7일, 채프먼은 캐러커에 대해 "당사의 형편없는 기업인수의 역사를 고려하면, 우리는 캐러커가 높은 무형자산상각비와 전체적 리스크로 손익계산서가 가득 차는 일이 일어나지 않도록 4,000만 달러 상당의 현금 및 매도가능증권을 사용하지 말 것을 조언한다."라고 적었다. 그후, 캐러커는 재무자문을 맡고 있던 베어스턴스Bear Stearns&Company로 하여금 매각과 같은 전략적 선택에 대해 알아보도록 하겠다고 밝혔다. 왓킨스와 채프먼이 자신들의 존재를 알리자, 증권사 B. 라일리B. Riley&Company의 설립자 브라이언 라일리Bryant R. Riley도 10%의 지분을 공시하며 위임장대결을 고려하고 있다고 밝혔다.

당시 이 세 명의 주주행동주의자들은 캐러커에 대해 약 25%의 지분을 보유하고 있었다. 2006년 8월, 채프먼은 기술인수시장에 대한 재평가를 실시하여 캐러커 매각 수익률이 예상보다 낮을 것이라고 결론 짓고, 보유 지분을 4.8%까지 낮추었다. 채프먼은 이 같은 결정을 내리기 위해 몇 가지 요소를 고려했다. 첫번째로, 유사한 산업의 한 기업이 그의 예상보다 낮은 가격에 매각되었다. 그는 캐러커를 전략적 인수자에게 매각할 경우 주당 약 12달러를 받을 수 있을 것으로 예상했었다. 하지만 투자자들에게 보내는 서한을 통해 캐러커 매각으로 주당 최대 7~8달러를 받을 수 있을 것이라고 밝혔다. 채프먼은 "주당 7달러는 우리에게 별로 매력적인 가격이 아니기 때문에, 유동성에 지장이 있을 정도로 지분을 대량으로 보유할 이유가 없었다."고 말한다.

그러나 채프먼이 지분을 매각할 당시, 주주행동주의자를 비롯해 기업 경매를 고대하고 있는 투자자들의 세력은 이미 충분했다. 채프먼은 자신이 지분을 줄인 이후에도, 캐러커 매각에 찬성하는 주주세력이 전체의 50%에 달했을 것으로 추정했다. 캐러커가 체크프리CheckFree Corporation에 총 2억 600만 달러, 주당 8.05달러에 매각된 2007년 1월까지, 채프먼은 이미 보유 지분 전부를 청산했다. 채프먼은 더이상 주가 상승 여력이 없다고 판단되어 잔여 지분도 모두 매각했다고 말한다.

그러나 채프먼이 운용하는 헤지펀드는 여전히 주주행동주의를 통해 약 30%의 수익률을 기록하는 등 좋은 성과를 내고 있다. 그는 주당 평균 5.5달러에 매수하여, 6.75~7.75달러에 매각했다. 마지막으로 지분을 청산한 날은 12월 11일이었다. 채프먼은 프레스콧캐피털, 라일리와 연합해 만들어낸 대중적인 노력을 통해 다른 투자자들을 유인하고, 해당 기업에 대해 집단적 압박을 이룰 수 있었다고 덧붙인다. 채프먼은 "12월 1일까지 캐러커 주주의 80%는 기업 매각을 원하고 있었다.

행동주의 투자 전략

거대한 주주연합세력을 가볍게 여겨서는 안 된다."고 말한다.

기업의 변화를 위해 사회적 압력 전술을 활용하는 주주행동주의자들은 일반적으로 5% 이상의 지분을 매수한다. 5% 미만으로 지분을 보유한다는 것은 경영진에게 자신의 세력이 너무 작기 때문에 신경쓰지 않아도 된다고 말하는 것과 다를 바 없다. 10억 달러를 지불하고 홈디포의 지분 1.2%를 매수하는 경우가 아니라면 말이다. 이 부분은 뒤에서 다시 다룰 것이다.

많은 수의 주주행동주의자들은 기업 임원들과 비공개 대화를 갖고 싶어한다. 이런 주주들은 기업의 임원이나 이사들의 분노를 사지 않으면서 대화에 참여하도록 하기 위해 비공개 대화를 선호한다. 이들은 이사들과 협력적인 태도로 진행되는 비공개 토의를 통해 기업의 변화를 보다 쉽게 이룰 수 있다고 믿는다. 주주행동주의자들이 5% 이상 지분을 보유해 스케줄13D 공시를 하게 되면, 비공개적인 노력이 공개적인 것이 되어버리기 때문에 그렇게 하지 않는 경우도 있다. 만약 이 내용이 공개되어버리면, 주주행동주의자와 경영진 사이의 관계가 손상될 수 있기 때문이다.

주주행동주의자의 관점에서 볼 때, 스케줄13D 공시는 그 외에도 몇 가지 부정적인 면을 가지고 있다. 주주행동주의자가 최초 스케줄13D를 공시한 뒤, 다른 투자자들이 추가적으로 지분에 참여하면, 주가가 오르게 되고 주주행동주의 캠페인이 전개되는 가운데 높아진 주가로 인해 기존의 주주행동주의자들의 추가적인 주식 매입을 어렵게 한다.

2006년 발표된 '헤지펀드 행동주의' 보고서에 따르면, 주주행동주의자가 최초 스케줄13D를 공시한 뒤 한 달간 주가는 평균 약 7% 상승한다.[4] 주주행동주의자가 경영진에 기업 매각이나 비주력자산 분리 등을 강력히 요구하는 대대적인 캠페인을 진행할 때는 주가상승폭이 더욱 가파르다.[5] 주주행동주의자로부터 기업인수자를 찾도록 요구받은 기업의 주가는 스케줄13D 공시 후 한 달간 10%의 '비정상적 상승률'을 기록했고, 사업부 매각과 같은 전략 수정에 대한 압박의 경우 5.9% 올랐다.[6] 한 달간의 '비정상적 상승' 기간이 끝나고 그 다음해부터는 정상적인 주가 추세를 따랐다.[7] 이 연구에 따르면, 포이즌 필 조항 삭제, 이사회 독립성 강화, CEO 교체 등과 같은 기업지배구조 관련 주주행동주의 문제를 타깃으로 하는 투자에서는 스케줄13D 공시 후 한 달간의 '비정상적 주가상승'이 관찰되지 않았다. 이 보고서의 저자 중 한 명인 듀크 대학교 알론 브래브 재무학 부교수는 시장이 기업지배구조 관련 스케줄13D 공시를 좋은 뉴스보다는 나쁜 뉴스로 인식하는 경향이 있다고 말했다. 브래브는 아마도 투자자가 스케줄13D 공시를 내기까지 이미 과거에 1년 이상 기업지배구조와 관련하여 경영진에게 비공식적으로 요구해왔지만, 성공하지 못했을 가능성이 있다고 짐작했다. 브래브에 따르면, 주주행동주의자들은 협력에 기반한 비공개 대화를 통해 기업을 변화시킬 수 없다고 결론을 내린 뒤에야 스케줄13D를 공시하고 대중적인 캠페인을 시작한다고 한다. 또 단기적인 주가상승을 노리는 투자자들은 논의되고 있는 기업지배구조 개선이 즉각적인 주가상승을 불러일으킬 수 없다고 생각하여 해당 기업에 투자하지 않기도 한다. 대다수의 주주행동주의자들도 기업지배구조 관련 사항의 개선을 요구하는 스케줄13D 공시 전후로 단기적인 주가 급등이 일어나지 않을 수 있다는 점에 동의하지만, 장기적으로는 주가 향상에 큰 도움이 된다고 생각

행동주의 투자 전략

한다. M&A 관련 스케줄13D가 공시되면 주가 급등이 일어날 수도 있기 때문에, 다수의 주주행동주의자들은 지분을, 적어도 초기에는 5% 미만으로 유지하고자 한다. 많은 주주행동주의자들은 5% 이상으로 지분을 늘린 후 진행할 대중적인 캠페인에 활용할 전략과 전술을 고안하는 기간에는 4.9%까지만 지분을 유지한다. 다른 주주행동주의자들은 사회적 캠페인으로의 전향 가능성으로 경영진을 위협하는 경우도 있지만, 대체적으로 경영진과 협력적이고 비공개적인 협상을 진행하기 위해 4.9% 미만으로 지분을 유지하기도 한다.

채프먼의 주주행동주의 투자 사례의 실패 요인 중 하나는 그가 스케줄13D를 공시했을 때 이를 본 많은 단기투자자들의 대량 매집으로 주가가 급등했고, 이로 인해 곧바로 대량 매도가 이어졌다는 점이다.

채프먼은 스케줄13D 공시 직후 주식을 매수하는 소극적 투자자들을 일컬어 '무임승차자free riders' 또는 빨판을 가지고 대형 물고기나 상어에 기생하는 동물인 '빨판상어remora'라고 부른다. 물론, 채프먼은 자기 자신을 경영성과가 부진한 저평가 기업을 공격하는 상어에 비유한다. 채프먼은 이러한 빨판상어들 대부분이 자신을 따라 매수하는 수동적 투자자들로 장기적으로 함께하지 않는다는 것이 문제라고 말한다.

주주행동주의자의 관점에서 볼 때, 장기적이라 함은 3~5년을 의미한다. 실제로는 이보다 적게 또는 길게 걸릴 수도 있지만, 3~5년이 이들이 생각하기에 주주행동주의 성과를 달성할 수 있는 기간이라는 것이다. 많은 단기투자자들은 주주행동주의자가 스케줄13D를 공시하면 재빠르게 매수한다. 그러나 일반적으로 기대하는 주가급등이 일어나면, 이러한 단기투자자들은 주식을 매도하여 자신들만의 승리를 즐긴다. 이들은 수년이 지난 후에도 주주행동주의자들의 도움 없이 위임장 대결이나 경영진과의 비공개 협의 등으로 주가 상승 시 언제든지 주식을 매도할 수 있다. 심지어 주주행동주의가 결실을 맺을 때까지 주주행동주의자들과 같이 장기적으로 주식을 보유하고 있다고 하더라도, 이러한 투자자들은 주주행동주의자들이 타깃기업에 들인 시간, 자금, 노력 등을 들이지 않아도 이들과 같은 혜택을 얻게 된다. 주주행동주의자들은 이러한 펀드매니저들이나 무임승차자들과 투자금을 가지고 경쟁한다.

또다른 문제점으로는 주주행동주의자들마다 투자기간과 투자목표가 서로 다를 수 있다는 점이 있다. 뉴욕에 소재한 랜드마크인베스터스Landmark Investors LLC의 서배스천 스터브Sebastian Stubbe 파트너는 "어떤 주주행동주의 펀드매니저는 경영진과 협조하여 가치 향상을 위한 작은 개선 작업을 진행하고 있는데, 다른 주주행동주의자가 갑자기 나타나 '그런 것은 필요 없고, 지금 당장 기업 매각을 진행하자'라고 말할 수도 있다. 이는 복수의 전략이 서로 충돌을 일으키는 사례이다."라고 말한다.

따라서 투자한 기업의 장기적 구조조정을 기대하는 일부 주주행동주의자들은 다른 주주행동주의자 및 단기투자자들과 거리감을 두고 그늘 아래에 숨어 있고자 한다. 스터브는 많은 수의 주주행동주의자들이 다른 주주행동주의 투자자들과 계획상의 충돌을 우려해 이들과의 접촉을 기피한다고 말한다.

그러나 이 모든 공시와 관련된 문제에도 불구하고, 증권거래위원회 시스템의 스케줄13D는 주주행동주의 투자자들에게 분명히 긍정적인 요소라 할 수 있다. 최초로 스케줄13D가 제출된 이후에, 다른 투자자들이 같은 기업에 대해 스케줄13D를 제출한다고 하더라도, 이들이 얻는 혜택은 최초로 이를 제출한 투자자에 못 미친다. 왜냐하면 주주행동주의자는 최초 스케줄13D를 제출하기 전에 5% 미만으로 지분을 유지하면서, 5% 이상으로 지분을 늘리고 공개적인 주주행동주의 캠페인을 진행하기 위한 최적의 시기를 기다리는데, 두번째 또는 그후에 스케줄13D 공시를 추가적으로 제출하는 투자자들의 경우 주가상 지분 매입을 위한 최적의 시기는 이미 지난 경우가 대부분이기 때문이다. 모건조지프의 랜디 램퍼트Randy Lampert는 "다른 투자자들도 지분 매수 후 스케줄13D 공시를 제출하고 기회에 편승하려 하지만, 이들이 스케줄13D를 최초로 제출한 투자자와 같은 수익률을 기대할 수 없다."고 말한다.

더욱이 이렇게 다수의 주주행동주의자들이 연합하는 스타일의 투자법은 시가총액이 작고 유동성이 적은 소형주에서는 활용이 어려울 수 있다. 램퍼트는 "거래량이 적은 주식은 몇 명 이상의 투자자들이 한 번에 참여하기에는 유동성이 충분치 않을 것이다"라고 말한다.

일부의 경우, 주주행동주의자 또는 기타 투자자들은 스케줄13D 공시 의무가 적용되지 않는 방식을 통해 4.9% 지분한도 이외에 추가적인 의결권을 얻으려 하기도 한다. 예를 들어, 텍사스 대학교University of Texas 헨리 후Henry Hu 교수와 버나드 블랙Bernard Black 교수는, 2006년 5월 발표한 연구를 통해, 어느 주주행동주의 헤지펀드는 주식에 대한 단기적 통제권을 통해 공시를 하지 않고도 대량의 의결권을 행사할 수 있는 전환주식스왑convertible equity swaps을 활용 사례로 기술했다.[8] 이런 방법을 활용하는 투자자는 의결권이 필요할 때, 주식을 전환하면 된다.

이 연구에 따르면, 전환주식스왑을 보유한 투자자는 스케줄13D 공시 의무가 발생하기 직전에도 전환주식스왑의 현금정산이라는 특성 때문에 자신들의 지분에 대한 공시를 하지 않아도 된다고 믿는다. 후 교수와 블랙 교수는 이를 일컬어 '변환이 가능한 숨겨진 지분'이라고 표현한다.[9] 일부 주주행동주의자들은 스케줄13D 공시 후 발생하는 주가급등에서 수익을 내기 위해 이 접근법을 활용하기도 한다. 이 방법은 또한 기업의 임원진과 비공식 협의를 할 수 있게 하기도 하면서, 동시에 다른 투자자들이 인지하기 어려운 숨겨진 추가 지분변환 카드를 손에 쥐게 한다.

후 교수는 이 연구를 통해 어떻게 일부 투자자들이 주식을 빌려 5% 이상 지분 보유 효과를 내는지 설명한다. 이 투자자들은 자신들이 표면적으로 5% 미만으로 지분을 보유하고 있기 때문에 스케줄13D 공시 의무가 없다고 믿는다. 후 교수는 이러한 투자와 관련해, 해당 지분의 '경제적 소유권'과 의결권이 분리되는 것이라고 말한다. 이 두 가지 접근법의 목적은 반대주주를 대변하는 이사를 선출하는 것이든, 치열하게 의견이 대립하는 합병안을 승인하는 것이든, 자신들의 주장을 지지하고자 의결권을 더 많이 모으는 것이다.

하지만 대부분의 주주행동주의자들은 이러한 접근법을 활용하는 것이 추가적인 의결권을 감추기 위한 전략 때문은 아니라고 주장한다. 오퍼튜니티파트너스의 필립 골드스타인은 투자자들이 의결권을 추가적으로 모으기 위해 복잡하고 다양한 전략을 활용할 수 있지만, 기업의 진정한 주주들의 지지를 얻지 못하면, 결국에는 성공할 수 없다고 말한다. 골드스타인은 중요한 것은 충분히 많은 투자자들의 지지를 받는

행동주의 투자 전략

것이며, 이는 단지 경제적 소유권이 배제된 의결권, 즉 숨겨진 반쪽짜리 지분 일부를 추가적으로 확보하는 것만으로는 부족할 수 있다고 말한다. 골드스타인은 자신은 이러한 변신 가능한 반쪽짜리 지분 투자법을 활용하지 않으며, 대다수 진정한 주주행동주의자들도 이런 방식을 활용하지 않을 것이라 믿는다고 덧붙였다.

　때로는 주주행동주의자 2인이, 캠페인을 진행하는 과정에서 시간이 다소 걸리겠지만, 충분히 많은 기관투자자들의 지원을 확보하는 경우도 있다. 준準 주주행동주의 펀드인 MMIMMI Investment LP는 특수화물운송서비스업체 브링크스Brinks Company에 대하여 천천히 작업을 시작했다. MMI는 브링크스 지분 5.4%를 매수하고 스케줄13D를 공시하면서 경영진에게 조만간 한마디할 것이라는 것을 암시했다. 또한 같은 시기에 주주행동주의 헤지펀드 스틸파트너스II도 조용히 브링크스의 지분을 늘리며 약간의 수익성을 겸비한 운송 및 택배 사업부, BAX글로벌을 매각하도록 비공식적으로 압박하기 시작했다. 스틸파트너스II가 사업부 매각을 요구하는 이유는 무엇일까? 그것은 바로, 사업부 매각을 통해 브링크스가 주력사업인 특수화물운송사업과 주택용 및 소형 기업용 보안사업에 보다 집중하도록 하기 위함이었다.

　브링크스도 처음에는 경영진들 간의 협력을 강조하고, 자발적인 경영 개선을 추구했다. 그러나 비공개로 진행된 노력이 의도한 성과를 달성하지 못하자 MMI는 압박의 강도를 높였다. 2005년 4월까지, MMI 계열의 클레이 리플랜더Clay Lifflander는 브링크스의 CEO 마이클 댄Michael Dan에게 보내는 서한을 작성하여 증권거래위원회 공시에 이를 첨부했다. 이 서한에는 기업으로 하여금 BAX글로벌 매각을 고려할 것을 요구하는 내용이 있었다. 다른 투자자들도 이 대열에 합류했다. 2005년 5월, 브링크스 이사회는 11억 달러에 BAX글로벌을 매각하기로 결정했다.[10] 브링크스는 매각대금으로 일부 부채를 상환하고 주주의 기대에 부흥하기 위해 5억 3,000만 달러 규모의 자사주매입을 단행했다.[11]

모든 사례가 항상 이렇게 성공하는 것은 아니다. 어떤 경우에는 주주행동주의자들이 타깃기업을 제압할 만한 세력을 만들어 위임장대결에서 승리하기도 하지만, 반대로 한참을 기다려도 아무런 변화가 없는 경우도 있다. 네 곳의 주주행동주의 헤지펀드들이 지난 10년간 항공우주기계시스템 제조업체 젠코프의 주식을 대량으로 매집하고 있지만, 아직까지 가시적인 성과는 하나도 없다.

가치투자 권위자 가벨리에셋매니지먼트Gabelli Asset Management의 마리오 가벨리Mario Gabelli는 1995년에 젠코프 스케줄13D를 공시했다. 그후 2002년 스틸파트너스II도 6.2% 지분보유 현황을 신고했으며, 경영참여를 이유로 자체적인 스케줄13D를 공시했다. 2004년까지, 상황은 매우 치열하게 전개되었다. 스틸파트너스II의 리히텐슈타인은 젠코프에 비공개적으로 7억 800만 달러에 적대적 인수를 제안했고, 젠코프는 이를 바로 거절했다. 그러나 이 소식에 젠코프의 주당가격은 14달러에서 17달러로 급등했었다.

리히텐슈타인은 2004년 11월 젠코프 이사회에 보내는 서한을 통해 "경영진과 이사회는 뚜렷한 경영 전략도 없으며, GDX 오토모티브GDX Automotive 사업을 3억 달러의 손실을 입고 매각한 것을 포함하여 제대로 하는 것 하나 없이 진 러미(gin rummy, 역주: 카드게임의 일종) 게임이나 하는 것처럼 보인다."고 언급했다.

리히텐슈타인의 인수제안으로부터 며칠 후, 주주행동주의 헤지펀드 파이러트캐피털은 2.5%의 젠코프 지분을 보유하고 있으며, 경영진과 만나기 위해 캘리포니아 랜초 코도바Rancho Cordova에 위치한 본사를 방문했다고 발표했다. 파이러트의 포트폴리오 매니저 데이비드 로버David Lorber는 젠코프 이사회에 서한을 보내, 기업 주가가 당시 84달러인데 반해 새크라멘토 부동산 가치를 포함해 기업가치가 주당 기업가치 164달러로 추정된다는 내용을 전달했다. 파이러트는 기존 주주가치를 희석한다는 것을 근거로 젠코프의 부채상환을 위한 추가 주식 발행 계획을 비난했다.

같은 달에, 스틸파트너스II는 이미 거절당한 바 있는 젠코프 인수 의사를 철회했고, 위임장대결이라는 새로운 접근을 시도했다. 이후 스틸파트너스II는 젠코프가 이사회에 기업지배구조 전문가를 영입하는 것에 동의하자 위임장대결의 위협을 중단했다.

2005년 3월, 또다른 주주행동주의자 샌델에셋매니지먼트Sandell Asset Management Corporation는 젠코프 지분 6%에 대한 보유 현황을 공시했다. 뉴욕에 소재한 이 헤지펀드는 경영진이 주주들을 대변할 수 있는 이사 한두 명을 적극적으로 초빙하는 것을 포함하여 몇 가지 제안사항에 대해 설명했다. 2005년 10월, 이 헤지펀드는 젠코프에 또다른 서한을 보내면서, 보유한 부동산의 자산을 재평가할 수 있는 전략을 강구하기 위해 투자은행을 고용할 것을 촉구했다. 샌델은 서한을 통해 "젠코프의 경영실패로 인해 주주들은 이사회를 시작으로 기업에 변화를 일으켜야 할 의무를 가지게 되었다"고 전했다.

이후 2006년 파이러트는 위임장대결을 통해 세 명의 이사를 젠코프 이사회에 포함시키고자 했다. 파이러트가 지명한 후보 세 명 중 한 명만 포함시키겠다는 내용으로 진행된 젠코프의 법적대응과 투자자문 그룹 ISS의 제안에도 불구하고, 파이러트는 위임장대결에서 승리했다. 파이러트는 이사회 자리 세 개를 확보한 상황에서 궁극적으로 젠코프가 보유한 새크라멘토의 미개발 부동산을 매각하기를 기대하고 있다. 파이러트는 적극적으로 계획을 실행하기 위해 부동산 투자은행 전문가 로버트 우즈Robert Woods를 이사후보로 지명했다.

파이러트는 이를 위해 여러 가지 기업지배구조 관련 사항들을 개선했다. 적대적 M&A에 대한 경영권방어 조항을 삭제하고 CEO와 이사회 의장 겸임이 불가능하도록 했다.[12] 기업지배구조 옹호자들의 환호를 받은 이러한 조치는 젠코프의 CEO가 집중조명을 받도록 했다.

샌델과 다른 세 명의 주주행동주의자들은 젠코프에 대해 2006년 11월부터 누적적으로 50회 이상 스케줄13D 또는 본 스케줄13D에 대해 추가적으로 '수정 스케줄13D'를 공시했다.

이러한 기업지배구조상의 개선된 사항을 비롯해 가벨리, 스틸 파트너스, 파이러트, 샌델 등 주주행동주의자 4인의 각각의 노력, 그리고 보이지 않는 외부의 지지에도 불구하고, 촉매 역할을 할 수 있는 결정적 변화는 아직 일어나지 않았다. 파이러트는 젠코프가 아직도 새크라멘토 부동산을 매각하지 않았다는 사실에 경악했다. 이 투자자들은 주당 최고가 20달러에서 가격이 떨어진 젠코프의 주가를 부양하기 위해 노력했다. 2003년 젠코프의 주식은 주당 7달러 수준에서 낮게 거래되었고, 2007년 중반까지 약 13달러에 거래되었다.

한편 젠코프에 투자한 많은 주주행동주의자들은 최근에 내부적인 문제들을 안게 되었고, 이는 젠코프 문제에 전혀 도움이 되지 못했다. 2006년, 샌델은 투자자들에게 보내는 서한을 통해, 언론보도에 따르면 증권거래위원회가 헤지펀드 샌델에 대해 민사소송을 진행할 것이라고 알렸다.[13] 12월, 증권거래위원회는 공식적으로 샌델에 대해 주요 거래 직전 주식 매도 혐의로 이 주주행동주의 펀드에 대한 조사를 시작했다고 통보했다. 이는 젠코프의 투자자들, 특히 기관투자자들과의 신뢰에 매우 부정적인 영향을 미칠 것이 분명했다.[14]

가벨리와 다른 투자기관들은 이들이 연방통신위원회Federal Communications Commission가 진행한 경매에서 소형 페이퍼컴퍼니들을 통해 입찰가를 조작한 혐의를 지적한 미국 사법부와 1억 3,000만 달러에 조정하기로 합의했다.[15]

2006년 파이러트는 저조한 실적을 기록했고, 적시에 지분 매도공시를 하지 않은 것에 대한 증권거래위원회 조사를 포함해 내부적 문제들이 불거지자 일부 직원들이 회사를 이탈했다.[16] 동시에 수익률은 바닥을 기었다. 수익률의 하락은 주주행동주의자들에 있어서 드문 일은 아니다. 일반적으로 주주행동주의자들은 장기적으로 좋은 성과를 달성하지만, 그 과정에서 많은 변동성을 겪는다. 하지만, 파이러트는 최근의 실적부진 및 지분변경 공시와 관련한 증권거래위원회 조사로 인해 투자자들에 혼란을 초래했다. 더욱이 파이러트는 다수의 애널리스트와 투자자를 잃은 것뿐만 아니라, 이전에 투자한 지분에 대해서도 손실을 입고 매도할 수밖에 없었다. 파이러트는 2006년 8월 아웃백 스테이크하우스Outback Steakhouse를 포함해 여러 레스토랑체인을 소유한

OSI 레스토랑OSI Restaurant Partners의 주요지분을 손해를 감수하면서 매각했다.[17] 후회의 순간은 금방 다가왔다. 그해 11월 바이아웃펀드 베인캐피털Bain Capital을 포함한 투자자 집단이 OSI를 32억 달러에 인수했다.[18] 파이러트는 또 2005년 5월부터 월터인더스트리스Walter Industries Inc.에 회사를 세 개 부문으로 분할할 것을 공개적으로 강요했다. 하지만 기업 분할은 아직 진행되지 않았으며, 파이러트가 월터의 지분을 인수한 이후 주가는 현저히 떨어진 상태에 있다.

젠코프에 대한 투자가 장기화될 조짐을 보이고 있지만, 주주행동주의 투자는 수년의 기간이 소요된다 할지라도 결실을 맺는다는 것을 기억해야 한다. 본격적인 주주행동주의 시도가 2004년 시작되었다는 점을 감안하면, 젠코프를 온전히 개선시키기까지 좀더 시간이 필요할 것으로 보인다. 즉 주주행동주의 캠페인에는 지구력이 필요하다. 파이러트는 더이상 기업 개선에 대한 촉매제를 마냥 기다릴 수는 없는 상황이지만, 여전히 적게나마 젠코프 지분을 보유하고 있다. 아직 젠코프에 대해 헤지펀드들이 투쟁할 수 있는 기회가 있긴 하지만, 주주행동주의자들이 집단적으로 같은 기업의 자산가치 향상에 있어서 잘못된 결정을 내릴 여지도 있는 것이다.

서로 다른 스타일의 주주행동주의자들은 공세에 시달리는 헬스클럽체인, 발리토털피트니스홀딩스Bally Total Fitness Holding Corporation의 기업 매각이라는 목표를 달성하지 못했다. 주주행동주의 투자회사 리버레이션의 이매뉴얼 펄먼은 2004년 6월 발리에 변화의 압박을 개시했다. 과거 발리에 자문을 맡았던 펄먼은 이사의 정년을 75세로 규정하는 내용을 포함하여 주주들에게 총 네 가지 제안을 제시했다. (1995년부터

행동주의 투자 전략

발리의 이사직을 맡아왔던 케네스 룰로이언J. Kenneth Looloian은 퇴직 당시 82세였다.) 2005년, 발리는 투자은행 블랙스톤을 고용해 전략적 선택에 대해 조언을 구했다. 그 결과, 소형 헬스클럽 사업인 그런치피트니스Crunch Fitness가 4,500만 달러에 매각되었으나, 발리와 리버레이션 모두에게 썩 좋은 거래는 아니었다.[19]

이후, 다른 주주행동주의자들이 경기에 참가했다. 2005년 11월, 할리우드엔터테인먼트Hollywood Entertainment Corporation의 전前 CEO 마크 와틀스Mark Wattles는 발리에 대한 10% 지분을 공시하고 스케줄13D를 제출했다. 주주행동주의 투자회사, 파더스캐피털Pardus Capital Management LP은 14% 지분을 공시하고 이후 위임장대결을 통해 아홉 명으로 구성된 발리의 이사회에 세 명의 이사를 선임하는 데 성공했다.[20]

파더스를 배후에 둔 세 명의 이사 중 한 명인 돈 콘스타인Don Kornstein은 베어스턴즈에서 구조조정과 투자은행업을 담당하는 전문가로서, 발리를 매수할 매수인을 검토하는 특별위원회의 공동의장으로 임명되었다. 얼마 지나지 않아, 발리는 JP모건체이스J. P. Morgan Chase&Company가 전략자문을 맡는 가운데, 기업 경매를 실시했다. 발리는 매수인을 유인하기 위해 도이치뱅크Deutsche Bank AG를 고용하여 잠재매수인에게 선순위 및 차순위 채권발행을 포함해 총 7억 달러 규모의 차입조달을 제공하게 했다. 주주의 관점으로 봤을 때, 모든 일이 정상적으로 진행되는 듯 보였다. 그러나 사실은 그렇지 않았다. 많은 기업들이 초반에 관심을 보였지만, 2006년 8월, 적합한 매수인을 찾지 못한 채 모든 경매과정이 중단되었다. 주가는 2007년 초 주당 1달러 미만으로 거래되었고, 이는 리버레이션의 펄먼이 지분 매수시 지불했던 주당

3.80~4.60달러에 비해 심각하게 낮은 수준이었다. 파더스는 대부분의 지분을 4달러 미만으로 매입했다. 와틀스는 이후 보유 지분의 대부분을 주당 4.25~7.28달러에 매수했다. 2007년 5월 말, 발리는 법정관리(11장) 신청 계획을 발표했다.[21]

이밖에도 유명 투자자들이 타깃기업의 주가 개선을 위해 전개한 집단적 주주행동주의가 실패로 끝을 맺은 사례가 많다. 이번에는 주주행동주의자들이 자신들과 같은 주주행동주의 투자자인, 뉴욕에 상장된 투자운용사 BKF캐피털BKF Capital Group Inc.에 대해 캠페인을 전개한 사례를 살펴보자.

이 사건에서 의외의 결과가 나올 것이라고 믿은 사람은 거의 없었다. 2000년, 주주행동주의 가치투자자 가벨리는 스케줄13D를 통해 자신이 속한 투자자 집단이 기업의 미래에 대한 보고서를 작성할 것이며, 이에 관해 경영진을 비롯한 각 주체들과 대화하겠다고 밝혔다. 주주행동주의자들이 쓰는 용어로 주주행동주의 표준 공시라 불리는 스케줄13D는 충분한 자료를 제공한 것은 아니었지만, 다른 주주행동주의 성향의 투자자들은 이 공시를 해당 기업에 대해 또다른 주주행동주의 투자기회를 암시하는 일종의 암호메시지로 받아들인다.

2003년과 2004년, 오퍼튜니티파트너스의 골드스타인과 스틸파트너스II의 리히텐슈타인은 각자 자신의 주주행동주의 관련 공시를 제출했다. 샌프란시스코 소재 캐널캐피털Cannell Capital LLC의 J. 카를로 캐널J. Carlo Cannell과 아울크릭Owl Creek Asset Management의 제프리 올트먼Jeffrey Altman를 포함한 다른 주주행동주의 투자자들도 곧 이들의 뒤를 이었다.

이렇게 반항적인 투자자들은 증권거래위원회 공시를 통해,

BKF의 실적이 좋지 않은 가운데, CEO 존 레빈John Levin을 비롯한 경영진이 BKF펀드를 잘못 관리하고 있고, 임원 보수 또한 과도하게 지급되고 있다고 주장했다. 2004년 1~9월 사이, 9개월간 BKF는 350만 달러의 손실을 기록했다. BKF는 지난 2년간 유사한 실적을 기록했었다. 2003년에는 670만 달러, 2002년에는 210만 달러의 손실이 났었다. BKF는 이렇게 적자를 연달아 기록하고 있던 중, 2004년 4월 증권거래위원회 공시를 통해 레빈의 아들 헨리Henry가 펀드매니저로서 운용에 대해 26만 달러의 보수와 450만 달러의 보너스를 지급받았다고 설명했다. 주주행동주의자들은 BKF가 비교 대상 기업들에 비해 저평가되어 있으며, 침체된 주가와는 전혀 걸맞지 않게 임원들에게 지나치게 높은 보수와 보너스를 지급하고 있다고 주장했다. 2005년 6월, 스틸파트너스가 행동주의 주주집단의 암묵적인 지지를 등에 업고 9인으로 구성된 BKF 이사회에 3인의 이사를 교체시키는 데 성공했다. 이는 주주행동주의자들의 승리로 보였다. 그러나, 그후 어느 주주행동주의자도 예상하지 못한 일이 일어났다.

리히텐슈타인은 위임장대결이 끝난 후, BKF의 이사직을 박탈당했던 BKF 펀드의 설립자 레빈을 다시 이사회로 복귀시키는 것을 제안했다. 그러나, 레빈은 이를 거절하고, 곧이어 BKF에서도 사직했다. 레빈의 사임으로 주주행동주의자들의 예상과는 다른 방식으로 변화들이 촉진되었다. 위임장대결이 있은 지 1년 후 BKF 직원의 3분의 2가 회사를 떠났고, 총 운용자산 규모는 2004년 130억 달러에서 2006년 25억 달러로 급감했다. 레빈이 없는 가운데, 투자자들은 BKF 펀드에서 환매하기 시작한 것이다. BKF는 하위펀드 몇 개를 청산할 수밖에 없었고,

일부 전략투자 부문은 펀드 운용을 중단하기에 이르렀다.

얼마 지나지 않아, 리히텐슈타인도 이사회에서 물러났다. 이후, 스틸파트너스II는 BKF에 대한 투자를 청산할 계획을 밝혔고, 결국 2007년 1월 BKF의 모든 운용자산이 청산되었다.

결과적으로 레빈은 보유 지분의 대부분을 포기하면서까지도 자신이 BKF에 없어서는 안 되는 존재임을 증명하고 싶었던 것이었다. 오퍼튜니티의 골드스타인은 레빈의 행위에 대해 비이성적이었으며, 금융계의 자살폭탄테러범을 떠올리게 한다고 말한다.

골드스타인은 "우리의 실수는 레빈이 자신이 수년간 공을 들인 기업에 대해 주주들의 경영에 대한 의견을 좀더 듣는 것이 아닌 파괴적인 방법을 선택할 것이라고 판단하지 못한 점이다. 레빈은 앙심을 가지고 행동했으며 일종의 초토화전쟁을 단행한 셈이다."라고 말한다.

채프먼캐피털의 채프먼은, 외부인으로서 BKF 사건을 결과론적으로 볼 때, 주주행동주의자들이 "만약 내일 CEO가 죽는다고 해서, 기업 주가가 급등할 것인가?"라는 주주행동주의에 대한 중대한 시험에 들었던 것이라고 말한다. 채프먼은 항상 경영진이 기업이 성공 또는 생존하는 데 큰 요소가 아닌 기업들에만 투자한다고 말한다. 그는 BKF에 대해 '끔찍한 투자 대상'이라고 부른다. 채프먼은 BKF의 설립자이자 이 회사가 운용하는 펀드에 큰 영향력을 가진 레빈의 축출은 이 기업에 투자한 다른 이들이 신속하게 떠나게 할 것임은 매우 자명했다고 주장했다.

BKF에 투자한 카를로 캐널은 여러 가지 면에서 존 레빈이 회사 그 자체라 볼 수 있다고 인정했다. 그러나 그는 주주들에게 투자자들과 이사회가 과거 CEO보다 기업을 더 잘 경영할 수 있는 새로운 CEO를 찾지 못했던 것은 아니라고 덧붙였다. 캐널은 자신과 다른 주주행동주의자들이 레빈을 대체할 후보자를 물색하기도 했지만, 회사로 끌어들이기에는 여러 가지 어려움이 있었다고 말했다. 캐널은 "우리는 회사에 새로운 인재를 수혈하는 데에 성공하지 못했고, 결과적으로 회사는 고통 속에서 천천히 죽어가고 있었다."고 말했다.

BKF 사례는 집단적 주주행동주의 투자의 어두운 면을 조명한다. 주주행동주의자들이 기업에 큰 혼란을 일으키는 것이 가능한가? 현재 기업지배구조 자문가로 활동하는 투자은행가 게리 루틴은 이러한 위협은 매우 현실적이라고 믿는다. 그의 붕괴 시나리오는 주주행동주의 헤지펀드의 내부 문제로부터 시작한다. 주요 주주행동주의 투자자는 대형 상장기업을 상대하는 것이 복잡하고 비용 또한 많이 들기도 하며, 한편으로 본인의 회사 내부 스캔들을 통제하는 데 어려움이 있다는 것을 알게 된다. 또한 주주행동주의자는 투자자들과 연구원들을 잃을 수 있고, 투자대상으로부터 10% 내외의 대량 지분을 현금으로 회수해야 한다. 투자 회수 결정은 그동안 지분을 매집해온 다른 주주행동주의자들을 두렵게 할 수도 있다. 10~15명의 주주행동주의자 또는 기타 이벤트 드리븐 투자자들이 한꺼번에 보유 물량을 매도하게 되면, 나머지 주주들에게 피해를 입힐 뿐만 아니라 이미 어려움을 겪고 있을 해당 기업에도 치명적인 악영향을 미치게 된다. 루틴은 이를 빗대어 '출구를 향한 질주 경쟁'이라고 말한다.

이 같은 불길한 예감과 주주행동주의 투자자 집단의 공격 이후 발생한 BKF의 자폭에도 불구하고, 주주행동주의 헤지펀드는 시끌벅적한 접근법에서 보다 정돈된 접근법으로 발전해가고 있다. 스케줄13D를 제출하는 주주행동주의자들이, 나이트리더, 블레어, 캐러커와 같은 일부 사례에서 그랬듯이, 상대적으로 빠른 성과를 낼 수 있을지 여부는 지켜봐야 할 것이다. BKF의 파멸은 다른 주주행동주의 투자자들이 진행하고 있는 타깃기업에 자신의 자금과 기타 자원을 투자하는 것을 고려하는 주주행동주의자에게 교훈을 준다. 또한 서서히 죽음을 맞이한 발리의 사례에 등장한 주주행동주의자들의 장기적 노력을 통해서도 교훈을 얻을 수 있다. 주주행동주의자들이 젠코프에 대해 기대하는 촉매적 사건도 아직까지 일어나지 않고 있다. 더욱이 대규모 주주행동주의 이리떼 전략이 미국 기업 전반에 만연하는 일은 발생하지 않을 것으로 전망된다. 주주행동주의자들이 세력을 결성하여, 대형 상장사들을 향해 무수히 많은 스케줄13D를 제출하고 있지만, 이러한 주주행동주의 노력은 협력을 필요로 한다. 심지어 50명의 주주행동주의자들이 개별적인 캠페인을 중단하고 세력을 합쳐 대형 상장사 한 곳을 공략한다고 해도, 성공하기 위해서는 뮤추얼펀드, 연기금 등과 같은 다른 기관투자자들의 지원이 필요하다.

주주행동주의자들 중에서는 기업에 변화를 압박하는 과정에서 단독으로 활동하고자 하는 투자자들이 언제나 있기 마련이다. 각각의 주주행동주의 투자자들은 목표로 하는 투자기간과 투자목적이 다르고, 더욱이 숨겨진 의도가 의결권전환증권이나 공의결권empty votes 등의 방법과 결합되는 경우, 최초로 대상 기업에 투자한 주주행동주의자의 노력의 효과를 희석시킬 수도 있다. 이런 이유로 많은 주주행동주의자들은 집단세력과 거리를 두고자 한다. 책의 뒷부분에서 보다 자세히 다루겠지만, 다수의 투자자들은 기존의 다른 헤지펀드들과 차별화된 투자

결정을 기대하면서 주주행동주의 투자자에게 자산을 배분한다. 이렇게 차별화된 투자를 기대하는 투자자들은 자신의 자산을 받은 주주행동주의자가 모든 펀드매니저들이 공략하는 기업에 자산을 배분하는 것을 보면 실망을 금치 못할 것이다. 아마도 이리떼가 하나의 먹잇감에만 지나치게 집중한 나머지 어딘가에 있을 진짜 사냥감을 놓치게 되는 것일지도 모르기 때문이다.

| 4장 |

주주행동주의자들이 소송을 통해
의도를 관철시키는 방법

2002년, 캘리포니아의 소프트웨어 제작업체 리퀴드오디오Liquid Audio는 위임장대결이 임박한 가운데, 이사회 규모를 5인에서 7인으로 확대하기로 결정했다. 이 결정의 의도는 각각 이사회 의석 한 개씩을 요구하는 주주행동주의자 2인이 이사회에 미치는 영향력을 희석 또는 줄이기 위함이었다. 만약 이 작전이 성공한다면, 이 주주행동주의자들은 이사회 의석 다섯 개 중 두 개가 아니라, 일곱 개 중 두 개를 확보하는 것이 된다. 주주행동주의자 미타로톤다James Mitarotonda와 시모어 홀츠만

Seymour Holtzman은 위임장대결을 통해 자신들이 원하는 방향의 변화를 일으키려면 더욱 분발해야 한다는 것을 느꼈다.[1]

사실 이 주주행동주의자들은 마음에 들지 않는 인수제안을 거부하고, 차라리 기업청산을 통해 주주들에게 청산대금을 분배하기를 원했다. 리퀴드오디오는 현금이 풍부했지만, 수익성이 떨어지는 디지털음원다운로드 소프트웨어 제작업체였다. 미타로톤다와 홀츠만은 당시 많은 사람들이 냅스터Napster 같은 무료음악공유 프로그램을 통해 불법적으로 음원을 공유하고 있었기 때문에, 리퀴드오디오의 사업계획은 성공하지 못할 것이라고 예상했다.

따라서 이들은 주주행동주의의 전형적인 전략인 소송을 활용하기로 결정했다.

이들은 리퀴드오디오가 이사회 규모를 늘림으로 인해 주주들에 대한 선관의무를 위반했다고 주장하며, 델라웨어 법원에 고소장을 제출했다. 법원은 이 소송을 기각했으나, 미타로톤다와 홀츠만은 이에 머물지 않았다. 이들은 델라웨어 대법원에 항소했다. 대법원 판사들이 본 소송을 검토하던 중, 미타로톤다와 홀츠만은 위임장대결에서 승리하여 이사로 선출되었다. 2003년 1월, 이들은 델라웨어 소송에서도 승소했다. 대법원은 캘리포니아 레드우드Redwood City에 소재한 리퀴드오디오가 마지막 순간에 이사회 의석 두 개를 추가함으로 인해 양자가 대립한 선에서 의결권 행사를 위한 주주행동주의 투자자들을 방해하고 가치를 훼손한다고 판결했다.[2]

성공적인 위임장대결과 승소로 인해, 주주행동주의 투자자들에게 상당한 투자수익을 안겨준 기업청산 작업이 시작되었다. 또 주주들에게 보유 현금을 모두 배분하는 것과 더불어, 리퀴드오디오는 월마트 Wal-Mart Stores Inc.의 음원배급사에 기술을 매각했다.[3] 미타로톤다는 "때로는 소송이 불가피한 경우가 있다. 기업이 주주의 정당한 요구를 무시하면, 소송을 활용하는 수밖에 없다."라고 말한다.

미타로톤다와 홀츠만은 인터넷음원사이트 뮤직메이커닷컴Musicmaker.com을 인수한 후 설립한 투자회사 MM컴퍼니스MM Companies를 통해 소송을 접수했다. 이 두 주주행동주의자는 뮤직메이커닷컴의 사업을 매각했으며, 보유 현금의 대부분을 본인들을 포함한 주주들에게 분배했다. 이 두 투자자는 다른 투자회사를 통해서도 주주행동주의를 실천하고 있었다. 미타로톤다는 바링턴캐피털Barington Capital Group의 CEO이며, 홀츠만은 쥬얼코Jewelcor Management Inc.의 CEO이기도 하다.

이들이 승소하자 소송 전략은 주주행동주의자의 화살통에 꽂혀있는 또하나의 화살이라 불리며 집중조명을 받고 있다. 대부분의 경우, 주주행동주의자들은 리퀴드오디오의 사례에서는 볼 수 있는 위임장대결과 같은 다른 경영참여 전술을 보완하는 전략으로 소송을 활용한다. 그러나 일부의 경우, 소송이 주주행동주의 노력의 유일한 수단이 되기도 한다. 소송은 주주행동주의 캠페인에서 가장 비싼 방법이 되기 쉽기 때문에, 결코 가볍게 여길 수 없는 접근법이다. 홀츠만과 미타로톤다는 리퀴드오디오와의 소송으로 인해 6주간 약 130만 달러의 비용을 써야했다. 결과에 따라 수익 또는 손해가 매우 큰 일부 투자자들을 제외하고 대부분의 투자자들은 법적 대응을 진행하기가 쉽지 않다. 소송과 기타 노력이 성공에 따른 기대이익보다 크지 않으면, 소송비용은 엄두도 못낼 정도이다. 소송에는 긴 시간이 소요되므로, 주주행동주의자는 소송을 계속하는 것이 좋은지, 아니면 이를 중단하고 추가적인 소송비용을 줄여 다른 자산에 투자하는 것이 좋은지 비교해야 한다.

미타로톤다와 홀츠만의 사례에서, 델라웨어 대법원 판결은 주주 권에 대한 판례를 남겼다. 2003년 5월 뉴욕 로저널New York Law Journal은 이번 판결이 엔론 사태 이후 법정이 주주의 손을 들어주는 방향으로 변화하고 있음을 나타낸다고 보도했다.[4] 미국 기업 전체의 약 50%가 델라웨어 주에 상장되어 있기 때문에, 이번 판결은 그 중요성이 더욱 높다.

법원의 이번 판결은 기업이 위임장대결의 영향을 줄이기 위해 이사회 규모를 늘리는 전술을 사용하는 것을 어렵게 만들었다는 차원을 넘어서 보다 넓은 영향력을 내포하고 있다. 쥬얼코의 홀츠만은 "이 판결은 포이즌 필이나 이사임기교차제 등과 같이 위임장대결에 대한 경영권방어수단을 설치하지 못하도록 하고 있다"고 말한다.

1990년대 기업사냥꾼들의 적대적 M&A에 대비해 기업들이 경영권방어수단을 마련했었다면, 오늘날에는 힘의 균형이 다소 주주들 쪽으로 이동하는 듯하다. 홀츠만은 이 판결을 타깃기업의 임원진이나 CEO와의 비공개 협상 과정에서도 효과적으로 사용한다. 그는 "중요한 포인트는 나 자신이 매우 신중한 주주행동주의 투자자이며, 이를 우습게 여겨서는 안 된다는 것을 상대가 인식하도록 하는 것이다. 나는 임원들에게 이 판결이 어떤 의미를 지니며, 해당 기업이 경영권방어장치를 만들 경우 자신들에게 어떤 결과가 발생할 수 있는지에 대해 변호사들과 대화해보라고 말한다."라고 전했다.

그는 자신의 성공 요인의 한 가지로, 이사 교체, 사업부 매각 등 기업 개선을 비공개적으로 진행하도록 한 것을 꼽았다.

홀츠만과 미타로톤다의 성공은 주주 소송의 보편적인 결과는 아니었지만, 주주권 향상을 위한 커다란 발걸음이라는 데 의의가 있었다. 사실 주주행동주의 주주 소송이 완벽한 결말을 맺는 것은 매우 드문 일이다. 대부분의 경우 주주행동주의자는 소송을 시작하더라도, 이후에 타깃기업이 주주가치 개선을 위한 조치를 취하면 다시 소송을 취하한다. 대부분의 위임장대결 사례에서와 마찬가지로 소송이 끝나기 전에 주주와 기업 양자가 합의를 하는 경우가 많다.

리퀴드오디오의 경우, 주주와 임원들은 델라웨어 대법원 판결 전인 2002년 초 이미 몇 차례에 걸친 소송전을 치르고 있었다. 리퀴드오디오의 CEO 제럴드 커비Gerald Kearby는 주주행동주의 위임장대결을 방지하기 위해, 지난 수년간 많은 기업의 임원들이 활용했던 방법을 모방했다. 우선 주주행동주의자들의 시도를 무마하기 위해 기업의 연차주주총회를 무기한 연기했다. 주주행동주의자들이 리퀴드오디오 이사회 의석을 확보하고 변화를 촉발할 수 있는 유일한 길은 연차주주총회밖에 없었다. 대부분의 미국 상장사들과 마찬가지로, 주주들의 서면동의를 통해 특별주주총회를 개최하는 것은 금지되어 있었다. 연차주주총회를 열지 않고는 어떤 변화도 만들어낼 수 없었다.

홀츠만과 미타로톤다는 소송절차를 보다 신속하게 진행하기 위해 리퀴드오디오가 적합한 기한 내에 연차주주총회를 개최하지 않았다고 주장하며 델라웨어 법원에 고소장을 제출했다. 얼마 지나지 않아 리퀴드오디오가 7월 1일 주주총회를 소집함으로써 양측은 합의를 보았다. 합의에도 불구하고 리퀴드오디오는 2002년 9월 26일까지 주주총회를 한 차례 더 연기하였다.[5]

때때로 주주행동주의 주주들은 완전히 반대의 목적을 달성하기 위해 소송을 활용하기도 한다. 주주총회를 개최하도록 압박하는 것이 아니라, 연기되도록 하는 것이다. 2007년 연금펀드 루이지애나 지방경찰퇴직시스템Louisiana Municipal Police Employees' Retirement System은 델라웨어 법원에 제약업체 CVSCVS Corporation가 제안한 제약혜택관리기관(PBM: Pharmaceuticals Benefits Manager, 역주: 의약처방 정보를 관리하면서 대형 제약업체들과 가격협상 등의 업무를 하는 업종) 케어마크Caremark RX Inc. 인수안에 대한 주주총회를 연기해달라고 요청했다.[6] 이 주주행동주의 연금펀드가 법원명령을 요청한 이유는, 자신이 이 인수를 지지해야 하는 지에 대해 좀더 시간을 두고 고민하고자 했기 때문이다. 이 연금펀드는 또 해당 소송에서 케어마크의 이사 및 임원들이 CVS 인수제안에 있어서 주주의 이익보다 자신들의 이익을 우선시했다고 주장했다.[7] 2월 13일, 델라웨어 법원은 CVS 인수 관련 주주총회 날짜를 2월 20일에서 3월 9일로 연기하도록 명령했다.[8] 이 연금펀드가 주주총회를 연기한 또 다른 이유는 CVS의 경쟁사 익스프레스스크립츠Express Scripts Inc.가 케어마크 인수에 대한 입찰가를 높일 수 있는 기회를 만들기 위한 것이었다. 결국 익스프레스스크립츠와 CVS는 케어마크 인수를 둘러싼 입찰전쟁에 돌입했다. CVS가 인수가 230억 달러에 주당 2달러의 배당을 제안했고, 이는 곧바로 주당 6달러 배당으로 오르기도 했다.[9] 2007년 3월, CVS가 265억 달러에 케어마크를 인수하는 것으로 입찰은 마무리되었다.[10]

소송은 주주행동주의자들이 활용하는 가장 기본적인 주주행동주의 방식이다. 가벨리에셋매니지먼트의 마리오 가벨리는 기업을 상대

행동주의 투자 전략

로 매매 프리미엄을 높이기 위해 소송하는 것을 두려워하지 않는다. 그러나 그의 경우를 보면, 소송을 통해 목표를 달성하는 것이 때로는 수년이 걸릴 수도 있다는 것을 알 수 있다. 최근 가벨리의 성공적인 소송 사례를 알아보려면 그가 투자했던 기업의 매각절차가 진행되던 2001년으로 돌아가봐야 한다. 그해, 소비재와 의약품을 제조하는 카터-월리스Carter-Wallace Inc.가 두 개로 분할되어 총 대금 12억 달러에 매각되었다.[11] 이 회사의 주요 주주였던 가벨리는 세금 측면에서 보면, 매각이 너무 성급하게 체결되었다고 주장했다. 카터-월리스가 사업부 분할과 매각 사이에 2년 정도의 기간을 두었다면, 국세청의 사업부 매각에 대한 면세조항을 충족시킬 수 있었다는 것이다. 게다가 그는 기업 경매시장도 2년 후면 호황이 올 것으로 예상하고 있었다. 회사가 사업부 매각을 연기하지 않은 것에 실망한 가벨리는 주주총회에서 반대표를 행사했으며, 2002년에는 카터-월리스가 사업부 매각과 관련해 세금과 가치평가 측면에서 면밀한 사전조사를 시행하지 않았다는 내용의 고소장을 2002년 델라웨어법원에 제출했다.(가벨리와 같이 기업 매각과 관련해 반대표를 행사하면 감정평가 소송appraisal action을 진행할 의무가 있다.)

가벨리와 델라웨어 윌밍턴Wilmington에 소재한 그랜트&아이젠호퍼Grant& Eisenhofer PA의 자비스Geoffrey C. Jarvis 변호사는 카터-월리스의 지배주주 헨리 호이트Henry Hoyt와 그 일가가 호이트의 은퇴까지 얼마 남지 않았기 때문에 부적절한 시기에 기업 매각을 강요했다고 주장한다. 헨리 호이트는 기업 매각 절차가 진행될 당시 카터-월리스의 CEO였다.[12] 그의 증조부가 1880년에 카터-월리스를 설립하였다.[13] 자비스는 "가벨리는 자산가치가 그 이상이라고 주장했고, 기업은 자사 가치평가를 위해 최선을 다했다고 말했으며, 판사는 판결을 내렸다."고 말했다.

소송이 진행되던 2003년 5월, 가벨리와 참여주주들은 뉴욕 법원에도 카터-월리스의 설립자 일가 및 이사진을 상대로 가벨리가 사전에 제안한 면세 관련 계획을 고려하지 않았음을 이유로 소송장을 제출했다.

델라웨어 법원이 증거를 평가하는 데는 오랜 시간이 소요되었다. 법정 구두변론이 2003년과 2004년에 걸쳐 진행되었으며, 판사는 이자를 포함해 매각액보다 47% 높은 수준으로 판정을 내림으로써 가벨리와 참여주주들의 손을 들어주었다.[14]

판사는 매각 시기에 대한 오판으로 인해 발생한 세금효과와 관련해, 주당 4.01달러 또는 주당 매각가 20.44달러 대비 20% 수준의 프리미엄이 추가로 지불되었다고 판결했다. 그리고 카터-월리스로 하여금 가벨리에게 기존에 회사가 제안한 440만 달러보다 높은 약 520만달러의 배상금을 지불하라는 명령을 내렸다. 법원은 기업 매각 이후 약 3년이 지난 후에 배상명령을 판결했으며, 지난 기간을 고려해 지불된 이자는 같은 기간 가벨리의 피해원금에 대한 기회비용을 충족하는 수준이었다.[15] 추가로 지급된 프리미엄의 27%가 이자에 해당했다. 카터-월리스는 델라웨어 대법원 항소를 고려했지만, 가벨리가 2004년 11월 감정평가 소송과 뉴욕에서 진행중인 소송 모두를 취하하고 비공식적인 금액을 제공하겠다는 제안에 합의했다.[16]

자비스는 감정평가 소송이 증명은 되었지만 널리 쓰이지는 않는, 그러면서도 많은 주주들이 M&A 등에 관련된 타깃기업의 가치 향상

행동주의 투자 전략

을 위해 시도하고 싶어하는 주주행동주의 전술이라고 주장한다. 자비스는 2005년 5월 보고서를 통해 지난 20년간 발생한 감정평가 소송 사례들을 살펴보면, 주주들에게 평균적으로 80%의 프리미엄을 안겨주었고, 400% 정도의 프리미엄을 받은 사례도 많이 있었다고 강조한다. 감정평가 소송이 완료되기까지 최소 2년이 걸렸고, 이 수치는 좀더 복잡한 주주 소송에 비하면 매우 짧은 기간이었다고 했다. 주주행동주의자들은 기업 매각과 관련해 가격 제안을 받는 경우, 해당 기업이 면밀한 경매절차 없이 비합리적으로 거래를 밀어붙이고 있는 것은 아닌지 검토해보아야 한다. 어떤 경우에는 행동주의 주주들은 감정평가 소송을 시작하는 것만으로도 목표를 달성할 수 있었다. 소송에 대한 위협만으로도 경영진에게 거래가격에 대한 흥정의 여지를 만들 수 있다. 자비스는 "대부분 판결을 통해 보상금을 받을 수 있지만, 어떤 경우는 드물게도 결정된 보상금이 기존에 매각대금보다 못 미치는 경우도 있다."고 말한다.

주주행동주의자들의 감정평가 소송에도 잠재적인 문제가 있는 것이 사실이다. 긍정적인 결과가 항상 보장되는 것은 아니며, 소송을 제기하는 투자자들은 기업이 제시하는 인수가격을 받을 수 있는 권리도 포기한다. 일부는 감정가격이 거래가격보다 낮다고 판결되기도 한다. 만약 앞서 설명한 가벨리의 사례에서 이 같은 일이 발생했다면, 가벨리는 실제 주당 매각액 20.44달러보다 적은 금액을 받는 것은 물론이고 소송비용 또한 본인이 부담해야 했을 것이다. 변호인 비용을 비롯해 재무전문가에게 지불하는 수수료 등을 포함한 직접비용은 일부의 경우 수백만 달러에 이르기도 한다. 대부분의 경우 이런 비용은 회복하기 어려울 만큼 규모가 크다.

간접비용 또한 고려해야 한다. 가벨리와 같은 신청인은 소송기간 동안 해당 투자자금이 묶여 활용할 수가 없다. 법원은 누적이자금을 감정평가 소송 배상금에 포함함으로써 상황을 중재하려 한다. 그러나 가벨리가 3년간 소송으로 인해 자산이 묶인 후 판결을 통해 받게 되는 배상원금과 이자의 합계가 2001년에 주당 20.44달러를 받고 같은 기간 다른 대상에 투자했을 때 얻을 수 있는 기대수익보다 높을까?

어느 주주행동주의 헤지펀드가 기업을 대상으로 한 자신의 뛰어난 소송 능력을 한 차원 높은 것으로 발전시킨 사례가 있다. 이 소송의 대상은 바로 정부였다. 헤지펀드 매니저들이 증권거래위원회에 등록 절차를 거치고, 정기적으로 장부에 대한 검열 받는 것을 의무화하는 것으로 새롭게 제정된 증권거래위원회 규정에 당황한 주주행동주의자 필립 골드스타인은 2005년 증권거래위원회를 상대로 본 기관이 해당 조항을 강제할 권한을 가지고 있지 않다는 점을 들어 소송을 결정했다. 당시 헤지펀드 업계를 비롯하여 증권거래위원회의 어떠한 이도 골드스타인의 승소가능성에 대해서 상상조차 하지 못했다. 많은 수의 펀드매니저들이 새로운 규정에 따라 부과되는 비용들에 대해 불평하고 있었지만, 실제로 골드스타인의 노력에 지지를 보내는 이는 많지 않았다. 2006년 6월, 워싱턴 항소법원은 판결에서 골드스타인의 손을 들어주었고, 그는 CNBC, 블룸버그TV에 출연해 소송에 관한 자신의 변론을 펼치면서 일약 스타가 되었다.

골드스타인은 이러한 자신의 노력을 주주행동주의 투자법의 연장이라고 묘사한다. 이번 소송으로 내부 사업비용이 크게 늘어나는 것은 막았지만, 기존의 소송들과는 달리 투자자들을 위한 수익은 거두지

행동주의 투자 전략

못했다. 그는 "우리는 기업 이사회가 주주권을 침해할 때마다 주주의 편에 서 왔다. 우리는 증권거래위원회가 자신들의 법적 권한을 넘어섰다고 확신했기 때문에 이에 맞서야 한다는 의무감을 느꼈다."고 말한다.

그후, 대담해진 골드스타인은 증권거래위원회를 상대로 또다른 소송을 진행했다. 이번에는 운용자산 1억 달러 이상 헤지펀드 매니저들의 분기별 포트폴리오 투자 관련 공시를 의무화하는 증권거래위원회 13F 규정을 타깃으로 했다. 골드스타인은 다른 증권거래위원회 공시규정들은 지지하지만, 13F 규정으로 인해 다른 투자자들이 일종의 지적재산인 자신의 투자를 모방할 수 있게 되었다고 말한다. 그는 자신의 투자에 대한 정보가 제대로 보호된다면 투자자들에게 보다 높은 성과를 제공할 수 있을 것이라고 말한다. 규제철폐를 주장하는 그의 익살스러움은 미약하게나마 일부 투자자들의 이목을 끌었다.

오퍼튜니티파트너스를 비롯하여 골드스타인이 운용하는 몇몇 펀드들은 매사추세츠주 주무장관 윌리엄 갤빈William Galvin으로부터, 자사 홈페이지를 통해 투자자들에게 투자권유행위를 했다는 증권법 위반 혐의로 고발되었다. 매사추세츠 법과 기타 법령에 따르면, 헤지펀드 매니저들은 광고나 홈페이지를 통해 공개적으로 투자권유행위를 할 수 없도록 되어 있다. 그뒤로 폐쇄되었던 오퍼튜니티파트너스의 홈페이지에는 방문객들이 홈페이지에 게재된 내용이 투자 제안으로 받아들여서는 안 된다는 점을 설명하는 면책조항을 읽도록 안내한다. 골드스타인은 공격과 방어를 동시에 병행해야 함에도 불구하고, 본인의 주주행동주의 노력을 지속하고 있으며, 소송이 필요하다면 계속해서 진행할 것이라고 말한다.

또다른 가치투자자는 이따금 소송을 진행하는 주주행동주의 접근법을 활용한다. 뉴욕 소재의 투자회사 칸브러더스Kahn Brothers의 전 회장이자 가치투자자인 앨런 칸은 본인이 '(모기업에 의한) 아동(자회사) 학대 이야기corporate child abuse story'라고 일컫는 내용을 포함한 소송을 전개했다.

칸은 남동생 토머스 칸Thomas Kahn과 함께 1978년 이 투자회사를 설립했다. 이들의 아버지 어빙 칸Irving Kahn은 '가치투자의 아버지' 벤저민 그레이엄의 조교로 활동한 적이 있었고, 투자회사 칸의 이사회 의장이 되었다.

1980년대 말, 칸은 네덜란드 암스테르담Netherlands Amsterdam 소재의 로열필립스Royal Philips Electronics N.V.의 미국 상장 자회사 NA필립스(NA Philips: North American Philips)가 모회사로부터 주요부품을 강매당하고 있는 것을 발견했다.[17] NA필립스는 TV 등을 포함한 매그나복스Magnavox 소비자가전을 생산했다.

칸은 경쟁사들이 가격인하를 위해 아시아 부품업체들로부터 저렴한 가격에 부품을 조달해 제품생산비용을 낮추는 반면, 로열필립스는 미국 내 자회사인 NA필립스가 저가 부품을 조달하는 것을 방해함으로써 NA필립스 주주들에 대한 선관의무를 위반하고 있다고 주장했다.[18] 칸은 이러한 구조가 모기업을 살찌우고는 있지만, 매그나복스의 경쟁력을 약화시키고 NA필립스 주주권을 침해하는 것이었다고 주장했다.

모기업 로열필립스는 효과적으로 지배지분을 소유하고 있어 위임장대결 등 어떠한 경영권 위협에 대해서도 완전한 보호막을 가지고 있었다. NA필립스 주주인 칸은 소송을 제기했다. 칸은 "나는 아이(자회

행동주의 투자 전략

사)를 대변하여 소송을 제기했다. 이런 일은 부모(모기업)가 아동(상장 자회사)을 착취할 때 발생한다."고 말했다.

　　로열필립스는 칸이 제출한 정식 고소장을 받은 지 4일 뒤, 칸에게 보유 지분에 대해 프리미엄을 지불하고 매수하겠다는 제안을 했다. 당시 칸은 이미 지분을 매도한 뒤였다. 이러한 제안 자체도 하나의 수확이었지만, 칸은 여기서 멈추지 않았다. 소송을 하게 되면 NA필립스 주주들은 엄청난 배상금을 받을 수 있을 것으로 예상되는 가운데, 제시된 프리미엄에는 소송의 잠재적 가치가 반영되어 있지 않았다.[19] 따라서 칸은 로열필립스가 소송을 무마하기 위해 프리미엄에 지분인수하겠다는 제안을 했다며, 이 방식으로 합의를 할 경우 지분인수가격은 이보다 훨씬 높아야 한다는 내용의 또다른 소송을 제기하였다.[20] 로열필립스와 칸은 약 6개월 만에 높은 가격에 지분 매입을 합의했다. 칸은 허버트 해프트Herbert Haft가 설립한 워싱턴 소재 다트그룹the Dart Group을 포함한 다수의 기업들에 대해서도 소송 주주행동주의라는 자신의 유명세를 활용했다.[21] 칸의 타깃이 되었던 다른 기업으로는 벨크로Velcro Industries, RJR나비스코RJR Nabisco, 브리티시퍼트롤리엄British Petroleum 등이 있다.[22]

　　칸은 소송이 일부 경영상 문제가 있는 저평가 기업들의 가치향상을 위한 효과적인 수단이라 믿는다고 말한다. 그는 소송이 없으면 실현될 수 없는 숨겨진 기업가치를 발굴하게 해준다는 점에서 주주행동주의자뿐만 아니라 일반투자자들에게도 소송을 활용하는 전략을 추천한다. 그는 이 방법이 일반적으로 가장 공격적인 형태의 주주행동주의 전략 중 하나라고 말한다. 칸의 경우, 경영진과 비공식 대화를 통해 기업 개선을 위한 변화를 유도하기는 어려웠을 것이다. "내가 만약 로열필립스에 접근해 '귀사가 NA필립스에 적절하지 못한 대우를 하고 있다. 지난 20여 년간 착취한 것에 대해 보상하라'고 말한다면, '싫다'고 대답했을 것이다."라고 말한다.

미타로톤다, 홀츠만, 가벨리, 골드스타인, 그리고 칸 등의 투자자들이 동의하듯이, 소송을 활용한 방법은 다른 주주행동주의 전술을 보완하기 위해 쓰이든, 독립적인 전략으로 쓰이든 관계없이 주주가치 향상을 위해 필요한 전략이다. 이를 통해 주주행동주의 투자자들은 주당 M&A 가격 흥정에 대한 유리한 입장을 고수할 수 있으며, 완강히 버티는 기업에게 매각을 압박하는 등 협상력을 높일 수 있는 방법이기 때문이다.

소송 진행에 따른 가장 큰 걸림돌은 법률과 재무에 대한 자문비용이다. 주주행동주의자들은 기업과 법적 싸움에 돌입하면, 양측의 이해관계가 상충되는 형태로 자금을 사용하는 꼴이 된다. 한편으로는 기업을 상대로 한 소송에 자금을 사용하면서, 다른 한편으로는 이들 주주가 보유한 지분에 해당하는 투자금의 일부가 소송에 대응하여 회사를 보호하기 위한 자금으로 쓰이기 때문이다.

때로는 소송이 2~3년까지 소요될 수 있다는 것도 소송에 대해 고려해야 할 또다른 요소이다. 주주행동주의를 통해 주주들에게 돌아와야 하는 기업 내 보유 현금의 상당 부분이 소송으로 줄줄 새어나가는 것이 올바른 전략인가? 주주행동주의자들은 다른 방식의 접근법을 활용하면서 소송을 진행할 것인지, 또는 소송이 장기화되더라도 버틸 수 있는 자금력이 충분한지에 대해 심사숙고해야 한다. 최종적으로 주주행동주의자들은 보유한 자금을 다른 전략에 활용하는 것이 더 좋은 결

행동주의 투자 전략

과를 얻을 수 있는지에 대해서도 따져봐야 한다. 이는 모든 주주행동주의자들이 소송의 길에 접어들기 전에 필수적으로 고려해보아야 하는 OX퀴즈라고 할 수 있다. 그러나 한 가지 분명한 것은 소송은 진중한 주주행동주의자라면 활용하지 않을 수 없는 전략이라는 점이다.

집단의 문제/집단적 문제

주주행동주의 캠페인의 일환으로 소송을 진행하는 것을 회피하는 주주행동주의자들도 자신이 소송을 당할 수도 있다는 사실을 알아야 한다. 피고의 입장으로 소송에 휘말릴 수 있기 때문에, 반드시 소송에 대해 공부할 필요가 있다는 말이다. 기업들이 주주행동주의 헤지펀드들의 적대적 공격에 맞서기 위해 활용하는 극단적인 방법 중에는 '집단적 활동'에 대한 소송제도가 있다. 기업들은 종종 주주행동주의자들이 사전 공시 없이 서로 협력하는 것에 대해 증권법 위반을 이유로 해당 주주행동주의자들을 상대로 소송을 제기한다. 경영권방어수단인 포이즌필을 고안한 와치텔, 립턴, 로젠&카츠Wachtell, Lipton, Rosen&Katz의 마틴 립턴Martin Lipton은 기업의 CEO들이 이런 소송방식을 절대 간과해서는 안 된다고 강조한다. 립턴은 2005년 12월 기업들에게 보내는 '헤지펀드의 공격에 대비하라Be Prepared for Attacks by Hedge Funds'라는 제목의 글을 통해 "보다 공격적인 태도로 철저한 준비를 통해 소송을 진행하고, 해당 투자기관들이 집단행위에 대해, 집단의 형성, 구성원 정보, 결성 목적와 같은 사항을 공시하지 않는 경우를 비롯해, 증권법 위반 증거가 포착되는 즉시 규제당국에 제보하라."고 밝혔다.

앞서 말한 바와 같이, 증권거래위원회는 집단을 '타깃기업을 향한 계획 또는 제안의 목적으로 공동의 행위를 하는 2인 이상의 투자자들'이라고 정의하고 있다.[23] 1934년에 제정된 증권거래법과 증권거래위원회 스케줄13D에 따르면, 특정 주주들은 공시자료 제출을 통해 집단적협력행위에 대해 공시하도록 되어 있다. 만약 위임장대결을 계획하고 있는 반대주주가 다른 투자자에게 접근해 자신이 지명한 이사후보에 표를 던지겠다는 구두 또는 서면 동의를 얻는다면, 이러한 행위는 집단을 결성했다고 볼 수 있다. 이 같은 경우 이 투자자 2인은 증권거래위원회에 스케줄13D 공시 제출을 통해 집단을 결성하였음을 밝혀야 한다. 기업은 자신의 임기 동안 발생하는 주주행동주의자들의 공격을 물리치기 위해 가능한 모든 전략을 동원할 것이다. 스케줄13D를 제출하고 투자대상의 경영에 관심이 없음을 표명한 주주행동주의자들이 특정 기업에 다수 존재하는 경우, 이들은 '집단적 활동'을 겨냥한 소송의 좋은 표적이 된다. 기업변호사들은 주주행동주의자들이 아무 잘못을 하지 않았더라도 증권거래위원회의 집단관련 규정을 위반했다는 혐의로 고소를 함으로써 이들의 적대적 공격에 대한 의지와 자금사정을 가늠할 수 있는 좋은 기회를 얻는다. 반대주주들이 시간과 자금을 들여 소송을 제기할 의지가 있는가? 이 같은 내용은 3장에서 다뤘던 바와 같이, 하나의 기업에 다수의 주주행동주의자들이 '이리떼'를 이루고 있을 때에 문제가 될 수 있다. 발리는 주주행동주의 헤지펀드인 리버레이션과 파더스를 떨쳐내기 위한 목적으로 '집단적 활동'에 대한 소송 전략을 시도했었다. 이 두 투자회사 모두 발리의 기업 매각에 대한 압력을 가하고 있었다. 불행하게도 델라웨어 법원은 발리의 소송을 받아들이지 않았다. 발리의 요구가 받아들여졌다면 이 두 투자회사에 대한 조사가 실시되어 포이즌 필을 발동시킬 수 있는 미공시 합의사항이 있었는지 알 수 있었을 것이다. 포이즌 필이 발동되면 주식수가 급증하여 이들 주주의 계획이 무산될 수 있었으나, 법원은 발리의 소송을 기각했다.[24]

당시 리버레이션은 발리 지분의 11.5%를 보유하고 있었고, 파더스는 약 14.4%를 가지고 있었다. 만약 이 두 투자자가 협력하고 있었던 것이 사실이었다면, 두 지분을 더한 26%로 인해 발리의 경영권방어 수단인 포이즌 필이 작동되어 발리가 주주행동주의 캠페인을 효과적으로 방어할 수 있었을 것이다.

주주행동주의 헤지펀드를 대변하는 변호사들은 고객들에게 다른 주주행동주의자들과 이메일이나 온라인메신저를 통해 메시지를 주고받지 말라고 당부한다. 뉴욕에 소재한 슐트 로스&자벨Schulte Roth&Zabel LLP의 하워드 고드닉Howard Godnick 파트너는 이메일이나 메신저로 몇 마디 주고받은 것도 주주행동주의자에게 문제가 될 수 있다고 말한다. 그는 가상의 이메일 내용을 통해 관련 상황을 설명했다.

- 주주행동주의 기관투자자1: "내 생각에 우리가 힘을 합쳐서 XYZ 회사에 지분을 좀 모아야겠어."
- 주주행동주의 기관투자자2: "살 수 있는 만큼 매수해봐."
- 주주행동주의 기관투자자1: "계획대로 잘 진행되는 것 같은데. 경영진이 우리의 말을 좀 들어야겠어."

고드닉은 위의 대화 내용이 '집단적 활동' 성립조건을 충족하기 때문에, 증권거래위원회에 공시자료를 제출해야 한다고 주장한다.

그는 주주행동주의자들이 기자와 대화하거나 기자회견을 할 경우 자신이 집단적 활동을 하고 있다는 것을 암시하는 발언을 하지 않도록 주의해야 한다고 덧붙인다. 이러한 대화 내용은 기업이 '집단적 활동' 성립에 대한 증거자료로 활용할 수 있다.(이러한 문제점들로 인해 많은 주주행동주의 헤지펀드 매니저들이 다른 주주행동주의자들을 배제하고 단독으로 타깃기업을 상대하려 하는 이유가 재부각된다.)

고드닉은 주주행동주의 헤지펀드 매니저들에게 이메일, 메신저, 기자회견 등을 통해 주주행동주의 발언을 하지 말 것을 당부하고 있지만, 이러한 수단을 통한 의사소통을 완전히 막는 것은 불가능하다는 것을 알고 있다. 고드닉은 널리 자신의 메시지를 전파하는 것은 주주행동주의 전략의 핵심 중 하나라고 말한다.

기업들은 다소 경박스럽다 하더라도 이러한 소송방식을 선호한다고 그는 덧붙였다. 왜냐하면 이러한 법원심사와 관련한 분석상의 민감성으로 인해 일반적으로 판사들이 고소를 기각하지 않고, 조사를 진행해 증거를 찾고자 하기 때문이다. 공판 전 증거제시 단계에서, 기업은 주주행동주의자에게 정보와 관련 문서를 요구하기 시작하고, 관련 사실을 입증하기 위해 노력한다. 비록 조사 과정에서 혐의를 입증할 만한 증거가 발견되지 않더라도, 주주행동주의자 입장에서는 자신의 독점적 정보를 이런 식으로 넘기는 것을 원치 않을 것이다. 혐의와 관련이 없더라도 이러한 자료를 기업 임원진에게 넘기는 것은 이들에게 반대주주 전략을 엿볼 수 있는 기회를 제공한다. 고드닉은 "누구도 자신의 더

행동주의 투자 전략

러운 빨래를 다른 사람에게 보여주고 싶지 않을 것이다. 기업이 주주행동주의자 투자자의 이메일과 메신저에 접근할 수 있게 되면 기업은 해당 투자자와 분쟁시 매우 유리한 위치에 있을 수 있다."고 전했다.

그러나 주주행동주의자들도 자신들을 보호할 수 있다. 모건조지프는 '주주행동주의 시대의 경영'이라는 제목의 보고서를 통해, 집단이라는 정의에서 벗어나기 위해 엄격한 합의를 통해 본 반대주주들이 공동의 캠페인을 진행하지 않을 것이라는 서약을 하기도 한다고 강조했다.[25]

오퍼튜니티의 골드스타인은 막후에서 다른 투자자들과 대화하는 것을 통해 주주행동주의 캠페인에 대한 지지도를 가늠할 수 있다고 말한다. 그러나 대부분의 투자자들은 자신이 주주행동주의자들과 집단적으로 협력한다는 사실을 기업이 알게 되면, 소송을 제기할 수도 있다는 염려 때문에 주주행동주의자와의 대화를 꺼린다고도 말했다. 골드스타인은 "내가 이 사안으로 인해 소송을 당하게 되면 관련이 있어 보이는 투자자들도 '골드스타인과 대화한 것이 있나요?'라는 질문을 받게 될 것이다. 사람들은 주주행동주의와 엮이거나 주주행동주의자와 대화하길 꺼린다."고 말했다.

골드스타인은 자신들의 비용으로 주주행동주의자를 상대로 소송을 제기하려는 기업 임원진은 없을 것이라고 덧붙인다. 골드스타인은 이러한 기업의 소송은 다소 치졸할 뿐 아니라, 기업이라는 돼지저금통에 든 주주들의 자금으로 진행된다고 덧붙였다.

슐트 로스&자벨은 2006년 발표한 '주주행동주의 투자자를 향한 반격을 조심하라: 집단이란 이름의 덫(Beware the Counterattack Against

Activist Investors: The Group Trap)'이라는 제목의 보고서를 통해 주주행동주의자들이 주식 매수나 주주권 행사 등과 관련해서 다른 투자자들과 협의서를 작성하지 말도록 조언한다. '주주행동주의자' '집단' '동의' 등과 같은 용어는 무슨 일이 있어도 피해야 한다.[26] 또한 보고서에 따르면, 경영진에 대한 목적이나 계획을 포함한 대화는 기업들이 '집단결성'으로 해석할 수 있다고 한다.[27]

슐트 로스&자벨은 주주행동주의자가 집단으로 간주되어 소송이 들어올 경우를 대비해 자신만을 위한 법률자문사를 단독으로 고용할 것을 제안한다. 예를 들어 복수의 주주행동주의자들이 개별적으로 하나의 타깃기업에 투자하고 단일 법률자문사를 활용할 경우, 법원이 이에 대해 한 명의 변호사가 해당 집단을 대변한다고 판단할 수 있어 문제의 소지가 될 수 있기[28] 때문이다. 고드닉은 다수의 주주행동주의자들이 접근한 기업의 경우, 이 투자자들의 공통된 이해를 대변할 수 있는 자와 회의를 하자는 제안과 같은 덫을 놓을 수도 있다. 고드닉은 "이 경우, 만약 변호사가 한 명만 회의에 참석한다면 해당 변호사가 전체 주주행동주의자들을 대변한 행위를 하고 있으며, 주주행동주의자들이 집단행동을 하고 있다는 기업의 주장에 더욱 힘을 싣는 꼴이 된다. 해당 변호사가 회의 내에서 자신이 전체 주주행동주의자들을 대변하고 있지 않다고 구체적으로 말하고, 나중에 자신이 들은 것을 투자자들에게 말해주더라도 문제의 소지는 존재한다. 여전히 기업이 소송을 걸 수 있는 여지를 남긴다."고 말한다.

집단행위소송 전술은 1980년대 기업사냥꾼들의 공격으로부터 자신을 보호하기 위한 기업의 변형된 노력으로 볼 수 있다. 프라이드 프

랭크 해리스 슈라이버&제이컵슨Fried Frank Harris Shriver&Jacobson LLP의 터
랜스 오맬리Terrance O'Malley 파트너는 주주행동주의 공격에 대한 기업의
전형적이고 교과서적인 방어책은 해당 투자자가 스케줄13D를 적시에
공시하지 않았다고 주장하는 것이라고 한다. 기업인수자들이 주주행동
주의자로 진화하고, 기업들이 과거보다 더 빈번하게 투자자들의 공격
을 받으면서, 기업변호사들은 이러한 새로운 방식의 집단공시 관련 방
어전술을 활용하게 되었다. 오맬리는 이를 일컬어 '최신판 수비 전략집'
이라고 부른다.

5장

주주행동주의자들이
특정 기업들만을 타깃으로 삼고
나머지 기업들은
내버려두는 이유

궁지에 몰린 커피 제조업체 파머브러더스Farmer Brothers Company
에 투자한 주주행동주의 투자자들은 불만을 표출할 사항이 한두 가지가
아니었다. 투자자들과 원활한 소통을 하지 못한 점이 주요 문제 중 하나
였다. 그러나 파머브러더스가 주주행동주의 투자자들의 분노를 산 가
장 큰 이유는 사내에 현금을 쌓아두고, 단기적 투자에 안일한 태도를 보
였다는 점이었다.

2003년, 파머브러더스 주주들은 기업이 증권거래위원회 공시를

통해 3억 달러의 단기매매증권 투자를 했다고 밝힌 사실에 경악을 표했다.[1] 2005년 말, 3억 달러의 단기매매증권투자 포트폴리오는 1억 7,100만 달러로 줄어들었다.[2] 루틴&컴퍼니의 게리 루틴 회장은 이 투자금액이 당시 파머브러더스 총자산의 57%에 달하는 규모였다고 추산했다.

사실 반대주주들은 2004년부터 파머브러더스가 '투자기업법'에 위반되는 미등록 투자회사는 아닌지 묻는 서한을 수차례에 걸쳐 증권거래위원회에 보내기 시작했다.[3] 현금이나 증권과 같은 자산에 대한 수동적 투자 비율이 총자산의 40%가 넘는 기업들은 증권거래위원회에 투자기업으로 등록해야 한다. 많은 주주행동주의 투자자들은 파머브러더스가 회사의 자금을 유용하게 활용하고 있지 않다는 점을 우려했다.

회사 총자산의 상당 수준을 현금 및 단기증권으로 보유하고, 이를 영업이나 M&A 등에 활용하겠다는 뚜렷한 계획이 없다는 것은 반대주주들의 이목을 집중하게 하는 가장 좋은 이유 중 하나임이 분명하다. 현금과 자산의 적절한 활용방법을 두고, 주주와 기업 간의 의견대립은 매우 감정적일 수 있다. 일반적으로 재무제표상 현금이 많은 기업들은 현금을 많이 비축하는 데에는 많은 이유가 있다고 주장한다. 단기적으로 좋은 M&A 기회가 나타날 수도 있으며, 또는 갑자기 경기가 침체될 경우를 대비해 현금을 비축할 필요가 있을 수도 있다. 또한 기업들은 몇 가지 예상가능한 비용으로 인해 현금을 비축할 필요가 있다고 주장하기도 한다.

그러나 주주행동주의자들은 일반적으로 미국의 기업들이 손에 쥔 현금을 적절하게 사용하지 못하고 있으며, 현금보유에 대해 정당화하려고만 한다는 인식을 가지고 있다. 과도한 현금은 경기침체기에 기

행동주의 투자 전략

업이 비용 절감을 해야 하는 부분을 시행하지 못하게 만드는 요인이 되기도 한다. 또 주주행동주의자들은 기업들이 현금을 지나치게 많이 가지고 있으면, 다른 기업을 인수할 때 심사숙고하지 않게 된다고 주장한다. 그래서 기업들에게 현금을 사용하든지, 버리든지 결정하라고 말한다. 현금을 버리라는 것은 주주들에게 현금을 돌려주는 것을 말한다. 주주행동주의 투자자들은 자사주매입이나 특별배당을 통해 주주가치를 높이는 방법이 매우 효과적이라는 것을 안다.

샘록홀딩스Shamrock Holdings의 CEO, 스탠리 골드Stanley Gold는 "많은 기업들이 너무 많은 양의 전리품을 보유하려고 한다. 나는 기업 운영자금을 대규모로 보유하는 것을 싫어하는 CEO를 본 적이 없다."고 말한다. 2006년 모건조지프가 발표한 보고서에 따르면, S&P500 기업의 시가총액 대비 현금보유액 비율은 지난 20년 중 최고치를 기록하고 있다.[4] 미국상공회의소의 채번은 기업들이 현금이나 단기투자자산을 많이 쌓으면서, 사업에 대한 투자나 주주에게 환원하지 않기 때문에, 주주행동주의의 표적이 되기 쉬워지고 있다고 인정한다. 채번은 "미국 내 기업들이 태생적으로 예금기관은 아니다. 자신이 성장을 위해 집중하고 있는 분야에서 투자를 해야 하며, 가만히 앉아서 이 돈으로 무엇을 해야 할지 고민해서는 안 된다. 현실에 안주하고 현금을 깔고 앉아 성장에 대한 고민을 하지 않는다면, 자신을 타깃으로 만들고 있는 것이다."라고 말한다.

기업들은 주주행동주의에 대항하기 위해 배당이나 자사주매입 등과 같은 재무정책에 대해 정기적으로 검토하기 시작했다. 모건조지프는 최근에 주주행동주의자들로부터 사내 현금과 영업에 대해 문제점을 지적한 어느 기업은 대규모 자사주매입을 단행하고 난 뒤, 신용평가 기관으로부터 등급 상향조정을 받았다고 말한다.[5]

특별한 계획 없이 현금과 단기매도증권을 쌓아두는 기업과 기업 운영에 대한 규정인 '정관'에 적대적 인수에 대한 방어책이 마련되어 있지 않은 기업들은 주주행동주의자들의 좋은 표적이 된다. 적절한 방어책을 갖추지 않으면, 반대주주들이 전략적 투자자와 PEF들에게 해당 기업을 프리미엄 가격에 인수하도록 유인하기 시작할 것이다.[6]

이사임기교차제 없이 매년 이사진을 선출하는 기업도 마찬가지로 위험에 노출되어 있다. 이는 반대주주들이 위임장대결을 통해 이사진을 교체하여 임원들을 본인의 의사에 맞게 축출한다는 점에서 경영진을 취약하게 만든다. 미국 기업의 절반 정도는 이사임기교차제를 가지고 있다. 매년 이사선출이 이루어지는 기업에서는 주주행동주의자들이 반대주주를 대변하는 이사후보의 이사회 영입을 통해 막후협상에서 유리한 위치를 차지할 수 있다.

그 밖에 다른 조항들도 주주행동주의자들에게 힘을 실어주는 경우가 있다. 예를 들어 주주가 특별주주총회를 소집할 수 있다면, 종종 그렇게 할 것이다. 크레센도의 사례에서 기업 분할을 목적으로 컴퓨터호라이즌스에 특별주주총회를 소집한 것을 상기해보자. 반대주주들은 이러한 기회를 통해서 임원들이 주의를 기울이지 않는 사안에 대해 주주총회를 소집할 수 있다. 한 가지 예로 임원들은 경영진의 지지를 받는 이사의 해임안에 대한 투표가 신속하게 진행되는 것을 보고 싶어하지 않을 것이다. 기업들은 이러한 잠재적 위협을 대비해 정관을 수정하고, 주주들이 매우 특수한 상황에 대해서만 특별주주총회를 소집할 수 있게 만듦으로써 자신을 보호한다.

일부 주주행동주의자들은 부채가 전혀 없거나, 매우 낮은 기업들을 표적으로 삼는 것을 선호한다. 이들의 전략은 간단하다. CEO에게 부채조달을 압박하여 조달된 자금을 자사주매입, 특별배당, 또는 사업 확장 등의 투자에 사용하도록 하는 것이다. 하지만 부실상태가 되도록 과도한 차입을 강요하는 경우 문제가 될 수 있다. 아니면, 기업의 보유 현금을 주주들에게 환원하도록 압박할 수도 있다. 이들은 부채가 적은 기업들은 추가적인 부채조달을 하면서 동시에 주주들에게 현금을 환원할 수 있다고 주장한다.

리버레이션의 펄먼은 텍사스에 소재하고, 북미원주민 보호구역 내 카지노 시장에서 전자도박게임 및 카지노기기를 제조하는 멀티미디어게임즈에게 부채를 높이고 차입금의 일부를 자사주매입이나 전략적 투자를 통해, 최소한 단기적으로라도, 주주가치를 향상하도록 압박했다. 펄먼은 2006년 6월 30일 기준으로 이 회사의 장단기 부채가 약 6,000만 달러 규모였으며, 이는 경쟁사 대비 매우 낮은 수준이었다고 강조한다.

자사주매입은 단기적으로 멀티미디어게임즈의 고전하고 있는 주가 밸류에이션을 향상시킬 수 있을 것이다. 이 회사 주식은 2006년 주당 8~15달러에 거래되었으며, 이는 2003년 주당 20~25달러의 거래가에 비하면 매우 낮은 수준이었다. 펄먼은 추가적인 차입과 자사주매입 이외에도, 기업의 숨겨진 가치가 빛을 보게 하기 위해 기업 경매를 고려하고 있다. 그러나 추가적인 차입이 그가 가장 우선적으로 고려하는 요소였다. 2006년 10월, 펄먼은 목표에 조금 더 가깝게 다가갔다.

멀티미디어게임즈는 펄먼을 이사회로 영입하는 데 동의했고, 이를 통해 그는 자사주매입, 특별배당, 기업 매각 등에 대한 압박을 지속적으로 할 수 있게 되었다.[7]

관계자 거래 등 비일반적 비용 또한 주주행동주의자의 시선을 자극할 수 있다. 관계자 거래는 임원의 부동산 매입 등에 대한 개인적 대출을 의미하며, 이사나 임원의 가족과 체결한 자문 계약의 형태를 띨 수도 있다. 이 같은 애매한 거래는 짐 차노스Jim Chanos와 크리스토퍼 브라운Christopher Browne과 같은 투자자들이 엔론, 홀링어Hollinger와 같은 주요 몰락의 사례에서 논란이 된 관련 조항을 공개한 이후에 대중의 집단적 이목을 끌게 되었다. 랜디 램퍼트는 "일반적으로 관계자 거래는 기업이나 주주의 가치를 향상하는 데 좋은 영향을 미치지 않는다. 또한 주주행동주의의 표적이 되게 한다."고 말한다.

총자산의 상당 부분이 매도가능한 비일반적 부동산에 묶여 있는 기업들도 주주행동주의자들의 표적이 되기 쉽다. 예를 들어 커피 제조업체 파머브러더스에 투자한 주주행동주의자들은 기업관계자들에게 제작, 포장, 유통 시설이 있는 부지를 매각하고 재임대하도록 압박했다. 반대주주들은 파머브러더스가 토지 매각을 통해 1억 달러 정도를 현금화할 수 있을 것으로 전망했다. 루틴은 이 현금이 단기매매증권과 함께 특별배당이나 구조조정의 형태로 주주들에게 환원되어야 한다고 말한다. 그러나 파머브러더스가 해당 토지에 대한 공시를 하지 않았기 때문에, 토지에 대한 정확한 가치를 알 수는 없다.

주주행동주의 헤지펀드 파이러트캐피털이 2004년 젠코프에게 압박을 가한 주요한 이유는 약간의 개발을 통해 37억~70억 달러의 가치로 평가받을 수 있는 캘리포니아 새크라멘토 외곽에 위치한 미개발 부동산을 포착했기 때문이다. 파이러트캐피털은 2004년 11월 젠코프 이사회에 보내는 서한을 통해 "기업 내부적으로 현재 기업가치보다 높을 것으로 암시한 12,700에이커 또는 21제곱마일(버뮤다는 21제곱마일, 맨해튼은 23제곱마일이다) 규모의 토지 자산을 보유하고 있다"고 전했다.

주주행동주의자들의 시선을 끄는 주요 이유 중 하나로 한 지붕 아래 전략적 연결성이 낮은 다양한 사업군이 존재하는 경우를 들 수 있다. 막무가내식 M&A를 통해 복잡하게 다각화된 대기업집단 등이 그러하다.[8] 사업부가 지나치게 다양하면 외부 관찰자로 하여금 정확하게 사업부별 가치를 평가하기 어렵게 만든다. 이러한 경우, 주주행동주의자들은 각 사업부별 가치평가를 통해 기업의 사업부 전체가 하나로 묶여 있는 것보다 분할하여 매각하는 것이 주주들에게 더 큰 가치를 가져다준다는 것을 확인하려 한다.

적당한 예를 들어보자. 주주행동주의 투자자 로버트 채프먼은 2002년과 2003년 연구자료를 모아 시나에 대해 작성한 보고서를 통해 이 엔터테인먼트사의 사업부 가치의 합이 전체 기업가치보다 높지 않다고 결론지었다. 채프먼은 하나의 사업부로 기업이 운영되는 것보다 두 개로 분할하여 운영하는 것이 더 큰 가치를 가질 수 있다고 주장했다. 그는 시나의 교육출판사업이 1억 300만 달러의 가치를, 아동엔터테인먼트사업이 7,500만~1억 달러의 가치를 지닌 것으로 평가했다. 2003년, 토론토 도미니언은행의 PE 사업부와 투자자 집단 한 곳은 시나를 1억4,400만 달러에 인수했다.[9] 채프먼의 기대에는 못 미쳤지만, 여전히 좋은 투자성과를 낸 사례였다.

주주행동주의자들은 또 주력사업에 집중하지 못하게 하거나 주력사업과 관련이 없는 사업에 대해 매각할 것을 기업에 요구한다. 2002년, 서드포인트의 러브는 리서치를 통해 펜실베이니아 래드너Pennsylvania Radnor에 위치한 펜버지니아Penn Virginia Corporation의 두 개 사업부가 시장에서 제대로 평가받지 못하고 있다는 점에 관심을 가지게 되었다. 펜버지니아는 석유가스 탐사 및 생산 기업으로 석탄과 산림자산 사업에 대한 지분도 보유하고 있었다.

러브는 2002년 공시를 통해 펜버지니아는 통합된 사업부를 비롯한 여러 가지 이유로 인해 주식시장에서 내재가치보다 낮은 가격에 거래되고 있었다고 밝혔다. 러브는 당시 주가가 13~17달러 수준이었지만, 50달러의 가치를 지니고 있다고 발표했다. 러브는 "주가와 내재가치 사이에 괴리가 있다"고 말했다.

러브는 펜버지니아의 내재가치를 주가로 실현하기 위해 석유가스사업을 석탄산림사업으로부터 분리해 매각할 것을 촉구했다. 불행히도, 그의 바람은 이루어지지 않았다. 결국 1980년에 은퇴한 기업사냥꾼 토머스 분 피컨스가 나타나 이 회사의 매각에 대해 주주행동주의적으로 접근하게 되었다. 피컨스는 지분공시 후 펜버지니아 인수를 위해 입찰했으나, 기업이 이를 거절했다. 펜버지니아는 여전히 독립기업으로 남아 있으나, 주가는 치솟아 2007년 중반에는 러브의 예상을 뛰어넘은 주당 80달러를 기록했다.

주주행동주의자들은 연관성 없는 다수의 사업부를 가진 기업들을 물색할 뿐만 아니라 자산 매각과 같은 전략적 대안에 대해 정기적으로 투자은행의 자문을 받지 않는 기업들을 골라낸다. 주주행동주의자들은 매각에 대한 압력을 행사할 때, 경영진으로 하여금 투자은행을 통해 대안들에 대한 전략적 검토를 할 것을 요구한다. 최근에는 경영진들이 투자은행의 종합평가에서 주주행동주의자가 제안한 특정 전략이 좋은 평가를 받지 못한 것을 지적함으로써 반대주주의 의도를 저지하기도 한다.[10] 모건조지프는 "기업들이 해당 전략에 대한 종합검토 내용을 지적하면 주주행동주의자들은 쉽게 같은 내용을 요구할 수 없다"고 말한다.

그러나 적대적 주주행동주의 접근을 방어하면서 기업의 독립성을 유지하고 싶어하는 기업의 CEO는 주관 투자은행의 조언을 심각하게 받아들일 의도가 전혀 없이 기업 경매 절차를 밟는 시늉만 하는 경우도 있다. 또다른 경우, 수수료를 받는 것을 전제로 예상 입찰가보다 높은 가격으로 기업에 대한 전략적 밸류에이션을 해줄 투자은행을 물색하기도 한다. 다시 말해 주주행동주의의 관점에서 보면, 기업이 자기편으로 매수한 투자은행을 통해 전략적 대안 검토를 진행하는 것은 시작부터 성공적인 결과를 기대할 수 없으며, 기업이 전략적 대안 검토에 진정성을 가지고 참여할지 알아보는 데에만 수개월이 걸린다는 뜻이다.

일부 기업은 투자은행을 고용하는 대신 이사회 회의를 할 때마다 이사들이 CEO의 경영성과평가와 시장분석을 하도록 하는 경우도 있다. 교정시설 시공업체 코넬의 CEO 제임스 하이먼은 기업들이 전략자문을 위해 지속적으로 투자은행을 고용하는 것보다 이와 같은 접근법을 고려할 것이라고 말한다. 이사들은 정기적으로 임원들의 계획을 확인하고 이들 기업을 인수하려는 다른 투자자들의 기대보다 높은 가치를 창출할 수 있는지 판단해야 한다. 하이먼은 기업이 전략적 대안 검토에 대해 어떠한 입장을 취하고 있는지 연차보고서에 명시해야 한다고 말한다. 그는 M&A를 고려하고 있는 상설 전략검토위원회가 있는 기업일수록 주주행동주의 공격을 받을 경우 기관투자자들의 지지를 받을 가능성이 높아진다고 덧붙인다. 하이먼은 또 사업 매각과 관련해 투자은행을 고용할 때마다 일반 직원들은 해고에 대한 두려움을 가지게 된다고 지적한다.

이 경우, 주주행동주의자들은 기관투자자들이 과연 기업이 투자은행을 고용해 전략적 검토를 진행하도록 하는 것을 긍정적으로 바라볼 것인지 판단해야 한다. 하이먼은 상설 전략검토위원회를 보유하고 있다는 사실 자체가 기업이 가치 향상을 위한 M&A를 고려하고 있지 않다고 하는 주장에 대한 방패 역할을 할 수 있다고 덧붙인다.

반대주주의 타깃이 되기 쉬운 소형주의 경우, 쉽게 해결되지 않는 고질적인 문제를 안고 있다. 많은 소형주들이 저평가되고, 따라서 주주행동주의 가치투자자들의 표적이 되기 쉬운 이유 중 하나는 이들을 다루는 월스트리트 셀사이드 애널리스트sellside analyst가 없기 때문이다. 독립적인 월스트리트 애널리스트가 기업에 대해 지속적으로 관심을 보이면 일반적으로 주가가 기업의 가치를 잘 나타내는 방향으로 움직인다. 관심을 받지 못하는 기업을 애널리스트가 다루게 되면, 주주행동주의자의 입장에서 투자 매력이 떨어질 수도 있다. 그러나 더 많은 애널리스트들이 더욱 다양한 기업들을 다루게 되더라도, 애널리스트의 레이더가 미치지 못하는 곳에 주주행동주의자들의 좋은 사냥감으로서 여전히 많은 기업들이 존재할 것이다.

산타모니카파트너스의 로런스 골드스타인과 저평가되고 시장의 주목을 받지 못했던 1960년대 화물철도차량리스업에 대한 그의 발

행동주의 투자 전략

견 사례를 생각해보라. 주주행동주의자들은 일반적으로 자신들이 직접 리서치를 하고 시장이 저평가하고 있다고 판단되는 기업에 투자하는 것을 선호한다. 이러한 기회는 다수의 애널리스트들이 영업과 이익에 대해 조사하고 있는 기업에서는 찾을 수 없다.

기업 내에 기본적인 특정 문제가 있는 경우, 반대주주의 공격이 일어나지 않을 수 없다. 코퍼러트 라이브러리의 넬 미노우는 온갖 화려한 방법을 동원해 주주행동주의자들에 대응을 시도할 수 있겠지만, 가장 좋은 방법은 지속적으로 긍정적인 주가 실적을 보여주는 것이라고 말한다. 미노우는 "집중조명을 받지 않는 좋은 방법을 알려주겠다. 주주들에게 해야 할 의무를 다하라."라고 말한다.

물론 반대주주들은 이사회의 독립성 문제에 관심을 갖기도 한다. 기업 주가의 성과와 관계없이 어느 기업에서나 경영진과 재무적 또는 혈연적 관계가 얽힌 이사들이 있을 수 있다. 하지만 주가가 형편없는 경우, 이러한 이사의 독립성 문제는 주주행동주의자들이 기업지배구조적 관점에서 관여하여 기업과 관계가 없는 이사들을 이사회에 영입하게 만드는 요인이 된다. 부실기업에서는 이사회 내 사외이사가 없는 것이 기업 내에 더 큰 문제가 발생할 것을 예견하는 증상이 될 수 있다.

엔론 사태 이후, 뉴욕증권거래소와 나스닥의 상장기준개혁은 기업 내 이사회의 독립성을 강화하는 방향으로 움직이고 있다. 그러나 델라웨어 대학교의 찰스 엘슨은 규정 하나하나를 충족해야 하기도 하지만, 규정의 취지 또한 잘 이해하고 준수해야 한다고 말한다. 이사회가 정교하지 않고 혈연관계가 있는 이사들로 구성되어 있어 경영난에 있으면서도 경영진에 조건 없는 지지를 보내는 상장사들은 주주행동주의자들이 행동을 취하기 위한 충분한 인센티브를 제공한다.

이사직을 맡고 있는 기업에 상당한 지분이 없으면, 이들은 주가 향상에 집중하는 주주행동주의자들과 이해관계가 다를 수밖에 없다. 엘슨은 "기업지배구조를 건전하게 하기 위해서는 사외이사들이 해당 기업의 지분을 갖도록 해야 한다. 이러한 이사회가 갖추어진 기업들은 더 좋은 성과를 내고, 그 결과가 주주들에게도 미친다."고 말한다.

주주행동주의자들을 막아내기: 기업의 새로운 어젠다

주주행동주의 투자자들의 성장과 확산, 그리고 이들이 기업에 미치는 영향으로 인해 CEO들과 이들의 조언자들은 주주행동주의에 따른 변화에 대비하기 시작했다. 주주들이 이러한 소란을 일으키는 이유는 무엇일까? 사회적 캠페인을 통한 압박을 계획하는 주주행동주의자들은 어느 때보다도 신속하게 집단적 행동을 취해야 한다. 와치텔 립턴의 마틴 립턴 설립자 및 파트너는 기습공격에 대한 대응 프로그램과 대응팀을 갖추라고 조언한다.[11]

립턴은 기업들에게 스케줄13D 집단공시 의무와 관련한 모든 법적 대응 방법을 활용해 주주행동주의자에 대응하는 것뿐만 아니라, 기업들이 여러 가지 다른 예방책도 강구해야 한다고 말한다. 2005년 그가 기업자문인들에게 보낸 메모에 따르면, 임원들이 애널리스트 리포트에 나오는 단기적 주가 향상을 위해 제안된 미완성적인 아이디어를 꾸준히 확인할 것을 제안한다.[12] 립턴은 메모를 통해 "헤지펀드들은 단기간 주가를 올릴 수 있다는 내용의 애널리스트 보고서를 보고 해당 기업에 관심을 가지는 경우가 빈번하다"고 밝혔다.

기업들은 임원들이나 신규 주요 주주들에게 주주행동주의자들의 지분 매수 정보를 신속하게 알려주는 정교한 주가감시 프로그램을 설치하는 등 다른 조치를 취할 수 있다. 립턴은 기본적으로 경영진이 기업의 투자자 기반에 대해 잘 파악하고 있어 어떠한 특이사항에 대해서도 신속하게 대응할 수 있어야 한다고 설명한다.[13] 립턴은 "감시 장치는 주주행동주의자들의 지분 증가와 관련해 항상 열려 있어야 한다"고 밝혔다.

코넬의 CEO 제임스 하이먼은 기업들이 주주행동주의자들에 대해 조기에 신속하게 대응해야 하며, 그렇지 않으면 상황은 이미 손을 쓸 수 없는 상태가 되어버린다고 말한다. 하이먼은 코넬의 경우, 사태 초기에 이사회가 주주행동주의 투자자들을 무시한 이후로, 이미 손을 벗어난 상태가 되어버렸다고 말한다. 2003년과 2004년, 파이러트캐피털과 기타 반대주주들이 기업에 CEO 교체를 요구했었고, 결국 2005년 1월 하이먼이 신임 CEO가 되었다. 그러나 주주행동주의 캠페인 초기에 주주행동주의자들은 코넬의 이사회가 자신들을 무시했으며, 이사들이 CEO 후보 물색에 나섰을 때, 이들이 불만 가득한 주주들에게 진행상황을 제대로 알려주지 않았다고 항의했다. 하이먼이 이사회로 영입되었을 때 몇몇 주주행동주의자들은 이미 이 집단에 합류한 상태였고, 파이러트캐피털은 고맙게도 성공 가능성이 높은 위임장대결을 실시함으로써 주주행동주의 캠페인을 확장하고 있었다. 하이먼은 만약 코넬이 투자자들에게 CEO 탐색 과정에 대해 사전에 알려주었다면 주주행동주의자들과 경영진의 적대적 구도는 상당 부분 피할 수 있는 것이었다고 말한다.

　　뉴욕에 소재한 IR컨설팅기업 더루스그룹의 데이비드 파스퀘일 회장은 코넬의 초기 반응이 기업들이 일반적으로 행동주의 주주들에게 보내는 정교하지 못한 전형적인 대응이었다고 말한다. 그는 기업들이 가장 많이 실수하는 부분은 주주행동주의자로부터 전화를 받았을 때 묵묵부답이거나 방어적인 것이라고 말한다. 오히려 임원이나 이사들이 즉각적으로 주주행동주의자의 전략에 귀기울일 시간을 마련해야 한다. 파스퀘일은 "이들은 어떻게든 주주행동주의자를 무시하는 것이 상황을 해결할 것이라고 생각한다"고 말한다.

　　2005년 5월, 피해대책 마련 상태에 돌입한 하이먼은 파이어러트캐피털과 주요 합의에 도달했다. 합의 내용은 두 명의 반대주주, 파이러트캐피털이 지명한 5인의 사외이사 후보, 하이먼을 포함한 기존 이사 3인으로 이사회를 구성하는 것이었다. 그러나 하이먼은 코넬의 기존 이사회가 파이러트캐피털을 비롯한 반대주주들의 의견을 무시하지 않고 합의에 도달했다면, 이처럼 이사회 전체가 바뀌는 상황은 피할 수 있었을 것이라고 지적한다. 하이먼은 "주주행동주의자들이 존재한다면, 이사들은 상황에 대한 통제권을 잃을 가능성이 있다. 통제권을 다시 찾으려면 원하는 것의 상당 부분을 내려놓아야 한다. 코넬의 이사회가 몇 달 일찍 욕심을 낮추고 합의에 이르렀다면 기존 이사회를 유지하면서 신규 이사 1인만 추가되었을 것이다."라고 말한다.

　　그날 밤, 코넬은 어느 PEF에 매각되었다. 하이먼은 "이사들은 주요 주주들과 적극적으로 의사소통을 해야 한다. 만약 CEO에게 문제가 있다면, 이사들은 신임을 받는 이사를 통해 주주들과 의사소통을 해야 한다. 의사소통이 없으면 이사들은 주주들로부터 발산되는 실망감을 인식할 수 없다."고 말했다.

이사회와 CEO를 비롯해, IR담당자들 또한 주주행동주의 접근에 대해 대비하고 있다. 다수의 IR담당자들은 주주행동주의 투자자들을 이해하기 위해 보다 많은 시간을 투자하고 있다. 특히 이들은 자사가 속한 산업에서 활동하는 주주행동주의자들에 대해 익숙해지려고 노력한다. 예를 들어, 7장에서 다루듯이, 일부 주주행동주의자들은 중형 은행이나 저축은행을 공략한다. 이들의 표적이 될 수 있는 은행의 IR담당자들은 해당 기업을 겨냥한 주주행동주의 캠페인에 대비해 잠재적인 말썽쟁이 투자자들과 가까운 관계를 유지하고자 한다. 일부 IR담당자들은 특정 주주행동주의자가 사회적 캠페인 전략을 펼치는 경향이 있는지, 위임장대결을 선호하는지에 대한 정보도 수집한다. IR담당자들은 이러한 정보를 가지고 경영진에게 대응책에 대해 보다 좋은 조언을 제공할 수 있게 되었다. 의도한 바는 아니지만 이런 상호작용을 함으로써 기업 담당자와 대화할 의지가 없는 소극적 투자자들을 향한 비난의 목소리가 생기는 것도 사실이지만, 임원진에게 투자자들이 경영진에 대해 가지는 생각을 이해하는 것이 중요하다는 사실을 인식시키는 것은 매우 중요하다. 여유가 있는 대기업들은 컨설턴트, PR회사, 자문사 등을 고용해 주주행동주의 캠페인에 대응할 준비를 하고 있다.

이는 주주행동주의자들이 향후 특정 기업을 표적으로 삼을 때 깜짝 놀랄 만한 부분이 없어질 수 있다는 것을 의미한다. 기업들이 주주행동주의의 표적이 될 경우 직면할 혼란에 대응하기 위해 그동안 준비해온 것들을 보자. 팩트셋리서치시스템은 주주행동주의자의 표적이 되었거나 잠재적인 주주행동주의 공격에 걱정하는 기업에게 판매하는 데이터를 개발했다. 뉴욕에 위치한 이 기업은 가장 유명한 50개 주주행동주의 헤지펀드 매니저들의 전략, 과거의 성과 등 임원들이 주주행동주의와 맞서게 될 때 일반적으로 발생하는 사항에 대한 데이터베이스를 개발했다. 샤크리펠런트라는 이름의 이 데이터베이스는 주주행동주의 캠페인과 씨름하는 기업이나 기업의 임원들에게 판매되고 있다. 팩트셋리서치시스템의 톰 퀸Tom Quinn 부사장은 "이 데이터베이스는 주주행동주의자들로부터 포위 당한 경영진들을 돕기 위해 고안되었다"고 말한다.

퀸은 임원들이 이 데이터베이스를 사용해보면, 특정 주주행동주의자가 위임장대결을 펼칠 것인지에 대해 신속히 알 수 있다고 강조한다. 예를 들어 대부분 주주행동주의자들은 위임장대결을 하겠다고 위협만 하고, 실제로 실행에 옮기지 않은 경우가 많다. 아마도 이들은 위임장대결을 통한 재무적 부담을 감수할 의지가 없었을 것이다. 이처럼 상세한 정보는 반대주주들에 어떻게 대응해야 하는지 고민하는 임원들에게 매우 소중한 자료가 될 것이다.

특정 주주행동주의자가 전에 위임장대결에서 성공한 적이 있는지에 대한 구체적인 정보는 초기에 주주행동주의 캠페인에 대한 조치를 취하고자 하는 CEO들에게 도움이 될 것이다. 기업들이 과거에 주주행동주의 사례에 대해 어떻게 대응했는지 연구하는 퀸은 주주행동주의자들의 일반적인 전략이 M&A를 저지하고자 하는 것인지 강제하는 것인지를 아는 것도 도움이 될 것이라고 말한다.

스틸파트너스의 경우 77개 기업에 총 84회의 주주행동주의 캠페인을 펼쳤다. 이 보고서에 따르면 스틸파트너스의 펀드매니저 워런 리히텐슈타인은 표적으로 삼은 전체 기업의 23%에 대해 위임장대결을 펼쳤으며, 실제로 시행을 하지 않으면서 위임장대결을 위협용으로 활용한 사례는 다섯 개, 6%에 불과했다. 따라서 스틸파트너스로부터 위임장대결의 위협을 받는 CEO들은 위임장대결에 대비해야 할 것이다.

주주행동주의 캠페인을 저지하려는 임원들은 투자자들에게 주주행동주의 공격 및 위협에 대항하기 위해 기업의 경영에 활용되어야 하는 시간, 에너지, 자금 등이 쓰인다고 설명하고자 할 것이다. 또 주주행동주의자들의 행위가 기존의 또는 잠재적인 납품업체, 고객, 직원들을 불쾌하게 하기 때문에, 많은 지장을 초래한다고 주장할 것이다. 대다수의 경우, 주주행동주의자들은 파괴적이다. 대부분의 주주행동주의자들은 경영난을 겪고 있는 기업들을 겨냥하기 때문에, 해당 기업의 CEO들은 평소보다 자신들의 경영전략이 옳다는 것을 보여주는 것에 더욱 집중하게 된다. 파스퀘일은 기업 임원들이 불과 5년 전에 비해 하루 일과 중 IR 문제를 다루는 시간이 더욱 길어졌다고 말한다. 파스퀘일은 "오늘날 기업들이 IR에 대해 투자하는 시간은 현저하게 늘어났다. 이들 중 대부분은 주주행동주의자들의 영향 때문이다."라고 말한다.

주주행동주의자들도 임원들의 일할 시간이 줄어드는 문제나, 어떤 경우에는 주주행동주의자들이 원하는 바로 그 일을 하고 있는 임원들을 방해하는 것은 아닌지 고려해봐야 한다.

극단적인 예로, 캐나다의 GEAC GEAC Computer Corporation CEO 찰스 존스 Charles Jones는 주주행동주의 헤지펀드가 기업 매각을 강요했지만, 자신은 이 헤지펀드가 실제로 기업 매각에 관심이 있다고 믿지 않았기 때문에 결과적으로 자신이 구상하던 기업 매각에 집중할 수 없었다고 말한다. 이 주주행동주의자는 크레센도의 에릭 로젠펠드로, GEAC의 이사회에 이사 2인을 영입하기 위해 위임장대결을 개시했다. GEAC가 크레센도의 이사 1인을 자사의 이사회로 영입하는 것으로 합의를 제안하자, 로젠펠드는 이를 받아들이고 위임장대결을 철회했다. GEAC는 결국 기업 경매에 동의하고 샌프란시스코의 바이아웃펀드 골든게이트Golden Gate에 매각되었다.[14] 존스는 "크레센도의 영향은 단지 기업 매각의 속도를 늦춘 것밖에 없다. 나는 피투성이의 위임장대결을 위해 60일이라는 시간의 100%를 소비했다."고 말한다.

로젠펠드가 경매를 지연한 것인지 촉진한 것인지 여부는 명확하지 않다. 로젠펠드는 존스가 매각 과정에서 너무 많은 돈을 쓸까 염려했다고 인정하면서, 자신이 기업 매각이 완료되기까지 영향을 미쳤다고 말한다. 로젠펠드는 "거래가 성사될 때까지는 아직 끝난 것이 아니다. 우리가 기업 매각 과정에서 거래가 성사되기까지 도움이 되었다고 생각한다."고 말한다.

주주행동주의자들의 규모와 수가 커지면서 기업들은 주주행동주의의 변화에 대비하기 위해 지속적으로 노력할 것이다. 마지못한 주주행동주의자들이든 적극적인 주주행동주의자들이든 IR담당자, CFO, CEO를 비롯한 기업 임원들은 성장하고 있는 주주행동주의자들의 세력에 대해 더욱 잘 인지하고 있다.

임원들은 보다 정돈된 방식으로 주주행동주의자들을 상대하고 있다. 어느 기업 자문사에 따르면, 기업담당자들이 헤지펀드 매니저들에게 투자 전략에 대해 묻는 것을 편하게 생각하기 시작했다고 한다.

CEO들은 필요하다고 생각하는 경우 주주행동주의자들의 접근에 대응하기 위해, 전보다 신속하게 외부 자문사에 도움을 요청하고 있다. 기존에 주주행동주의자들의 13D 공시나 끊임없는 적대적 전화 등에 당황하고 갈피를 잡지 못해 대응하지 못했던 경영진들은 이러한 적대적인 투자자들이 자신들의 일상에서 무시할 수 없는 존재가 되고 있다는 것을 깨닫고 있다. 임원들과 IR담당자들은 언제든지 주주행동주의자들의 명단에 자신들이 올라갈 수 있다는 것을 알기 시작했다.

그러나 주주행동주의 캠페인으로부터 기업을 보호하기 위한 준비는 양이 정해져 있지 않다. 기업들 중에는 반대주주들이 원하는 틀에 자신을 맞출 수밖에 없는 기업들이 항상 있다.

주주행동주의자들은 주가가 형편없으면서, 이 장에서 다룬 여러 가지 요소들을 복합적으로 가진 기업들을 표적으로 삼을 것이다. 기업 내 활용하지 않는 부동산이 있거나 경영에 관심이 없는 내부자들이 이사회를 운영하고 있더라도, 주가가 급등하는 기업은 주주행동주의자들의 우선순위가 되지 못한다는 점은 우리가 받아들여야 하는 부분이다. 그러나 주가가 부진하면서, 재무제표상에 현금이 쌓여 있고, 적대적 M&A에 대한 방어책도 없으며, 부채도 적고, 시너지를 내지 않는 비연관 사업부들이 산재하고 있다면, 주주행동주의자들의 알람을 울릴 가능성이 높다. 이러한 기업은 너무나 매력적이기 때문에, 우리 친구들(다른 주주행동주의자들)이 이를 간과하지 않을 것이다.

주주행동주의자들은 수년간 경영실적과 주가가 부진한 가운데, 임원들이 지나친 보수를 받고 있는 기업들을 선호한다. 왜곡된 보수 체계와 황금낙하산이 있고 임원들이 개인대출과 같은 관계자 거래의 혜택을 받고 있는 기업들도 필자가 '마지못한'이라고 표현한 주주행동주의 투자라는 범주에 포함될 가능성이 높다. 홀링어의 콘래드 블랙Conrad Black은 이런 사례의 대표적인 경우이다. 기업 임원들과 주주행동주의자들의 CEO 보수 체계를 둘러싼 갈등은 6장에서 다루는 주제이다.

| 6장 |

지나친 특혜와 보수:
임원 보수에 대한
주주행동주의자들의 영향

커뮤니케이션즈 및 엔터테인먼트 기업, 글레네어Glenayre Technologies Inc.의 CEO 클라크 베일리Clarke Bailey는 연간 보너스를 포함하여 연봉 1백만 달러의 보수를 받았다.

또한, 그는 사교클럽 비용으로 연간 2만 5천 달러를 받았다. 베일리가 이러한 보수를 받는 동안, 글레네어의 주가는 아래로 축 처지고 있었다. 주가는 최근 약 5년간 대부분 주당 2~3달러 수준으로 거래되어왔다. 2006년 주당 3.20달러로 시작하여 5월에 주당 6달러의 정점을 찍었으나, 그후 주가는 계속적으로 하락하여 3달러 미만으로 거래되고 있다.

모든 주주들이 시들어가는 주가와 베일리의 사교클럽 비용에 대해서 알고 있다는 것을 확인한 주주행동주의자 로버트 채프먼은 분노했다. 채프먼이 기업에 변화를 요구하기 시작한 지 4개월이 지난 후, 베일리는 CEO직에서 사임했다. 베일리의 사임에도 불구하고, 채프먼은 기업 내 보수 체계에 집중하며 압박을 늦추지 않았다.

이후 글레네어의 자회사 EDCEntertainment Distribution Company LLC의 CEO, 제임스 카파로James Caparro가 전체 사업의 최고경영자로 선임되었다.[1] 이에 만족하지 못한 채프먼은 카파로가 회사의 지분을 가지고 있지도 않고, 사교클럽 비용을 포함한 보수 체계가 베일리에게 적용되었던 것과 다를 바 없어, 카파로 본인과 주주의 이해관계를 연동시키지 못한다는 점을 지적하며 카파로도 압박하기 시작했다.

EDC가 전체 사업에서 분리되어 매각될 경우, 카파로는 특별 이익을 얻게 된다. 채프먼은 이에 대해, 카파로가 매각대금으로 잘못된 기업인수를 하기라도 한다면, 주주가치를 해칠 수도 있다고 주장한다. EDC 분리매각 이후, 카파로가 나머지 회사 전체를 매각하는 경우, 기존의 EDC 매각에 대한 보수 이외에 경영권 이양에 대한 추가 혜택을 받게 된다.

채프먼은 "카파로가 받는 혜택은 자산 매각이 아니라 기업 전체 매각과, 그리고 이후의 주가 성과에 연동되어야 한다. 그렇지 않으면, 카파로가 제 살만 찌우는 EDC 매각을 단행하고, 매각대금으로 잘못된 M&A를 단행하여 글레네어의 일반 주주들에 피해를 입힐 것이다."라고

행동주의 투자 전략

말한다.

　　이러한 발언을 통한 채프먼의 의도는 부분적으로 자신의 '사회적 지레' 접근법의 일환으로 경영진들을 당혹하게 하기 위한 것이다. 그러나 이를 통해 주주행동주의 투자자들을 위한 중요한 전략을 알 수 있다(주가가 형편없는 성과를 보임에도 불구하고 지나친 보수와 혜택을 받는 임원들이 있는 기업들을 포착하고 공략하라).

　　채프먼과 기타 주주행동주의자들은 주가가 낮은 부실기업들을 찾아 비정상적인 임원 보수 체계를 지적함으로써 다른 투자자들의 지지를 얻고자 한다.

　　그중에서도 주주행동주의자들이 매우 집중하고 있는 부분이 하나 있다. 바로 CEO의 지나친 보수이다. 제너럴모터스와 크라이슬러의 CEO들이 워싱턴에 모여 정부 긴급구제자금을 받고자 했을 때, 이들이 활용한 회사 전용기로 인해 이 자동차회사들에게 구호자금을 지원하는 것에 반대하던 국회의원들을 더욱 분노하게 했다. 값비싼 골프장 회원권이나 회사 전용기를 활용하고 기업자금으로 충당되는 임원의 가족여행과 같은 지나친 혜택(글레네어의 경우 2만 5천 달러의 사교클럽 회원권)을 제공하는 기업들은 주주행동주의자들의 쉬운 표적이 될 수 있다. 왜냐하면 주주행동주의자들이 투자자들의 지지를 얻기 위해 벌이는 캠페인의 일환으로 이러한 과도한 혜택에 대해 집중하기 때문이다. 기관 및 개인투자자들은 주주행동주의자가 대중매체 등 다양한 방법을 통해 과도하게 보이는 혜택에 대해 사회적 관심을 모은다면 이를 지지할 것이다.

　　워싱턴 소재의 깁슨 던&크러처Gibson Dunn&Crutcher LLP의 존 올슨 John Olson 파트너는 "기업들이 이처럼 과도한 혜택을 제공하는 경우, 스스로가 잠재적 주주행동주의자들에게 '여기 좀 보세요'라고 말하는 격이 된다. 이러한 불씨에 주주행동주의자들은 그저 바람을 불어주면 된다."고 말한다.

미국상공회의소의 데이비드 채번은 기업들이 임원들에게 과도한 혜택을 주기 시작할 때, 해당 기업을 표적으로 겨냥하려는 주주들에게 하나의 도구를 쥐여 주는 셈이라고 말한다. 그는 임원 혜택을 지적하는 반대주주들은 종종 이에 대해 스케줄13D, 기자회견 등을 통해 대중의 주목을 유도하기 때문에 일반적으로 언론의 관심을 받는다고 덧붙인다.

이는 다른 주주행동주의자들이 함께 지분을 매집하여 기업에 변화를 압박할 가능성을 포함한 추가적인 문제를 야기하게 된다. 채번은 기업들이 이러한 주주행동주의자들을 궁지에 몰 수 있는 유일한 방법을 소개한다. 임원 혜택을 적정수준으로 낮추거나 제거하는 것이다. 채번은 "CEO에게 5백만 달러의 연봉을 주고 클럽 회원비와 책상 위에 항상 놓이는 신선한 생화를 포함한 각종 혜택을 준다면, 불평하고 주주행동주의 캠페인을 펼칠 거리를 찾고 있는 사람들에게 무기를 주는 것이나 다름없다. 만약 CEO에게 부수적인 혜택 없이 연봉으로만 510만 달러를 주고, CEO가 그중 10만 달러를 클럽 회원비로 사용한다면, 이러한 보수 체계는 별다른 주주행동주의적 관심을 끌지 않을 것이다."라고 말한다.

채번은 주주행동주의의 타깃이 되는 기업의 경우 임원들에게 지급하는 연봉, 보너스, 각종 혜택 등 보수의 규모가 문제가 될 만한 수준인 경우가 드물기 때문에, 대부분의 주주행동주의자들은 일반적으로 타깃기업의 CEO 보수에 관심을 가지지 않는다고 말한다. 다만 주주행동주의자들이 임원 보수를 지적하는 이유는 자사주매입이나 사업부 매각 등에 대해 기업을 압박할 때 이를 통해 기관 및 개인 투자자들의 지지를 얻는 데 도움이 되기 때문이라고 주장한다. 그는 장기투자자들은 이 방법을 좋아하지 않을 것이라고 덧붙인다.

하지만 하버드 대학교 로스쿨 루시언 베브처크Lucian Bebchuk 교수는 기업주가 향상에 대한 인센티브는 적고, 경영성과와 상관없이 받게되는 보수는 많은 지금의 보수 체계는 '문제가 될 만한' 수준이라고 주장하며, 채번의 견해에 동의하지 않는다고 말한다. 그는 주주행동주의자들이 기업의 성과가 좋지 않음에도 불구하고, 임원들이 지속적으로 상당한 수준의 보수를 받는 것으로 포착된 기업들에 투자할 것이라고 말한다. 베브처크 교수는 "잘못된 보수 체계로 인해 발행하는 비용은 과도하게 지급된 보수의 일부분에 그치지 않는다. 더 문제가 되는 비용은 바로 임원들의 왜곡된 인센티브로 인해 발생한다."라고 말한다.

조지아 케네소Georgia Kennesaw에 위치한 케네소 주립대학교Kennesaw State University 기업지배구조센터의 폴 라피데스Paul Lapides 이사는 주주행동주의자들이 캠페인에서 승리하기 위해 CEO 보수에 이목을 집중시키려 노력하는 것이 사실이라고 말한다. 임원 보수에 대한 주주행동주의자들의 주장은 일반적으로 진정성을 가지고 있으며, 해당 기업에 투자한 다른 투자자들이 고려해봐야 하는 내용을 담고 있다. 행동주의 주주들은 임원 보수가 문제시되는 가장 중요한 이유로 CEO 보수 체계가 정상적으로 설계되지 않은 기업들의 직원들은 일반적으로 실적이 좋지 못하며, 따라서 주주들을 위한 매출과 이익도 낮을 수밖에 없다는 점을 이해하고 있다. 라피데스는 "직원들이 CEO 보수에 대해 불만을 가지고 있는 기업들을 많이 보았다. 집단 내 많은 사람들이 리더에 대해 불만을 가지고 있으면, 이들은 조직 내 일상적인 업무를 열심히 처리하지 않는다."고 말했다.

더욱이 과도한 보수를 받는 임원들은 기업성과를 향상시켜야 한다는 동기부여를 받지 못한다. 채프먼은 비정상적으로 높은 보수는 특히 중소형 기업의 경우 이익을 감소시키는 효과가 있기 때문에, 기업에 문제가 된다고 지적한다. 그는 임원 보수가 지나치면서 경영성과가 좋지 못한 기업의 투자자 대부분은 지분을 매도할 것이기 때문에, 주가는 더욱 악화될 것이라고 덧붙인다. 또한 지나친 임원 보수 체계로 인해 주주자문기관으로부터 받는 기업지배구조 등급이 낮아질 수 있으며, 주가하락과 더불어 문제를 더욱 심각하게 만들 수 있다. 채프먼은 "보수 체계에 대해 '문제가 될 만한' 수준이 아니라는 주장은 수학적으로 맞지 않는다. 주주행동주의자들은 다양한 근거를 가지고 CEO 보수에 대해 진정성 있는 관심을 가진다."고 말한다.

과도한 보수를 받는 CEO와 해당 기업에 대해 대중의 관심을 유도하는 것은 기관, 개인 투자자 및 일반 대중 전체의 지지를 얻고자 하는 주주행동주의의 주요한 전략 중 하나이다.

뉴욕에 소재한 프라이드 프랭크 해리스 슈라이버&제이컵슨의 터랜스 오맬리 파트너는 주주행동주의자들이 기관투자자들의 자금을 활용해 단기적 이득을 얻고자 한다는 인식을 없앤다면 주주행동주의 투자자들에게는 많은 도움이 될 것이라고 말한다. 오맬리는 "주주행동주의자들은 CEO의 임원 보수를 공략함으로써, 기관 및 개인 투자자들에게 자신들이 나쁜 투자자가 아니라는 것을 설명하려고 한다. 그들은 해당 주식을 보유한 모든 투자자들에게 영향을 미칠 수 있는 변화를 만들어내려고 노력하며, 이를 위해 기업 내 보수 체계의 문제점을 공개하는 것이다."라고 말한다.

이러한 전략은 효과를 거두고 있다. 기관투자자들은 임원 보수 및 혜택을 견제하고자 하는 주주행동주의자들의 노력을 지지하기 시작했다. ISS는, 2006년 발표한 '2006년 연차주주총회와 그 뒷이야기를 둘러싼 주요 쟁점(Hot Topics for the 2006 Proxy Season and Beyond)'이라는 제목의 보고서를 통해, 기업 전용기, 컨트리클럽 회원권에 대한 개인적 사용 등과 같은 터무니없이 지나친 보수를 임원들에게 제공하는 기업의 보수위원회를 상대로 소송을 제기할 의향을 묻는 설문을 실시했다. 응답자의 57%가 '그렇다'라고 답했고, 25%는 '아니요'라고 답했으며, 18%는 '모르겠다'라고 답했다.[2]

올슨은 또다른 경고신호로 CEO에게 M&A 결과에 대한 과도한 혜택을 부여해, CEO가 주주의 이익보다 자신의 이익을 먼저 생각하여 무리하게 M&A를 추진하게 하는 인센티브제도를 지적한다. CEO는 이러한 인센티브제도로 인해 공정가치보다 낮은 가격이나 주주행동주의자 및 다른 투자자들이 적정하다고 믿는 가치보다 낮은 가격에 딜을 체결할 가능성이 높다.

투자대상을 찾기 위해 저평가된 기업들을 물색하는 주주행동주의 투자자들은 경영권 이양 시 임원에게 적용되는 황금낙하산과 같은 퇴직수당 계획에 대해 조사할 것이다. 경영권 이양에 대한 과도한 인센티브는 CEO가 수익이 많지 않음에도 불구하고 기업 매각을 진행할 수도 있다는 점으로 인해 주주행동주의자들의 관심을 모을 수 있다. 깁슨 던&크러처의 올슨은 임원에 대한 보수 및 퇴직금 제도가 아무 가격에나 M&A를 체결하면 인센티브를 제공하는 방향으로 치우치고 있다고 말한다. 올슨은 "지난 수년간 많은 기업 사례에서 보았듯이, 기업이 임원에게 퇴직이나 경영권 이양에 대한 지나친 대가를 제공한다면, 이는 주주행동주의 헤지펀드 매니저들을 비롯한 시장 전체에 해당 기업이 M&A를 고려하고 있다는 신호를 보내는 것이나 다름없지 않은가?"라고 묻는다.

하버드 대학교 베브처크 교수는 한때 임원들이 임원직을 유지하기 위해 가치 창출을 위한 M&A를 꺼린다는 우려가 있었으나, 요즘에는 시계추가 거꾸로 움직이고 있다고 말한다. CEO들은 기업 매각에 대한 논의를 진행하는 동시에, 추가적인 황금낙하산, 컨설팅 계약 및 기타 보수 지급에 대한 협상을 벌이고 있다. 그는 "오늘날의 보수 구조는 임원들로 하여금 해서는 안 되는 M&A를 추진하도록 만들고 있다. M&A를 통해 많은 성과보수를 받을 수 있기 때문에 CEO들은 장기적인 기업가치가 제안된 가격보다 높다고 믿으면서도 딜을 체결한다."고 말한다.

이러한 상황에서 주주행동주의자들은 차선책을 택할 수 있다. 딜이 성사될 경우, 더 높은 프리미엄을 요구하거나, 딜을 무산시키기 위한 노력을 전면적으로 실시하는 것이다. 시카고 대학교University of Chicago 경영대학원Graduate School of Business 창업 및 재무학과 스티븐 캐플런Steven Kaplan 교수는 주주행동주의 투자자들의 이러한 반응은 주주들의 이익에 반하는 M&A를 실행하려는 CEO를 압박한다는 점에서 효율적 시장구조를 반영한다고 말한다. 주주들은 주주행동주의 헤지펀드 매니저들의 주도하에 M&A 딜에 대해 반대하는 캠페인을 펼치고, 딜을 무산시키거나 더 높은 프리미엄을 요구하고 있다. 이러한 현상에 대해서는 11장에서 보다 자세히 다룰 것이다.

주주행동주의자들은 CEO들이 기업 매각 이후에도 임원직을 유지하기 위해 협상하고 있는 보수 체계에 확대경을 놓고 보고 있다. 우려할 점은 임원들이 M&A로 인해 추가적인 성과금을 받을 수 있는 경우, 주주들의 이익을 침해하는 낮은 수준의 가격에도 기업을 매각할 수도 있다는 점이다. 주주행동주의자들은 모든 형태의 보수 체계를 고려해 CEO가 기업 매각에 있어서 주주들의 이익을 충실히 대변하고 있는지 평가한다.

미 의회 민주당 의원들은 주주행동주의자들이 임원 보수에 대해 더 큰 목소리를 내는 것이 합당하다는 강력한 메시지를 보내고 있다. 미국 하원의 재정서비스위원회House Financial Services committee 바니 프랭크Barney Frank는 주주들이 CEO 보수체계에 대해 이사회에 '조언적 투표(advisory vote, 역주: 임원 보수와 같은 주요 사안에 대해 이사회가 주주들의 의견을 참고할 수 있도록 실시하는 투표. 투자자와 기업 간의 소통을 원활하게 하고 문제가 될 수 있는 사안에 대해 초기에 대응할 수 있게 함.)'를 행사할 수 있도록 하는 법안을 도입했다. 이러한 제도가 기업 내에 마련되더라도, 기업은 이 투표결과를 따라야할 의무가 있는 것은 아니다. 그러나 투자자들이 보수 체계에 압도적으로 반대하는 경우 기업의 보수위원회는 CEO 보수제도에 대한 수정사항을 고려하지 않을 수 없다. 이 제도의 핵심은 기업으로 하여금 CEO가 기업 매각과 관련하여 제안한 보수 체계를 '조언적 투표'에 붙이는 것이다. 찬반이 나뉘었던 미 하원에서 이 입법안을 승인하자, 부시 행정부는 이에 대해 거부권을 행사하겠다고 압박했다. 재계는 이 조치에 대해 반발했다. 그러나 오바마 정부는 보다 수용적이었다. 비록 법적 구속력은 없더라도 이 제도가 법안으로 채택되면, 주주행동주의 주주들은 기업을 상대로 한 공식 및 비공식 캠페인에서 이를 활용할 수 있게 된다.

과도한 임원 보수 및 퇴직금에 대한 문제는 2006년과 2007년 초 가정용 공구소매업체 홈디포의 사례에서 불거졌다. 홈디포의 대표이사 겸 CEO, 로버트 나델리는 샌디에이고의 주주행동주의 투자자 랠프 위트워스를 비롯한 여러 반대주주들이 부진한 주가 실적에도 불구하고 지속적으로 고액의 보수를 받아온 점에 대해 강도 높은 비난을 가하자, 결국 사임하고 말았다.[3]

2006년 5월 개최된 연차주주총회 이전에, 다수의 기관투자자들이 나델리의 보수에 대한 불만의 목소리를 모았고, 위트워스는 기회를 포착했다. 같은 해 12월, 그는 2007년 연차주주총회를 통해 홈디포 이사회에 2인의 이사를 선출할 계획을 세웠다. 3개월이 지나기도 전에, 위트워스는 홈디포가 위트워스와 함께 릴레이셔널을 공동설립한 데이비드 배첼더를 이사회로 영입할 것을 제안하자, 이를 수용하고 합의하였다.[4] 위트워스는 합의의 일환으로 기업에 대한 적대적 계획을 철회했고, 결국 홈디포는 나델리의 영입과정에 관여했던 이사 4인을 축출하기로 동의했다.[5]

홈디포는 여러 면에서 주주행동주의자들이 상대하기에 버거울 정도로 큰 기업이다. 홈디포 전체 가치는 주요 주주들의 지원이 없었다면 막대한 부채를 동원해야 했을 정도로 규모가 컸기 때문에, 릴레이셔널은 결코 혼자서 막대한 지분을 움직이지 않았다. 좀더 이해를 돕자면, 릴레이셔널은 홈디포에 10억 달러를 투자했지만, 이는 840억 달러 달하는 시가총액에 비해 고작 1.2%에 불과했다.[6] 위트워스가 64억 달러에 달하는 릴레이셔널 전체 운용자금으로 홈디포 지분을 매입한다고 해도 지분율은 7.6%에 불과했다. 이는 충분하다고 말하기에 턱없이 부족한 수준이었다.

하지만 상당수의 투자자들이 위트워스의 뒤에서 충분한 주주세력을 결성했고, 나델리의 축출을 가능하게 했다. 나델리는 다수의 투자자들로부터 지나친 보수에 대한 비판을 받자, 2006년 연차주주총회에서 일종의 계엄령과 같은 규정을 마련하였고 이로 인해 그에 대한 여론은 더욱 악화되었다. 나델리는 30분으로 단축된 이 연차주주총회에 참석한 유일한 이사였고, 투자자 질의응답 시간도 배정되지 않았다. 이렇게 주주에게 비협조적인 주주총회와 이에 따른 위트워스의 캠페인으로 나델리의 사임이나 보수 삭감에 대한 대중적 압력은 더욱 거세졌다. 주요 금융 관련 언론들도 이 사건에 대해 다루며, 나델리와 홈디포 이사회가 이미지 개선을 위해 무언가 할 수밖에 없도록 지속적으로 압박했다. 대중의 집중을 받고 기관투자자들의 공격적인 압박을 경험한 홈디포 이사회는 나델리로 하여금 보수와 퇴직금 혜택을 삭감할 것을 요구했다.[7] 나델리는 여섯 대의 홈디포 전세기의 개인적 사용을 줄이는 것에는 동의했지만, 연봉과 보너스 삭감에 대해서는 반대한 것으로 알려졌다.[8] 위트워스와 그의 캠페인, 그리고 다수 기관투자자들의 영향력은 나델리의 사임을 압박하기에 충분했다. ISS의 맥건은 "금융 관련 언론들이 보수 문제들을 다루면서 나델리에게 큰 압박으로 작용했다"고 말한다.

나델리는 사임 후, 자신이 대표직을 맡을 당시 홈디포는 6년간 높은 흑자를 기록하고 있었다고 주장하며 자신을 변호했다. 그러나 위트워스는 같은 기간에 경쟁사 로스컴퍼니스Lowe's Companies Inc. 주가가 세 배 증가한 가운데, 홈디포는 흑자가 발생했음에도 불구하고 주가향상으로 이어지지 않았다고 주장한다. 사실 홈디포의 주가는 나델리의 재임 당시 부진했었다. 위트워스는 나델리의 보수가 주가실적보다 이익 향상에 연동되었기 때문에 이 결과가 전혀 놀라운 것이 아니라고 말한다. 나델리의 뒤를 이은 프랭크 블레이크Frank Blake에 대한 보수 체계는 주가실적에 대한 인센티브를 바탕으로 설계되었다.[10] 블레이크는 2007년 홈디포 연차주주총회에서 직전 주주총회에 대해 사과했다. 블레이크는 선임자와 다르게 주주총회 내에서 질의응답 시간을 가졌다.

홈디포 주주들은 보너스와 연금을 포함해 총 2억 100만 달러에 달한 나델리의 퇴직 관련 보수금에 대해서도 분노를 표출하며 항의했다. 주주들은 나델리가 CEO로서 무능했으며 예정된 보수 규모가 그에게는 지나치다고 주장하며, 조지아 법원에 홈디포가 나델리에 지급하는 보수에 대한 지급정지 가처분소송을 제기했다.[11] 이후 2007년 1월, 법원은 보수 지급정지에 대한 가처분 신청을 기각했지만, 투자자들이 추가적으로 사건에 대한 조사를 진행하는 것은 허락했다. 공모시장과 투자자들로부터 멀어진 나델리는 PEF인 서버러스가 소유한 대형 자동차업체 크라이슬러의 대표직을 맡았다. 나델리는 금융위기가 도래하자 워싱턴의 국회의원들에게 애원하는 입장이 되었다. 그는 크라이슬러에 대해 세금으로 조성된 수십억 달러의 긴급구호자금을 받았지만, 그의 기업 전세기 사용에 대한 국회의원들의 비난으로 회사의 상황을 더욱 악화시켰다.

나델리의 사례는 주주행동주의자와 기타 투자자들 사이에서 기업 임원들의 지나친 보수 및 퇴직금에 대한 인식이 증가하고 있다는 것을 시사한다. 또한 주주행동주의자들은 증권거래위원회가 최근 채택한 임원 보수에 대한 포괄적 공시규정의 이점을 활용하고 있으며, 이러한 규정은 기업의 CEO와 이사들을 더욱 힘들게 할 것이다. 올슨은 "새로 마련된 규정 덕분에 주주행동주의자들은 보다 강력한 힘을 발휘할 수 있게 되었다. 이러한 공시는 주주행동주의자들이 캠페인에 활용하거나, 타깃기업을 물색하는 데 이용할 수 있는 정보를 담고 있다."라고 말한다.

새로운 임원 보수에 대한 규정에 따라 기업들은 연금과 같은 임원들의 혜택에 대해 읽기 쉬운 설명자료를 제공해야 한다. 임원퇴직혜택에 대한 상세정보 공시는 보수위원회가 고려해야 할 새로운 영역이다.

시카고에 소재한 베이커&매켄지Baker&McKenzie의 크리스토퍼 바톨리Christopher Bartoli 파트너는 새로운 공시규정을 통해 주주행동주의자들이 문제가 있는 임원 보수 체계를 포착하는 데 활용할 수 있는 몇 가지 방법을 알려줬다. 그중 한 가지는 지난 1년간 임원들에게 지급되거나 이연된 보수에 대한 모든 정보를 종합한 '요약보수표'이다.[12] 과거에 주주행동주의자들과 기타 투자자들은 복잡한 연금체계와 스톡옵션으로 인해 임원의 총보수를 산출하는 데 어려움을 겪었다.(보수위원회는 12월 31일 주가를 기준으로 기업이 연간 지급한 스톡옵션에 대한 내역을 산출해야 한다.) 보수위원회는 산출된 내용을 매년 요약보수표에 누적으로 기록해 보고해야 한다.

기업들은 또 임원이나 주요 인사에 대한 일회성 보수에 대해 의무적으로 공시해야 한다. 퇴직이나 경영권 이양과 관련된 거액의 퇴직보수금도 초대형 M&A 완수에 대한 일회성 보너스 지급액과 더불어 공시 대상이다.[13] 일반적이지 않은 거액의 퇴직금과 일회성 보너스는 주주행동주의자들이 달려들 만한 사항이다. 바톨리는 "저조한 성과를 내는 기업의 이사회가 갑자기 특별한 사유 없이 CEO를 사임시키고 거액의 퇴직금을 지급한다면, 분명 문제가 있다."라고 말한다.

또한 보수와 관련된 자료가 종합됨에 따라, 주주행동주의자들에게는 경쟁사 비교가 더욱 용이해지고 실적이 저조한 CEO에 대해 조명을 비출 수 있게 된다. 또한 이러한 추가적인 공시로 인해 주주행동주의자들이 어떤 산업의 특정 기업이 CEO에게 경쟁사와 대비해 지나친 보수를 지급하고 있는지 쉽게 비교할 수 있게 되었다. 이러한 정보는 추후에 기업의 주가실적과 산업평균주가비율과 비교하는 데 활용될 수 있다. 물론 요령 있는 주주행동주의자들은 새로운 공시정보가 없어도 기업들 간의 보수 지급현황을 비교할 수 있다. 하지만 개선된 공시자료를 통해 자신들의 주장이 신빙성이 있다는 것을 다른 투자자들에게 확신시키는 작업을 보다 수월하게 할 수 있다. 주주행동주의자들이 특정 CEO나 임원이 받는 보수나 혜택을 지적하기 위해 이러한 공시를 활용하기 시작하고, 개인투자자들도 새로운 공시에 적응하게 되면, 전문적 이해도가 낮은 개인투자자들도 이에 대해 보다 잘 이해할 수 있을 것이다. 바톨리는 "주주행동주의자들은 다른 투자자들에게 '이 수치가 임원들이 받을 수 있는 마지노선이다. 가서 연차보고서를 한번 읽어봐라'라고 말할 수 있을 것이다."라고 말한다.

행동주의 투자 전략

새롭게 제정된 '보수 공개 및 분석(Compensation Discussion and Analysis, 이하 CD&A)' 규정은 경영진과 이사들이 추가적인 상세정보를 제공하도록 하고 있으며, 기존에 모든 연차보고서에 의무적으로 공개하도록 되어 있던 '이사의 경영진단 및 분석의견서(MD&A: Management Discussion and Analysis)'를 모방하여 만들어졌다.[14] CD&A 규정은 보수위원회로 하여금 도표와 글을 통해 임원 보수가 어떻게 책정되었는지를 설명하도록 하고 있다. 바틀리는 이사회 내의 보수위원회가 임원의 보수가 어떻게 성과와 연동되는지를 자세히 설명해야 할 것이라고 말한다. 이에 대해 자세한 내용이 공시되지 않으면 기업을 향한 적대적 조명이 비춰질 수 있다. 최소한 잠재적 타깃을 모색하기 위해 재무제표를 훑어보는 주주행동주의자들은 특정 기업이 CD&A 규정에서 임원 보수가 주가와 이익성과와 어떻게 연동되는지에 대해 자세히 설명하고 있는지 여부를 고려할 것이다.

또한 기존에 논의되었던 것처럼 주주행동주의자들이 노리는 기업의 주요 약점인 관계자 거래에 대해서, 기업들은 추가적인 상세설명을 제공해야 한다. 요점은, 임원과 직원의 모든 재무적 관계에 대해서 공시해야 한다는 것이다. 이러한 공시자료는 엔론 사태 이후 경영진과 재무적 관계가 없는 사외이사 비율을 높이도록 하는 나스닥과 뉴욕증권거래소의 상장요건을 보완하는 역할을 한다. 2006년 7월 증권거래위원회 크리스토퍼 콕스Christopher Cox 회장은 이 새로운 공시규정에 대해 "상장기업들의 이사회 독립성과 기업지배구조의 수준을 비춰줄 것"이라고 표현했다.

기업들은 이사의 가족이 해당 기업이나 해당 기업의 납품업체에 근무하는지 여부를 공시해야 한다. 또한 기타 이사와 관련되어 이해관계가 상충된 사항도 이에 포함되어야 한다. 예를 들어 주주행동주의자들은 서로가 상대방 회사의 이사직을 맡는 '이사들 사이의 안락한 관계'에 조명을 밝히기를 좋아한다. 기업지배구조적으로 '이사겸임'이라고 알려진, 이러한 종류의 관계를 극명하게 보여주는 사례로 홈디포의 공동창업자 케네스 랑곤Kenneth Langone과 리처드 그라소Richard Grasso 뉴욕증권거래소 전前 회장이 상대편 이사회에 이사직을 겸했던 것을 들수 있다. 그라소는 뉴욕증권거래소에서 사임하기 전까지 홈디포의 보수위원회에 구성원이었으며, 랑고니는 빅보드(Big Board, 역주: 거대한 주가표시판이 있는 뉴욕증권거래소를 지칭하는 표현)의 보수위원회를 주관했다. 홈디포에 대해 커져 가는 기관투자자들의 적대심은 이들의 이사 겸임 관계에서 시작해 결국은 나델리의 축출로 이어졌다.

기업과 이사 사이에 갈등으로 간주되는 모든 사항 또한 공시되어야 한다. 주주행동주의자들은 이사들을 임원 보수를 책정하는 사람들로 여기기 때문에, 이사의 보수에 대해 주의하는 것은 매우 중요하다. 예를 들어 주주행동주의자들은 이사들에게 부여되는 주식에 대해서도 새롭게 공시의무화된 '이사 보상 계획'을 통해 면밀히 조사한다. '이사보상표'는 모든 이사들의 목록을 포함하며, 직전 연도 임원 보수에 대한 정보를 제공한다. 기존에는 직전 연도에 이사들에게 지급된 주식에 대한 내용이 자세한 표를 통해 공시된 것이 아니라, 단지 짧은 한 문단의 일반적인 서술을 통해 제공되었다.

기존 공시의 예를 들면 다음과 같다. "모든 이사들은 이사직에 대한 보수로 연간 1만 주의 스톡옵션과 1만 달러의 보수를 지급받았다."

　　　　　　　행동주의 투자 전략

새로운 공시규정으로 인해, 기업들은 이사 각각이 얼마만큼의 스톡옵션을 받았는지, 그리고 그 밖에 현금이나 보너스 등 이사 각각이 받은 총보수 내용을 표에 기록해 공시해야 한다. 이미 기업들은 '보유 지분표'를 통해 이사들이 보유한 주식지분을 공시하도록 되어 있다. 이 사가 지분을 보유하지 않고 있는 경우도, 이사회가 주주와 이해관계를 함께하기를 바라는 주주행동주의자들이 관심을 갖게 할 수 있다.

이사회 독립성, 스톡옵션, 경영권 이양 또는 관련 보수 등에 대 한 추가적인 사항도 주주행동주의자들의 노력에 보탬이 될 것이다. 채 프먼캐피털의 채프먼은 새롭게 정비된 공시규정 덕분에 업무가 보다 쉬 워졌다고 말한다.

또 증권거래위원회는 모든 관련 정보를 XBRLExtensible Business Reporting Language이라는 정보기술서비스를 통해 제공할 계획을 가지고 있 다.[15] 이러한 계획은 여러 기업의 재무정보를 분석 및 비교하는 것을 보 다 수월하게 하고자 하는 목적이 있다. 이 서비스는 일반 개인투자자들 이 주 이용대상이지만, 주주행동주의자들도 회의적인 투자자들에게 주 주행동주의 접근법의 타당성을 설명하기 위해 XBRL을 활용해 축적된 통계자료를 비교함으로써 얻을 수 있는 결과를 활용할 수 있다면, XBRL 을 사용할 계획을 가지고 있다. 콕스는 2005년 이러한 계획을 밝히며 "유용한 정보들에 대한 투자자들의 접근성이 급격히 높아지고 있다. 숫 자의 정확성에만 의지하는 것이 아니라, 이러한 숫자들을 원하는 대로 쪼개고 나눌 수 있다면, 얼마나 편해질지 생각해보라."라고 말했다.

올슨은 증권거래위원회가 새롭게 도입한 기술과 공시제도를 통 해 주주행동주의 세력이 더욱 커질 것이라고 말한다. 올슨은 "더 많은 기업들이 언론과 주주행동주의자들로부터 더 많은 대중적 비판을 받게 될 것으로 예상한다"고 말한다.

델라웨어 대학교의 찰스 엘슨은 증권거래위원회의 이러한 방침으로 인해 주주행동주의자들의 캠페인에 보다 많은 지지가 실릴 것이라고 예상한다. 그는 주주행동주의자들이 임원 보수에 대해 지적하는 것은 바람직하다고 말하며, 어떤 경우에는 경영성과가 나쁜 기업의 임원 보수를 적절히 조정하는 효과를 일으킨다고 말한다. 엘슨은 이사로 선출된 주주행동주의자들이 종종 주주의 관점을 잃어버리는 이사회에 투자자의 시각을 불어넣는다는 점이 긍정적이라고 말한다. 대부분의 이사회 구성원들은 해당 기업에 대한 지분을 상당수준으로 보유하지 않기 때문에, 주가 향상에 대한 인센티브를 갖지 않는다. 엘슨은 지분을 보유한 이사들은 자신들의 보수를 주가실적에 연동하려는 경향이 있다고 말한다. 미국상공회의소의 데이비드 채번은 어떤 주주행동주의적 접근을 지지하는 주주행동주의자들과 기타 투자자들은 역효과에 대해서도 고려해보아야 한다고 말한다. 주주행동주의 투자자가 경영진을 거세게 압박하는 경우, 임원들은 임원직을 잃는 것을 두려워하기 때문에, 최대한 빠르게 최대한 많은 보수를 받을 수 있도록 임원 보수 규정을 수정하려고 할 것이다. 채번은 "이들은 지금보다도 더 많은 돈을 받고 싶어할 것이다. 이러한 점이 기업에 장기적으로 좋은 영향을 미칠 것인가?"라고 말한다.

코넬의 CEO 제임스 하이먼은 임원들이 이사진 해임, 또는 기업 매각을 기대하는 주주행동주의자들을 맞이했을 때 가장 먼저 하는 일은 자신들의 고용계약을 점검하는 것이라고 말한다. 2003년과 2004년, 코

행동주의 투자 전략

넬의 주주들은 하이먼 이전의 CEO에 대한 해임을 위해 이사회를 압박했다. 반대주주의 입장을 대변하는 몇 명의 이사를 이사회로 영입하게 한 합의가 있은 후, 하이먼은 자신의 보수 체계가 반대주주들과 이들이 영입한 이사들에 의해 반발을 사게 되어 자신을 해임할 정도로 지나친 수준이 아니라는 것을 명확히 확인했다. 하이먼은 "주주들이 나를 해임하고자 한다면, 시간을 가지고 후임자를 선정하도록 분명하게 밝혔고, 이를 통해 나는 주주행동주의 접근을 늦출 수 있었다."라고 말한다.

그러나 코퍼러트 라이브러리의 넬 미노우는 어떤 상황에서는 CEO에게 다소 과한 퇴직금을 주더라도 해임을 하는 것이 새로운 CEO를 영입하기 위해 합리적인 선택일 수도 있다고 말한다. 그녀는 과거의 주주행동주의자들은 일반적으로 대화를 꺼리는 임원진과 임원 보수에 대해 논의할 기회를 갖기 어려웠다고 말한다. 경영진의 이목을 집중하기 위한 방법으로 기업 정관에 명시된 포이즌 필을 활용하는 것이 있다.

그녀는 기관투자자들과 주주행동주의자들은 포이즌 필에 대해서 크게 신경쓰지 않지만, 포이즌 필에 대해 주주의 투표를 의무화하기 위한 제안들이 주주들의 강력한 지지를 이끌어낼 수 있고, 결과적으로 기업에 불리하게 작용할 것을 알고 있다. 포이즌 필에 대한 주주투표에서 패배할지도 모른다는 가능성으로 인해 CEO의 관심을 끌 수 있다. 주주행동주의자들이 일단 한번 CEO와 대화할 수 있는 기회를 가지게 되면, 마치 미끼상품 전략과 같이, 포이즌 필에 대해 이야기하다가 보수에 대한 문제를 꺼낼 수도 있다. 미노우는 주주행동주의자들이 활용할 수 있는 수단이 한정되어 있고, 주주의 목소리를 내기 위해 무슨 일이든 할 것이라고 말한다. 미노우는 "주주들은 이 전체 주주들의 관심을 끌기 좋은 사안이면서 임원들과 대화의 기회를 만들기 위한 발판과 같다는 점에서 지속적으로 포이즌 필을 활용한다. 실적이 좋지 않은 기업을 선정했다는 것을 고려할 때 주주들의 경영관여는 어느 정도는 간접적일 수 밖에 없다. 따라서 직접적인 대화는 어려운 것이 사실이다. 투자자들이 바라는 것은 과도한 CEO 보수 지급을 중단하고, 주가를 살리라는 것이다."라고 말한다.

　　채프먼캐피털의 채프먼은 글레네어와 캐러커의 CEO들이 보수에 합당한 경영상의 노력을 하도록 하기 위해, 다수의 사설탐정들을 고용해 임원들의 활동을 살펴보도록 했다. CEO가 사임을 하더라도 채프먼의 감시프로그램은 계속된다. 글레네어의 CEO 베일리가 2006년 11월 사임한 후, 아마도 채프먼의 대중적 압박의 일환으로 새롭게 CEO로 임명된 제임스 카파로 또한 조사의 대상이 되었다. 채프먼은 2006년 기업관계자, 애널리스트, 투자자들이 참여한 글레네어 전화IR회의에서 "나는 기존에 베일리에게 진행되었던 조사가 새롭게 CEO직을 맡게 된 제임스 카파로에게로 옮겨갈 것을 알기 바란다"고 말했다. 홈디포에 대한 위트워스의 노력과 채프먼의 글레네어와 캐러커 사례에서 볼 수 있듯이, CEO 보수에 대한 문제는 기업에 주가 향상에 대한 압력을 행사하려는 주주행동주의자들에게 좋은 기회를 제공한다. 크리스토퍼 콕스의 임원 보수에 대한 공시와 적극적인 재무정보 공개 방침이 전통적으로 수동적인 기관 및 개인 투자자들이 임원 보수를 둘러싼 논쟁에 가담하도록 만드는 등 영향력을 발휘할 것을 기대해보자. 또한 반대주주들을 비롯해, 소규모 투자자들과 소극적 투자자들도 기존에는 생각할 수 없던 수준으로 의사소통을 시작할 가능성이 높다. 그러나 이러한 기술

　　　　　　　　　　　　　　행동주의 투자 전략

적 발전이 과연 CEO에 대한 과도한 보수 지급 문화에 영향을 미칠 수 있을 것인가? 답은 명확하지 않다. 한 가지 분명한 것은, 많은 수의 임원들이 그동안 왜곡된 보수 체계를 가지고 있었던 것이 사실이지만, 상당수의 외부관찰자들은 아직도 기업의 임원들이 지나친 보수는커녕, 기업실적 향상에 대한 인센티브를 느낄 만큼 충분한 보수를 받고 있지 못하고 있다고 생각한다. 주주행동주의자들이 보수에 대한 시나리오 없이 기업실적에 대한 문제를 해결하려고 하지는 않을 것이다. 또한 오늘날의 주주행동주의자들은 전체의 소수에 해당하는 CEO들에게만 압력을 넣고 있다는 것을 기억해야 한다. 이들의 주주행동주의 노력은 다른 경영자들에게도 "주주행동주의자가 그리 멀리 있지 않다. 당신도 조심하는 것이 좋을 것이다."라는 메시지를 전달하고 있다. 하버드 대학교 로스쿨의 루시언 베브처크 교수는 이러한 주주행동주의자들이 미국 기업들의 보수 지급 관행에 어느 정도 영향을 미치고 있는 것이 분명하다고 말한다. 그러나 영향력의 정도를 측정하기는 어렵다고 덧붙인다.

채프먼은 좀더 비관적인 견해를 가지고 있다. 그는 "일부 경영진들이 주주행동주의자들에 의해 심판받는 것을 지켜봤으나, 아직 표적이 되지 않은 CEO들은 이론상으로는 하나님에 대한 공포심에 사로잡혀야 할 것이다. 그러나 투자자들은 주가가 오르는 한 임원 보수에 대해 관심을 가지지 않는 경우가 많기 때문에 실제로는 그렇지 않다."고 말한다.

앞으로 주주행동주의자들이 임원의 보수에 대한 문제를 활용할지 여부는, CEO들이 미래에 어떠한 보수 체계를 채택할 것인지에 달렸다. 경영성과뿐만 아니라 주가 및 실적과 연동된 임원 보수 체계를 가진 기업들은 주주행동주의의 압박으로부터 자유로울 것이다. 반면 왜곡된 임원 보수 체계를 고집하는 기업들은 계속해서 주주행동주의자들의 표적이 될 것이다.

| 7장 |

헤지펀드 전문화의 득과 실

리처드 래슐리Richard Lashley는 저축은행과 은행 산업에만 투자한다. 그는 1995년부터 열세 번에 걸쳐 주로 은행과 저축은행의 합병을 유도하는 대중적 주주행동주의 캠페인을 실시했다. 그러나 이는 래슐리의 주주행동주의활동의 일부분에 지나지 않는다. 그는 겉으로 드러나는 것보다 많은 경영진과 만나왔으며, 수많은 제안과 요구를 해왔다.

래슐리가 운용하는 주주행동주의 헤지펀드 PL캐피털PL Capital

LLC이 위치한 시카고 외각의 일리노이 네이퍼빌Illinois Naperville은 주요 금융센터는 아니지만, 작지만 부유한 소도시로 13만 명을 고용하고 있다. 그러나 이곳에서 래슐리와 그의 파트너 존 파머John Palmer는 2,500만 달러의 소형 헤지펀드를 10년이 약간 넘는 기간 동안 운용자산 1억 5,000만 달러 규모의 펀드로 성장시켰다.

다양한 산업에 걸쳐 주주행동주의 투자를 단행하는 대다수의 주주행동주의자들과는 달리, PL캐피털의 전략은 은행과 저축은행에 대해 집중적으로 대량의 지분을 매수하는 방법을 활용한다. PL캐피털은 소수의 선정된 기업의 경영에 관여하고 가치 향상을 위한 변화를 압박하는 것을 선호한다. 이 헤지펀드의 포트폴리오는 50개 정도 기업으로 구성되어 있다. 전략의 일부분은 다른 주주행동주의 헤지펀드들과 유사하지만, 이 헤지펀드는 은행과 저축은행 산업에 집중함으로써 차별화하고 있다.

현재까지 이 펀드는 좋은 성과를 내고 있다. 1996년부터 이 펀드의 연평균수익률은 18%를 기록했다. 이러한 결과가 주주행동주의 투자의 효과성을 증명하고 있긴 하지만 많은 수의 잠재적 투자자들은 은행과 저축은행에 대한 집중도가 높기 때문에 산업 침체에 취약할 수 있다는 점을 우려하고 있다.

그러나 래슐리와 파머는 이러한 견해에 반대한다. 이들은 사실 정반대라고 말한다. 이들의 성공적인 투자는 대부분 해당 산업에 대한 전문지식에 기반한다.

은행업에 대한 전문성에 대해 래슐리는 자신들이 12년간 KPMG에서 갈고닦은 것에서 나오는 것이라고 말한다. 래슐리와 파머

행동주의 투자 전략

는 모두 9년간 회계사로서 KPMG의 은행 및 저축은행 감사부서에서 근무했다. 이 두 사람은 은행들에게 회계 및 자문 서비스를 제공했다. 그 후 이들은 각각 3년간 은행과 저축은행에 대한 M&A 자문서비스에 특화된 KPMG의 기업금융사업부에서 근무했다.

래슐리는 "이러한 경험을 통해, 우리는 내부적, 외부적 시각에서 은행업을 이해할 수 있었다. 우리는 관련된 분석자료를 이해할 수 있었다. 정식적인 훈련은 아니었지만, 자산운용에 대한 전문적인 경험이 있었기 때문에 주주행동주의자로서 은행과 저축은행 산업에서 매일같이 열정적으로 일하면서 수익도 많이 낼 수 있을 것이라는 생각이 들었다."고 말한다.

일부 사람들은 전문성과 경험이 있는 특정 산업에 집중하는 전략이 타당하다고 말한다. 뉴욕의 캐튼무친로젠먼의 윌리엄 나트보니 파트너는 "이들은 자신들만의 지식체계를 완성했다. 은행업에 대한 전문성을 가진 주주행동주의자는 잠재적 문제의 근원이 어디인지, 이러한 문제를 어떻게 해결할 수 있는지 등을 잘 이해한다."고 말한다.

은행업에 대한 전문성은 생명공학이나 첨단기술 등 다른 산업에는 일반적으로 적용하기 어렵다. 나트보니는 "은행업을 이해하는 주주행동주의자들은 은행의 재무상태표, 현금흐름표, 산업에 관련된 특정 이슈나 기회에 대해 빠르게 읽고 해석할 수 있으며, 그렇지 않은 주주행동주 투자자들은 이를 모방할 수 없다."고 덧붙인다.

로스앤젤레스Los Angeles에 소재한 증권소송그룹, DLA파이퍼의 페리 와이너 파트너 겸 공동회장은 특정 분야에 특화한 주주행동주의자들은 일반적으로 여러 산업을 다루는 주주행동주 투자자들보다 좋은 성과를 낸다고 말한다. 와이너는 "이미 주주행동주의자들의 수가 많기 때문에, 단순히 주주행동주의 방식을 활용한다는 것 만으로는 자신을 특화할 수 없다. 펀드매니저들은 헤지펀드 산업이 지속적으로 성장하면서 매니저들이 다른 투자기관과 차별화하려면 특정 산업에 전문화하여 실적을 쌓아야 한다."라고 말한다.

와이너는 전문화가 펀드매니저의 브랜드 창출뿐만 아니라 투자대상을 찾기 위한 리서치 업무 부담을 덜어준다는 점에서 중요하다고 덧붙인다. 와이너는 각 산업들이 매우 복잡하고, 각 산업과 산업을 오고가는 것은 결코 쉽지 않다고 말한다.

펀드매니저들은 자신의 주주행동주의 전략을 효과적으로 실행하기 위해 전문성을 기르고, 네트워크도 확보해야 한다. 펀드들은 구조조정이나 M&A 경험이 있는 인력과 특정 산업 전문가들을 보유함으로써 매력적인 투자기회를 더 많이 포착할 수 있을 것이다.

위임장대결을 벌이거나 비공개 대화를 통한 이사후보 추천을 선호하는 주주행동주의자는 자신을 보조할 수 있는 이사후보들을 확보하고, 기회가 있을 경우 신속하게 이사후보 지명을 할 수 있어야 한다. 까다로운 투자자 및 기업 임원들이 신뢰할 수 있고 산업 전문성도 갖춘 잠재 이사후보 네트워크를 확보하려면, 주요한 산업 전문가, CEO, 은퇴한 임원 등의 사람들과 폭넓은 네트워크를 갖추어야 한다. 이러한 특성 분야에 전문성을 가지려는 가장 중요한 이유는 아마도 숨겨진 잠재적 가치를 가진 기업들을 정교하게 발굴하고자 함일 것이다. 래슐리와 파머는 은행 및 저축은행 산업에서 타깃기업들을 발굴해내는 데 문제가 없었다. 이들의 첫번째 단계는 미국 내 은행과 저축은행 중 1,000개

행동주의 투자 전략

의 기업들로 좁히는 것이었다. 이 은행들의 대부분은 애널리스트가 거의 또는 아예 다루지 않는 중소형 저축은행들로, 결과적으로 월스트리트가 보는 기업군보다 아래에 있었다. 래슐리는 자신의 리서치를 통해 바로 이런 점을 간파하고, 어떤 은행들이 M&A에 참여하면 좋을지 파악했다.

래슐리와 파머는 리서치를 통해 PL캐피털 설립부터 지금까지 옳은 판단이었다고 자부하는 한 가지 결론에 도달했다. 때로는 인위적으로 진행해야 할 때도 있지만, 은행업계의 통합은 계속 진행될 것이라는 것이다. 이러한 추세는 은행업에 투자하는 주주행동주의자들이 높은 수익을 거둘 수 있고, 주주행동주의자들이 이러한 통합을 부추긴다면 수익률을 더 높일 수 있음을 의미하는 것이다. 래슐리는 미국 내 저축은행업계에서 현재 한 해 동안 발생하는 합병은 1990년대의 약 500개 수준보다 낮은 약 250개 수준으로 추정한다. 래슐리는 딜의 수가 전보다는 적어졌지만, 합병과 더불어 이와 관련된 투자기회는 지속적으로 나타날 것으로 전망한다. 그는 PL캐피털은 첫째로 은행업 투자회사이면서, 둘째로는 주주행동주의자라고 말한다. 래슐리는 일부 선정된 은행에 대한 수동적 투자방식으로도 좋은 수익을 낼 수 있지만, 주주행동주의 투자방식은 평범한 은행의 주주였던 PL캐피털이 매년 시장을 초과하는 수익을 내는 투자자로 성장하게 만들었다고 말한다. 래슐리는 "은행업은 우리가 전문성을 가진 분야이며, 이 산업의 장기적 펀더멘털에 대해 우리는 잘 이해하고 있다. 우리가 만약 다른 산업으로 옮긴다면, 배워야 할 것이 많을 것이다. 또한 다른 산업들이 은행 및 저축은행 산업만큼 좋은 전망을 가지는지에 대해서도 확신이 서질 않는다."고 말한다.

　　PL캐피털의 운용자산 포트폴리오의 50%는 일반적으로 3~5개 은행 및 저축은행이 차지하며, 나머지 50%는 은행업 전체에 걸쳐 분산 투자되고 있다. 래슐리와 파머는 임원들을 투입하기 위한 대중적인 주주행동주의 캠페인을 진행할 때는 보통 두 개 이하의 기업을 상대한다.

　　2006년 4월, 이들은 위임장대결에서 승리한 후, 뉴저지 크랜포드Cranford에 소재한 금융사 시너지Synergy Financial Group Inc.의 CEO와 이사 1인을 축출했다.[1] PL캐피털에게 위임장대결에서의 승리는 드문 일이 아니었다. 그렇다고 그 승리가 결코 쉽고 빠르게 이룬 것은 아니었다. PL캐피털은 2004년 12월 시너지에 대한 최초의 스케줄13D를 제출했다. 그뒤 2005년, PL캐피털은 사내에 보유하고 있던 초과자금을 약 2,000만 달러 규모의 자사주매입에 활용하도록 압박했다.

　　그후 상황은 더욱 악화되고 있었다. 2005년 12월까지도 별다른 가시적 성과가 없는 가운데, 래슐리와 파머는 시너지의 CEO 존 피오레John Fiore, COO 케빈 매클로스키Kevin McCloskey, CFO 리치 아브라하미안Rich Abrahamian과 만나 기업의 미래 전략에 대해 논의했다. 래슐리가 제시한 조언의 핵심은 시너지가 비핵심 자산을 줄이고, 기업의 재무상태표상의 자금이 주로 고객예탁금으로 조달된다는 점에서 대출자산을 늘려야 한다는 것이었다. 또한 래슐리는 이번 회의를 통해 시너지 경영진에게 PL캐피털에서 지명한 이사후보를 이사로 선출하는 것을 고려하도록 장려했다. 시가총액 1억 8,000만 달러 규모의 이 기업의 10% 지분을 보유하고 있던 래슐리와 파머는 영향력을 가지고 있었다. 그러나 시너지의 임원들은 이들의 조언을 듣지 않았다.

2006년 2월, PL캐피털은 시너지 관계자들로 하여금 주주명부와 기타 정보를 넘겨줄 것을 요구하는 소송을 제기하면서 압박의 수위를 높이기 시작했다. 몇 차례 압박이 있은 후, 이 은행은 주주명부를 제공했다.

주주행동주의자들은 주주명부를 통해 주주들의 현황을 파악하여, 이들에게 자신들의 이사후보 선출을 위한 위임장대결을 지지하게 하기 때문에, 일반적으로 타깃기업의 임원들은 주주명부를 주지 않으려 한다. 주주명부를 획득하기 위해 소송을 제기하는 경우도 드문 일이 아니다. 래슐리와 파머는 주주명부를 손에 넣으면 위임장대결에 돌입한다. 4월까지 시너지의 이사회에는 주주행동주의 성향의 이사 2인이 포함되어 있었다.[2] 주주행동주의자들은 자신들의 길을 걷고 있었다. 2007년 5월에 시너지는 뉴욕지방은행New York Community Bancorp Inc.에 총액 1억6,840만 달러, 주당 14.18달러의 가격으로 매각되었다.[3]

PL캐피털만 저축은행 CEO들을 괴롭히는 것은 아니다. 또다른 투자자인 59세의 로런스 사이드먼Lawrence Seidman도 소형 은행 및 저축은행에 대해 주주행동주의 노력을 집중한다.

사이드먼은 래슐리와 파머와 마찬가지로, 업계가 통합되고 있는 과정에서 부진한 경영성과에도 불구하고 CEO에 과도한 보수를 지급하는 기업들에 대해 변화에 대한 압력을 행사함으로써 숨겨진 기업가치를 찾으려는 의지를 가지고 있다.

그의 노력은 현재까지 성공적인 결과를 만들어내고 있다. 1984년까지, 그가 운영하는 헤지펀드, 사이드먼&어소이에이츠Seidman&Asso-ciates LLC는 약 30회에 걸친 주주행동주의 캠페인, 28회의 위임장대결을 열한 개 기업을 대상으로 실시했으며, 이를 통해 열한 개 기업 중 여섯 곳의 이사들을 교체하기도 했다. 또 사이드먼은 래슐리와 파머와 마찬가지로 대도시에 위치하고 있지 않다. 사이드먼의 대부분의 계획은 뉴저지 인구 5만의 소도시 파시패니Parsippany에서 추진되었다.

사이드먼은 래슐리와 파머와 달리 우연하게 주주행동주의자 순위대열에 합류하게 되었다. 사이드먼은 은행 및 저축은행 주주가 되기 전에는 예대산업에 대한 지식이 전무했다고 말한다. 그러나 그는 업계에 진출한 순간부터 좋은 투자를 위해서 이해해야 하는 부분들을 빠르게 습득했다고 말한다. 1984년 당시 변호사였던 사이드먼은 여러 가지 사건을 통해 뉴저지에 소재한 은행, 허브코Hubco Inc.의 이사직을 맡았다. 그는 이사로서 이 은행의 영업 부분을 향상하는 데 기여했다. 사이드먼은 재미를 느꼈다. 그는 "우리가 이사회에 사람들을 투입하자, 은행의 실적이 향상되었고, 우리는 주식시장에서 주식을 매도했다. 다른 산업에도 눈을 돌려봤지만, 은행업에 더 많은 기회가 있었다."고 말한다.

사이드먼은 은행업계의 통합작업은 향후 20년간 지속될 것이며, 이 기간은 주주행동주의 투자를 마무리하고 은퇴하기에 충분한 시간이라고 예상하고 있다. 시가총액이 작은 저축은행의 상당한 지분을 구성하는 개인투자자들이 보유 주식의 실적에 대해 보다 적극적인 자세를 취한다는 점이 사이드먼에게 큰 도움이 되고 있다.(다수의 기관투자자를 주주로 보유한 대형 은행들과 달리, 소형 은행들의 경우 개인투자자들의 지분비율이 높다.) 사이드먼이 미래에 대해 긍정적인 전망을 내놓고 있는 이유이다. 그는 보다 적극적이고 사려 깊어진 개인투자자들이 주주행동주의를 더욱 지원하고 있기 때문에, 은행 경영진을 상대할 때 협상력

행동주의 투자 전략

을 키울 수 있다고 말한다.

사이드먼은 1984년부터 지금까지 수백 개 은행에서 작성한 재무보고서들을 검토해왔다. 그는 타깃기업을 선정하는 과정에서 다단식 접근법을 활용한다. 첫번째 단계는 대부분의 주주행동주의자들과 동일하다. 이 은행이 과연 저평가되었는가? 다시 말해 해당 은행이 경쟁사와 대비하여 낮은 가격에 거래되고 있는가? 일단 이 조건을 만족하면, 두번째 단계로 다른 기업을 인수하는 것이 좋은지, 아니면 해당 기업을 다른 대형 은행에 매각하는 것이 좋은지 판단한다. 만약 해당 기업이 다른 저축은행을 인수하는 것이 좋다고 판단되는 경우, 매니저들은 적절한 타깃은행을 물색하게 되고 각각의 인수 건이 실적 향상에 도움이 되는지 판단한다. 그다음은 타깃기업이 경매에 부쳐질 경우, 얼마를 받을 수 있는지 고려한다.

주주행동주의 압력에 대한 대중의 관심을 일으키겠다는 결정이 서면, 사이드먼은 스케줄13D를 공시한다. 그러나 그의 공시는 다른 주주행동주의자들의 스케줄13D 공시와 달리 기존의 주주행동주의활동을 정리한 목록을 포함한다. 매우 길어진 이 목록에는 10년 이상 동안 전개된 주주행동주의 캠페인들이 연대기적으로 기록되어 있다. 사이드먼은 자료가 매우 중요하며, 통합되어 있어야 하기에 변호사의 조언에 따라 이 목록을 공시에 포함시켰다고 말한다. 그러나 여기에는 숨은 의도가 있다. 바로 이러한 자료를 통해 의구심을 가질 수 있는 CEO에게 지금 상대하고 있는 인물이 누구인지, 결코 가볍게 넘길 수 없는 인물이라는 것을 알게 해준다. '또한'으로 시작하는 각각의 문단은 사이드먼의 주주행동주의적 노력에 대해 설명한다.

전형적인 구절을 인용하자면, 다음과 같다. "또한, 보고자사이드먼의 투자회사를 지칭의 일부는 웨인밴코프Wayne Bancorp Inc.가 연루된 2회의 위임장대결을 실시했다. 첫번째 위임장대결은 웨인의 임원 및 경영진에게 지급하는 주식 및 스톡옵션 제도에 대한 승인건을 다루었다."

사이드먼은 "이를 통해 경영진이 우리를 알게 할 수 있는가? 그렇다."라고 재치 있게 말한다.

최근 사이드먼은 뉴저지 해밀턴Hamilton에 위치한 4억 2,400만 달러 규모의 야드빌Yardville National Bancorp에 노력을 집중했다. 이 은행 이사회에 이사 3인을 선출하기 위해 그가 2005년에 전개한 위임장대결은 성공하지 못했다.[4] (위임장자문서비스업체인 ISS와 글래스, 루이스Glass, Lewis&Company는 모두 경영진의 이사후보 3인에 지지표를 던질 것을 추천했다.) 위임장대결에서 패배한 사이드먼은 이러한 결과에 반대하는 소송을 제기하며, 자신을 포함한 3인의 이사후보를 내세워 또다른 위임장대결을 실시했다. 그가 압력을 행사하기 시작한 지 약 3년 만에, 야드빌은 PNCPNC Financial Services Group Inc.에게 4억 300만 달러에 인수되었다.[5] 사이드먼이 주주행동주의 노력을 시작한 이후로, 야드빌의 주가는 주당 25달러에서 34달러로 올랐다. 야드빌의 투자자들은 주당 14달러와 더불어 주당 PNC 주식 0.29주를 받았다. 저축은행을 상대로 하는 또다른 주주행동주의자 제프리 젠델Jeffrey Gendell은 헤지펀드의 온상 코네티컷 그리니치에 톤틴Tontine Management LLC을 설립한 1997년부터 은행업에 투자해오고 있다. 젠델은 헤지펀드 톤틴 설립 후 대부분의 기간 동안 무수히 많은 은행과 저축은행에 주주행동주의 노력을 집중했고, 종종 철강을 비롯한 다른 산업의 기업들에도 주주행동주의 투자를 진행하기도 했다. 2003년 4월부터 10월까지, 젠델은 모나크Monarch Community Bancorp Inc., 캐피털뱅크Capital Bank Corporation, 프로그레스파이낸셜 Progress Financial Corporation을 포함한 총 22개 은행 및 저축은행에 대해 스케줄13D를 공시하고 경영에 간섭했다. 그는 종종 다른 주주행동주의자들처럼 저평가된 기업에 투자하기도 한다. 예를 들어 2003년 9월, 젠델은 사이드먼이 수차례 위임장대결을 통해 압박해왔던 저축은행 야드빌에 투자했다.

미국 에너지 부문은 주주행동주의 투자자 재나파트너스의 배리 로젠스타인이 주시하고 있는 산업 중 하나다. 2005년, 로젠스타인은 석탄생산업체 매시에너지Massey Energy Company가 보유한 현금으로 5억 달러 규모의 자사주매입을 실시하도록 압박했다.[6] 2006년 그는 멕시코 만 Gulf of Mexico에 해양자원개발시설을 갖춘 석유가스생산업체 휴스턴익스플로레이션Houston Exploration Company에 대항한 주주운동을 주도했다. 로젠스타인은 이후 이 회사 주식에 대해 주당 62달러라는 형편없는 제안을 받았다.[7] 또한 그는 또다른 에너지 기업 커-맥기를 구조조정하고자 압박하기 위해 칼 아이칸과 손을 잡기도 했다. 커-맥기는 애너다코퍼트롤리엄Anadarko Petroleum Corporation에 164억 달러에 매각되었고, 로젠스타인에게 큰 수익을 안겨주었다.[8]

뉴욕에 소재한 바링턴캐피털의 미타로톤다는 의류업체에 대한 주주행동주의 초점을 맞추며, 때로는 경영난을 겪고 있는 신발사업 상장사를 인수하는 것에 특화되어 있기도 하다. 그렇다. 신발업체가 맞다. 스티브매든Steve Madden, 맥스웰슈Maxwell Shoe Company, 스트라이드라이트Stride Rite Corporation, 페이레스슈소스Payless ShoeSource Inc. 등도 미타로톤다가 한 번쯤은 주주행동주의적 관심을 보였던 신발체인들이다. 미타로톤다는 일반 주주가 되면 다른 주주행동주의자들과 마찬가지로 단호한 태도로 경영에 관여한다.

미타로톤다도 은행 및 저축은행 산업의 주주행동주의자들처럼 우선 투자대상 기업군을 선별한다. 수동적 가치투자방식을 활용해 순자산가치(총자산에서 총부채를 제한 부분)보다 할인된 가격으로 거래되는 기업들을 찾아낸다. 그러나 미타로톤다를 주주행동주의자로 정의하는 근거는 최종적으로 '해당 기업이 좋아하든 싫어하든' 외부의 개입을 필요로 하는 기업들을 선별하는 과정이다. 미타로톤다는 "내가 투자하는 모든 기업은 기본적으로 저평가된 기업들이다. 또한 이 기업들에는 항상 개선을 위해 경영에 관여하는 부분들이 존재한다."고 말한다.

미타로톤다는 신발산업에 대한 투자집중도에도 불구하고, 특정 산업에 전문화하지는 않는다. 그는 일반적으로 공업제조업체와 소비재 기업 등과 같은 다른 산업에도 투자하고 있다. 그러나 자신이 태어난 이탈리아 바리Italy Bari의 이름을 딴 자신의 펀드는 주로 패션이나 신발 업체에 투자한다는 사실을 인정했다.

신발과 패션 기업에 투자가 집중되는 것은 미타로톤다의 배경과 업무 경험 때문일지도 모른다. 경영대학을 졸업한 1979년과 1981년 사이, 미타로톤다는 패션 유행을 선도하는 뉴욕 소재 백화점체인 블루밍데일즈Bloomingdale's에서 일했다. 그는 블루밍데일즈에서 패션 산업에 대한 전문성을 키웠고, 씨티은행Citibank의 소비자금융에 근무하며 패션 분야와 연관된 투자은행업을 접하게 되었다. 그는 씨티은행에 있었던 1981년부터 1984년 사이, 소매 패션산업에 대한 폭넓은 전문성을 개발

행동주의 투자 전략

했다.

이 모든 패션 및 은행산업에 대한 경험은 그의 투자에 도움이 되었다. 2000년에 설립된 그의 펀드는 연간 10~50%의 연간수익률을 기록했다. 미타로톤다는 "나는 특정 산업에 대한 기술과 다양한 전술을 활용해 투자한 기업의 가치를 향상시킨다. 잘 아는 산업일수록 더 좋은 투자성과를 낼 수 있다."라고 말한다.

2004년 초, 미타로톤다는 페이레스슈소스에 자신이 지명한 이사후보를 이사로 선출하기 위해 위임장대결을 펼쳤다. 캔자스Kansas 소재의 신발할인업체 토피카Topeka가 해당 이사후보들의 정관 위반을 이유로 이들에 대한 선출을 저지했다. 미타로톤다는 공시를 통해 자신이 전개한 위임장대결의 목적은 이사회 진출을 통해 적대적 M&A 방어 규정들을 삭제하고자 함이라고 말했다.[9] 이러한 차질에도 불구하고, 미타로톤다는 신발산업에 참여하고 있다.

미타로톤다의 신발산업과의 연관성은 매사추세츠 렉싱턴Lexing-ton에 소재한 아동신발기업 스트라이드라이트와의 관계에서 도움이 되었다. 바링턴은 2006년 1월 스트라이드라이트의 지분 5.7%를 매입하고, 자본구조, 지분구조 및 경영상의 개선사항 제한을 포함해 몇 가지 행동을 취할 것이라는 내용을 담은 스케줄13D를 공시했다. 같은 해 2월, 미타로톤다는 스트라이드라이트에 이사회 규모를 8인에서 9인으로 확대하고, 기업과 관계가 없는 사외이사 1인을 영입할 것을 요구하는 서한을 보냈다. 이 부분에서 미타로톤다의 패션산업에 대한 경험이 유용하게 쓰였다. 스트라이드라이트는 미타로톤다가 2000년 초부터 알아온 신발산업 전문가 마크 코코자Mark Cocozza를 사외이사로 영입하는 것을 제안했다. 미타로톤다는 이에 동의했고, 코코자는 바링턴과의 합의에 따라 스트라이드라이트의 이사회로 영입되었다.[10] 코코자는 바링턴이 기존에 투자했던 맥스웰슈의 회장직을 맡은 적이 있었고, 또한 스트라이드라이트에서 일한 적도 있었다. 2007년 중반까지, 스트라이드라이트와 페이레스 모두에 대한 미타로톤다의 노력은 결실을 맺기 시작했다. 같은 해 5월, 페이레스는 부채를 포함해 8억 9,800만 달러에 스트라이드라이트를 인수하기로 했다. 미타로톤다는 더이상 이 합병에 대해 책임을 지지 않겠다고 선언했으나, 업계 사람들에 의하면 이들의 협상에 그의 지속적인 재촉이 영향을 미쳤다고 한다.

많은 이들이 미타로톤다가 의류 및 신발산업에 집중한 점을 높이 샀다. 모건조지프의 랜디 램퍼트는 "미타로톤다처럼 소비재, 신발, 의류와 같은 산업에서 이렇게 많은 일을 한 인물은 찾아보기 힘들다. 그는 산업에 대해 잘 이해하고 있으며, 그로 인해 주주행동주의를 더욱 잘 실천할 수 있다."고 말한다.

미타로톤다의 신발산업에 대한 개입은 스트라이드라이트와 페이레스에서 멈추지 않는다. 2004년, 바링턴은 경영난을 겪고 있는 여성신발체인 스티브매든의 지분 6.1%를 획득하고 CEO를 이사회로부터 축출하기 위한 위임장대결로 위협했다. 미타로톤다는 회사가 보유하고 있는 6,700만 달러의 현금을 통해 특별배당과 자사주매입을 실시할 것을 원했다. 창업자 스티브 매든Steven Madden이 증권법 위반으로 41개월형을 받은 이 기업은 미타로톤다와 소매업에 대한 경험이 있는 사회이사 1인을 이사회에 추가하기로 합의했다.[11] 뉴욕에 소재한 이 신발제조업체는 또 자사주매입과 특별배당에 대해 더 많은 현금을 활용하는 것에 동의했다. 미타로톤다는 "주주행동주의는 기업의 주인으로서 행동한다는 것을 의미할 뿐이다"라고 말한다.

패션업계에 변화를 전파하려는 그의 노력은 신발 부문으로만 국한되지 않는다. 2003년, 미타로톤다는 뉴욕의 의류업체 노티카Nautica Enterprises Inc.로 하여금 경매를 통해 최고액입찰자에게 기업을 매각하도록 압박했다. 같은 해 6월 바링턴이 9인으로 구성된 이사회에 신규 이사후보 3인을 지명하고 위임장대결을 시행하면서 노티카와 관련된 사안들이 움직이기 시작했다. 노티카는 7월 VFVF Corporation에 현금 5억 8,600만 달러에 매각되었고, 위임장대결은 취소되었다.[12]

이후 바링턴은 서드포인트의 대니얼 러브를 따라 또다른 패션업체의 지분을 인수하기로 결정했다. 러브는 스피도Speedo 수영의류 및 캘빈클라인Calvin Klein 속옷 및 청바지를 디자인, 설계하는 기업인 워나코Warnaco Group Inc.로 하여금 2003년 8월부터 기업 경매에 대한 공개적인 압력을 가하고 있었다. 3년이 지난 2006년 8월, 미타로톤다는 아직 적절한 매수자를 찾지 못했지만 여전히 노력을 멈추지 않았다.[13]

이 회사의 주가는 36달러 안팎으로 거래되고 있는데, 이는 M&A가 진행되고 있을지 모른다는 기대감을 반영하고 있었다. 이 가격은 바링턴이 워나코에 지불했던 주당 16~18달러에 비하면 매우 높은 수준이었다. 2003년 워나코가 부도가 났을 때, 관심을 보였던 VF를 포함해 몇몇 잠재적 입찰자들이 존재한다. 또다른 잠재 매수자로 필립-반호이젠Phillips-Van Heusen Corporation도 있지만, 아직까지는 보류하고 있는 상황이다.[14]

2004년 미타로톤다는 뉴저지 시코커스Secaucus에 위치한 디자이너의류 할인점 심즈Syms Corporation의 경영정상화 과정에 참여했다. 아버지 사이 심즈Sy Syms와 딸 마시 심즈Marcy Syms가 각각 회장과 CEO를 맡고 있는 가운데, 이 두 사람의 보통주 지분은 58%에 달했다.

많은 주주행동주의자들은 특정 산업에 대한 전문성과 네트워크가 좋아질수록 해당 분야에 특화하는 경향이 있다. 그러나 여러 가지 요인들로 인해 주주행동주의자들은 다양한 산업에 투자하고 있다. 모건 조지프의 랜디 램퍼트는 수탁고 증가로 인해 주주행동주의자 펀드의 규모가 커지면, 과거 수준만큼의 수익률을 줄 수 있는 투자기회를 특정 산업 내에서만 찾기가 어려워진다고 말한다. 자신이 가장 좋아하는 산업군에 기회가 충분하지 않을 수 있다. 어떤 면에서 이러한 추세는 전통적으로 수동적이었던 가치투자자들의 규모가 매우 커져서 기존에 펀드가 소규모일 때 가능했던 수준의 수익률을 달성하기 위해, 이들이 어쩔 수 없이 주주행동주의자가 될 수밖에 없었던 현상을 나타내는 것이라 볼 수 있다.

램퍼트는 하나의 또는 소수의 특정 산업에 특화하는 주주행동주의자들이 많아지고 있는 이유 중 하나로 주주행동주의자들이 표적을 삼을 만큼의 숨겨진 가치를 가진 비효율적 자산이 존재하는 산업이 많지 않기 때문일 수 있다고 말한다.

뉴욕 대학교 스턴 경영대학의 에이프릴 클라인 부교수는 2003년부터 2005년 사이 102개 주주행동주의 헤지펀드를 연구했으며, 펀드 매니저들이 다양한 산업의 기업들에 대해 압력을 행사한 가운데, 비즈니스서비스업, 제약업, 소매업, 요식업, 호텔업, 모텔업, 은행업, 통신업에서 가장 빈번하게 주주행동주의 압력이 가해졌다고 밝혔다(표 7.1

참조).[15]

표 7.1 타깃기업이 속한 산업군 (8개 이상 기업)

대표적 산업	주주행동주의 헤지펀드 수
비즈니스서비스업	29
제약업	10
소매업	9
요식업, 호텔업, 모텔업	8
은행업	8
통신업	5

출처: 뉴욕 대학교 스턴 경영대학 에이프릴 클라인 부교수 및 이매뉴얼 저(박사과정), '헤지펀드 주주행동주의' (2006년 9월)

모건조지프의 앤드루 시프턴 매니징디렉터는 요식업이 주주행동주의자들이 들어와 변화를 압박해달라고 소리지르는 대표적인 산업이라고 말한다. 그는 레스토랑들이 위치한 부동산에 많은 가치가 숨어 있는 경우가 많다고 말한다.

최근 주주행동주의자들이 주목한 일부 레스토랑 기업들로는 아웃백스테이크하우스, 맥도날드, 웬디스, 팀홀튼스Tim Hortons Inc. 등이 있다. 주주행동주의 투자자 가이 애덤스Guy Adams는 2001년 캔자스 위치타Wichita에 소재한 레스토랑체인, 론스타스테이크하우스&살룬Lone Star Steakhouse&Saloon의 이사회 의장으로 선출되는 데 성공했다. 애덤스가 기존에 론스타스테이크하우스&살룬의 CEO를 겸직하던 이사회 의장을 물러나게 하고 새로운 의장으로 선출되었기 때문에, 이번 선거에서의 승리는 요식업 투자자들에게 하나의 돌파구와 같은 의미를 내포했다.[16] 2006년 말 기준 미타로톤다를 포함한 많은 주주행동주의자들은 댈러스 소재의 어느 바이아웃펀드가 이 스테이크하우스 체인에 대해 기대보다 낮은 가격으로 입찰에 참여했다는 점을 우려했다.[17]

주주행동주의자들이 많이 포진하고 있는 또다른 산업으로 소프트웨어서비스 산업이 있다. 주주행동주의자들은 약간의 인위적인 노력이 일부 필요할 수도 있지만 소프트웨어 업계가 산업통폐합이 일어나기에 적합할 정도로 성숙했다고 보고 있다. 뉴욕의 주주행동주의 헤지펀드 크레센도도 이러한 추세에 동의한다. 크레센도는 토론토의 GEAC를 포함한 다수의 소프트웨어 기업들이 경매를 통해 매각되도록 압박해왔다. 주주행동주의자들이 GEAC의 매각을 압박하는 가운데, 경영진이 크레센도에서 지명한 1인을 이사로 영입하는 것에 동의하면서 위임장 대결이 중단되었다. 이후 2005년 11월, 골든게이트캐피털이 현금 1억 달러에 GEAC를 인수하였다.[18]

인수가 끝난 후, GEAC의 CEO, 찰스 존스는 소프트웨어 기업들이 신규 고객 유치나 신제품 출시 등을 통해서는 더이상 성장할 수 없다는 에릭 로젠펠드의 의견에 동의했다. 높은 이익률을 유지할 수 있는 유일한 방법은 합병을 통해 고객층을 넓히는 것뿐이다. 그렇다면 무엇이 이러한 산업 통합을 유도하고 있을까? 기존 소프트웨어 기업들에게 고객의 입장에 있었던 대형 다국적 기업들은 더이상 고객으로서 수백 개의 IT기업들을 상대하고 싶어하지 않는다. 존스는 소형 소프트웨어 기업들이 이러한 통합 현상을 인지하기까지 시간이 걸리거나 인정하지 않으려 한다고 말하지만, 이미 이러한 현상은 현실이다. 존스는 "시

행동주의 투자 전략

가총액 1백억~4백억 달러의 소프트웨어 기업들이 미래에 독립기업으로 자리잡고 있을 것이라고 믿는다면 장기적으로 결코 좋은 결정이 아니다. 크레센도는 이것을 알고 있다."라고 말한다.

CEO와 주주행동주의자 모두가 동시에 특정 산업이 통폐합 단계에 있다는 것을 이해하는 것은 흔한 일이 아니지만, 로젠펠드와 존스는 이를 이해했다. 이 둘의 관계는 시작부터 험난하여 잠재적으로 문제가 발생할 수도 있었다. 이 둘은 어느 토요일 아침 카페에서 아침식사를 하는 것으로 첫 만남을 가졌다. 로젠펠드는 즉각 GEAC의 이사회에 참여하겠다고 요구했다. 로젠펠드의 이런 모습은 존스가 이 대화를 통해 바라던 협력적이고 우호적인 분위기가 아니었다. 그러나 기업 매각이 마무리된 후, 존스와 로젠펠드는 서로가 가까운 곳에 살고 있다는 사실을 알게 되었다. 이 둘 사이에 우정이 생기기 시작하면서, 모든 CEO-주주행동주의자 관계가 불쾌하게 끝나는 것은 아니라는 점을 보여주었다. GEAC 매각 이후 존스는 로젠펠드와 그의 가족을 여러 차례 집으로 초대했다. 한편 로젠펠드는 존스에게 다른 기업의 이사나 경영진이 되는 것을 고려해보지 않겠냐고 물었다. 존스는 "그는 나의 개인적인 친구이다. 우리는 세상을 같은 방식으로 바라본다."고 말한다.

2000년과 2001년, 다른 주주행동주의자들은 소프트웨어 업계 통합 외에도 일부 기술기업에 대한 청산을 계획했다. 소프트웨어 업계의 기업들은 재무제표상에 유보현금이 많았으나, 성장에 대한 기대가 많지 않은 상황이었다. 적어도 주주행동주의 투자자들은 일반적으로 그렇게 인식하고 있었다. 당시 빠르게 성장하던 인터넷 닷컴 붐은 얼마 지나지 않아 닷컴 폭탄이 되었고, IPO(Initial Public Offering, 기업공개)

와 벤처캐피털의 과도하게 열성적인 투자 덕분에 현금을 대량으로 조달했던 신생 IT기업들은 혼돈 속에 빠지게 되었다. 이들 대부분의 주가는 재무제표상의 순현금 수준으로 떨어졌고, 투자자 입장에서는 매우 매력적인 투자기회가 되었다.

주주행동주의자들과 가치투자자들이 '원가주식'이라 부르는 이러한 투자기회는 자주 있는 일은 아니다. 원가주식은 순운전자본에서 부채를 차감한 수준에서 거래되는 주식을 일컫는다. 재무상태표상의 현금, 침체된 주가, 성공에 대한 전망 없이 기업을 운영하는 경영진의 3박자는 헤지펀드가 노리는 금광이 된다.

바링턴의 미타로톤다는 현금은 많으면서 사업계획이 없는 '고장난 인터넷 기업'에 대규모로 투자했다. 그는 "이는 마치 1달러를 50센트에 사는 것과 같았다"라고 말한다.

4장에서 다루기도 한, 리퀴드오디오를 대상으로 진행된 홀츠만과 미타로톤다의 소송은 이러한 접근과 관련한 한 가지 사례이다. 미타로톤다는 인터넷 도메인 판매업체 레지스터닷컴Register.com Inc.에 대해 변화를 요구했다. 레지스터닷컴의 주식은 사내 보유한 현금보다 낮은 수준으로 거래되고 있었다. 주주행동주의자들이 당시 주목하던 인터넷 기업들은 수익원도 없이 수익을 내지 못하는 상황이었으나, 레지스터닷컴은 매출과 이익을 내고 있었으며 부채도 없었다.

2004년, 미타로톤다는 레지스터닷컴의 지분 6.6%를 신고했다. 2005년, 레지스터닷컴은 미타로톤다를 비롯한 다수의 주주행동주의자들이 압박하자, 2억 200만 달러에 PEF 벡터캐피털Vector Capital에 기업을 매각하기로 동의했다.[19] 미타로톤다는 사실 2005년 6월 1억 7,200만

달러에 기업을 매각하고자 했으나, 전략적 투자자가 인수전에 참여하면서 그림이 달라졌다.[20]

미타로톤다는 레지스터닷컴에 투자한 것을 되돌아보면서, 레지스터닷컴은 과도하게 저평가된 주식이었고, 시대가 만들어낸 어처구니없는 현상이었다고 인정한다. 그는 이 현상이 닷컴 열풍과 몰락의 산물이었다고 말한다.

채프먼캐피털의 로버트 채프먼도 2000년과 2001년 IT산업에 관심을 가지기 시작했다. 그의 전략은 간단했다. 바로 병든 기술기업의 임원들이 주주들의 돈인 막대한 현금보유고를 낭비하기 전에 영업활동을 중단하고, 올바른 길을 걷도록 하는 것이다. 채프먼은 미타로톤다와 마찬가지로 보유 현금보다 낮은 가격에 거래되는 기업들을 물색했다. 채프먼은 2002년 어느 주주행동주의 노력에 대해 언급하면서 "실리콘밸리Silicon Valley에는 주주들의 피가 깊이 흐르고 있다"고 말했다.

2001년 채프먼은 캘리포니아 마운틴뷰Mountain View 소재의 인터넷 음원판매업체 프리뷰시스템즈Preview Systems Inc.의 지분을 매입하기 시작했다. 그는 만약 모든 사람들이 수많은 음악사이트에서 음원을 도둑질하지 않는다면, 인터넷 음원판매사업은 대단했을 것이라고 강조한다. 2001년 4월, 프리뷰시스템즈는 9,000만 달러, 주당 4.5달러의 현금을 보유하고 있었지만, 주당 2.56달러에 거래되고 있었다. 채프먼의 압박이 이어지자, 같은 해 8월 프리뷰시스템즈는 현금을 청산하고 보유한 기술을 500만 달러에 알라딘놀로지시스템즈Aladdin Knowledge Systems Ltd에 매각했다.[21]

채프먼은 매사추세츠 웨이크필드Wakefield에 위치한 인터넷 컨설팅기업, 에지워터테크놀로지Edgewater Technology에 대해서도 강경한 견지에서 접근했다. 에지워터테크놀로지의 소프트웨어 기술자 마이클 맥덜못Michael McDermott이 동료 7명을 살해한 지 이틀 후, 채프먼은 스케줄 13D 공시와 함께 회사에 개입하게 되었다. 채프먼은 에지워터테크놀로지가 벼랑 끝에 서 있었다고 말했다. 이 회사가 가장 취약한 때를 활용한 채프먼은 에지워터테크놀로지가 전략을 제대로 수행할 수 없다고 주장하며, 사내 보유한 5,000만 달러의 현금을 주주들에게 돌려줄 것을 촉구했다. 채프먼은 주주들에게 보유 현금의 60%를 돌려줄 때까지 이 기업을 괴롭혔다.

2001년 한때 보유 현금 1억 8,800만 달러에 시가총액 1억 6,600만 달러에 불과했던, 인터넷 거품 속의 기업, 캘리포니아 소재의 스탬프스닷컴Stamps.com은 채프먼이 노리는 또다른 타깃이었다. 채프먼은 이 기업의 청산을 바랐지만, 같은 해에 수익을 남기고 4.9%의 지분을 매도했다.

다른 주주행동주의자들도 스탬프스닷컴의 청산을 위한 세력에 동참했다. 당시 현금보유량이 많은 기업들을 대상으로 한 원가주식에 특화하는 것은 합리적이었으나, 이러한 투자기회가 언제 또다시 주주행동주의자들에게 나타날지는 의문이다.

은행, 기술기업 등 특정 산업에 전문화할 때, 주주행동주의자들은 산업 리스크를 우려하는 투자자들을 만족시키기 위해 기업선택과 투자 다각화를 신경써야 하며, 해당 산업에 대한 적절한 인적 네트워크와 지식습득은 필수이다. 특정 산업에 특별한 사건이 발생하고, 전체 섹터가 휘청거린다면, 전문화한 주주행동주의자는 문제에 빠질 수 있다. 재간접헤지펀드들이 점점 주주행동주의에 더 많은 관심을 가지는 것도 주주행동주의 투자자들이 투자 다각화를 하게 만드는 주요 요인이다. 18장에서 자세히 다룰 재간접헤지펀드 투자자는 일반적으로 투자를 다각화하는 주주행동주의자를 모색한다.

또 많은 수의 전통적인 헤지펀드 매니저들은 투자 집중화 및 전문화는 장기적으로 위험할 수 있다고 믿기 때문에, 주주행동주의 투자를 망설이게 된다. 캘리포니아 뉴포트비치Newport Beach에 소재한 프로스페로캐피털Prospero Capital Management LLC의 벤 본스타인Ben Bornstein 회장은 장기적 헤지펀드 전략을 구사하는 전통적인 헤지펀드를 운용한다. 그는 특정 산업에 집중하는 주주행동주의자들은 충분히 다각화하지 못한다고 믿는다. 본스타인은 보다 전통적인 롱-쇼트 헤지펀드 포트폴리오를 운용하라고 충고한다.

본스타인은 특정 시점에 몇 개의 종목에만 투자하는 것은 상황이 잘 풀리면 엄청난 수익을 거둘 수도 있지만, 그렇지 않으면 심각한 손실을 야기할 수 있다는 점에서 포트폴리오에 큰 영향을 미칠 수 있다고 경고했다. 전통적인 헤지펀드 매니저들은 많은 수의 주식을 보유하여, 수익률이 좋지 않은 종목 하나가 전체에 큰 영향을 미치지 않도록 한다. 본스타인은 "너무 많은 종목이 하나의 산업에 몰려 있으면 좋지 않다. 투자금 전체를 소수의 종목에 집중하는 것도 위험하다."고 덧붙인다.

비非 주주행동주의 헤지펀드 매니저들과 많은 수의 간접펀드 매니저들의 우려에도 불구하고 주주행동주의자들은 전문화를 통해 투자 자산을 운용한다. 한 가지 분명한 점은 어떤 산업에 한 번만 투자를 한다고 하더라도, 그 산업의 속성에 대해 이해하는 것은 매우 중요하다는 것이다.

　　IT, 은행, 패션에 전문적으로 투자하는 주주행동주의자들은 지속적으로 높은 수익을 거두고 있다. 다양한 기업과 산업에 자산을 분산 배분하는 투자자들은 이들의 지속적이고 장기적인 투자성과로 인해 특정 섹터에 집중투자하는 주주행동주의 전략을 쉽게 무시하지 못한다. 이들의 집중투자, 전문성, 주주행동주의 전술은 수익의 원천이기 때문에, 다양한 산업에 분산투자하는 것은 이들의 전문성과 수익률을 희석시킬 것이다.

　　결국 중요한 것은 디테일에 있다. 전문화라는 것은 사람들마다 다양한 의미를 지닐 수 있다. 숨겨진 부동산 가치가 많은 레스토랑체인에 집중투자하는 주주행동주의자들은 한 가지 분야에 전문화한 형태이다. 미타로톤다와 젠델과 같은 일부 주주행동주의자들은 잘 알고 있는 산업 한 곳에 자산의 상당 부분을 배분하고, 나머지를 여러 산업에 투자하여 위험을 분산한다. 조심성 많은 투자자들은 집중투자에 약간의 다각화를 더함으로써 이 두 양극 간의 적절한 조화라고 믿을 것이다.

　　어떤 산업 전문가들은 특정 산업에 대해 일련의 훈련을 받거나 성공의 경험을 가지고 있는 반면, 어떤 이들은 그렇지 못할 것이다. 잠재적 투자자들은 자산을 배분하기 전에 주주행동주의자가 해당 산업을 이해하고, 은행가, 기업 이사 등과 적절한 인적 네트워크를 갖추고 있는지를 파악해야 한다. 특정 산업이 통합과정 속에 있다는 것과 정보력 있는 주주행동주의자들은 이러한 추세 속에서 수익을 낼 수 있다는 것을 아는 투자자들은 특정 산업에 전문화되었으며 이미 과거에 높은 투자 수익률을 기록했던 주주행동주의자들에게 자산을 분배할 수 있을 것

　　　　　　　　　　　　　　　　　　　행동주의 투자 전략

이다.

분명히 래슐리, 젠델, 사이드먼 같은 투자자들은 지난 10년 이상 은행업의 통합과정에서 이러한 사례를 남겨오고 있다. 다른 주주행동주의자들도 소프트웨어 및 IT섹터에서 M&A 거래 증가에 대한 사려 깊은 예측을 내놓고 있다.

특정 섹터에 집중투자하는 주주행동주의자에게 자산을 배분하려는 사람들은 해당 산업에서 통합과정이 지속적으로 발생할 것인지, 그렇다면 투자를 고려하고 있는 해당 주주행동주의자가 이 같은 변화를 활용할 역량이 있는지 자신에게 스스로 질문해봐야 할 것이다. 이러한 질문에 먼저 답을 할 수 있다면 투자결정이 보다 수월해질 것이다.

8장

규제와 행동주의자:
증권거래위원회가 주주행동주의자들을 돕는(또는 방해하는) 방법

주주행동주의자들을 이해하는 또다른 방법으로 이들이 주주행동주의적 역할을 수행하는 데 활용할 수 있는 규제가 있다. 증권거래위원회를 비롯한 기타 규제기관들이 지난 수년간 채택해오고 있는 주요 법적 장치가 없다면, 주주행동주의자는 결코 지금과 같은 영향력을 가질 수 없을 것이다. 또 주주에게 보다 많은 힘을 실어주는 변화들도 현재 진행중에 있다.

1992년 당시 리처드 브리든Richard Breeden 회장이 이끌던 증권거래위원회가 채택한 주요 조항은 일명 '소수이사후보지명제short slate rule'라고 불리는 규정이었다. 이 규정이 채택되기 전에는 대부분의 투자자들이 경영진이 지명한 이사후보, 이사직에 재출마한 현직 이사, 주주행동주의자가 지명한 이사후보에 대해 표를 구분할 수 없었다. 다시 말해, 기존에는 주주행동주의자가 지명한 이사후보나 이사직에 재출마한 현직 이사에 투표하는 것에 대한 상당한 법적 장애가 있었다.

상당수의 반대주주들은 경영권을 둘러싼 위임장대결을 통해 기업의 질서를 흩트리지 않으면서 이사회 내에서 소수주주를 대변하는 소수의 이사 한두 명을 배치하는 형태를 통해 기업에 새로운 에너지를 주입할 수 있는 주주행동주의적 공간을 마련해야 할 필요성을 느꼈다.

리서치회사 코퍼러트 라이브러리의 기업지배구조 전문가, 넬 미노우는 "이사회의 이사 11명 전원을 교체하는 것이 아니라, 사외이사 한두 명을 영입하는 것은 주주행동주의 전면전을 지지하지 않을 주주들에게 제시할 수 있는 온건한 제안이다."라고 말한다.

1991년, 시어즈Sears, Roebuck&Company를 대상으로 전개된 주주행동주의 캠페인은 증권거래위원회의 변화를 가능하게 하는 요소 중하나이다. 당시, 미노우는 초기 주주행동주의 헤지펀드 렌즈LENS Investment Management LLC를 공동경영하고 있었다. 렌즈에서 그녀의 파트너이자, 유명한 주주행동주의자인 로버트 몽크스Robert Monks는 시어즈에 대해 혁명적 변화를 일으키지 않고 사외이사를 통한 약간의 영향력을 불러일으키기 위해 자신을 시어즈 이사후보로 지명하고자 했다. 3인의 현직 이사후보 중 한 사람은 시어즈에 투자한 기관투자자들 사이에서 매우 유명한 인물이었고, 선거에서 재당선될 확률이 높았다. 미노우에 따르면 충분히 많은 다수의 기관투자자들이 몽크스에 표를 던졌지만, 주주들의 상당수는 경영진이 지지하는 현직 이사들에 표를 던졌다. 미노우는 "표의 일부는 이쪽 후보에게, 다른 표는 저쪽 후보에게 줄 수 있는 규정이 없었다. 표를 적절히 섞어서 투표할 수 없었다."고 말한다.

당시 워싱턴에 소재한 주주연합협회를 이끌던 랠프 위트워스도 협회의 투자 철학에 따라 기업들에 변화를 압박해오고 있었다. 그는 규제당국 및 입법당국에게 소수 이사에 대해 부분적으로 투표할 수 있는 제도 없이, 기업과 이사회의 투자자에 대한 투명성을 강화할 수 있는 유일한 방법은 대중적 호소 및 설득이나, 이사회를 뒤집는 기업사냥을 통한 경영권 획득밖에 없다고 반복적으로 강조했다. 위트워스는 1980년대 발생한 대부분의 적대적 인수 사례가 불만이 있던 투자자들이 이사선출에 대한 소수이사후보지명을 할 수 없었기 때문에 일어났다고 말한다.

기업들이 일 년에 전체 이사 중 일부에 대해서만 투표를 진행하게 하는 이사임기교차제를 도입한 1990년대에도, 주주행동주의 투자자들은 독립성이 결여되거나 CEO에 지나치게 우호적인 특정 이사후보를 겨냥하는 것이 금지되어 있었다.

위트워스를 비롯한 다수의 투자자들이 집요하게 로비한 끝에, 증권거래위원회는 소수이사후보지명제를 통과시켰고, 결과적으로 반대주주들은 보다 융통성 있게 활동할 수 있게 되었다. 어떤 경우는 이들의 전략이 변하기도 했다. 위임장대결을 통해서 투자자들이 반대주주와 경영진 각각이 지지하는 이사후보들에게 절충된 표를 던질 수 있게 되면서, 주주행동주의자들은 주주행동주의 전장에서 또하나의 무기를 얻은 셈이었다. 주주행동주의자들은 경영권을 위협할 수 있는 규모로 진행되는 다수의 이사후보 지명방식에 대해 반대표를 행사해왔던 기관투자자들의 지지를 좀더 쉽게 얻을 수 있게 되었다.

위트워스는 소수이사후보지명 접근법은 다수의 유명한 사례에서 활용되었다고 강조한다. 1996년 주주행동주의 주주 커크 커코리언Kirk Kerkorian은 크라이슬러의 이사, 조지프 안토니니Joseph Antonini를 해임하기 위해 이 방법을 동원했다. 커코리언의 캠페인은 쇠락의 시기를 겪고 있는 K마트Kmart를 이끌던 안토니니에 집중 겨냥되었다. 결국 많은 기관투자자들이 안토니니의 해임안을 지지하는 것이 확실해지고 난 뒤, 크라이슬러와 커코리언은 합의하고 안토니니는 사임하였다.[1] 위트워스는 "기관투자자들은 이사회에 한두 명의 선의의 비판자가 있다고 해서 큰 무리는 없다고 보기 때문에, 당신을 지지할 것이다."라고 말한다.

소수이사후보지명제에 대한 최근의 일화로, 커코리언은 자신이 지명한 이사후보인 제롬 요크Jerome B. York를 제너럴모터스 이사회로 영입하는 데 성공한 사례를 들 수 있다. 또한 위트워스는 웨이스트매니지먼트Waste Management와 소버린뱅크Sovereign Bank의 사례에서도 이 접근법을 성공적으로 활용했다. 주주행동주의 투자자 넬슨 펠츠Nelson Peltz는 2006년 소수이사후보지명제를 활용해 하인즈의 이사후보를 지명했다. 그가 지명한 다섯 명 중 두 명만이 이사로 선출되어 12인으로 구성된 이사회에 포함되었지만, 기존 이사와 펠츠측의 이사후보 각각을 선출하고 싶었던 기관투자자들의 입장에서는 어느 정도 목표를 달성한 것으로 볼 수 있다. ISS의 팻 맥건은 "영리한 주주행동주의자들이 이 제도가 어떻게 작동하는지 힌트를 주었다. 이사임기교차제를 가진 기업들의 수가 더 적어지고 있는 가운데, 나는 이 제도가 더욱 많이 활용되기를 기

행동주의 투자 전략

대하고 있다."라고 말한다.

1992년 증권거래위원회는 소수이사후보지명제 이외에도 또다른 중요한 주주 커뮤니케이션 관련 규정을 채택했다. 이 규정은 위임장대결을 고려하지 않는 주주행동주의자가 다른 주주들과 할 수 있는 의사소통의 폭을 확장시켰다. 이 규정으로 투자자들과 기자들 간의 소통 또한 보다 자유로워졌다. 이 제도가 도입되기 전에는 투자자가 기업의 방침에 대해 찬성 또는 반대하는 의사를 기자에게 이야기하려면 증권거래위원회의 사전동의를 얻기 위한 막대한 양의 서류를 제출할 의무가 있었다. 위트워스는 증권거래위원회의 승인이 나야만 투자자들은 기자들과 대화할 수 있었다고 말한다. 그는 "이제 기관투자자들은 주요 이사회 안건에 대해 어떻게 표를 행사할 것인지에 대한 계획을 인터넷 홈페이지에 공개한다"라고 말한다.

워싱턴 소재의 깁슨 던&크러처 파트너이자, 아서 레빗Arthur Levitt이 의장직을 맡았던 시절 증권거래위원회의 기업금융부의 대표직을 맡았던 브라이언 레인Brian Lane은 새로 제정된 커뮤니케이션 규정으로 인해, 이사임명을 위한 위임장대결을 계획하지 않는 한 주주행동주의자들이 다른 투자자들에게 이사후보지명안이나 경영진의 제안에 반대표를 행사하도록 대화나 권유를 할 수 있게 되었다고 말했다.

이러한 변화는 다른 주주들에게 경영진의 M&A 제안이나 임원 보수체계 등에 대해 반대표를 행사하도록 권유할 수 있게 되었다는 것만으로도 주주행동주의자들에게 큰 의미를 지닌다. 투자자들은 증권거래위원회 규정 위반에 대한 걱정 없이 투자한 기업들의 정보를 비교할 수 있다. 또한 주주행동주의자들은 일명 '무조건 반대하기' 캠페인을 벌일 수도 있다. 이 캠페인은 반대 없이 이사후보로 등록이 되어 있는 현직 이사들에게 다른 주주들이 반대표를 던지게 하기 위한 목적을 가지고 있다. 이제 이들은 의사소통 전에 의무적으로 작성해야 했던 번거로운 증권거래위원회 공시자료 없이도 캠페인을 진행할 수 있다. 결과적으로 이사와 임원들은 주주행동주의자들과의 비공개 대화를 통해 이들의 우려에 대해 듣는 데 더 많은 시간을 써야 했다. 임원들은 주주행동주의자의 대중 캠페인을 통해 새롭게 제정된 주주 커뮤니케이션 규정이 어떤 의미를 지니는지 깨닫게 되었다. 위트워스는 "여기에는 보이지 않는 손이 작용한다. 이사회가 주주들이 보다 쉽게 이사회의 태만을 꼬집어 여론의 관심을 모을 수 있다는 점을 이해하는 것 자체가 변화를 만들게 된다."라고 말한다.

　　　주주들의 표적이 되었다는 사실 자체만으로 해당 이사가 사임을 할 필요는 없겠지만, 다수의 투자자들이 공개적으로 또한 비공개적으로 이사진의 성과에 대해 불만을 표출한다면, 해당 이사는 사임하지 않을 수 없을 것이다. 위트워스는 소수이사후보지명 제도와 더불어 새롭게 도입된 커뮤니케이션 규정의 도입에도 막대한 공헌을 했다. 위트워스는 주주연합협회의 수장으로서 투자자들 간의 커뮤니케이션을 자유롭게 하도록 증권거래위원회에 줄기차게 로비해왔다. 그는 이 문제에 대해 편지쓰기 운동을 조직했다. 1990년부터 1992년까지, 수천 명의 주주연합협회 회원들은 증권거래위원회에 총 5,000여 통 이상의 편지와 전보를 보냈다. 당시 증권거래위원회는 주주 커뮤니케이션 의무 규정을 고려하고 있던 시기였다.[2] 캘퍼스와 기관투자자자문위원회Counsil for Institutional Investors를 비롯한 다른 기관들도 막대한 로비를 통해 규정 통과에 기여했다. 1993년 위트워스는 투자자들에게 전하는 연설을 통해 "새로운 규정은 주주들 사이의 의사소통뿐만 아니라 주주와 경영진 간의 의사소통도 증진하게 한다"라고 말했다.

증권거래위원회가 주주들의 커뮤니케이션을 자유롭게 한 후에 나타난 최근의 주요 사례로는 주주행동주의 투자자 스탠리 골드와 월트디즈니 설립자의 조카 로이 디즈니Roy Disney를 들 수 있다. 2004년 이 두 주주들은 월트디즈니의 CEO, 마이클 아이스너Michael Eisner로 하여금 이사회 의장직에서 물러나도록 압박했다. 투표에 참여한 주주의 약 45%가 아이스너의 퇴진을 원했고, 이사회는 그가 이사회 의장직을 내려놓도록 하였다.[3] 골드와 디즈니는 개선된 커뮤니케이션 규정을 활용해 다른 투자자들과 적절한 시기마다 의사소통을 개진했다. 커뮤니케이션 규정과 이를 바탕으로 활발하게 진행되는 의사소통은 주주들의 승리를 만든 주요 요인이었다.

투자자들은 합병에 대해서도 신속한 의사소통을 시작했다. 1992년, 통신기업 센텔Centel Corporation의 주주였던 이글Eagle Asset Management은 센텔과 스프린트Sprint Corporation의 합병은 저지되어야 한다는 내용의 편지를 센텔의 200대 주주들에게 보냈다.[4] 경영진은 이에 응답했고, 이글은 증권거래위원회 규정 덕분에 저비용으로 빠르게 장문의 편지를 보낼 수 있었다.[5] 궁극적으로 합병안은 승인되었지만, 득표 차는 0.5%에 불과했다.[6] 오늘날 합병에 반대하는 주주 캠페인은 아주 흔한 일이 되었고, 성공한 캠페인들은 새롭게 제정된 커뮤니케이션 활성화 규정의 혜택을 받았다.

그러나 위임장대결을 고려하는 경우, 다수의 주주행동주의자들은 여전히 다른 투자자들과의 의사소통에 대한 제약으로 인해 좌절감을 느낀다. 제퍼슨-파일럿Jefferson-Pilot Shareholders Committee의 회장 딸인 파슨스Louise Parsons는 제퍼슨-파일럿에 변화를 강제하기 위해 3년간 위임장대결을 벌였다. 그녀는 증권거래위원회로 하여금 완화된 주주 커뮤니케이션 규정을 채택하도록 촉구했다.[7] 그녀는 "우리에게 지지표를 던질 계획을 가진 주요 기관투자자들은 증권거래위원회가 투자자들이 주주권위임요청 과정에 참여하는 것으로 간주할 것을 우려해 이러한 계획을 공개하지 않는다. 신규 규정은 이와 같은 우려를 종식시키고 공개적 담론화를 가능하게 한다."라고 적었다.[8]

1999년 증권거래위원회는 파슨스를 비롯한 많은 이들의 요구에 부응해 위임장대결을 고려하는 주주행동주의자들에게 도움이 되는 규정을 채택했다. 증권거래위원회 레빗의 감독하에 채택된 '사전검사규정 test the waters rule'은 잠재적 반대주주들이 특정 상황에서 별도의 증권거래위원회 공시 없이 열 명 이상의 다른 주주들과 비공개적으로 전화통화하여, 자신이 이사후보로 출마하는 것을 고려하고 있다고 언급할 수 있도록 허용했다.[9]

이전에 주주행동주의자들은 증권거래위원회 공시 없이 대화할 수 있는 투자자가 열 명 이내로 제한되어 있었다. 자유로워진 커뮤니케이션으로 인해 반대주주는 투자자들을 상대로 여론조사를 하여 위임장대결의 승산을 가늠하기 수월해졌다. 경영진도 보다 자유롭게 기관투자자들과 의사소통하면서 주주행동주의에 비공개적으로 대응할 수 있게 되었다. 브라이언 레인은 "이제 주주행동주의자들은 다른 투자자들과의 대화를 통해 위임장대결에서 이길 가능성이 있는지 쉽게 가늠할 수 있게 되었다"라고 말한다.

그러나 주주행동주의자들은 단독으로 활동하든 공식적인 집단으로 움직이든 여부와 관계없이 위임장대결이나 주주권위임에 대한 다른 투자자와의 공식적 합의 등에 관련한 최종적인 계획에 대해 공시할 의무를 지닌다.

보다 최근인 2003년 증권거래위원회는 주주행동주의자들에게 보다 힘을 실어주는 새로운 증권거래위원회 공시규정을 발표했다. 당시 조지 부시가 지명한 하비 핏Harvey Pitt이 이끌었던 증권거래위원회는 뮤추얼펀드를 포함한 펀드매니저들이 이사회 투표와 같은 주요 안건에 어떻게 표를 행사했는지를 의무적으로 공개하도록 하여 논란이 되었던 규정을 승인했다.[10]

뮤추얼펀드 매니저들에게 투표에 대해 공시하도록 의무화하는 것은 이들의 치부를 드러나게 하는 충격이 있었다. 이들은 투표 내용이 비밀에 부쳐지는 경우, 조용히 경영진의 후보를 지지한다. 2001년에서 2003년까지 증권거래위원회를 이끌었던 핏은 "뮤추얼펀드가 표를 행사하는 과정에서 이해관계 대립이 상당하게 발생한다. 상당수의 뮤추얼펀드 매니저들이 자신의 막강한 투표권을 실제 투표권을 보유한 주주들의 이익이 아니라 자신들의 이해에 맞게 사용한다."라고 말했다.

2002년 도이치자산운용Deutsche Asset Management이 휴렛팩커드 (Hewlett Packard Company, 이하 HP)와 컴팩컴퓨터Compaq Computer Corporation의 합병에 대해 그들이 보유하고 있던 1,700만 반대표를 투자자들에게 공시하지 않은 채 마지막 순간에 찬성표로 전환한 사건은 핏에게 전환점이 되었다. 코퍼러트 라이브러리의 넬 미노우는 이후 핏이 뮤추얼펀드에 대해 투표 공시를 의무화하도록 신속하게 조치했다고 말한다. 도이치자산운용은 이와 같은 행위로 인해 증권거래위원회에 75만 달러의 벌금을 지불했다.[11]

오퍼튜니티파트너스의 필립 골드스타인은 이러한 공시규정으로 인해 자신이 특정 기업의 기관 및 개인 투자자들을 평가할 때 도움이 되었다고 강조한다. 골드스타인은 특정 펀드매니저들이 위임장대결을 지지하는 경향이 있다는 것을 앎으로써 주주행동주의 노력에 힘을 주는 주주층이 많은 기업들을 쉽게 모색할 수 있었다. 골드스타인은 이러한 발견을 통해 잠재적 투자대상을 발견하는 데 도움이 되었다고 말한다.

기관투자자들은 여러 가지 이유로 인해 반대주주들에게 지지표를 주는 데 소극적인 태도를 보여왔다. 뮤추얼펀드 매니저들은 운용자산을 잘게 나누어 수백 가지 종목에 투자한다. 이 말은 반대주주 이사후보를 지지할 것인지 결정하기 위해 필요한 리서치를 수행하는 것이 비용과 효용 측면에서 비효율적이라는 것이다. 이들 펀드매니저들은 또한 자신들의 기업지배구조적 개입으로 인해 자신들이 운용하는 펀드에 투자할 수도 있는 해당 기업의 임원들의 퇴직연금이 차단될 수도 있다는 점을 우려한다. 일부 매니저들은 경영진과 비공개적인 협상 자리에서 변화를 유도하는 것이 더욱 성공적이며, 새로운 공시규정으로 인해 투자자와 경영진 간의 의미 있는 협상이 어렵게 되었다고 주장한다. 뮤추얼펀드들은 기업의 계획에 대해 공개적으로 반대표를 던지는 것은 해당 기업뿐만 아니라 다른 기업들로부터 배분받을 수 있는 임원 은퇴연금자산을 유치하는 데 불리하게 작용할 수 있기 때문에, 이전보다 경영진에 반대표를 행사할 이유가 오히려 적어졌다고 주장한다.

행동주의 투자 전략

이러한 문제를 해결하기 위해 일부 뮤추얼펀드 매니저들은 찬반이 팽팽한 선거에 대해서 어떻게 표를 행사해야 하는지 자문을 받기 위해 ISS와 같은 위임장자문서비스업체들과 계약을 체결하기도 한다. 이러한 방법을 활용하면 리서치 비용을 줄일 수 있고, 이들은 또한 불평이 가득한 CEO들(고객들)에게 외부 자문서비스기업에 따르면 특정한 표(찬성 또는 반대)를 행사하는 것이 좋다는 자문을 받았으며, 이외에는 별다른 방도가 없다고 말할 수 있다.

코퍼러트 라이브러리의 미노우는 일부 투자자들이 익명성으로 인해 보복에 대한 의욕이 생기기보다는 솔직한 논의가 장려된다고 느끼는 것을 이해한다고 말하지만, 그녀는 정보에 대해 완전공시를 의무화할 필요가 있다고 믿는다. 그녀는 그렇지 않으면 주주들의 표 이면에 있는 진정한 동기가 무엇인지 알기 힘들 것이라고 덧붙인다. 미노우는 "거물급 고객일지도 모르는 투자자가 자신을 대신하여 주주권을 행사한 펀드매니저가 어떤 표를 행사했는지 모르는 시스템은 추후에 큰 문제를 야기할 수 있다"라고 말한다.

골드스타인은 공시규정이 옳은 방향으로 가고 있다고 주장한다. 그는 "뮤추얼펀드들이 개선되고는 있으나, 소송에 대한 위험이나 잠재적 이해상충 때문에 헤지펀드만큼 공격적으로 투자에 나서지는 못하고 있다."라고 말한다.

뮤추얼펀드 공시규정 이외에도 2003년 증권거래위원회는 주주행동주의자들에게 우호적인 내용의 또다른 투자자 공시 및 커뮤니케이션 규정을 채택했다. 이 규정은 기업들이 투자자들과의 의사소통을 위한 절차와 규정을 운영하고 있는지에 대해 의무적으로 공시하도록 한다.[12] 이에 따라 이사후보추천위원회는 위임장을 받은 지분을 포함해 5% 이상의 주주 또는 주주집단이 추천한 이사후보를 거부한 이유를 설명해야 한다. 또한 기업은 기업재무자료를 통해 기업이 이사후보지명자들에 대해 어떻게 이해하고 평가하고 있는지를 서술해야 한다.

소형주에 투자하는 주주행동주의자이자, 일리노이 네이퍼빌에 소재한 헤지펀드 PL캐피털의 공동창업자인 리처드 래슐리는 이러한 공시 규정이 올바른 방향으로 가고 있다고 말한다. 래슐리는 모든 투자자들이 심사 결과를 알 수 있게 되면서, 주주들이 추천한 이사후보를 심사할 때 기업이 이전보다 더 심사숙고하기 시작했다고 말한다.

2006년 12월, 증권거래위원회는 기업들이 위임장 문서를 인터넷에 공개할 수 있도록 허용했다. 전자위임제안서가 포함되어 있는 이 문서는 비용 절감의 차원에서 기업들의 지지를 받고 있다. 증권거래위원회가 승인한 이 제안서에 따르면, 기업들은 더이상 주주가 요청하는 경우를 제외하고 매년 위임장 문서 실물을 우편을 통해 주주들에게 전달하지 않아도 된다. 물리적으로 발송되는 우편의 양이 줄어든다는 것은 비용도 절감된다는 것을 의미하며, 절감의 정도는 경우에 따라서 수백만 달러에 달할 수도 있다.[13]

그러나 이렇게 개선된 규정도 의도하지 않은 결과를 낳을 수 있다. 가령 위임장대결이나, 무조건 반대 캠페인을 펼치는 주주행동주의자도 자신들의 위임장자료의 인쇄 및 배부 비용을 줄일 수 있다. 이들은 우편을 활용하는 대신 인터넷을 통해 훨씬 낮은 비용으로 위임장권유신고서를 전송할 수 있다. 이러한 방식은 특히 주주행동주의자들이 시가총액이 큰 기업들을 상대로 위임장대결을 전개할 때 매우 유용하다. 이 방식이 없다면, 주주행동주의자들은 위임장 관련 자료를 수천 개의 각 가정과 사무실로 보내기 위해 막대한 인쇄 및 배송 비용을 지불해야 한다.

샘록의 스탠리 골드는 로이 디즈니가 디즈니의 주주들에게 위임장관련 문서를 전달하기 위해 인쇄 비용을 제외한 우편요금으로만 200만 달러를 추가로 지불해야 했다고 강조한다. 물론 큰 기업들을 상대하는 칼 아이칸과 같은 주주행동주의자들이 전자위임제안서를 통해 절감하는 비용의 규모는 투자은행과 의결권모집업체에 지불하는 수백만 달러를 포함한 전체 캠페인 비용을 기준으로 하면 매우 작은 부분에 불과할 수도 있다.

많은 주주행동주의자들은 주로 소형 상장사를 상대로 위임장대결을 벌이는데, 회사 주주층이 넓지 않아 주주들에게 보내는 위임장 관련 우편 비용은 매우 적다. 소형 기업에서는 보통 상위 20대 투자자들이 전체 유통주식의 50% 이상을 소유하기 때문에 의결권모집업체도 필요하지 않는 경우가 많다. 주주행동주의자들은 주주의 과반 이상이 자신이 추진하고 있는 사항에 동의하는지 가늠하려면 12명 내외의 주요 주주들에게만 전화로 연락하면 된다. 어느 소형주 주주행동주의자는 우편 비용을 포함해 최근 하나의 위임장대결 사례에서 발생한 전체 비용이 2만 달러에 불과했다고 강조했다.

마틴 던Martin Dunn 증권거래위원회 기업금융부 전前 부회장은 전자위임장의 영향력에 대해 많은 의견을 받아왔다면서, 그렇지만 진실은 다양한 의견의 중간 어디엔가 있을 것이라고 믿는다고 말한다. 던은 "어떤 이는 전자위임을 통해 인터넷에 누군가의 이름을 올리고, '이렇게 찾으면 됩니다'라고 적어놓는다고 해서 다른 주주들을 투표에 참여하도록 설득하는 비용이 줄어든다고 볼 수 없다고 말합니다. 반면에, 다른 누구는 전자위임이 위임장대결을 낮은 비용으로 쉽게 할 수 있게 하기 때문에 이사회 내에 불확실성이 매우 커질 것이라고 하더군요."라고 말한다.

로엘 캠포스Roel Campos 증권거래위원회 의원은 위임장대결이 인터넷을 통해서 하룻밤 사이에 완료될 가능성은 결코 없다고 말한다. 그는 인터넷을 할 수 없는 상당수의 개인투자자들이 위임장 문서를 받기 위해 기업에 문서 실물을 배송해줄 것을 요청할 것이라고 강조했다. 또한 이 조치는 자발적인 참여를 요하는 것으로, 아직까지는 기업들이 우편 발송 방식을 의무적으로 바꿔야 하는 것은 아니다. 초창기에 전자위임을 통한 비용 절감에 들떠있던 기업들은 현재 주주행동주의 헤지펀드 매니저들을 끌어들이는 결과를 초래할지도 모르는 상황을 조성해야 하는지 가늠하고 있다. 또한 증권거래위원회는 전자위임장 배송을 의무화하는 규정에 대한 발표를 연기했다. 캠포스는 "초기에는 도움이 될지 모르지만, 실제로 위임장대결이 진행되면 전자우편을 통해서는 충분한 숫자의 주주들에게 전달되지 않을 가능성이 높다. 아마 10년 후면 이야기가 달라질지도 모르겠다."고 말한다.

이사 축출이나 임원진과의 막후협상 등에서 주주행동주의자들의 협상력을 더해줄 수 있는 또다른 주요 사항으로 주식브로커들이 이사선출투표에서 표를 행사하지 않는 투자자들을 대신해 투표권을 행사하는 것을 금지하도록 제안된 뉴욕증권거래소 규정을 들 수 있다.[14]

작동 원리는 다음과 같다. 개인 및 기관 투자자들의 과반수 이상이 이사선출투표에서 표를 행사하지 않는다. 투표에 참여하고자 하는

행동주의 투자 전략

투자자는 우편으로 전달받은 위임장 문서의 해당 상자에 체크를 하여 개표기관으로 보낸다. 보통 대부분의 개인투자자들은 위임장권유신고서를 다른 정크메일과 함께 곧바로 휴지통으로 버려버린다. 개인투자자들이 위임장을 내던지고 기업 이사투표에 참여하지 않을 때, 해당 투자자의 주식실물을 보유한 증권브로커가 투자자의 특별한 지지가 없는 상황에서 거의 자동적으로 경영진이 지지하는 이사후보에 표를 행사하게 된다. '브로커의 의결권 대리행사가 금지된 표(Broker non-votes, 역주: 주주가 대리권을 부여하지 않은 경우, 증권 실물을 보유하고 있는 증권사가 주주의 지시 없이 대리인의 자격만으로 주주권을 행사하지 않도록 하는 것.)' 라고도 불리며, 이사선출투표에서 증권브로커가 임시로 보관하고 있는 증권에 대한 투표권을 행사하지 못하게 하는 이 제도는 경우에 따라 주주행동주의자가 무조건 반대 캠페인을 펼칠 경우 경영진이 지지하는 현 이사들을 재선출하는 방향으로 표가 행사되면 선거의 판도가 바뀔 수도 있기 때문에 매우 중요하다. 기관투자자위원회는 이러한 과정을 부정투표로 묘사하기도 했다.[15] 기업지배구조 전문가들은 증권거래위원회가 이 제도를 채택하면 현직 이사들을 축출하고자 하는 반대주주들에게 강력한 힘을 실어주게 될 것이라고 예상한다. 노동자연합인 체인지투윈Change to Win의 펀드를 운용하는 CtWCtW Investment Group가 주도하는 불만 가득한 투자자들은 로저 헤드릭Roger Headrick을 비롯한 CVS/케어마크CVS/Caremark Corporation의 이사 2인을 쫓아내기 위해 2007년 연차주주총회에서 무조건 반대 캠페인을 전개했다. 기업 집계에 따르면, 투표에 참여한 주주의 42.7%가 헤드릭의 재선출에 반대표를 행사했다. 그러나 CtW의 마이클 갈랜드Michael Garland 이사는 만약 브로커의 의결권 대리행사가 금지된 표가 집계에서 제외되었다면, 반대표는 57%에 가까웠을 것이라고 강조한다. 2009년, CtW는 뱅크오브아메리카의 궁지에 몰린 CEO, 켄 루이스Ken Lewis를 이사회 의장직에서 물러나도록 하기 위한 캠페인을 전개했다. CtW는 이 캠페인과 관련하여, 뱅크오브아메리카의 넓은 개인투자자 주주 기반으로 인해 주주총회 투표에서 25%가량이 브로커의 의결권 대리행사가 금지된 표인 것으로 추정했다.

2002년, 뱁슨칼리지Babson College 제니퍼 베델Jennifer E. Bethel 부교수와 당시 전미교직원연금보험(TIAA-CREF: Teachers Insurance and Annuity Association-College Retirement Equities Fund)의 선임연구원이던 스튜어트 길런Stuart L. Gillan은 1998년 뉴욕증권거래소에 상장된 S&P1500대 기업들을 대상으로 브로커의 의결권 대리행사가 금지된 표에 관한 연구를 진행했다. 이 연구에 따르면, 브로커의 의결권 대리행사가 금지된 표가 집계에 포함된 일부의 경우, 영향이 미미한 수준인 사례도 있었지만, 경영진을 지지하는 표의 영향력이 상당한 사례도 있었다. 브로커의 의결권 대리행사가 금지된 표의 비중이 주주총회에서 행사된 표의 10% 정도를 차지한 사례도 많았지만, 어떤 경우에는 30%에 달하는 때도 있었다.[16] 길런은 "경영진과 비공개적인 대화를 통해서든, 무조건 반대 캠페인을 전개하든지 간에, 브로커의 의결권 대리행사가 금지된 표를 배제하는 것은 분명히 주주행동주의자들에게 힘을 실어주게 된다."고 말한다.

기업들은 주주총회 투표가 유효성을 가지기 위해 필요한 최소 투표수인 정족수를 충족하기 위해서는 브로커의 의결권 대리행사가 금지된 표를 집계에 포함해야 한다고 주장한다.[17] 아메리칸비즈니스콘퍼런스American Business Conference의 존 엔딘John Endean 회장은 중소 상장사들은 일반적으로 대형 상장사들보다 개인주주들의 비중이 높다고 지적한다. 그는 개인투자자들이 투표에 잘 참여하지 않기 때문에, 브로커의 의결권 대리행사가 금지된 표를 집계에서 제외한다면 정족수를 고려할 때 충분한 수의 주주들이 투표에 참여하도록 하기 위한 비용이 크게 증가하게 된다고 주장한다. 하지만 길런은 연구를 통해 브로커의 의결권 대리행사가 금지된 표를 집계에서 제외한다 하더라도, 실제로 정족수를 채우지 못한 경우는 기업의 크기와 관계없이 매우 드물었다고 강조한다. 다른 전문가들도 정족수 문제는 감사의 재선임과 같은 다른 투표 집계에서 브로커의 의결권 대리행사가 금지된 표를 활용하면 문제를 쉽게 해결할 수 있을 것이라고 강조한다.

뉴욕증권거래소는 2009년 말 이전에, 뉴욕증권거래소 상장사들에 대하여 브로커의 의결권 대리행사가 금지된 표를 집계에서 제외하는 것을 전망하고 있다.[18] 뉴욕증권거래소가 자체적으로 결성한 대리실무단이 이 문제를 다루기 시작한 것은 2005년 4월 이후로, 상당수의 기업 지배구조 전문가들이 기대한 것보다 다소 늦은 시점이기는 하다.[19]

대리실무단은 우선적으로 이사선출투표에서 브로커의 의결권 대리행사가 금지된 표를 집계에서 제외하는 것을 제안하는 보고서를 만들었다.[20] 이사선출에 대한 투표는 더이상 '일반결의사항'이 아니며, 따라서 증권브로커들이 개인주주가 투표에 대한 의사표시를 하지 않은 투표권을 가지고 자동적으로 경영진에 우호적인 표를 행사할 수 없다고 발표했다. 그러나 재계의 로비가 있은 후, 뉴욕증권거래소는 아직 이 제도를 실행할 준비가 되어 있지 않으며, 세 개의 분과위원회를 통해 이에 대해 지속적으로 검토하기로 결정했다.²¹ 이후 분과위원회는 뉴욕증권 거래소에 이 제도의 시행을 건의했고, 뉴욕증권거래소는 이를 승인했 다. 2007년 5월 뉴욕증권거래소는 최종적으로 이 안건을 완성하고, 증 권거래소의 상장기준을 감독하는 증권거래위원회에 승인을 요청했다. 그러나 이 안건은 2년이 지난 후에도 증권거래위원회에서 계류중이다.

증권거래위원회 관계자들은 절충안으로 무조건 반대 캠페인이 진행될 때에만 기업들이 브로커의 의결권 대리행사가 금지된 표를 의 무적으로 제외하도록 하는 방안을 논의하고 있다. 이로 인해 '일반결의' 를 통해 이사선출투표를 실시하는 많은 기업들이 주주의 표를 얻기 위 해 소모되는 비용을 절감할 수 있게 된다. 디즈니의 사례와 같이 극단 적인 초대형 캠페인이 이에 해당한다. 그렇다면 어떤 개인이 야후Yahoo! 게시판에 CEO의 사퇴를 원한다는 내용의 글을 올리는 경우, 무조건 반 대 캠페인으로 인정되어 브로커의 의결권 대리행사가 금지된 표를 제외 해야 하는 조건을 충족하는가? 또 무조건 반대 캠페인 성립을 충족하는 적법한 요건들이 무엇인가에 대한 논의는 결국에 이러한 체계를 누가 감독할 것인가 하는 질문을 낳는다.

이 사안을 뉴욕증권거래소가 해결하게 하는 것도 더 큰 문제를 야기할 수 있다. 뉴욕증권거래소에 투자한 반대주주가 뉴욕증권거래소 이사 해임을 위해 캠페인을 전개하기로 한다면 어떻게 될 것인가? 뉴 욕증권거래소는 해당 투표를 '특별결의'로 규정하고 브로커의 의결권 대리행사가 금지된 표를 배제할 것인가? 아마 뉴욕증권거래소가 문제 의 소지를 피하려면 독립규제기능을 하는 계열사에 이 같은 권한을 위 임해야 할 것이다. 그 밖에 뜨겁게 논의되고 있는 각종 절충안들도 현

　　　　　　　　　　　　　　　　　　행동주의 투자 전략

재 떠돌고 있는 중이다. '비례투표'라고도 불리는 이 제도는 찬반표에 대한 주주의 별다른 지시가 없는 상황에서 증권브로커가 나머지 주주들이 직접 행사하는 표의 찬반 비율과 동일한 비율로 표를 행사하도록 한다. 실제 투표에서 특정 이사후보에 대한 찬성과 반대가 각각 55%, 45%로 나왔다면, 200,000개의 브로커의 의결권 대리행사가 금지된 표를 가지고 있는 증권브로커는 각각 110,000표와 90,000표로 나누게 된다. '고객의 지시를 받은 표(CDV: Client Directed Voting)'도 현재 논의되고 있다. 이 제도는 투자자들이 증권사와 중개계약을 맺을 때 해당 내용에 대해 결정하도록 한다. 투자자들은 주식 매수 시점에 브로커에게 해당 투표권에 대해 본인을 대신하여 해당 연도의 모든 안건에 대해 경영진을 지지, 또는 반대하는 표를 행사하거나, 기권하라는 지시를 전달한다. 이 제도는 증권법 변호사들을 초조하게 만들고 있으며 증권거래위원회가 아직 검토작업에 착수하지 않았음에도 불구하고, 많은 이들이 이를 지지하고 있고 결국에는 통과될 것이다. 하지만 아직까지는 브로커의 의결권 대리행사가 금지된 표에 대해 명확한 답을 내릴 수는 없는 상황이다.

위와 같은 규정 차원의 변화 이외에도, 다양한 정부 정책도 간접적으로 주주행동주의자들에 도움이 되고 있다. 6장에서 본 바와 같이, 2006년 7월 증권거래위원회는 CEO 보수 체계에 관한 종합적인 공시요건을 채택했다.[22] 새로운 공시요건은 일반투자자들이 기업 임원들의 보수에 대해 이해할 수 있도록 한다는 취지에서 도입되었다. 보다 투명하고 이해하기 쉬운 보수 규정을 통해 임원들이 경영성과와 맞지 않는 보수를 지급받기는 어려워질 것으로 기대된다. 공시가 더욱 강화되면서 주주와 해당 기업을 주시하는 전문가들은 발생하는 문제에 대해 더욱 더 깊이 관여하게 될 것이다.

이러한 공시의 혜택을 받는 사람들은 소규모 개인투자자들뿐만이 아니다. 주주행동주의 헤지펀드 매니저들은 새로운 'CD&A' 규정을 포함한 개정된 공시요건의 혜택을 받을 가능성이 높다. 경영진과 기업의 보수위원회는 보수공개 및 분석 공시를 통해 보수 정책이 어떤 기준으로 세워졌는지 설명해야 한다. 뉴욕에 소재한 크레센도파트너스의 매니징디렉터이자 주주행동주의 헤지펀드 매니저인, 아르노 애들러는 "공시자료는 자세할수록, 이해하기 쉬울수록 좋다."고 말한다.

증권거래위원회가 임원 보수 공시, 투자자 커뮤니케이션, 소수 이사후보지명제 등 다양한 면에서 주주친화적인 걸음을 하고 있으면서도, 많은 주주행동주의자들이 원함에도 처리를 못하고 있는 한 가지 주요 조항이 있다. 투자자들은 증권거래위원회에 주주총회 선거에서 일반적으로 한두 명의 이사후보를 지명할 수 있도록 하는 대안적 규정을 통과시키도록 압박하고 있다. 현재 이사선출을 위해서는 앞서 설명한 바와 같이 자신들의 위임장을 가지고 위임장대결을 진행하는 것만 허용되고 있다. 주주행동주의자들은 자신들의 의견을 널리 알리기 위해 상당한 캠페인 비용을 지불해야 하기 때문에 전통적인 위임장대결은 매우 비용이 높은 방법이었다. 소수이사후보지명제가 허용되어, 반대주주가 위임장문서에 1인 또는 소수의 이사후보를 지명할 수 있게 되면, 특히 소규모 기업의 경우 위임장대결에서 크게 비용을 절감할 수 있을 것이다.

'주주접근권한shareholder access'으로도 불리는 이 대안적 후보지명절차는 한동안 좀더 다듬어진 후 적용될 것으로 보였다. 2003년 당시 증권거래위원회 의장이었던 윌리엄 도널드슨William Donaldson은 특별한 경우에 주주가 위임장문서에 1인 또는 소수의 이사후보를 지명할 수 있게 하는 규정의 초안을 소개했다.

구체적으로 도널드슨이 내놓은 규정은 35% 이상 지분을 보유한 주주들이 특정 이사에 '보류' 표를 던진다면 이듬해 주주총회 선거의 위임장문서에 한두 명의 이사후보를 지명할 수 있도록 하는 내용이다.('의견보류'는 반대표와 같은 효력을 지닌다. 일반적으로 위임장문서에는 특정 후보에 대한 반대 표시를 하도록 되어 있지 않다.23) 이 규정 초안에 따르면 대량의 지분을 보유한 장기투자자들만이 이 제도를 활용할 수 있었다.24 도널드슨은 10월 8일 증권거래위원회 관계자들과 증권법 변호사들에게 "기업지배구조와 관련해 제안된 규정에 대해 투자자들의 압도적인 반응은 주주들이 얼마만큼 이사회 투표과정에서 의미 있는 목소리를 내고 싶어하는지를 증명한다"라고 말했다. 그러나 재계의 반발과 다른 증권거래위원회 의원들의 비판으로 인해 이 기안은 폐기되고 말았다. 당시 도널드슨은 이미 논란이 되었던 다른 규정들도 통과시키기 위해 상당한 정치적 자금을 써버렸고, 증권거래위원회 주요 인사들의 지지가 없는 상황에서 이 규정을 밀고 나갈 의지가 없는 상태였다. 2005년 크리스토퍼 콕스가 증권거래위원회 신임 의장으로 선출된 이후 이 규정은 결국 증권거래위원회 안건에서 사라지게 되었다.

그러나 일부 투자자 집단은 주주접근권한에 대해 포기하지 않았고, 이들의 노력은 결국 증권거래위원회로 하여금 이 규정에 대해 재고하도록 만들었다. 전미지방공무원노조연맹(AFSCME: American Federation of State, County, and Municipal Employees) 연금혜택정책부문의 리처드 펄라토Richard Ferlauto 이사는 전미지방공무원노조연맹이 보유한 주식에 대해서 이사후보지명과 관련해 이와 유사한 규정들을 제안해왔다.

그가 제안한 규정은 폐기된 도널드슨의 규정과 비슷한 요소가 많았다. 펄라토의 제안은 일정 수준 이상으로 지분을 가진 장기투자 주주들이 이사 한두 명을 선출할 수 있도록 허용하는 것이다. 전미지방공무원노조연맹은 2005년 AIG 연차주주총회를 겨냥해 이 규정안을 제출했다. AIG는 증권거래위원회에 이 규정을 기각해줄 것을 청원했고, 증권거래위원회는 이에 동의했다. 이후 전미지방공무원노조연맹은 미국 상소법원에 항소를 제기했고, 2005년 9월 법원은 증권거래위원회가 전미지방공무원노조연맹이 제안한 주주접근권한을 투표지에 적용하도록 승인했어야 한다고 판결했다.

이러한 법원의 판결은 주주접근권한과 관련한 논쟁을 다시 일으켰고, 2007년 7월 규정의 초안이 도입되었다. 이러한 움직임에 대해 ISS의 팻 맥건은 '정신분열적'이라고 묘사했다. 결국 증권거래위원회는 두 개의 규정을 도입했다. 규정의 하나는 이사 선출에 대해 주주들이 더 큰 목소리를 낼 수 있게 하는 것이었고, 또다른 하나는 그렇지 않은 것이었다. 주주친화적인 첫번째 규정은 지나치게 복잡하다는 이유로 주주행동주의 헤지펀드 매니저들과 기관투자자들의 반발을 샀다. 이 규정은 1년 이상 5% 지분을 보유하는 주주 1인 또는 주주 집단에게, 사례별로 이사선출에 대한 정관상의 제안을 할 수 있도록 허용하고자 하는 내용이었다. 만약 투표에 참여하는 주주들의 과반수가 이 제안에 찬성한다면, 이듬해 주주들은 이사후보를 지명할 수 있게 된다. 그러나 콕스와 그의 측근 공화당 의원들이 결국 이 규정에 반대표를 행사함으로써, 다시 한번 투자자들이 이사후보를 지명하도록 하는 계획이 무산되었다. 2009년 오바마 행정부의 증권거래위원회 여성 의장인 메리 샤피로Mary Schapiro는 최초로 주주접근권한 규정을 도입할 의지가 있는 것으로 보인다. 2009년 5월, 그녀는 증권거래위원회에 이와 유사한 몇 가지 규정을 제안했다. 미국상공회의소는 이 규정들이 주주가치를 희생해가며 노동조합이나 환경단체들에게 특혜를 제공한다고 주장하면서 소송을 제기할 것으로 보인다. 이 규정 또는 일부 변형된 규정이 채택될 때까지, 주주행동주의 기관투자자 및 헤지펀드들은 주주접근권한과 관련하여 이와 유사한 기안을 지속적으로 제출할 것이다. 뉴욕에 소재한 주주행동주의 헤지펀드 세네카Seneca Capital LP는 릴라이언트에너지Reliant Energy Inc.의 2007년 이사선출투표에 대한 제안사항을 제출했다. 세네카는 2007년 2월 릴라이언트에너지의 CEO가 사퇴하겠다고 발표하자 이 제안을 철회했다. 세네카 이외에도, 캘퍼스 또한 유나이티드헬스United Health Group에 대해 이와 비슷한 이사선출 관련 제안을 제출했으며, 전 미지방공무원노조연맹은 HP 주주들에게 표를 구했다. HP에 대한 조치는 참여주주의 39%로부터 지지를 받아 HP에 변화를 일으키기에는 역부족이었지만, 주주행동주의자들이 재도전할 수 있게 하는 자극제가 되었다. 캘퍼스는 해당 제안에 대해 42%의 주주로부터 지지를 받았다. 얼마나 많은 주주행동주의 헤지펀드 매니저들이 이 방법을 활용하는지 알기는 어렵지만 이 사례들은 다양한 의미를 지닌다.

    델라웨어 소재의 로펌Law Firm 리차즈 핑거&레이튼Richards, Finger&Layton의 프랭크 발로티Frank Balotti 파트너는 주주행동주의 헤지펀드 매니저들이 임원들과의 비공개 대화에서 주주접근권한을 활용할 것이라고 압박하는 형태로 주주접근권한을 이용할 것이라고 말한다.

그러나 많은 주주행동주의 헤지펀드 매니저들은 신속한 소수이 사후보지명을 선호하기 때문에 이런 전략을 사용하는 것을 꺼린다. 한 두 명의 이사를 이사회에 포함시키는 것이 기업의 변화를 가져오기 위한 첫걸음이다. 주주행동주의자는 2~3년 안에 기업의 변화를 만들어야 하므로, 다가오는 연차주주총회나, 가능하다면 더 빠른 시일 내의 특별 주주총회, 서면동의요청 등을 통해 위임장대결을 펼치는 것을 선호할 것이다. 그들은 또 최대 주주인 경우가 많기 때문에 전통적인 위임장대결에 막대한 자금을 투자할 금전적 동기가 충분하다.

투자은행과 의결권모집업체에 지불하는 수수료는 주주행동주의자가 진행하는 투자가 대규모 단위로 진행되고 기업이 변화를 받아들일 경우 단기간에 발생할 잠재적 투자수익을 고려하면 정당화될 수 있는 부분이다. 따라서 일부 주주행동주의자들은 주주접근권한을 활용해 자신이 지명한 이사후보를 후보명단에 등재하면서 동시에 의결권모집업체와 기타 캠페인 비용에 투자한다.

소수이사후보지명 방법이 채택되면, 주주행동주의 헤지펀드와 상대적으로 준* 주주행동주의 성향의 기관투자자 사이의 표가 갈리는 부작용이 발생할 수 있다. 뮤추얼펀드나 연기금 같은 기관투자자들은 전면적인 위임장대결로 발생하는 비용을 지불할 의향이 없다. 하지만 투표비용이 낮아지면 이들도 한두 명의 이사후보를 지명할 가능성이 높아진다. 특정 기업에 대해 위임장대결을 고려해본 주주행동주의자라면, 해당 기업에 대해 기관투자자가 이미 주주접근권한 캠페인을 펼친 적이 있는 경우 위임장대결을 하지 않으려 할 것이다. 그러나 대부분의 법률

행동주의 투자 전략

전문가들은 주주접근권한이 정착되어 수년간 시행해보지 않고는, 실제로 이사선출투표가 어떻게 전개될지 쉽게 예측할 수 없다고 말한다.

　　주주접근권한도 예상치 못한 결과를 초래할 수 있다. 일부 증권법 변호사들은 공멸의 시나리오가 현실이 될 수도 있다고 경고한다. 여러 주주집단들이 각자의 이사후보를 지명하기 위해 개별적으로 위임장 대결을 펼치는 것이다. 여러 명의 주주행동주의자들이 이사회 내 과반석 확보를 통한 경영권 장악을 위해, 각자의 소수이사후보를 가지고 주주접근권한 정관을 활용하는 모습을 상상해볼 수 있다. 한 가지 시나리오를 생각해보면 다음과 같다. 다섯 개의 주주집단이 여덟 명으로 구성된 이사회에 대해 열 명의 이사후보를 지명한다. 표를 많이 얻은 상위 여덟 명이 이사로 선출된다. 만약 최다 득표한 8인 모두가 반대주주측이라면, 물론 이러한 경우는 극히 드물지만, 이사회 전체가 교체된다.

　　주주들이 소수이사후보지명 조항을 정관에 반영하는 데 성공하면, 대부분의 경우 이사회는 투자자들이 이를 활용하기 전에 이 조항을 신속하게 삭제해버린다. 하지만 해당 조항을 삭제하기 전에 심사숙고해야 한다. 이에 불만을 가진 투자자들이 대중적 반대운동을 펼치면서 기업의 이미지에 타격을 줄 수도 있기 때문이다.

　　주주행동주의자들과 기업들의 관계는 면밀하게 검토된 공시규정에 따라 이루어진다. 증권거래위원회 관계자들은 주주행동주의자들의 전략에 영향을 미칠 다른 조치들에 대해서도 채택 여부를 고심하고 있다. 그중 일부는 규정될 경우 주주행동주의자들에게 큰 힘을 실어주겠지만, 그렇지 않은 정책도 있다. 주주명부폐쇄일과 관련한 추진사항은 주주에게 힘을 실어주는 조치 중의 하나이다. 증권거래위원회는 기업들로 하여금 주주명부폐쇄일을 언론을 통해 사전에 공지하는 것을 의무화할 것인지에 대해 내부적으로 검토하고 있다. 주주명부폐쇄일에 지분을 보유한 주주만이 주주총회에서 투표권을 행사할 수 있으며, 일반적으로 주주명부폐쇄일로부터 한두 달 후에 주주총회가 개최된다. 이 방안이 제안될 경우, 주주명부폐쇄일이 지나서 주식을 매수하지 못하거나, 투표권을 얻기 위해 주식을 매수했는데 이미 투표권이 배제된 사실을 알게 되었다고 불평하는 주주행동주의자들에게 희소식이 될 것이다.

하지만 주주행동주의 헤지펀드 매니저들은 증권거래위원회가 주주투표와 관련하여 검토하려 하고 있는 다른 사안들에 대해서는 큰 관심을 가지고 있지 않다. 증권거래위원회 관계자들은 일부 주주행동주의자와 기타 투자자들이 주식대차 또는 주식을 매수하지 않으면서 비밀리에 투표권만 구하는 등의 전략을 통해 궁극적인 목적을 감추고 있다는 우려에 따라, 주주행동주의 투자자들로 하여금 추가적인 스케줄 13D 공시를 의무화하는 방안을 논의하고 있다. 이러한 투자방식이 지나치게 만연한 현상이라면 증권거래위원회는 더욱 엄격한 대응책을 채택할 것이다. 예상 가능한 결과 중 하나는 증권거래위원회가 지분공시를 의무화하고 있는 최소 지분율을 현행 5%에서 1%로 낮추는 방안이 있다. 또다른 조치로는 지분매입으로부터 현행 10일 이내로 되어 있는 지분공시 의무기한을 5일로 단축하는 것이 있다. 헤지펀드 매니저들은 스케줄13D에 대한 이러한 개념적 변화가 주주행동주의자들의 미국 내 투자활동에 찬물을 끼얹는 격이 될 것이라고 우려한다.

이들은 어떤 유명 주주행동주의자가 1% 지분이 초과되는 날로부터 5일째 되는 날에 스케줄13D를 공시하면 많은 흉내쟁이copycat 투자자들이 무임승차하게 될 것이라고 주장한다. 이는 결국 단기적 주가 급등을 초래해 주주행동주의자들이 주식이 저평가되어 있는 동안 적당한 가격에 지분을 충분한 수준으로 매수하기 어렵게 만들 것이다. 지분율이 충분하지 않으면 기업을 상대로 협상력을 가질 수 없다. 그러나 한가지 긍정적인 점은 점점 더 많은 기관투자자들이, 특히 주주행동주의자가 다른 의도를 숨기고 있지 않다는 것을 아는 경우, 주주행동주의자를 지원하는 것에 더욱 익숙해진다는 점이다.

증권거래위원회가 주주들에게 더 많은 정보를 공시하도록 요구함으로써 발생하는 불편함에도 불구하고, 투자자들은 증권거래위원회가 지난 수년에 걸쳐 주주행동주의자들이 기업들을 보다 쉽게 상대할 수 있도록 많은 영향을 미쳤다고 인정한다. 보다 자유로워진 커뮤니케이션 그 자체만으로도 주주행동주의자들이 기관투자자들에게 자신들의 메시지를 전달하고, 기업의 의사결정에 영향을 미치기 위해 필요한 수고와 비용을 덜어주었다. 이사선출과정에서 융통성과 영향력이 증진된 것 또한 주주접근권한의 달성 여부를 떠나 큰 차이를 만들어내고 있다. 주주행동주의자들은 한두 명의 이사후보를 지명하는 소수이사후보지명을 시행하고 있고, 다른 투자자들을 끌어들이지도 못하면서 기업 이미지에 큰 타격을 입히는 전체 이사진 교체를 목표로 한 사생결단식의 위임장대결을 피함으로써 기관투자자들의 신뢰를 얻고 있다. 증권브로커가 재량으로 행사하는 표를 집계에서 제외하는 것은 현직 이사들을 축출하려는 행동주의자들에게 유리하게 작용할 것이다. 또한 대부분의 장기투자 주주행동주의자들은 추가적인 스케줄13D 공시 의무가 생긴다고 해도 크게 문제될 것이 없다고 말한다.

증권거래위원회가 어떻게 투자자에 대한 협력과 커뮤니케이션을 장려했는지 이해한다면 주주행동주의자들이 어떻게 전통적 기관투자자들의 신뢰를 얻고 이들과 공동의 목표를 추구하게 되는지를 파악하는 데 유용한 맥락을 얻을 수 있다. 다음 장에서는 이 두 가지 종류의 투자자들 사이에 형성되기 시작한 관계와 이들의 협력이 전 세계 임원들의 기업경영 방식에 어떠한 근본적 변화를 일으키고 있는지에 대해 자세히 다룰 것이다.

마틴 던 전前 의장은 증권거래위원회가 지난 수년간 주주들이 투자한 기업들에 대해 보다 강력한 협상력과 영향력을 갖출 수 있도록 돕기 위해 많은 일을 했다는 점을 인정한다. 그러나 그는 일부 주주행동주의자들이 소수이사후보지명 조항에 대한 주주접근권한을 얻을 때까지, 증권거래위원회가 주주들을 위해 충분한 역할을 하지 않았다고 계속해서 요구할 것이라고 덧붙였다.

던은 "나는 증권거래위원회가 주주 권리강화 측면에서 많은 일을 해왔다고 생각한다. 그러나 많은 주주들은 자신들의 이름을 기업 명함에 새겨주지 않는 이상, 주주들에게 해주어야 할 일이 아직 더 많다고 말할 것이다."라고 말한다.

Part Two

기관투자자들과
주주행동주의자들

9장

주주행동주의 헤지펀드에 투자하는 기관투자자들:
사랑과 전쟁?

기관투자자들은 주주행동주의 헤지펀드 매니저들과 지난 수년 간 애증의 관계를 맺어왔다.

주주행동주의 투자자들은 몇 개의 기업에 대해 대량의 지분을 보유하고 가치 개선을 위한 모든 에너지와 노력을 쏟으며 해당 기업들에게 변화하도록 압박한다. 변화에 대한 압박을 통해 이들은 주가상승과 이에 따른 수익 실현을 도모한다.

연기금, 투자은행, 뮤추얼펀드와 같은 대부분의 기관투자자들은 수백 개의 기업에 펀드를 잘게 나누어 투자한다. 투자자산의 개수가 수백 가지에 달하는 뮤추얼펀드 매니저들에게는 시간, 에너지, 자금의 측면에서 손익분석은 전혀 도움이 되지 않는다. 시간, 에너지, 자금을 쓰는 것은 기업에 변화를 야기하려는 투자자가 해야 하는 일이다.

기관투자자들은 CEO의 과도한 보수와 같이 투자대상 기업들에 존재하는 문제들을 그대로 인정한다는 점에서, 단순 또는 소극적 투자자라고 불린다. 2006년 발표된 '헤지펀드 행동주의, 기업지배구조, 기업 성과'라는 제목의 보고서에 따르면, 기관투자자들은 포트폴리오에 포함된 기업에서 발생하는 미세한 수준의 문제를 하나하나 개선시킨다고 해도 전체 포트폴리오 수익에 미치는 영향이 지극히 미미하기 때문에, 이러한 문제에 대해서 크게 관심을 가지지 않는다고[1] 한다.

또한 기관투자자들은 지분을 보유하고 있는 수백 개 기업의 경영에 간섭할 수 있는 충분한 규모의 인력을 운영하지 않는다. 최대주주 자격을 얻는 주주행동주의자에 비해, 기관투자자들은 각각의 포트폴리오 기업에 대한 지분율이 매우 낮기 때문에, 대다수의 경우 기관투자자들은 해당 문제에 대해 경영진과 논의할 수 있는 접근성의 측면에서도 차이가 나는 것이 사실이다. 밸류액트의 제프리 우벤은 뮤추얼펀드 피델리티에서 가치투자자로서의 지난날을 회상하며, 임원진과 갖는 20여 분간의 회의는 투자결정을 내리기에 충분하지 못했다고 강조한다.

기관투자자들이 투자한 기업의 경영에 적극적으로 개입하지 못하는 또다른 주요 이유는 그들의 고객 기반을 들 수 있다. 투자은행과 같은 대형 기관투자자들은 일반적으로 주주행동주의 캠페인에 참여하여 자신들의 손을 더럽히고, 자신들이 주식을 보유한 기업들에 대해 압

　　　　　　　　　　　　행동주의 투자 전략

력을 행사함으로써 잠재적 컨설팅 수익원을 잃는 것을 원하지 않는다. 투자은행들은 많은 미국 기업들에게 전략자문을 제공하고 수수료를 받는다. 이들은 자문업과 투자은행업에서 나오는 현재와 미래의 수익을 잃지 않기 위해 자신들이 지분을 보유한 기업들에게 압박하는 것을 꺼린다.

독립된 뮤추얼펀드도 이와 유사한 문제점을 가지고 있다. 뮤추얼펀드 매니저들은 현재 기업고객들이 맡긴 퇴직연금을 잃게 되거나, 잠재적인 퇴직연금 고객을 쫓아버릴 수 있다는 두려움으로 인해, 주주행동주의 캠페인을 벌이거나 주주행동주의자를 지지하는 것을 꺼리게 된다.

이런 이유로 상당수의 기관투자자들이 한편으로는 경영진을 전적으로 지원한다고 말하면서, 조용히 주주행동주의 헤지펀드 매니저들을 꼬드겨 기업에 이사 해임을 압박하거나, 주가 향상을 위한 변화를 촉구하는 것이다.

내부적 갈등요인과 더불어 전통적으로 기관투자자들이 주주행동주의를 멀리하게 만든 구조적인 문제도 있다. 스턴 경영대학의 에이프릴 클라인 교수는 2006년 9월 발표한 연구보고서 '헤지펀드 주주행동주의'를 통해 뮤추얼펀드들이 분산투자를 해야 한다고 주장했다. 뮤추얼펀드는 특정 기업의 유통주식의 10% 이상을 소유할 수 없으며, 또는 펀드 총자산의 5% 이상을 특정 기업에 집중할 수 없다는 것을 의미한다.[2] 그러나 대부분의 기관투자자들은 일반적으로 그보다 훨씬 적은 1% 미만의 지분율을 유지하는 것이 현실이다.

일반적으로 기관투자자들은 대량으로 지분을 매수할 수 없게 되어 있지만, 주주행동주의 헤지펀드 매니저들은 종종 대량으로 지분을 매수하기도 한다. 또한 주주행동주의 헤지펀드 매니저들의 인센티브는 뮤추얼펀드와 다르게 투자자의 수익과 훨씬 밀접한 관계가 있다. 1940년 제정된 투자기업법은 뮤추얼펀드 매니저들로 하여금 운용자산의 일정 비율로 수수료를 받도록 규정하고 있다. 하지만 헤지펀드 매니저들은 운용보수로 운용자산의 1~2%를 받으며, 성과보수로 펀드수익의 일정 부분(보통 20%)을 청구한다. 펀드의 수익률이 좋지 않으면 주주행동주의 매니저는 매우 적은 보수를 받지만, 뮤추얼펀드 매니저는 큰 타격을 입지 않는다. 뮤추얼펀드 매니저들도 성과와 연동된 보수를 받을 수 있다. 지렛목 보수fulcrum fee라고도 불리는 이 성과보수는 펀드의 수익 중 특정 벤치마크를 넘는 부분에 대해 추가적으로 지급되는 보수를 가리킨다. 펀드의 성과가 좋지 않으면 성과보수도 줄어들게 된다.

높은 수익률에 대한 인센티브를 가지는 주주행동주의 헤지펀드 매니저들은 주식 매수 후 수동적으로 가만히 앉아 기다리거나, 투자한 기업에 문제가 생겼을 때 지분을 매도하지 않는다. 하지만 기관투자자들은 구조적인 한계와 적은 지분율로 인해 투자한 기업들이 가지고 있는 문제들을 조용히 받아들이거나, 이에 분노하여 지분을 매도해버리기 쉽다.

주주행동주의 헤지펀드들의 수가 증가하고 더 많은 기업들에게 변화를 촉구하면서, 주주행동주의 헤지펀드들은 기관투자자들보다 더 적극적으로 자신들이 추진하는 사항에 대한 지지를 얻기 위해 다른 주주들에게도 접근하고 있다. 많은 기관투자자들이 이러한 움직임에 대해 어떻게 대처해야 하는지 혼란스러워하고 있다. 확실한 점은 주주행동주의 노력들로 인해 기관투자자들이 투자에 대해 더 많은 시간을 고민하게 되었다는 것이다.

앞서 논의된 바와 같이, 주주행동주의자는 때때로 투자기업에 차입을 늘리고, 조달된 현금으로 자사주매입이나 특별배당을 실시하라고 기업을 압박한다. 이러한 주주행동주의자들의 요구사항들을 보면 기관투자자와 주주행동주의 헤지펀드의 차이를 엿볼 수 있다. 미국상공회의소의 데이비드 채번은 "주주행동주의 주주들의 투자기간과 투자목표는 특히, 특정 상황에서 지분의 매수와 매도에 제약이 있는 기관투자자들을 비롯한 다른 투자자들과 다를 것이다."라고 말한다.

채번은 주주행동주의자들과 기관투자자들의 이익이 다르다고 성급하게 단정지어서는 안 된다고 말한다. 주주행동주의자는 특별배당이나 자사주매입 등을 통해 단기적 현금 수익을 창출하고 싶어하는 반면, 대부분의 기관투자자들은 투자에 대해 보다 장기적으로 접근하고 기업에서 단기적으로 현금이 빠져나가는 가운데 수동적으로 주식을 보유하는 것이 기업의 미래에 어떤 의미를 가질 것인지를 걱정한다. 상당수의 기관투자자들은 투자한 기업의 재무제표상의 현금을 사내에 유보하여 적시에 재투자하거나, 일회성으로 발생하는 주요 자산 매입 기회에 활용하는 것을 선호한다. 채번은 "자사주매입을 통해 얻을 수 있는 단기수익은 단발성일 뿐이며, 장기적으로 더 큰 그림을 보고 있는 많은 투자자들은 이를 원하지 않는다."고 말한다.

델라웨어 대학교의 찰스 엘슨은 이에 대해 보다 강경한 입장을 보인다. 그는 많은 사례에서 볼 수 있듯이 기업 재무제표상의 현금은 흔히 주주행동주의 헤지펀드들이 바라는 자사주매입보다 더 좋은 곳에 쓰일 수 있다고 말한다. 대다수의 경우, 기업들은 단기적으로 특정 비용이 발생할 것을 예상하고 현금을 보유한다. 엘슨은 "자사주매입이나 특별배당을 실시하는 것은 기관투자자들의 장기적 이익에 별로 도움이 되지 않는다"고 말한다.

그러나 기업들은 기관투자자들의 장기투자계획에 차질을 가져오는, 자사주매입을 더욱 빈번하게 실시하고 있다. 대형 상장사들로 구성된 S&P500지수에 따르면, 2006년 한 해 동안 기업들은 약 4,320억 달러의 자사주매입을 실시하였고, 이는 2005년의 3,490억 달러, 2003년의 1,310억 달러보다 높아진 수준이다.[3]

S&P500의 애널리스트 하워드 실버블랫Howard Silverblatt은 최근 몇 년간 발생한 자사주매입과 단기수익의 급증은 주주행동주의 헤지펀드 매니저들이 기업의 자본재편을 완료하도록 압박하는 경우가 증가하고 있기 때문이라고 주장한다. 그는 또다른 기관투자자들도 이러한 현상을 부추기고 있다고 덧붙였다. 실버블랫은 "기관투자자나 주주행동주의자의 M&A 압력을 받고 있는 기업들은 M&A를 피하기 위해, 단기적으로 주가를 올릴 수 있는 자사주매입에 동의할 것이다."라고 말한다.

2004년과 2005년, 토론토에 소재한 소프트웨어업체, GEAC의 CEO, 찰스 존스는 코네티컷 그리니치에 위치한 어느 주주행동주의 투자자로부터 자사주매입의 압력을 받게 되었다. 이 주주행동주의자는 GEAC가 부채를 늘리고, 조달된 현금과 기존에 보유하고 있던 현금으로 자사주를 매입할 것을 요구했다.

존스는 이에 대해 GEAC에 투자한 기관투자자들의 참여를 유도하기 위한 캠페인을 펼쳤다. 그는 기관투자자들에게 기업 내 현금준

행동주의 투자 전략

비금의 대부분은 회사 고객들이 연초에 지급하는 선수금이라고 설명했다. 존스는 이 현금이 고객들에게 제공할 유지보수 및 서비스에 소요되는 비용에 대비한 것이라고 말한다. 실제로 연말에 많은 현금이 빠져나갔기 때문에 재무제표상에 있던 현금은 착시에 불과했다. GEAC는 영업상 유지보수 및 서비스 비용에 대한 현금을 조달하기 위해 안간힘을 쓰고 있는 상황이었기 때문에, 사내 현금을 없애는 것은 기업의 장기적인 가치를 훼손하는 일이었다. 이러한 상황은 주주행동주의자가 인지하지 못했거나, 기업과 다른 투자자들은 곤경에 처하겠지만, 자신들은 이미 철수한 상태라 이를 상관하지 않기 때문에 발생한다. 존스의 캠페인은 성공적이었다. 결국 기관투자자들은 주주행동주의 노력을 지지하지 않았다. 존스는 "우리는 자사주매입을 통해 기업의 장기적 가치를 향상시키려 하지 않는다. 주주행동주의자는 수익을 얻고 빠져나갈 수 있기 때문에 이러한 접근법이 득이 되겠지만, 다른 기관투자자들에게는 암흑 같은 미래가 남겨질 것이다."라고 말한다.

그러나 주주행동주의 헤지펀드와 기관투자자 사이에 존재하는 투자의 목적, 시점, 기간 등과 같은 본질적인 차이에도 불구하고, 이 둘 사이에는 어떠한 유대감이 형성되고 있는 것으로 보인다. 정반대의 투자목표로 인해 종종 불확실한 관계에 있긴 하지만, 이 두 종류의 투자자들은 때로는 함께 어울리며 협력하기도 한다.

| 10장 |

대기업을 상대하는 주주행동주의자들은 기관투자자들의 도움이 반드시 필요하다

주주행동주의 헤지펀드들이 교과서적인 단기 전망만을 가지는 경우, 이들은 기관투자자들의 지지를 얻지 못할 것이다. 특히 주주행동주의자들이 캠페인을 성공적으로 완수하기 위해 기관투자자들로부터 대규모 지지를 받아야 하는 대기업들의 경우에는 더욱 그러하다.

2006년 1월, 헤지펀드 퍼싱스퀘어Pershing Square Capital의 주주행동주의자 빌 애크먼Bill Ackman은 이러한 사실을 어렵게 깨달았다. 그는 지분을 보유한 다른 기관투자자들로부터 충분한 지지를 얻지 못할 것이라는 계산이 나오자, 맥도날드 8천 개 매장의 3분의 2에 해당하는 부분을 분사하도록 압박하려는 계획을 취소했다. 뉴욕에서 개최된 어느 투자 설명회에서 애크먼은 주주들에게 맥도날드가 매장 매각을 통해 조달된 자금을 자사주를 매입하는 데 사용하기를 바란다고 밝혔다.[1] 기관투자자들은 특정 주주행동주의 노력이 기업가치와 주가에 장기적 향상을 유도할 수 있는지 파악하고자 한다. 그들은 맥도날드의 경우 애크먼의 접근법이 기업의 장기적 경영성과에 도움이 되지 않을 것이라고 믿었다.

애크먼은 일부 기관투자자들의 지지를 얻을 수 있었지만 충분한 수준은 아니었다. 6,000억 달러에 달하는 시가총액은 그 자체만으로도 애크먼이 성공하기 위해 충분히 많은 기관투자자들이 그의 전략이 자신들에게도 이득이 된다고 믿어야 가능하다는 것을 의미했다. 애크먼이 일부 기관투자자들로부터 지지를 얻기 시작하자, 위협을 느낀 맥도날드는 해외 매장의 일부를 프랜차이즈로 전환하고, 자사주매입을 실시하는 것에 동의했다.[2] 이러한 변화들은 애크먼이 기대한 수준에 크게 미치지 못했다. 하지만 초기의 실패에도 불구하고, 애크먼이 지분을 더욱 늘리면서 맥도날드를 개혁하기 위한 노력을 포기하지 않았음을 뜻한다.

맥도날드의 기관투자자들은 주주행동주의 헤지펀드들이 추구하는 이러한 극적인 변화에 대해 준비된 상태가 아니었다. 그럼에도 불구하고 주주행동주의 투자자들은 다른 대형 상장사들을 상대해오고 있었다. 이들의 성공에는 대형 기관투자자층의 지지를 얻는 능력 또한 크게 작용했다.

우리는 이미 릴레이셔널의 랠프 위트워스가 홈디포의 대표이사

행동주의 투자 전략

겸 CEO, 로버트 나델리를 축출하기 위한 캠페인이 성공하기까지 기관투자자들의 지지를 동원한 사례에 대해 다루었다. 위트워스의 노력은 여러 가지 측면에서 볼 때 다른 투자자들의 노력을 등에 업었기 때문에 가능했지만, 대형 상장사를 대상으로 전개한 그의 노력은 결코 저평가할 수 없다. 홈디포의 시가총액은 800억 달러 이상이며, 이는 미국 상장사 중 최대 수준이다.

초대형 상장사를 대상으로 주주행동주의 캠페인을 성공시킨 위트워스의 동료 중에는 주주행동주의 투자자 넬슨 펠츠가 있다. 헤지펀드 트라이언Trian Partners의 배후에 있는 투자자 펠츠는 2006년 8월과 9월, 케첩으로 유명한 식료품업체, 하인즈를 상대로 전개한 위임장대결에서 기관투자자들로부터 상당한 지지를 얻었다. 대부분 기관투자자들로 구성된 주주들은 펠츠와 펠츠가 지명한 또다른 이사후보를 이사로 선출하여 하인즈 경영진이 지지하는 이사회의 일부를 교체하였다.[3] 이번 캠페인을 위해 약 1,400만 달러를 쏟아부으며 필사적인 사투를 벌인 펠츠에게 이는 결코 쉽게 얻은 승리가 아니었다. 사실 펠츠가 지명한 5인의 이사후보 중 고작 2인만 선출되었기 때문에, 이는 반쪽짜리 승리라고 볼 수도 있다. 하지만 ISS의 크리스토퍼 영은 이를 다르게 해석한다.

시가총액 155억 달러에 달하는 대형 상장사에 대해, 단순한 투자 스타일의 기관투자자들로부터 자신이 지명한 이사후보단의 절반을 선출할 지지를 얻어낸 트라이언의 설득력은 비록 절반이라 할지라도 헤지펀드의 주주행동주의에 대한 분수령이라는 의미를 지닌다. 영은 "이번에는 분명히 주주행동주의 이리떼는 아니었다"고 말한다.

실제로 유통주식을 대량으로 매집해 지지를 얻을 수 있는 많은 중소형 상장사들의 경우와는 달리, 위임장대결 시점에서 하인즈의 주주층은 뮤추얼펀드나 연기금과 같은 기관투자자들로 넓게 구성되어 있었다. 하인즈 지분을 보유한 일부 주주행동주의자들도 펠츠를 지원했겠지만, 이들의 투자기간은 기관투자자들에 비해 상대적으로 짧았을 것이다. 이는 상당히 많은 수의 기관투자자들이 펠츠의 성공과 자신들의 장기적 이익이 어느 정도 부합한다고 믿었다는 것을 의미한다.

영은 큰 시가총액은 위임장대결에 대한 주요한 방어막이 될 수 있다고 말한다. 퍼싱스퀘어의 애크먼은 상당수의 기관투자자들이 자신의 계획에 반대한다는 것을 인식했기 때문에, 맥도날드를 상대로 위임장대결을 전개하지 않았다. 한편 펠츠는 성공했다. 영은 "펠츠가 현상태를 유지만 하거나 불만에 대한 의사를 지분 매도로 표시하기만 해왔던 주요 주주들을 설득해야 했다"고 말한다.

하인즈와 같은 기업에서는 주주행동주의 매니저들과 이들의 이리떼 형제들이 충분한 수준의 지분을 매수하기가 사실상 불가능하다. 당시 하인즈의 실적은 다소 부진하긴 했지만 매우 나쁜 것은 아니었기 때문에, 펠츠가 기관투자자들로부터 지지를 받았다는 사실은 많은 이들을 놀라게 했다. 영은 "하인즈의 지배구조 또한 양호한 편이었다"라고 덧붙인다. 이번 캠페인의 성공을 특별하게 만드는 또다른 요인은 기관투자자들이 공개적으로 모습을 드러내지 않으면서, 펠츠의 주주행동주의 캠페인을 도왔다는 점이 있다. 이들은 중요한 순간마다 펠츠에 지지표를 행사했다. 펠츠는 다른 주주행동주의 헤지펀드들이 가지고 있지 않은 자신만의 강력한 경영에 대한 경험을 지니고 있었으며, 이는 그가 승리하는 데 중요한 역할을 했다.

행동주의 투자 전략

영은 2005년 5월 기준으로 하인즈 지분 5%의 가치가 7억 달러에 달할 것으로 예상했다. 2005년 4월 24일, 펠츠는 하인즈 주식 5.4%를 보유하고 있다고 신고했다. 펠츠를 비롯해 칼 아이칸, 재나파트너스의 배리 로젠스타인과 같은 거물급 주주행동주의자들을 대변하는 슐트로스&자벨의 마크 와인가튼Marc Weingarten 파트너는 "주주행동주의자로서 자금이 충분하다면, 대형 상장사를 상대할 수 있다는 것을 보여준다. 그러나 여전히 별다른 고민 없이 수동적으로 경영진이 지명한 후보에게 표를 행사하는 뮤추얼펀드나 연기금 매니저들을 포함한 기관투자자들의 지원이 필요하다."라고 말한다.

영은 펠츠의 성공이 다른 주주행동주의자들로 하여금 대형 상장사들을 상대로 또다른 주주행동주의 캠페인을 자극했다는 측면에서 커다란 획을 그은 사건이라 믿는다고 강조한다. 이 사건은 비용, 시간, 에너지 등의 측면을 비롯해, 기관투자자들의 지지를 얻는 과정의 어려움 등으로 인해 일반적으로 대기업들을 상대로 변화를 압박하는 것을 꺼려왔던 주주행동주의자들의 마음이 움직였을 것이다.

그러나 아직까지 대부분의 주주행동주의 헤지펀드 매니저들은 설득해야 할 기관투자자 주주가 적은 중소형 상장사를 표적으로 삼는 것을 선호한다. 뉴욕 대학교의 에이프릴 클라인은 그녀의 최근 연구를 통해 다음과 같은 결론에 도달했다.[4] 이 연구에서 다룬 155개의 주주행동주의 타깃기업들 중, 고작 열 개 기업만이 대형 상장사지수인 S&P500 지수에 포함되어 있었다.[5] 나머지 대부분의 기업들은 주로 중소기업들이 상장되는 나스닥이나 아메리칸증권거래소American Stock Exchange와 같은 주식시장에 포함되어 있었다(표 10.1 참조).

표 10.1 초기투자시 타깃기업들이 거래된 주식시장

주식시장	주주행동주의 헤지펀드 수
뉴욕증권거래소	47
아메리칸증권거래소(AMEX)	13
나스닥	79
미국장외시장(OTCBB)	7
핑크시트(Pink sheets)	9

출처: 뉴욕 대학교 스턴 경영대학 에이프릴 클라인 부교수 및 이매뉴얼 저(박사과정), '헤지펀드 주주행동주의' (2006년 9월)

주주행동주의 헤지펀드들이 대기업에 성공적으로 변화를 일으키려면, 자신들과 기관투자자들 사이의 간극을 좁혀야 한다. 그러나 이는 하루아침에 이룰 수 없으며, 모든 기관투자자들이 펠츠를 지지한 것도 아니었다. 미국 연기금 중 주주행동주의로 가장 유명한 캘퍼스도 펠츠의 이사후보들에 표를 행사하지 않았다.[6] 캘퍼스의 대변인 브래드 파체코Brad Pacheco는 캘퍼스가 펠츠가 위임장대결에 돌입하기 시작한 이후, 두 달간 하인즈의 경영진과 협상을 벌였다고 말한다. 캘퍼스는 주주총회일 전에 하인즈와 기업지배구조에 대한 합의에 서명했다. 합의에 따라 하인즈는 이사회에 사외이사 2인을 영입하기로 하였고, 이에 대한 대가로 캘퍼스는 펠츠의 이사후보들에게 표를 행사하지 않기로 했다. 파체코는 "우리가 판단하기에는 하인즈가 기업지배구조 개선을 위한 노력을 펼치고 있는 것으로 보였기 때문에, 반대주주의 이사후보를 지지할 필요가 없었다."라고 말한다.

그러나 기관투자자들의 주주행동주의자들에 대한 높아진 지지에도 불구하고, 주주접근권한 제도가 채택되면 기관투자자와 주주행동

행동주의 투자 전략

주의 헤지펀드의 관계에 악영향을 미칠 것이다. 증권거래위원회가 주주접근권한 규정을 승인하면, 투자자는 적은 비용으로 위임장에 한두 명의 이사후보를 지명할 수 있게 된다. 이러한 저비용의 위임장대결 방법은 이사후보선출을 위해 주주들이 위임장 문서를 의무적으로 신고하거나, 칼 아이칸, 펠츠 같은 주주행동주의 헤지펀드 매니저들이 활용하는 고비용의 전통적인 위임장대결에 대한 대안이 될 수 있다. 전미지방공무원노조연맹의 리처드 펄라토 이사는 그가 주시하고 있는 일부 기업들을 겨냥해 이러한 규정에 대한 기관투자자들의 지지를 구하고 있다.

주주행동주의자들의 막대한 위임장대결 비용은 사업부 매각과 같은 변화를 압박함으로써 보상받을 수 있다. 주가가 살짝만 올라도, 지분을 대량으로 보유한 주주행동주의자에게는 수백만 달러의 수익을 의미한다. 인쇄 및 우편 비용을 포함해 위임장대결에 들어가는 총 금액은 투자자산이 분산된 기관투자자들에게는 감당하기 힘든 수준이다. 아무리 주가가 급등한다고 하더라도, 기관투자자가 지불해야 하는 위임장대결 관련 비용을 충당하기 어렵다.

전미지방공무원노조연맹이 제안하는 규정들은 노동조합 임원, 환경운동가 등 특수이해관계 투자자들에게 기업의 의사결정에 대한 형평성에 맞지 않는 강력한 영향력을 줄 것이라고 우려하는 재계의 반발을 받아왔다. 비즈니스라운드테이블Business Roundtable과 미국상공회의소 같은 단체들은 주주집단에 위임장에 한두 명의 이사후보를 지명할 수 있도록 허용하면, 이들이 선출한 이사가 주가 향상의 측면에서 전체 주주들에 대한 선관의무에 반하는 의사결정을 내리도록 기업에 압력을 행사할 것이라고 말한다. 환경단체나 노동조합 등에서 지지하는 이사후보들은 주가 향상을 기대하는 뮤추얼펀드 매니저와는 다른 인센티브를 가질 수 있다. 2006년 9월 29일 비즈니스라운드테이블은 증권거래위원회에 보내는 서한을 통해 "이는 특수이해관계 이사들이 선출되게 만들고, 결국 이들이 전체 주주나 기업이 아닌, 자신들을 지명한 주주들의 이해관계만을 대변하게 될 수도 있다."고 적었다.[7]

그러나 펄라토는 주주접근권한 제도가 도입되면, 점점 그 수가 증가하는 주주행동주의 헤지펀드들이 단기적으로 급격한 변화를 압박하는 것에 대한 대안이 될 수 있기 때문에, CEO들이 이를 지지하는 것을 고려해보아야 한다고 주장한다. 펄라토는 주주들이 기업 투표지에 한두 명의 이사후보를 지명할 수 있게 되지 않는 한, 트라이언의 넬슨 펠츠가 하인즈를 상대로 기관투자자들로부터 상당한 지지를 얻은 것과 같은 사례가 앞으로도 계속될 것이라고 말한다. 많은 수의 연기금 및 뮤추얼펀드 매니저들은 하인즈의 이사회가 비효율적이라고 생각했지만, 동시에 펠츠의 성과실적을 신뢰하지 않았다. 그는 "기관투자자들이 난처한 상황에 있다"라고 말한다.

펄라토는 만약 기관투자자들이 하인즈의 위임장에 자신들이 지지하는 이사후보를 지명할 수 있었다면, 펠츠가 지명한 후보가 대신에 자신들의 이사후보에 표를 행사했을 것이라고 주장한다. 펄라토는 주주행동주의 헤지펀드 매니저가 경영권을 둘러싼 위임장대결을 진행하면, CEO들은 주주행동주의자들의 이사후보가 선출되는 것을 지켜보느니, 차라리 수동적인 기관투자자들에게 이사후보지명 및 선출을 맡길 것이라고 말한다. 펄라토는 "이러한 점으로 인해 주주행동주의가 기관투자자들 사이에서 널리 퍼지게 되겠지만, 그 속도는 주주행동주의 헤지펀드만큼 공격적으로 빠르지는 않을 것이다. 또한, 기관투자자들은 기업들을 흔들기 위해 헤지펀드 매니저들을 찾는 일이 줄어들 것이다. CEO들은 나의 제안을 응원해야 한다."라고 말한다.

ISS의 영은 경영권 쟁탈을 위한 위임장대결을 도모하는 헤지펀드와 같은 시기에 기관투자자가 위임장대결보다 덜 공격적인 주주접근 권한을 기업에 제안하는 경우 헤지펀드의 목표 달성에 차질이 생길 것으로 예측했다. 영은 "이렇게 두 가지 과정이 동시에 진행되면 주주행동주의자들이 힘이 줄어들게 된다"라고 말한다.

그러나 증권거래위원회가 주주접근권한을 승인하기 전까지는 무능한 이사회와 침체된 주가를 대하는 기관투자자들이 지속적으로 주주행동주의 헤지펀드 매니저들을 지원할 가능성이 높다. 억만장자 주주행동주의 투자자 칼 아이칸이 2005년과 2006년 타임워너를 상대로 벌인 캠페인은 기관투자자들의 영향력을 증명한 사례였다. 아이칸은 타임워너의 이사회 의장 리처드 파슨스Richard Parsons로 하여금 기업 분할을 압박하는 것에 대해 기관투자자들의 충분한 지지를 얻을 수 있을 것으로 믿었다. 타임워너의 720억 달러에 달하는 시가총액은 아이칸이 캠페인을 진행하기 위해 많은 기관투자자들의 지지를 구해야 함을 의미했다.

불행히도 아이칸은 기관투자자들의 지지를 충분히 얻지 못했으며, 계획했던 위임장대결을 철회해야 했다. 재나파트너스, SACSAC Capital Advisors LLC, 프랭클린뮤추얼어드바이저스Franklin Mutual Advisors LLC와 같은 주주행동주의자들의 지원에도 불구하고, 아이칸은 기대했던 만큼의 지지를 얻지는 못했다. 중소형 상장사였다면 이 주주행동주의자들

의 투자금은 50%가 넘는 지분에 해당했을 것이지만, 타임워너에서는 지분율이 3%에 불과했다.[8]

기관투자자들의 지원이 부족했음에도 불구하고 아이칸의 노력이 모두 실패인 것은 아니었다. 타임워너는 합의의 일환으로 자사주매입 규모를 늘려 2007년 말까지 200억 달러에 달하는 자사주를 매입하고, 10억 달러의 비용 절감을 달성하겠다고 약속했다.[9] 이는 충분한 수의 기관투자자들이 아이칸의 계획에 지지를 보냈으며, 동시에 기관투자자들이 아이칸으로 기울지 않게 하기 위해 무언가 해야 한다는 것을 인식한 타임워너가 자본재편에 동의한 것으로 보인다. 그러나 주주의 과반은 타임워너가 분할될 경우 가치가 더 높아진다는 아이칸의 핵심 주장에 대해 신뢰하지 않았고, 그날 저녁 파슨스는 이 문제에 대해 자신이 좀더 유리한 입지에 있음을 인지했다. T2파트너스T2 Partners LLC의 휘트니 틸슨Whitney Tilson은 "기본적으로 파슨스는 주주들의 절반 이상이 기업 분할시 가치가 더 높다는 아이칸의 주장을 믿지 않는다는 것을 알고 있었기 때문에, 실제로 아이칸에게 방해하지 말고 꺼지라고 했다."라고 말한다.

아이칸이 위임장대결을 밀고 나갔다면, 역대 최대 규모의 주주행동주의 위임장대결이 되었을 것이다. 파슨스도 11월 28일 아이칸이 경영진과 주주들이 소통할 수 있도록 도와주었다고 언급하면서, 타임워너에 긍정적인 영향을 미친 것은 사실이라고 인정했다.[10] 영은 "아이칸은 욕심이 과했다. 기관투자자들로부터 충분한 표를 얻는 것은 처음부터 불가능했다."라고 말한다.

아이칸은 타임워너에 대한 캠페인 이후, 시가총액 420억 달러

행동주의 투자 전략

에 달하는 또다른 거대 핸드폰 제조사 모토로라를 상대로 이사후보지명을 위한 위임장대결을 펼치는 것으로 2007년을 시작했다. 아이칸은 수억 표 차이로 캠페인에서 패했다. 그가 7억 1,700만 표를 얻은 가운데 현직 이사는 9억 3,100만 표를 얻었다.[11]

타임워너 때와 마찬가지로 이번에도, 그의 노력이 완전히 패배한 것은 아니었다. 아이칸의 캠페인에 대한 부분적인 대답이라도 하듯이, 모토로라는 인력을 감축하여 약 6억 달러의 비용을 절감할 것이라고 발표했다.[12]

또다른 거물급 주주행동주의자인 커크 커코리언도 마찬가지로 욕심이 과했다. 하지만 그는 모토로라나 타임워너가 아닌 세계 최대의 자동차제조사 GM에 이목을 집중했다. 커코리언과 그의 투자기업 트라신다Tracinda Corporation가 GM에 변화를 요구한 노력이 어느 정도 성공했는지의 여부는 여전히 논란이 되고 있다. 2006년 12월, 커코리언은 보유하고 있던 GM의 지분 9.9%를 매각함으로써 적어도 당분간은, GM에 대한 캠페인을 중단하게 되었다.[13] 확실한 것은 커코리언이 기업회생을 목적으로, 디트로이트에 소재한 GM과, 르노Renault SA, 닛산Nissan Motor Company Ltd.이 연대한 합작회사를 세운다는 당초 계획을 달성하지는 못했다는 점이다.[14] 커코리언은 또한 GM으로 하여금, 경영난에 빠졌던 닛산을 성공적으로 회생시킨 것으로 유명한 구조조정 전문가, 닛산-르노 CEO 카를로스 곤Carlos Ghosn을 영입할 것을 촉구했다. GM은 이사회에서 커코리언을 대변하는 제롬 요크의 제안에 근거하여 이 동맹제안을 고려하기로 동의했지만, GM의 경영진이 이러한 파트너십이 기업가치를 향상시킬 수 없다고 판단한 뒤로는 대화를 중단했다.

GM의 CEO, 릭 왜거너Rick Wagoner는 커코리언과의 관계 향상을 위해 요크를 이사회로 영입하는 것에 동의했다. 요크가 이사회에 있음으로 인해 커코리언은 거대 자동차업체인 GM에 대해 어느 정도 영향력을 행사할 수 있었다. 요크가 이사회 내에 버티고 있는 동안, GM은 임원들과 이사들의 보수를 삭감하고 은퇴자들의 의료건강혜택을 줄이며, 일부 직원들에 대한 연금상한규정을 마련하는 것에 동의했다.[15] 많은 자동차업계 전문가들은 커코리언과 요크가 GM 경영진에게 기업회생 절차를 가속화하도록 압박하는 데 성공했으며, 그 주된 성공 요인으로 GM이 주주행동주의자들의 뒤에서 기관투자자들의 상당한 지원이 뒷받침되고 있다는 사실을 알고 있었기 때문이라고 믿는다. 하지만 그것만으로는 충분하지 않았다. 커코리언이 시가총액이 170억 달러에 달하는 이 기업에 대해 충분한 수준의 주주세력을 동원하는 데 성공하지 못했다는 점은 분명한 사실이다. 델라웨어 대학교의 찰스 엘슨은 커코리언이 실패한 이유 중 하나로 그를 대변하여 GM 이사회에서 활동한 대리인을 지적한다. 엘슨은 "요크가 GM의 이사회나 주주들에게 동맹연대가 필요하다는 점을 설득할 능력이 부족했다"라고 말한다.

왜거너와 GM 이사회 사이의 내부적 갈등도 요크와 커코리언이 실패하는 데 큰 영향을 미쳤을 것이다. 요크는 사직서를 통해 GM 이사회가 르노-닛산-GM의 벤처 제안에 대해 자체적으로 독립된 검토를 시행하지 않았으며, 오히려 왜거너의 의견을 받아들였다는 점을 문제삼았다.[16] 그는 또한 GM 경영진이 이사들에게 주요 데이터와 자료를 제공하면서 이들이 충분히 검토할 수 있는 시간을 주지 않은 점을 비난했다.[17] (이는 워싱턴의 미국 의회에서 집권당이 흔히 사용하는 전술이기도 하다.)

ISS의 맥건은 커코리언이 삼자연대를 제안한 이후에 발생한 GM의 단기적 주가 향상이 이러한 삼자연대 계획의 배후에 있던 기관투자자들의 지지를 가져오지 못했다고 지적한다. 그는 많은 투자자들이 주가실적에 대해 만족했으며 현상황을 흔드는 그 어떤 것도 바라지 않았다고 말한다. 그는 다른 투자사들이 커코리언과 왜거너 사이에 심각한 분쟁이 일어날 것이라고 인식하고 있었기 때문에, 이에 겁을 먹고 도망가고 있었다고 덧붙인다. 맥건은 "기관투자자들은 주가성과에 대해 만족하고 있었다. 커코리언은 단기적 기대감을 조성하기 위해 투자자들의 많은 지원을 희생해야 했다."라고 말한다.

커코리언, 애크먼, 아이칸이 GM, 맥도날드, 타임워너 등에서 실패했음으로 불구하고, 한 가지 분명한 점이 있다. 더욱 거대해진 주주행동주의 펀드들이 보다 큰 기업들을 상대하고 있으며, 이제는 기관투자자들의 지지를 받으면서 이러한 노력을 전개한다는 점이다. 중요한 점은 기대했던 모든 변화를 완벽하게 이룬 것은 아니었지만, 이 주주행동주의 캠페인들을 통해 대형 상장사들로부터 어느 정도 긍정적인 반응을 얻어냈다는 것이다.

다른 주주행동주의자들은 대형 상장사들로부터 좀더 높은 수준의 성공을 달성하기도 했다. 위트워스는 홈디포의 CEO 나델리를 축출하는 데 성공했다. 넬슨 펠츠는 하인즈에 대해 이사회 의석 두 개를 확보하고 있다. 이들의 성공 요인으로, 기관투자자들과 주주행동주의자들 사이에 조성된 새로운 커뮤니케이션 시대를 꼽을 수 있다. 그리고 기관투자자들이 자신들의 이해관계가 주주행동주의자들과 일치한다고 느낀다면, 변화가 일어나게 된다.

커코리언, 애크먼, 그리고 아이칸은 어떤가? 이들은 끝을 모른다라는 표현이 적절할 것이다. 커코리언은 다임러-크라이슬러로부터 크라이슬러를 인수하기 위한 입찰에서 패배했음에도 불구하고, 여전히 크라이슬러의 영업에 개입할 것이다. 아이칸은 일전에 실패한 적이 있는 모토로라 이사회 의석을 확보하기 위한 노력을 계속할 것이다. 자아에 상처를 입든 입지 않든, 이러한 주주행동주의자 모두는 대형 상장사를 향한 자신들의 대중적 캠페인에 새로운 힘을 불어넣을 수 있는 계획을 가지고 있다.

행동주의 투자 전략

11장

기관투자자들과
주주행동주의 헤지펀드들:
전 세계의 M&A 거래에 훼방 놓기

기관투자자들은 일반적으로 마음에 들지 않는 초대형 M&A에 직면하는 경우, 좌절하여 두 손을 들거나 보유 지분을 매도했다. 이러한 '무반응' 대응법은 기관투자자들이 가지고 있는 내부적 갈등과 관련이 있다. 투자 포트폴리오에 포함된 특정 기업에 대해 공개적으로 몰아세우는 것은 미래의 고객이나 금융자문계약을 얻는 것을 더욱 어렵게 할 수 있다.

기관투자가들은 대형 M&A의 가격이나 실현 가능성과 관련해 불만이 있을 경우, 임원진과 비공개 회의를 하는 편이다. CEO들과 기관의 포트폴리오 매니저들은 투자자들이 우려하는 점에 대해서 조용히, 매우 신사답고, 분명하게, 프로다운 분위기에서 논의를 진행한다. 코퍼러트 라이브러리의 넬 미노우는 미국의 대형 뮤추얼펀드의 매니저가 어느 포트폴리오 기업의 CEO에게 매우 화가 난 사례에 대해 이야기했다. 이 뮤추얼펀드 매니저는 CEO에게 이제 물러날 때가 되었다고 말했으나, 모든 의사소통은 비공개적으로 진행되었다.

　　　하지만 시대가 변하고 있다. 기관투자자들은 이제 대기업들 사이에 일어나는 M&A에 대해 확대경을 놓고 주시하기 시작했다. 기관투자가들은 정신을 차리기 시작했고, 심사숙고하지 않고 엉망으로 진행해도 되는 M&A 거래들이 더이상 많지 않다는 것을 깨우치고 있다. 일부 기관투자자들은 음지에서 양지로 모습을 드러내고 초대형 M&A에 대해서 자신들의 의견을 공개적으로 드러낸다. 8장에서 다룬 바와 같이 보다 완화된 증권거래위원회 투자자 커뮤니케이션 규정은 이러한 변화의 뒤에 있는 주요 동인이다. 그러나 커뮤니케이션 규정이 완화됐다는 것만으로 기관투자자들이 주주행동주의 관점으로 M&A를 검토하게 된 것은 아니다. 특정 상황에서는 기관투자자들이 해당 M&A에 대해 이미 악소문을 퍼트리기 시작한 주주행동주의 헤지펀드 매니저들을 지원하는 발언을 하기도 한다. 주주행동주의 펀드가 존재하지 않을 때에도 적극적으로 개입하는 경우도 있다.

　　　CAMCiti Bank Asset Management가 2006년 1월 바이오기업들인 치론 Chiron Corporation과 노바티스Novartis AG의 M&A에 대해 표명한 견해를 살펴보자. 비공개적인 성향을 가진 CAM이지만 이 거래에 대해서는 입장을 분명하게 밝혔다. CAM은 치론의 CEO와 이사회 의장을 겸하는 하워드 피엔Howard Pien에게 서한을 보냈고 이를 증권거래위원회 공시에 첨부하여 모든 이들이 자신의 생각을 알 수 있도록 공개했다. 이 서한에서 CAM은 노바티스가 제안한 치론 주당 45달러는 부적절한 가격이라며 반발했다. 주요 기관투자자로 치론 지분 7.61%를 보유하고 있던 CAM은 이 제안에 반대표를 행사하겠다는 계획을 발표했다.

 CAM의 공개적인 반대의사 표명은 기관투자가들이 때로는 공개적으로 주주행동주의 헤지펀드 매니저들을 지지하기 시작했다는 것을 증명한다. 주주행동주의 펀드 밸류액트가 스케줄13D를 제출한 지 약 한 달이 지난 시점에서 CAM이 작성한 서한이 공개되었고, CAM은 치론으로 하여금 노바티스가 제안한 주당 45달러보다 높은 입찰가를 받도록 공개적으로 압박했다. 치론 지분 5%를 보유하고 있던 밸류액트는 딜 브레이커(deal breaker, 역주: 거래를 깨는 사람)의 역할을 자청했다. CAM이 압박의 수위를 높이자 다른 투자자들도 이 M&A에 대해 반대하기 시작했다. 결국 4월 노바티스는 인수가를 54억 달러로 올렸다.[1]

 2005년 프로비디언Providian Financial Corporation이 자사를 워싱턴뮤추얼Washington Mutual Inc.에 매각하기로 결정한 데에 대한 뮤추얼펀드 퍼트넘Putnam Investments LLC의 반응도 이와 유사한 결과를 초래했다. 프로비디언 지분 7.5%를 보유했던 퍼트넘은 경쟁사 MBNAMBNA Corporation가 뱅크오브아메리카에 350억 달러에 매각될 당시 받았던 30% 프리미엄에 비해 낮은 수준이라며, 워싱턴뮤추얼이 제안한 매입가가 지나치게 낮다고 지적했다.[2]

 그러나 MBNA의 주주들은 이 M&A에 대해 자신들만의 문제를 가지고 있었다. 뱅크오브아메리카는 MBNA의 CEO, 브루스 해먼즈 Bruce Hammonds가 지난 2년간, 뱅크오브아메리카가 일부 MBNA 임원들에게 제공한 총 1억 1,700만 달러의 잔류 보너스 및 퇴직금 중 2,300만 달러를 받아왔다고 폭로했다.[3] 퍼트넘의 캠페인에도 불구하고, 주주들은 추가적인 프리미엄 없이 이 M&A를 승인했다.[4]

2004년 악사AXA Financial Inc.가 15억 달러에 모니MONY Group Inc.를 인수하려고 하자, 이를 막기 위한 캠페인이 펼쳐졌다. 2006년 슐트로스&자벨이 발표한 보고서에 따르면, 대형 주주행동주의 주주들인 하이필즈Highfields Capital Management LP와 사우스이스턴은 이 M&A에 반대표를 행사하는 기관투자자 집단에 합류했다.[5] 이 집단의 공개적 캠페인은 부분적으로만 성공한 듯 보인다.

M&A가 막바지에 달하면서 두 합병기업들은 특별배당을 추가하면서, 전체 M&A가치를 더욱 매력적으로 만들었다. 또한 모니의 경영진은 이 M&A를 마무리하면서, 퇴직금 지급액을 낮추는 것에도 동의하였다.[6]

그러나 일부 학자들이 발견한 바와 같이, 주주행동주의 투자자들은 이면에 숨기고 있는 인센티브가 있는 경우가 많다. 뉴욕 대학교 마셀 카한Marcel Kahan 법학교수와 펜실베이니아 대학교University of Pennsylvania 에드워드 록Edward Rock 법학교수는 자신들의 연구 '기업지배구조와 기업통제에 관한 헤지펀드'를 통해, 하이필즈가 발표한 자신들의 해당 M&A 저지 노력에 대한 공식 설명에는 해당 M&A와 관련된 이야기가 모두 포함되지는 않았다고 지적했다.[7]

보고서 중 'M&A 투표를 둘러싼 갈등'이라는 부문에서 이 두 교수는 악사가 모니 인수자금을 조달하기 위해 발행한 전환사채에 대해, 하이필즈가 대량의 매도포지션을 보유하고 있었다는, 투자은행 크레딧스위스퍼스트보스턴Credit Suisse First Boston이 모니 이사회에 제공한 자료를 인용했다.[8] 이 전환사채는 M&A가 체결되면 가치가 올라간다. 그러나 하이필즈가 가지고 있는 매도포지션은 M&A가 체결되지 않으면, 가치가 더 높아진다.[9] 결국 이 주주행동주의자들은 공시하지 않은 추가 사항이 있었던 것이다. 표면적으로는 기관투자자들과 함께하는 것처럼 보였지만, 모든 부분에서 그랬던 것은 아니다.

M&A를 진행하는 기업들과 관련해서, 주주행동주의 헤지펀드 매니저들이 명백한 인센티브를 가지고 있는지 여부는 다른 기관투자자들도 궁금해하고 우려하는 부분이다. 전미교직원연금보험의 기업지배구조 부문 존 윌콕스John Wilcox 수석부사장 겸 대표는 단기투자자들이 파생상품 매매전략을 통해, 심지어 자신들의 이익을 위해 투표를 조작하는 등의 수준까지 금융시장을 흔들 수 있다고 우려한다.

가능한 시나리오 중 하나로, 헤지펀드 매니저가 파생상품 거래나 대차를 통해 주식의 경제적 소유권은 배제하고 투표권만 획득하는 경우가 있다. 텍사스 대학교 헨리 후 교수와 버나드 블랙 교수는 2006년 발표한 한 연구에서 이러한 종류의 사건들에 대해 조사했다.

주주행동주의 투자자들은 이런 전략을 통해 M&A를 둘러싸고 치열하게 대립되는 양측을 조용히 오가며 자신들의 이익을 도모할 것이다. 기업이 타깃기업을 인수하기 위해 거액의 프리미엄을 제공할 수도 있다. 주주행동주의자가 타깃기업의 투자자이고, 해당 M&A가 완수되기를 기대하지만, 인수하는 기업의 주주들은 타깃기업의 가치가 자신들이 지불하는 인수가격에 합당한지 의문을 품는다고 가정해보자. 주주행동주의자는 이익을 달성하기 위해 수수료를 지불하고 인수기업의 지분을 조용히 빌린 후, 해당 M&A에 찬성표를 행사하여 딜이 성사되도록 한다. 결국 이들은 자신들에게 유리한 상황을 미리 만들어놓고 있는 것이다.

이 시나리오와 유사한 사건으로, 헤지펀드 페리Perry Corp.가 참여한 40억 달러 규모의 밀란Mylan Laboratories Inc.과 킹King Pharmaceuticals Inc.의 합병 사례를 들 수 있다. 페리는 킹의 지분을 대량으로 보유하고 있었으며, 밀란의 주주들이 이 합병안에 반대표를 행사하려고 하는 것을 알아챘다. 페리는 M&A가 성사되도록 하기 위해 많은 투표권이 필요했고, 이를 얻기 위해 파생상품 거래를 활용했다. 후 교수에 따르면, 페리는 주식에서 경제적 소유권과 투표권을 분리했다. 하지만 킹−밀란의 합병은 페리의 비밀스러운 이중 작전에도 불구하고, 결국 무산되고 말았다.

월콕스는 증권거래위원회로 하여금 주식보유에 대한 공시를 강화하고, 주주들의 투표 및 기업과의 의사소통의 효율성을 높여 시장이 누가 어느 지분에 대해 표를 행사하는지 분명히 알 수 있도록 요구했다. 그는 전미교직원연금보험과 같은 장기투자자들이 M&A와 관련해 헤지펀드들의 활동을 비롯한 전체 그림을 보고 싶어한다고 말한다. 이들뿐만이 아니다. 월콕스는 "기업들은 누가 진짜 기업을 소유하고 있는지, 누구에게 표를 구해야 하는지 알고 싶어한다. 현재 증권법은 기업들이 투표권을 늘리는 것에 대해 많은 제약을 걸고 있으면서, 또한 주주 현황에 대해서도 알기 어렵게 하고 있다."라고 말한다. 주주행동주의자들이

행동주의 투자 전략

나 기타 투자자들이 특정 M&A를 찬성 또는 반대할 때 이러한 속임수 같은 거래방식을 얼마나 자주 사용되는지는 아직 불분명하다. 일부 기관투자자들이 이미 일부 주주행동주의자들과 협력하고 있을 가능성도 있다. 상당수의 연기금 및 기타 투자자들은 이전보다 더 많은 거래에 대해 반대 의사를 표시하기 위해 주주행동주의 세력에 합류하고 있다. 서로 다른 종류의 투자자들 사이에 존재하는 이 협력의 추세는 이제 전 세계 무대에서도 나타나기 시작했다. 때로는 기관투자자들과 주주행동주의 헤지펀드 매니저들은 M&A에 대해 공개적 주주반대운동을 경험한 적이 없는 곳에서도 세력을 결집하고 있다.

2007년 2월 상당수의 기관 및 개인 투자자들은 일본의 주요 합병안을 무산시키려는 어느 주주행동주의자의 캠페인을 지지했다. 이번 캠페인은 이사회가 승인한 M&A를 저지한 일본 내 최초의 사례가 되었다.[10] 이치고Ichigo Asset Management Ltd.의 CEO, 스콧 캘런Scott Callon은 오사카스틸Osaka Steel에 철강회사 도쿄코테츠Tokyo Kohtetsu Company가 매각되는 M&A를 무산시키기 위해 광범위한 캠페인을 전개했다. 일본에서 M&A 제안은 3분의 2 이상의 찬성을 요구하는 특별결의사항이다. ISS의 마크 골드스타인Marc Goldstein은 캘런의 캠페인이 해당 M&A를 무산시킬 수 있는 수준인 33.4% 이상의 표를 얻은 반면에, M&A에 대한 찬성표는 58%에 불과했다고 강조한다. 골드스타인은 "상당수의 기관 및 개인 투자자들이 이치고에 동의했고, 이들은 함께 M&A가 승인되는 것을 방지할 수 있었다."고 말한다.

약 2,500만 달러의 자산을 운용하는 캘런은 도쿄코테츠에 대한 약 6%의 프리미엄은 그 가치를 저평가한 것이라고 주장했다.[11] 소문에 의하면, 캘런은 오사카스틸에 30%의 프리미엄을 지불할 것을 요구했다고 한다. 그는 인수가 무산되자 도쿄코테츠의 지분을 보유하기로 결정했다.[12]

캘런이 도쿄코테츠를 상대로 캠페인을 진행하기 이전에도, 기관투자자들과 주주행동주의자들은 이미 유럽에서 진행되는 여러 건의 대형 M&A를 저지하기 위해 협력을 해오고 있었다. 2005년 초, 뉴욕 소재의 주주행동주의 투자사 나이트 빈크Knight Vinke Asset Management LLC는 네덜란드의 VNUVNU N.V.가 64억 달러에 IMSIMS Health Inc.를 인수하는 것에 반대했다. 그러자 뜻밖의 연합세력들이 나타났다. 합쳐서 VNU 지분 25%를 보유하고 있던 피델리티와 템플턴Templeton Global Advisors Ltd.은 IMS 인수 건에 대해 찬성표를 행사하지 않겠다고 공개적으로 발표했다. 같은 해 11월 기관투자자들과 주주행동주의자들의 압력을 느낀 기업들은 M&A 계획을 철회했다. 이후 2006년 5월 VNU는 PE 투자자들에게 약 100억 달러에 매각되었으나, 당시 피델리티와 템플턴은 이 매각에 대해서도 회의적이었다.[13]

또다른 전형적인 소극적 기관투자자인 UBSUBS Global Asset Management도 2004년 밀란-킹Mylan-King M&A 건에 대해서 반대의사를 공개적으로 표명했다. UBS가 반대하자 결국 이 M&A도 무산되고 말았다.[14] UBS는 특정 M&A에 대해 이중적인 모습을 보인 페리와는 다르다고 할 수 있다.

다른 뮤추얼펀드들도 경우에 따라 주주행동주의자로 변화해왔다. 티로우프라이스T.Rowe Price Associates Inc.는 볼티모어Baltimore에 소재한 온라인 및 해외 대학들을 운영하는 로리엇에듀케이션Laureate Education

　　　　　　　　　　　　　　행동주의 투자 전략

Inc.에 대한 경영자 매수에 대해 반대했다.

뮤추얼펀드인 오펜하이머펀드OppenheimerFunds Inc.는 비디오게임 제작사 테이크-투Take-Two Interactive Software Inc.의 경영진을 축출하기 위한 캠페인을 진행하는 주주행동주의자들과 기타 투자자들의 대열에 동참했다. 테이크-투에 대해 오펜하이머펀드를 비롯한 반대주주들은 모두 46%의 지분을 보유하고 있었다. 오펜하이머펀드는 위임장대결을 지원했고, 결국 경영권은 새로운 경영진에게 넘겨졌다.

오펜하이머펀드, CAM, 퍼트넘, UBS가 일부 사례를 통해 모습을 드러내는 동안에도, 대다수의 기관투자자들은 수동적인 자세를 유지하거나 또는 겉으로 자신들을 드러내지 않는다. 예를 들어 피델리티는 두 개의 바이아웃펀드들이 라디오기업 클리어채널커뮤니케이션즈Clear Channel Communications Inc.의 자산에 대해 제시한 매입가격과 관련해 비공개적으로 우려를 표했다. 크리스토퍼 영은 "이렇게라도 행동을 보이는 기관투자자들은 예외적인 경우이다. 이들이 행동하고 있다는 것 자체만으로도 큰 변화가 만들어졌다고 볼 수 있다."고 말한다.

사실 M&A 및 자산 매각 등과 관련해 주주행동주의자들의 수많은 거래방해 시도는 기관투자자들로부터 충분한 지지를 얻지 못하는 경우가 많다. 2004년 어린이용 안전제품을 생산하는 퍼스트이어스는 RC2RC2 Corporation에게 1억 3,690만 달러, 주당 18.5달러에 매각되었다. 이 가격은 2,570만 달러의 현금을 보유한 퍼스트이어스에 대해 산타모니카파트너스의 로런스 골드스타인이 평가한 가치보다 낮은 수준이었다. 15년간 변화를 요구해온 골드스타인은 이를 좌시하지 않고, 주당 24달러에 거래가 체결되기를 요구하며 해당 인수 시도를 저지하기 위한 캠페인을 펼치기 시작했다. 그의 노력에도 불구하고 결국은 추가적인 프리미엄 없이 거래는 종결되었다.

영은 주주행동주의 헤지펀드 매니저들과 기관투자자들이 M&A를 겨냥하는 것은 최근 들어 나타난 현상이라고 말한다. 그러면서 M&A 저지가 활발해진 배경에는 기관투자자들보다 주주행동주의 헤지펀드들의 영향이 더 크다고 강조한다. 그에 따르면 합병하는 기업들의 주의를 끌기 위해서는 이 두 투자자 집단들이 서로의 도움을 필요로 한다고 한다. 주주행동주의 헤지펀드는 M&A를 저지하고자 공개적인 캠페인을 전개하지만, 기관투자자들의 지원 없이는 이러한 노력도 결실을 맺지 못한다. 영은 2006년 보고서에서 "얼마 전까지 M&A 자문사들은 일상적으로 M&A 거래가 발표되면 곧바로 해당 딜이 성사될 것으로 간주했다. 규제와 관련한 우려사항들로 인해 가끔 무산되기도 했지만, 과거에는 주주투표의 결과가 이미 정해진 것과 다름없었다. 그러나 오늘날 주주투표의 결과는 집계가 끝나기 전에는 알 수 없다."라고 밝혔다.

그는 주주행동주의자들과 기관투자자들이 M&A 딜을 저지하는 경향에 대한 몇 가지 이유를 제시했다. 주주가치를 향상시키지 못하는 대형 M&A에 대해 이 두 투자자 집단들이 불만을 가지기 시작했다. 영은 2001년 타임워너와 인터넷서비스업체 AOL의 M&A가 매우 결정적인 순간이었다고 말한다. 이 딜을 비롯해 몇 가지 초대형 M&A 거래가 부정적인 결과로 끝나자 기관투자자들은 M&A 거래에 대해 보다 면밀히 조사하기 시작했다. 기관투자자들 중 일부는 주주행동주의자들의 등장을 지원하고 거래에 반대하거나, 적어도 주주가치 측면에서 보다 매력적으로 만들기 위한 압력을 행사하기 시작했다. 투자자들의 의사소통을 보다 자유롭게 한 정부 규제 또한 이들의 노력에 도움이 됐다.

엔론, 월드컴, 헬스사우스Health-South 등 주요 기업들의 몰락을 경험한 주주들은 기업들을 독립된 조직으로 바라볼 때뿐만 아니라, M&A에 참여할 때도 경계심을 늦추지 않는다. 영은 기관투자자들이 은행이나 연금 고객을 잃을 수 있음에도 불구하고, 보다 적극적인 입장을 취할 필요가 있다는 것을 인식하기 시작했다고 덧붙인다. 영은 "이제는 경영진에게만 지속적으로 의존하는 기관투자자들이 자신들의 선관의무를 다하지 않는다는 비난을 받을 것이다"라고 전했다.

| 12장 |

반대하고 반대하고 반대하라

기관투자자들과 주주행동주의자들이 협력했던 다른 사례로는 이사선출을 위한 투표를 들 수 있다. 그러나 현직 이사들과 주주행동주의자들이 추천한 이사후보가 경합하는 거친 위임장대결과 달리, 이러한 형태의 투표는 경영진이 지원하는 이사들에게만 해당된다.

이 주주행동주의 전략은 문제가 되는 주요 이사들의 해임을 지원하기 위해 충분한 수의 주주들을 설득하고자 하는 것이다. 물론 주주들이 특정 이사후보에게 반대표를 행사하는 것은 간단하지만은 않다.

경영진이 지명한 이사후보들에 대해서 전자문서 또는 우편으로 위임된 투표지를 받으면, 주주들은 일반적으로 세 가지 선택을 할 수 있다. 찬성하거나, 기권하거나, 보류하는 것이다. 보류로 적힌 상자에 체크한다는 것은 '아니요'의 뜻으로, 제안사항이나 경영진이 지명한 이사후보에 대해 반대표를 행사하는 것을 의미한다.

무조건 반대 캠페인이라고 알려진 전략에서 주주행동주의자의 목표는 나머지 주주들을 투표지에 적힌 제안사항이나 이사후보로 지명된 현직 이사에 대해 보류 상자에 체크하도록 설득하는 것이다.

대부분의 주주들이 특정 이사에 대해 보류 상자에 체크를 하더라도, 주주들은 이사를 해임할 수 없다. 그러나 많은 주주들이 보류의 의사표시를 하게 되면 그 자체만으로도 이사들과 임원들에게 강력하면서도 당혹스러운 메시지를 전달하게 되고, 결과적으로 자진사퇴나 이사회에 의한 해임으로 이어지기도 한다. 특히 이사나 이사회 의장이 CEO를 겸하는 경우는 이러한 메시지는 이들을 더욱 당혹스럽게 할 것이다.

우리는 이미 월트 디즈니에서 활용되고 세간의 이목을 끈 무조건 반대 캠페인을 살펴보았다. 2004년 투표에 참여한 주주의 약 45%가 CEO 마이클 아이스너의 재선임과 관련한 투표에서 보류표를 행사했다(24%는 디즈니 이사이자 前 미국 상원 민주당 원내대표인 조지 미첼George Mitchell의 재선임에 반대했다). 과반수는 아니었지만 디즈니 이사회에 아이스너가 이사회의 의장직을 더이상 유지해서는 안 된다는 강력한 메시지를 보내기에 충분했다. 캠페인이 끝나고 여론과 투자자들의 반대로 인해 아이스너는 이사회 의장직에서 물러났다.[1] 로이 디즈니의 캠페인을 진행한 샘록홀딩스의 스탠리 골드는 로이의 무조건 반대 캠페인으로 인해 1,000∼1,200만 달러의 비용이 발생했다고 강조한다. 골드는 인쇄 비용을 제외하고도 디즈니 주주들에게 위임장권유신고서를 보내기 위한 우편요금으로 약 200만 달러의 비용이 발생했을 것으로 추정한다. 골드는 또 디즈니가 아이스너와 조지 미첼을 방어하기 위해 3,000∼4,000만 달러를 사용했을 것이라고 추정한다.

로이 디즈니가 쓴 엄청난 비용에도 불구하고, 많은 전문가들은 무조건 반대 캠페인이 전면적인 위임장대결보다 비용과 시간이 적게 든다고 강조한다. 로펌 슐트 로스&자벨이 2006년에 발표한 '무조건 반대 캠페인에 대한 고찰Considerations for 'Just Vote No' Campaigns'에 따르면, 이러한 종류의 캠페인들은 특히 소형 상장사들의 경우 비용이 훨씬 적게 든다. 주주행동주의자들과 기관투자자들은 대다수의 경우 이러한 접근법을 통해 목표를 달성한다. 8장에서 논의한 바와 같이, 증권거래위원회가 1992년 주요 주주 커뮤니케이션 규정을 채택한 이후 무조건 반대 캠페인은 보다 비용이 적게 들고 보다 효율적으로 변했다. 이 전략 역시 증권거래위원회가 이러한 규정들을 채택한 이후 더욱 효과적으로 활용되기 시작했다.

때로는 이사들을 향한 무조건 반대 캠페인들이 초기에는 효과가 없어 보이지만, 나중에 더 큰 무언가를 위한 시작이 될 수 있다. 홈디포의 회장 겸 CEO 로버트 나델리와 이사 1인을 겨냥한 2006년의 무조건 반대 캠페인은 주주행동주의 펀드매니저 랠프 위트워스가 이듬해 캠페인에 성공할 수 있게 도왔다. 나델리의 임원 보수 체계에 분노한 노동조합기금, 전미지방공무원노조연맹은 나델리와 홈디포 이사, 클라우디오 곤잘레스Claudio Gonzalez를 향한 무조건 반대 캠페인을 전개했다. 우선 나델리는 주가가 침체하는 등 기업이 저평가되고 있음에도 과도한 보수를 받고 있었다. 다음으로 곤잘레스는 홈디포 설립자 케네스 랑곤과 부적절한 관계가 있는 위원회들을 비롯, 지나치게 많은 직책을 맡고 있었다. 참여주주의 약 32%가 나델리에 반대표를 행사했고, 곤잘레스는 36%의 반대표를 받았다.[2] 2005년에 나델리를 향해 진행된 무조건 반대 캠페인에서 나델리는 5%의 지지표밖에 얻지 못했다.

2006년에 나타난 이러한 대규모 반발로 인해 나델리는 2007년 연차주주총회를 30분으로 단축했다. 또한 주주총회에 일반적으로 포함되는 질의응답 시간도 의제에서 제외했다. 이전 주주총회와 확연하게 달랐던 또다른 점은 나델리가 주총에 참석한 홈디포의 유일한 이사였다는 것이다. 전미지방공무원노조연맹의 리처드 펄라토는 닭의상을 입은 사람을 회의에 참석하게 만들었다. 펄라토는 "홈디포의 이사들은 나델리의 보수에 대해 주주들에게 한마디 할 수 없을 정도로 겁쟁이chicken들인가?"라고 물었다.

무조건 반대 캠페인에서 볼 수 있었던 나델리를 향한 반대여론과 나델리가 연차주주총회를 통해 보여준 반反 주주친화적인 모습은 주주들이 홈디포에 대한 주주로서의 권한을 박탈당한 느낌을 가지게 했다. 비정상적인 이사회와 신뢰를 잃은 주주총회 투표 또한 랠프 위트워스가 당해 가을에 홈디포 지분을 대량으로 매입하고, 이사후보 2인에 대한 소수이사후보를 지명할 계획을 고려하고 있다는 비공개 서한을 홈디포 이사회로 보내는 원인이 되었다.

위트워스는 자신이 홈디포에 대한 캠페인을 펼치기 전에 그로

　　　　　　　　　　　　　　　行동주의 투자 전략

인해 얻을 수 있는 주주가치 향상 폭에 대해 생각해보았다고 말한다. 또한 홈디포의 변화에 대한 그의 의지를 표명하고, 이와 함께 현재 홈디포가 변화에 얼마나 취약한지를 평가했다. 그는 기관투자자들의 반대여부도 고려했다고 말한다. 위트워스는 "우리는 변화의 가능성을 평가하고 있었다"고 말한다.

위트워스의 노력에 대한 결과로, 홈디포 이사들은 당해 2월 위트워스를 이사후보로 지명하는 데 동의했다. 또한 이사회는 나델리의 보수를 삭감하도록 압박했다. 물론 나델리는 이를 받아들이지 않았다.[3] 기관투자자들의 무조건 반대 캠페인은 나델리와 이사회 사이의 관계를 악화시키기 시작했고, 위트워스가 비공개적인 시도를 전개하고 난 뒤 일은 더욱 커지기 시작했다. ISS의 팻 맥건은 이사회가 결국 나델리가 물러날 때라고 결정했다고 말한다. 맥건은 "랠프의 위임장대결은 수년간 이어져온 투자자들의 불만족에 화학작용을 일으킨 역할을 했다. 무조건 반대 캠페인으로 시작된 이 모든 요소들이 종합적으로 나델리로 하여금 사임하도록 작용했다."고 말한다.

리처드 펄라토는 전미지방공무원노조연맹의 무조건 반대 캠페인 참여가 위트워스의 행보를 위한 토대를 마련해주었다고 말한다. 펄라토는 "주주들은 위트워스가 개입했을 때 이미 정돈되고 준비되어 있었다"고 말한다. 이 정도는 아니었지만, 이해관계의 충돌이 갈등의 양측 모두에게서 발생하고 있었던 세이프웨이Safeway Inc.에서도 무조건 반대 캠페인이 성공적으로 진행되었다. 뉴욕시공무원연금(New York City Employees' Retirement System, 이하 NYCERS), 캘퍼스, 코네티컷공무원연금Connecticut Retirement Plans and Trust Funds, 일리노이공무원연금Illinois

Board of Investment 등을 비롯한 다양한 대형 노동기금 및 공적 연기금들도 세이프웨이의 회장 겸 CEO, 스티븐 버드Steven Burd와 이사 2인을 해임하기 위한 캠페인에 동참하였다.[4]

　　이러한 연기금 집단은 투자자들에게 버드와 몇몇의 이사들이 주주들의 이익을 위해 최선을 다하지 않았으며 그 예로 슈퍼마켓체인인 세이프웨이가 투자자들이 보기에 비정상적으로 높은 가격에 어떤 기업을 매수하기로 결정한 것이 있다고 주장했다. 이 기관투자자들에 따르면, 버드는 바이아웃펀드인 KKR과의 관계 때문에 이해관계 충돌의 문제를 안고 있었다. KKR은 1986년 차입매수 방식을 통해 세이프웨이를 인수하였고, 이후에 상장까지 진행했다. 1999년 KKR은 세이프웨이 지분을 청산하면서, 휴스턴에 소재한 또다른 슈퍼마켓체인인 랜들스푸드마켓Randall's Food Market Inc.을 세이프웨이에 매각했다. 이 인수의 결과는 좋지 않았고, 세이프웨이는 12억 6,000만 달러의 감손비용을 기록하며 주가에도 악영향이 미칠 수밖에 없었다(주가는 2000년 62.5달러에서 2003년 21.91달러로 떨어졌다).

　　랜들스 거래 당시 세이프웨이의 몇몇 이사들은 KKR과 연관되어 있었으며, KKR은 세이프웨이를 인수한 후에도 이사회에 남아 있었다. KKR을 설립한 조지 로버츠George Roberts, 무한책임사원 제임스 그린 주니어James Greene Jr.를 비롯해 KKR과 관계가 있던 일부 인사들은 세이프웨이 이사회에서 한자리씩 맡고 있었다.[5] 그린과 로버츠는 이와 함께 랜들스푸드마켓의 이사직도 맡았다.[6] 주주들은 KKR과 연관된 이사들이 이사회에 영향력을 행사하며, 세이프웨이로 하여금 KKR로부터 랜들스푸드마켓을 높은 가격에 인수하도록 압박했다고 주장했다.

　　　　　　　　　　　　　　행동주의 투자 전략

투자자들의 주장에 대해 세이프웨이 경영진은 세이프웨이가 지난 5년간 경쟁업체들과 비슷한 수준의 성과를 냈다고 반박했다.[7] 또한 랜들스푸드마켓에 지불한 금액이 비슷한 기간에 체결된 다른 유사한 슈퍼마켓 인수 건과 비교했을 때 적절한 수준이었다고 주장했다.[9]

연기금들이 KKR과 세이프웨이의 관계 문제에 집중하는 가운데, 이들이 기관투자자들의 도움을 얻기 힘들게 만든 또다른 이해관계 문제가 발생했다. 캘리포니아 식품노동자연맹(UFCW: United Food and Commercial Workers)의 주도로 오랫동안 지속된 세이프웨이 노동자들의 파업이 종료된 직후의 일이다. 2004년 5월 세이프웨이는 식품노동자연맹과 계약에 관한 협상을 하고 있었다. 세이프웨이는 연기금들이 지지세를 모을 수 없도록 유도했다. 버드와 그의 세력들은 이들 연기금 중 일부가 노동조합과 연관되어 있으며 이들이 행동하는 이유는 주가 향상의 측면보다 세이프웨이가 노동자 파업에 대해 보인 대처에 분개했기 때문일 것이라고 주장했다.[10]

결국 세이프웨이 주주의 17%만이 버드의 이사후보에 반대표를 던졌으며, 이는 대다수의 투자자들이 연기금들의 생각에 전적으로 동의하지 않았음을 의미했다. 그해 얼마 지나지 않아 캘리포니아 주는 숀 해리건Sean Harrigan 캘퍼스 회장을 해임했다. 이후 소방경찰위원회Fire and Police Commissioners에서 활동한 해리건은 자신이 세이프웨이에 대해 펼친 노력과 캘리포니아 주지사 아널드 슈워제네거의 행보에 대해 우려한 것이 자신의 해임에 크게 작용했다고 주장했다.[11]

ISS의 맥건은 미국상공회의소를 비롯한 여러 단체들이 세이프웨이 사례를 노동조합이 주도한 주주행동주의 사례로 간주하고 이 사건에 개입하면서 논란이 시작되었다고 강조했다. 기업 집단들의 주장은 해리건과 캘퍼스가 주주의 이익을 대변하는 것이 아니라 태생적으로 정치적인 입장에 있었다는 것이었다. 캘퍼스는 공적연금기관이며, 이 펀드에 대한 많은 참여자들과 수혜자들은 노동조합에 소속된 주정부 공무원들이다. 또한 지난 수년간 캘퍼스의 목적은 주로 기업의 노동조합들과 목적에 부합한 경우가 많았다.

기관투자자들에게는 이번 캠페인이 완전한 패배는 아니었다. 전국적인 이목이 집중되어 이 연기금기관들이 충분한 지지를 받지 못한 것이 사실이지만, 결국 이들은 제한적인 세력임에도 불구하고 세이프웨이에 상당한 영향을 미쳤다. 세이프웨이는 기관투자자들이 노동조합 펀드들의 캠페인을 지지하지 않도록 주주총회까지 수 주간 몇 가지 변화를 시행했다. 5월 3일, 세이프웨이는 주주총회 직후 KKR의 로버츠와 그린, 그리고 또다른 이사 1인이 독립성을 문제로 60일 이내에 이사직에서 물러날 것이라고 발표했다.[12] 세이프웨이는 이후 사외이사 3인을 영입할 것이다.

세이프웨이가 그린과 로버츠를 사외이사로 교체하는 것은 버드에 대한 충분한 규모의 기관투자자 지지를 얻기에 충분했다.[13] 노동조합기금들도 버드를 해임하고자 하는 목표를 달성하지는 못했지만, 새로운 사외이사들의 존재는 어느 정도 성공을 의미했다. 맥건은 "세이프웨이는 보다 향상된 기업지배구조를 가지게 되었다. 이 기업의 경영진과 이사회는 이제 연기금을 비롯한 기관투자자 모두와 빈번하게 대화의 시간을 갖는다."고 말한다.

한편, 보다 공격적인 위임장대결 등의 전술을 구사하는 주주행

행동주의 투자 전략

동주의 헤지펀드 매니저들은 시험 삼아 무조건 반대 캠페인을 시도하기도 했다. 2006년 4월, 재나파트너스의 주주행동주의 매니저 배리 로젠스타인은 휴스턴익스플로레이션의 이사들을 축출하기 위해 무조건 반대 캠페인을 펼쳤다. 주로 기관투자자들로 구성된 참여주주의 30%가 휴스턴익스플로레이션의 현직 이사들에 대해 보류표를 행사했지만 이사회를 설득하기 위해 필요한 수준에 미치지 못했다.[14]

가끔은 무조건 반대 캠페인에 대한 협박 자체만으로도 충분한 경우도 있다. 코퍼러트 라이브러리 넬 미노우는 자신이 운용자산 1억 달러의 주주행동주의 펀드인 렌즈를 운용할 때 이러한 캠페인을 고려했었다고 말한다. 미노우는 다른 기관투자자들의 지원이 있다면, 무조건 반대 캠페인을 하겠다는 위협만으로도 변화가 필요하다고 생각하는 기업의 경영진을 설득하는 데 충분한 결과를 낼 수 있을 것이라 판단했다.

미노우는 한 기업의 이사회가 CFO의 투자은행가, CEO의 변호사, 경영진이 이끄는 재즈 밴드에서 클라리넷을 연주할 것 같은 사람, 알코올중독자 등으로 구성되어 있었다고 말했다. 미노우는 CEO에게 "내가 만족할 만한 사외이사를 영입하는 것이 좋을 것이다. 아니면 역사상 가장 성공적이라고 불릴 만한 무조건 반대 캠페인을 펼칠 것이고, 그렇게 되면 이사회에 당신 사람은 한 명도 없을 것이다."라고 비공개로 말했다.

미노우는 또다른 기업에서도 무조건 반대 캠페인에 대한 협박으로 임원진들을 설득해 여섯 명의 이사후보에 대한 동의를 얻어내었다. 이러한 성공은 해당 기업의 임원들이 미노우가 많은 대형 기관투자자들의 지지를 등에 업고 있다는 것을 알고 있었기 때문에 가능했다. 미노우는 해당 기업의 CEO에게 "이제 이사후보추천위원회가 해야 할 일에 대해서 이야기해볼 시간이다. 나는 당신을 깐깐하게 대할 것이다. 이사회 구성원들이 이 사람들보다 뛰어난 인물일 필요는 없다. 기준이 그렇게 높은 것도 아니다. 어쨌든 나는 여섯 명의 이사후보자 이름을 알려주겠다. 이 여섯 명을 선택하던지 아니면 내가 추천한 인물들보다 뛰어난 후보들을 추천해라."라고 말했다.

미노우는 이 기업이 그녀가 추천한 여섯 명 중 사업부 매니저 1인을 받아들이고, 결국 다른 강력한 후보자들을 찾았다고 말한다. 미노우는 렌즈에서 기관투자자들로부터 받은 지지에도 불구하고, 여전히 전통적인 기관투자자들이 주주행동주의자가 되는 것에 대해서는 비관적인 입장이다. 그녀는 CAM, 피델리티, UBS 등과 같은 기관투자자들의 공개적인 주주행동주의 사례들은 예외적이며, 아직까지는 일반적이라고 할 수 없다고 강조한다. 대부분의 관심 있는 기관투자자들은 주주행동주의 헤지펀드들의 노력에 반응하여, 주도적으로 반대주주 캠페인을 펼치기보다는 짧은 서한을 작성하고 증권거래위원회 공시를 최소한으로 표준에 맞게만 작성한다. 렌즈에서 미노우는 약 10년간 자신의 캠페인에 임원들을 참여시키고, 기관투자자들의 지원을 구해왔다. 그녀의 일 중 가장 중요한 부분은 렌즈가 작성한 리서치 자료를 가지고 기관투자자들을 찾아가 지원을 요청하는 것이었다. 미노우는 "나는 '여기 제가 기업가치 향상을 위해 벌여온 모든 리서치가 담겨 있습니다'라고 말한다. 하지만 대부분의 기관투자자들은 나를 도와주지 않는다."라고 말한다.

기관투자자들의 무조건 반대 캠페인 중 가장 주요한 것은 일반적으로 노동조합연금들과 공적연금들이 펼치는 것들이다. 미노우는 그러나 기업에 변화를 일으키는 데 가장 효과적인 촉매제는 주주행동주의 헤지펀드들이라고 말한다. 주주행동주의자들은 면밀하고 사려 깊은 리서치를 수행하고 자세한 서한 작성을 통해 임원들과 성공적으로 소통한다. 그러면서도 미노우는 기관투자자들이 보다 자주 전면으로 나서주기를 기대하고 있다고 말한다. 미노우는 일부 기관투자자들이 공개적으로 기업들을 비난하기 시작한 것은 매우 옳은 일이며, 일종의 경고사격과도 같다고 덧붙인다.

위트워스, 미노우 그리고 다른 주주행동주의자들은 기관투자자들이 무조건 반대 캠페인을 통해 변화를 만들어내고 있다는 점을 인정한다. 홈디포와 세이프웨이의 사례와 같이 기관투자자들이 캠페인을 주도하고, 주주행동주의 헤지펀드 매니저들을 따라 캠페인에 가담하는 것을 볼 때 기관투자자들이 이사회 지배구조에 대한 변화를 요구하고 있다는 것은 분명한 사실이다.

무조건 반대 캠페인을 시작하기도 전에 주주들이 승리를 거두는 때도 있다. 앞서 언급한 바와 같이 기관투자자들은 무조건 반대 캠페인에 대한 비공개적 위협을 통해 경영진에게 이사회 개선을 포함한 다양한 개선사항들에 대해 설득할 수도 있다. 공개적인 작업이 필요한 경우도 있다. 홈디포의 사례에서 보았듯이, 처음에는 무조건 반대 캠페인이 변화를 유발하지 않더라도, 수년이 지난 후에 성공적인 가치 향상의 결과를 내는 도미노 현상을 촉발할 수 있다. 증권거래위원회와 뉴욕증권거래소가 브로커의 의결권 대리행사 중 부정투표의 성격을 띠는 제도를 폐지하게 되면, 무조건 반대 캠페인이 보다 강력한 힘을 발휘할 수 있을 것으로 기대된다.

기관투자자들도 무조건 반대 캠페인을 통해 보다 다양한 노력을 하고 있으며, 적대적 인수 방어 조항을 삭제하도록 압박하는 것과 같은 기존에 증명된 다른 전술들도 지속적으로 활용하고 있다. 이 부분이 다음 장의 주제이다. 이러한 노력들이 바로 가시적인 성과를 낼 수는 없지만, 주주행동주의 헤지펀드의 급성장과 함께 그 어느 때보다도 빠른 속도로 주주가치를 향상시킬 수 있을 것이다.

| 13장 |

정관 변경에 따른
주주행동주의 펀드의
투자 전략

기관투자자들은 M&A 거래를 저지하고, 현직 이사를 축출하기 위한 캠페인을 펼치는 등의 노력을 함에도 불구하고 주주행동주의자가 되는 과정에서 어려움을 겪는다. 이러한 종류의 주주행동주의 노력들은 말하자면 '무거운 것을 대신 들어주는' 주주행동주의 헤지펀드들과 함께 진행된다. 기관투자자들 또한 간접적이긴 하지만 주주행동주의 헤지펀드들을 도울 수 있는 다른 방법을 찾아왔다. 그것은 바로 주주제안이다.

대부분의 기관투자자들은 포트폴리오를 구성하고 있는 수백 개의 기업들에 대해 다양한 제안사항을 맞닥뜨리게 된다. 매년, 연차주주총회 전에 주주들은 연차보고서와 함께 주주들이 투표해야 하는 제안사항들이 정리된 책자를 받는다.

이사선출투표와 외부감사의 승인이 끝나면 투자자들은 다양한 주주제안을 마주하게 된다. 이러한 제안사항의 대부분은 다국적기업을 표적으로 하며, 온실가스 배출 감축, 천연자원 보존, 기업의 전 세계 생산과 관련한 국제 노동기준 정립 등을 요구한다. 월마트를 예로 들면, 투자자들은 기업의 정치헌금에 대해 더 많은 정보 공개를 요구하는 내용을 포함해 열 개 이상의 주주제안을 보게 될 것이다.

그리고 많은 기업들은 향후에 발생할 수 있는 주주행동주의 헤지펀드 캠페인의 성공과 실패에 직접적인 영향을 줄 수 있는 다양한 제안사항을 주주총회에 상정해 정관을 수정하고 있다. 비공개적으로 임원들을 압박하든 전면적인 공개적 위임장대결을 진행하든, 기업 정관의 일부를 수정했다는 것은 다음해 캠페인에 더 많은 요구가 가능하다는 것을 의미한다. 넬 미노우는 "나는 이를 협상력이라고 부른다. 주주행동주의 헤지펀드들은 사람들의 노력을 통해 협상력을 얻을 수 있다. 이 경우는 요구사항이 많지 않은 기관투자자들의 노력이 되겠다. 다른 사람들이 당신을 대신해 길을 만들어주면 좋지 않은가?"라고 말한다.

지난 수년간 기관투자자들 사이에서 자주 활용된 방법은 이사임기교차제에서 차등임기나 시차임기를 없애도록 기업에 압박하는 것이다. 이사임기교차제가 있으면 매년 이사회의 일부에 대해서만 투표를 할 수 있다. 예를 들어 9인으로 구성된 이사회에서 3년간 매년 3인의 이사에 대해서만 투표를 진행할 수 있다.

많은 기업들이 기존 이사를 축출하고 경영진을 교체하려는 반대주주의 위임장대결을 방지하기 위해 이사임기교차제를 마련하고 있다. 이 경영권방어제도가 제거되면 반대주주가 위임장대결을 펼치기 용이해진다. 또한 경영진 입장에서 이 제도는 반대주주가 이사회 전체를 교체할 수도 있다는 의미이기 때문에, 반대주주가 경영진과의 막후 협상에서 보다 큰 협상력을 가지게 된다.

주주들에게 M&A, 위임장대결, 정관 등에 대해 어떻게 투표해야 하는지에 대한 조언을 제공하는 메릴랜드 록빌 소재의 ISS에 따르면, 투자자들이 이사임기교차제 폐지를 위해 제출한 제안은 2005년 48건에서 2006년 55건으로 증가했다.[1] 2006년 제출된 55개의 제안사항 중 65.7%인 36건은 과반표의 지지를 얻었다. 2005년 48건의 제안 중에는 63.2%가 주주의 과반으로부터 찬성표를 얻었다.[2] 이러한 결과는 주주들이 지속적으로 이 조항에 대해 강력히 반대하고 있음을 나타낸다.

일반적으로 이사임기교차제를 비롯해 투자자들이 제안하는 대부분의 정책들은 주주들이 기업에 요청하는 것으로 법적구속력이 없다. 즉 투표에 참여하는 주주의 반수 이상이 해당 제안에 대해 동의표를 행사하더라도, 기업이 이러한 결정을 따를 의무가 없다는 것이다. 그러나 요즘은 기업들이 주주들의 요구를 충족하기 위해 정관을 수정하는 등 이들의 제안을 심각하게 그리고 자발적으로 받아들이는 사례가 이전보다 늘어나고 있다.

다른 사례에서도 살펴보았듯이, 기업을 당황하게 하는 전략은 매우 강력한 요소로 작용한다. 기업은 주주들의 바람을 저버린다는 인상을 갖는 것을 원하지 않는다. 결과적으로 기업들이 재빠르게 이사임기교차제 조항을 삭제하고 있다. ISS 자료에 따르면, 2006년을 기준으로 S&P500대 기업의 45%만이 이사임기교차제를 운영하고 있었다.[3] 2003년에는 S&P500대 기업의 60%가 이사임기교차제를 채택하고 있었다.[4]

　　기관투자자들은 또다른 주요 정관 조항의 삭제와 관련해 주주행동주의자들을 지속적으로 지원하고 있었다. 주주권리계획이라고도 불리는 포이즌 필은 적대적 M&A에 대한 방어조항으로서 시장에 유통되는 주식의 수를 늘림으로써 적대적 인수자가 지배지분을 축적하는 것을 방지한다. 이 조항의 작동원리는 다음과 같다. 적대적 인수자가 보통 10~20% 수준 이상의 소수지분을 매입하려 시도하면, 해당 기업은 적대적 인수자를 제외한 주주들에게 정관에 명시된 권리를 다수의 보통주식으로 전환할 수 있게 한다. 이로 인해 적대적 인수자가 보유한 지분은 즉각적으로 희석되고, 지배지분을 얻는 비용이 매우 높아지게 되므로 기업의 경영권을 얻는 것이 사실상 불가능해진다.

　　포이즌 필은 적대적 인수자의 의지를 꺾을 뿐 아니라, 적대적 인수자로 하여금 경영진과 M&A에 대해 협상하게 만든다는 점에서 기업 임원들의 사랑을 받고 있다. 기업들은 포이즌 필이 주주들의 권리를 보호한다고 주장하기 때문에, 주주권리계획이라고도 부른다. 또 포이즌 필이 잠재적 적대적 인수자들을 임원들과의 협상 테이블로 오게 만든다고 믿는다. 따라서 적대적 인수자는 인수가를 더욱 높이게 되고, 경영권 이양의 상황에서 적대적인 분위기였다면 불가능했을 추가적인 프리미엄이 투자자들에게 지급된다. 그러나 일반적으로 포이즌 필은 위임장대결이 발생하는 것을 막지는 못한다.

　　1980년대 기업인수자들의 시대 이후에는, 대다수의 미국 기업들이 포이즌 필 규정을 채택했다. 많은 기관투자자들은 포이즌 필 삭제를 요구하기보다 이에 대한 주주투표를 요청하는 제안서를 제출하고 있다. 포이즌 필을 도입하는 것은 기관투자자들이 경영진들과의 협상에서 협상력을 얻기 위한 주요 전략으로 활용되어 왔다.

　　ISS에 따르면, 2006년 한 해 동안 포이즌 필에 대해 주주결의를 요구하는 투자자 제안은 2005년 24건, 2004년 51건보다 감소한 11건에 불과했다.[5] 그러나 이 수치는 사실을 왜곡할 소지가 있다. 주주행동주의 기관투자자들의 압력하에서 포이즌 필 삭제에 대한 공식적인 주주결의가 진행되기 전에 경영진이 포이즌 필에 대한 삭제 또는 수정에 동의한다는 점을 고려할 때, 지난 수년간 실제로 발생한 포이즌 필 관련 제안건수는 그 이전보다 많을 가능성이 높다. 경영진이 투자자들의 과반수가 주주제안 사안에 동의표를 행사할 것을 아는 경우, 체면을 살리기 위해 이러한 변화요구를 수용할 것이다. 포이즌 필과 관련한 제안이 감소하는 또다른 요인으로 10년 전보다 포이즌 필을 보유한 기업의 수 자체가 적다는 점이 있다. ISS는 2006년 한 해 동안 S&P500 기업의 54%가 포이즌 필을 더이상 채택하지 않고 있다고 밝혔다.[6] 포이즌 필 관련 제안을 도입하는 것에 대해 기관투자자들의 큰 관심을 가지지 않는 이유는 기관투자자들이 이에 대해 우려하지 않는다기보다는 투자자들의 관심이 다른 제안사항들에 집중되었기 때문일 것이다.

　　그럼에도 불구하고 포이즌 필에 대한 주주의결을 요청하는 제안들은 지난 수년간 꾸준히 표를 얻고 있으며, 그러한 추세는 여전히 지속되고 있다. ISS는 2004년 1월에서 6월 사이 포이즌 필에 대한 제안은 평균적으로 61.8%의 지지를 얻었다고 밝혔다. 2005년과 2006년 같은 기간에는 해당 제안에 대해 평균적으로 각각 57.8%, 55.6%의 동의를 받았다.[7]

이사임기교차제와 마찬가지로, 포이즌 필과 관련해 주주결의를 시행하는 것은 기업 이사회에 대한 협상력을 얻고자 하는 주주행동주의 헤지펀드 매니저들에게 도움이 된다. 포이즌 필이 주주들의 이해관계와 일치하면 주주행동주의자는 기업과의 비공개 협상이나 공개적인 위임장대결에서 활용할 수 있는 중요한 협상카드를 얻게 된다. 이는 주주행동주의자들이 기업들을 상대로 자산 매각이나 자사주매입과 같은 특정 변화를 요구할 때 그들의 영향력이 더욱 커졌다는 것을 의미한다. ISS는 "이전보다 위임장대결이 더 많아진 또다른 이유는 포이즌 필, 이사임기교차제 등 기타 적대적 인수에 대한 방어수단이 점차적으로 사라지고 있다는 점이다."라고 발표했다.[8]

주주행동주의자들의 관점에서 주주친화적인 정관 조항 그 자체만으로는 변화의 촉매를 만들지 못한다. 주주행동주의 헤지펀드의 성공은 여전히 기업의 다른 투자자들의 지원을 얻는 능력에 달려 있다. 어느 기관투자자가 특정 기업이 채택한 이사임기교차제를 삭제하는 것에 찬성표를 행사한다고 해서 주주행동주의 헤지펀드가 자신이 추천한 이사후보에 대해 이 기관투자자의 지지를 받았다고는 할 수는 없다. 포이즌 필에 대한 주주결의를 압박하는 기관투자자들은 주주행동주의자들의 이러한 활동에 대해 쉽게 반대할 수도 있다.

그러나 PL캐피털의 리처드 래슐리는 포이즌 필이나 기타 경영

행동주의 투자 전략

권방어수단이 없는 기업들이 일반적으로 주주들에 대한 투명성이 높다는 것을 발견했다고 말한다. 또한 그는 주주행동주의자와 해당 조항의 삭제를 지지하는 기관투자자의 관계가 반대하는 기관투자자와의 관계보다 좋다고 믿는다.

많은 기관투자자들은 특정 정관 조항에 대해 반대 또는 지지하는 것에 대해 정리된 기업지배구조 원칙과 가이드라인을 가지고 있다. 예를 들어 캘퍼스는 '미국 기업지배구조 핵심원칙과 가이드라인'이라는 제목의 규정집을 통해 지배구조와 관련된 일련의 참고사항들을 제공하고 있다. 그 내용으로는 포이즌 필에 대한 주주들의 승인, 연간 진행되는 이사선출, 주주의 특별주주총회 소집 권한 부여 및 서면동의 등에 대한 가이드라인이 포함되어 있다.[9]

포트폴리오에 편입된 기업의 정관에 포이즌 필이나 이사임기교차제에 대한 규정이 있을 경우, 많은 기관투자자들은 자동적으로 내부적 가이드라인에 따라 이를 삭제하도록 투표권을 행사하게 되어 있다. 또한 일부 기관투자자들은 이러한 정책을 지원하기 위해 자동 투표절차를 마련하기도 한다.

그러나 주주행동주의자들이 지배구조와 관련하여 제안하는 사항 중에서 기관투자자들의 자동 투표절차에서 배제되는 것이 있는데, 그것은 바로 이사선출에 대한 집중투표제다. 한때 유행했던 이 조항은, 주주들이 자신의 의결권 전체를 1인의 이사후보에게 집중하거나 또는 다수의 이사후보들에게 나누어 행사할 수 있게 한다. ISS는 집중투표제를 요청하는 제안 횟수가 2006년 상반기에 23회, 2005년 상반기에 17회, 2004년 같은 기간에 23회 발생했다고 밝혔다.[10] 집중투표제에 대한 제안은 지난 수년간 꾸준하게 발생했지만, ISS는 집중투표제가 기업의 정관과 기관투자자들의 관심에서 사라지고 있는 것으로 보인다고 강조한다. 집중투표제가 지난 몇 년간 열렬한 지지를 받지 못한 것이 사실이다. 집중투표제는 2006년 상반기 동안 39.8%의 지지를 받았으며, 2005년에는 40.4%, 2004년에는 34.8%의 지지를 받았다.[11]

미국 기업들 사이에서 집중투표제가 사라지고 있는 것에 대해 한탄하는 주주행동주의 헤지펀드 매니저가 있다. 산타모니카의 로런스 골드스타인은 과거에 기관투자자들이 적극적으로 지지했던 집중투표제는 주주행동주의자들에게 매우 중요한 사항이라고 말한다. 그는 집중투표제가 미국 의회에서 인구밀도가 낮은 주에 대해 추가적인 배려를 하는 것과 같이 그 절차가 민주적이라고 덧붙이며, 소수주주들이 기업들에게 더 큰 목소리를 낼 수 있게 해준다고 강조한다. 집중투표제가 정관에 포함되어 있는 기업들은 소수주주들의 우려에 귀를 기울이는 시간을 갖는다고 말한다. 골드스타인은 "지난 50년간, 집중투표제는 도도새와 같이 멸종의 길을 걸어왔다. 이 제도는 작지만 의미 있는 소수주주들의 목소리를 대변할 수 있게 한다는 점에서 민주적인 것이다."라고 말한다.

집중투표제와 포이즌 필을 위한 제안이 점차 사라져가고 있는 가운데, 기관투자자들은 이사선출에 대해 주주들의 영향력을 강화시킬 수 있는 새로운 정관 수정안에 주목하기 시작했다. 연기금을 비롯한 많은 기관투자자들은 참여주주의 과반수가 기권표나 사실상 반대표에 해당하는 보류표를 행사하더라도, 현직 이사가 이사회에 잔류할 수 있도록 하는 다수결투표 제도를 철폐하려 하고 있다.

행동주의 투자 전략

현재의 다수결투표 제도는 이론적으로 한 표만 획득해도 이사로 선출될 수 있다. 기관투자자들은 일반적으로 경영진이 지지하는 이사후보들에게 표를 행사했으나, 이사선출투표에서 다수표를 얻어야 이사로 선출되는 것으로 제도가 바뀔 경우 무조건 경영진측의 후보에 표를 행사하는 관행은 바뀔 수 있다. 물론 이러한 선거는 현직 이사가 특별한 반대를 받지 않는다는 것을 전제한다. 전통적인 위임장대결에서는 득표가 매우 중요하다.

실제로 과반수투표 제도Majority Vote System는 12장에서 논의한 무조건 반대 캠페인을 전개할 때 주주들의 협상력을 높여준다. 기업이 과반수투표 제도를 채택하는 경우, 투자자들은 단순히 우려사항에 대해 표현만 하는 것뿐만 아니라, 보다 강력한 협상력을 가질 수 있다. 과반수투표 제도를 운영하는 기업을 상대로 무조건 반대 캠페인을 펼치는 주주행동주의자와 기관투자자들은 이사회로 하여금 기업내부자들의 의사와 관계없이 현직 이사들을 대체할 이사후보를 물색하도록 한다. 과반수투표 제도가 더욱 일반적으로 활용된다면, 이사들을 축출하기 위해 고비용의 위임장대결을 치르지 않아도 될 것이다.

그러나 회사의 방침에 대해 좌절감과 불만을 가진 주주들에 의해 현직 이사회가 통째로 교체되면 그럴 필요가 없겠지만, 이러한 단계에 도달하기 전에 과반수투표 제도가 정확히 어떻게 작동하는지에 대한 물음에 충분한 답변을 해보아야 한다. 대부분의 주에서는 신규 이사가 선출되고 자격심사를 통과할 때까지 기존 이사가 이사직을 유지하도록 하는 유임제도를 채택하고 있다.

인텔Intel Corporation을 비롯한 수십 개의 기업들은 반대주주들이 원하는 것과 비슷한 수준의 과반수투표 제도를 운영하고 있다. 그러나 기업들이 이러한 수준으로 이 제도를 운영하기까지 기관투자자들의 압력이 크게 작용했다.[12] 인텔에서는 새로운 이사후보가 참여주주의 과반표를 받지 못하면 이사로 선출될 수 없다.[13] 가정을 해본다면 인텔은 비록 주주들을 조롱하는 격이 될지라도 이후에 해당 이사후보를 다시 지명할 수도 있을 것이다. 현직에 있는 이사후보가 과반수의 주주로부터 표를 얻지 못하면 인텔 이사회에 사직서를 제출해야 하고, 이사회는 해당 사직서를 수용할지에 대한 결정을 내려야 한다. 이사회에서 해당 현직 이사후보의 사직서를 승인하지 않을 수 있기 때문에 이 제도는 주주들에 최종 권한이 있는 것은 아니다.

수십 개의 기업들이 과반수투표 제도를 정관에 채택하고 있고, 다른 많은 기업들도 이와 유사한 준準 다수결제도인 이사사임정책을 채택하고 있다. 이사사임정책은 다수결 제도와 유사하나, 규정에 대한 삭제가 좀더 까다롭다. 이 제도는 실질적인 다수결 제도로 이를 처음으로 시행한 기업의 이름에 따라 화이자 접근법Pfizer approach이라고도 불리는데, 많은 기업들이 이 조항을 채택하려고 노력할 것이다. 인텔에는 해당 사항이 없지만, 투자자 집단들은 기업들이 다수결투표 제도 수정에 대해 주주결의를 의무화할 것을 요구하고 있다.[14]

노조기금인 전미지방공무원노조연맹은 현직이사나 새로운 지명자 모두 주주들의 승인을 받지 못하더라도, 기업이 새로운 이사후보를 선임할 수 있는 방법은 매우 다양하다고 주장한다. 한 가지 방법은 이사를 선출하는 데 실패한 투표로부터 수개월이 지난 후, 새로운 이사후보를 소개하고 다시 선거를 개최하는 것이 있다. 다른 방법으로는 선

행동주의 투자 전략

거에서 패배한 현직 이사후보가 현직에 12개월 동안 머무르는 방법이다. 이 방법을 도입하면 이사후보추천위원회는 해당 기간 동안 다음해 연차주주총회에서 진행될 이사선출투표에 대비해 새로운 이사후보를 물색해야 한다. 이 시스템은 대부분의 이사임기교차제에서 발생하는 문제와 같이 현직 이사후보가 재선출에 실패했음에도 불구하고, 자동으로 3년 임기를 추가적으로 맡는 것을 방지한다.

증권거래위원회는 이러한 문제의 중간에 서 있다. 전미지방공무원노조연맹을 비롯한 주주행동주의 기관투자자들은 많은 미국 기업들이 참고하도록 주주를 위한 과반수투표 제도에 관한 제안서를 제출했다. 이들의 제안서는 법적구속력이 없기 때문에 주주의 과반수가 동의했다고 할지라도 기업이 해당 조치를 시행할 의무가 있는 것은 아니다. 그러나 이들의 전략은 한 번에 기업 한 곳씩 선거 절차를 수정하도록 하는 것이다.

이에 대해 몇몇 기업들은 기업의 위임장문서에 주주제안 항목을 삭제할 것을 요청하는 청원서를 증권거래위원회에 제출했다. 증권거래위원회는 기업들의 이러한 요청을 받아들이지 않았다. ISS에 따르면, 현재까지 약 40개의 기업들이 이사선출투표 절차에 인텔 스타일의 과반수투표를 전면적으로 채택해오고 있다.[15] 이들 중 대부분은 2006년에 설치되었지만, 일부는 2004년과 2005년에 채택되었다. 140개 이상의 다른 기업들은 조금 완화된 이사사임정책을 절충적으로 활용하고 있다.[16] 2006년 한 해 동안, 150개 이상의 기업들이 과반수투표 제안을 제출했다.[17] 지금까지 이 제안들 중 36개가 주주의 과반수로부터 지지를 받았으며, 이는 2005년 13개보다 증가한 수준이다.[18] 이러한 수치들은 과거에 비해 매우 향상된 것이었다. 2004년, ISS는 과반수투표 제안이 투자자들의 12% 미만으로부터 지지를 받았다고 발표했다.[19]

　　어떤 기관에서는 실제 시나리오를 바탕으로 과반수투표 제안에 대한 실험을 진행했다. 이 기관의 집계에 따르면 노동자연맹의 자금으로 운영되는 CtW가 CVS/케어마크의 이사 로저 헤드릭을 축출하기 위해 제출한 제안서에 대해 주주의 42.7%가량이 찬성표를 행사했다. CtW의 마이클 갈랜드 이사는 부정투표의 성격을 갖는 브로커의 의결권 대리행사가 금지된 표Broker nonvotes를 배제한다면, 주주의 57%가 헤드릭의 해임에 동의표를 행사한 것을 의미하게 된다고 말한다. 흥미롭게도 갈랜드는 증권브로커들이 임의로 행사하는 이러한 표를 제외한다면 과반수투표 제도를 도입해온 CVS/케어마크가 과반수투표에 대한 첫번째 사례가 되었을 것이라고 말한다. 갈랜드는 "증권브로커들의 표를 제외하면, 헤드릭은 이사후보추천위원회에 사직서를 제출했어야 했다."라고 말한다. 과반수투표 체계가 없다고 하더라도, CtW의 노력은 CVS/케어마크에 헤드릭이 물러날 시기가 되었다는 것을 납득시키기에 충분했다. CVS/케어마크의 이사회는 연차주주총회가 끝나자 곧바로 헤드릭에게 회사를 떠나도록 했다.

　　2005년 기관투자자위원회Council of Institutional Investors는 이사선출과 관련하여 과반수투표 제도를 지지하는 정책을 채택했다. 2006년 7월을 기준으로 2,100억 달러의 자산을 운용하던 캘퍼스는 같은 해 과반수투표를 주장하는 중점사항 세 가지를 포함한 계획을 종합했다.[20] 플로리다연금시스템의 자산 1,330억 달러를 운용하는 플로리다 주 행정위원회도 과반수투표를 지지했다.[21] 10조 달러의 자산을 보유한 국제기구인 국제기업지배구조네트워크International Corporate Governance Network 는 2005년 550개 회원을 대상으로 비공식 집계를 실시하여, 이에 참여한 회원의 69%가 미국 내에 과반수투표 제도를 도입하고 싶어한다고 밝혔다.[22]

기관투자자들이 전폭적으로 과반수투표 제도를 지지하는 것이 분명한 가운데, 이들의 지지가 주주행동주의 헤지펀드 매니저들에게 어떤 영향을 미칠 것인가에 대한 의문은 여전히 남아 있다. 코퍼러트 라이브러리의 넬 미노우는 과반수투표 제도가 널리 퍼짐에 따라, 주주행동주의 헤지펀드 매니저들이 전면적인 위임장대결에 대한 대안으로 무조건 반대 캠페인을 보다 면밀한 태도로 받아들이고 있다고 강조한다. 과반수투표에 대한 정관 조항은 기업 이사회와의 비공식 협상에서 협상력을 키워줄 뿐만 아니라, 주주행동주의 헤지펀드 매니저들이 임원진과의 비공개 협상에서 독립성이 부족한 이사들을 해임하는 부분에 대해 보다 우위에 서서 기업을 압박할 수 있게 한다.

이는 또한 반대주주들이 자신들의 목표를 달성하기 위해 활용할 수 있는 절차를 제공하기도 한다. 과반수투표는 최소한 기업들에게 변화를 강요하려는 주주행동주의자들에게 또하나의 무기가 될 것이다. 포이즌 필과 이사임기교차제가 없고, 과반수투표에 의해 이사들이 선출되는 세상에서는 주주행동주의 헤지펀드 매니저들이 원하는 대로 우위를 점하게 될 것이다. 과반수투표 제도는 또한 기존에 수동적이었던 기관투자자들을 다른 형태의 주주행동주의자로 변모시킬 수 있는 충분한 힘을 가지고 있다. 그렇다면 이 두 형태의 투자자 집단들은 서로 협력할 것인가 아니면 서로 적대적으로 경쟁할 것인가?

| 14장 |

그들처럼 될 수 없는가?
그렇다면 그들에게 투자하라

기관투자자들과 주주행동주의 헤지펀드 매니저들 간의 관계도 새로운 차원으로 성장하고 있다. 캘퍼스와 같이 약간의 주주행동주의 성향을 내재하고 있는 공적 연기금들은 1990년대에 주주행동주의자들에 자금을 제공하기 시작했다.

이러한 관계는 기관투자자들이 운용하는 소량의 지분들로 구성된 분산투자 포트폴리오와 상충하는 인센티브제로 인해 발생한다. 앞서 논의한 바와 같이, 공적 연기금들은 상당히 많은 수의 기업들에 투자하기 때문에 특정 기업에 대해 적극적으로 관심을 집중하여 해당 기업을 개선한다고 하더라도, 이를 통해 발생하는 비용이 이득을 초과하게 된다. 게다가 투자은행, 뮤추얼펀드 매니저 및 기타 기관투자자들은 기업 고객들로부터 더 많은 수수료를 받고자 하면서, 반면에 이러한 기업 고객들로 하여금 주가 향상을 위해 변화할 것을 압박하게 되는 것이다.

이러한 상황에서 발생하는 문제들은 많은 소극적 기관투자자들로 하여금 스스로 캠페인을 전개하기보다 주주행동주의 헤지펀드 매니저들에게 투자하도록 만들었다. 주주행동주의자들은 상당수의 기관투자자들이 직접 하고 싶지만 하지 못하는 것들을 한다. 어느 투자 컨설턴트는 "기관투자자들은 주주행동주의자들을 위장막으로 활용한다. 주주행동주의자들은 기관투자자를 위한 밀짚인형의 역할을 한다."라고 말한다.

아마도 주주행동주의 펀드매니저들과 기관투자자들 사이에서 가장 주목할 만한 관계는 공적 연기금인 캘퍼스와 주주행동주의자 데이비드 배첼더와 랠프 위트워스의 사례일 것이다. 1995년 캘퍼스는 배첼더와 위트워스가 운용하는 샌디에이고 소재 주주행동주의 펀드, 릴레이셔널에 2억 달러를 배분했다.[1] 초기 투자에 대해 캘퍼스는 릴레이셔널에게 주가 향상을 위해 기업지배구조에 초점을 맞추면서 소수의 저평가 기업들의 지분을 대량으로 매수하고 경영에 간섭할 것을 기대했다.

캘퍼스의 주요 원칙들은 기업들이 더 많은 수의 사외이사를 보유하도록 장려하는 것에 집중되었다. 이를 이해하고 있던 위트워스는 바로 이 일에 착수했다. 그는 비공개적으로 또는 공개적 주주행동주의 캠페인들을 통해 지배구조 캠페인을 펼치기 시작했다. 위트워스는 릴레이셔널의 홈페이지를 통해 자신이 운용하는 펀드의 임무에 대하여 "우리는 우리 자신을 고객의 보유 지분에 대한 관리자라고 여긴다. '관리자로서의 역할'은 기업의 성과 향상을 위해 기업 경영에 적극적으로 관여하는 것이다."라고 묘사한다.

또한 주주행동주의 헤지펀드는 캘퍼스의 지원을 통해 다른 기관투자자들로부터 자산배분이나 릴레이셔널의 캠페인에 대한 지지 등의 이득을 볼 수 있게 되었다. 캘퍼스의 승인을 얻음으로 인해 주주행동주의 펀드인 릴레이셔널은 다른 기관투자자들의 신뢰를 얻어오고 있다. 다수의 공적 연기금들로부터 추가 자산이나 지지를 받음으로 인해, 홈디포를 비롯한 몇몇 기업들의 사례에서 보았듯이 기업들을 압박하는 데 필요한 정치적 자본과 협상력을 얻었다.

최근에 있었던 위트워스의 유명한 지배구조 캠페인 중 하나는 필라델피아에 위치한 은행인 소버린을 겨냥한 것이었다. 위트워스는 소버린의 이사회에 사외이사가 많아지는 것을 도모했다. 그는 소버린이 마드리드의 산탄데르Banco Santander Central hispano S.A. 은행에 회사 지분 25%에 대한 매각을 은밀하게 진행했으며, 이로 인해 경영진에 권력이 집중되고 주주들의 투표권이 희석되었다는 점을 지적했다. 위트워스는 오랫동안 지속된 뜨거운 논쟁 끝에 소버린에 대해 진행했던 소송을 취소하는 데 동의했고, 소버린은 이에 대한 대가로 위트워스와 사외이사 1인을 이사회로 영입하기로 결정했다. 2006년 10월 소버린의 CEO 제이 시드후Jay Sidhu가 사임했다. 산탄데르와의 딜에 대해 위트워스가 전개한 위임장대결과 공개적 노출은 시드후가 감당하기에는 벅찬 것이었다.[2]

홈디포와 소버린에 이외에도, 위트워스는 지배구조적 관점을 바탕으로 많은 기업들의 경영에 관여해왔다. 그는 운송업체 CNFCNF Inc로 하여금 고전하고 있는 운송사업을 매각하도록 장려했다.[3] 또한 그는 내셔널세미컨덕터National Semiconductor Corporation에 제품군을 축소할 것을 압박했다.[4] 텍사스 휴스턴에 소재한 웨이스트매니지먼트는 위트워스를 이사회 의장으로 선임했으며, 그는 재무적 스캔들로 문제를 빚고 있던 이 회사가 호전되도록 도왔다. 또한 릴레이셔널은 발란트Valeant Pharmaceuticals International Inc.와 마텔Mattel Inc. 등의 기업 임원진에 대해서도 개입해왔다.[5]

재무적인 관점에서 볼 때 릴레이셔널의 노력은 결실을 맺었다고 볼 수 있다. 2006년, 주주행동주의 헤지펀드인 릴레이셔널은 운용자산이 64억 달러였고, 설립된 1996년부터 2006년까지 연평균수익률 22%를 기록하며 같은 기간 연평균수익률이 8%에 불과했던 벤치마크지수 S&P500을 상회했다.[6] 릴레이셔널은 일반적으로 시가총액이 25억 달러 이상되는 열두 개 안팎의 기업에 투자한다.[7] 이러한 범주에 속한 미국내 상장기업들은 약 1,100개 정도되며, 위트워스는 이들 기업들 중에서 투자대상을 고른다.[8]

릴레이셔널이 지배구조 전문화 주주행동주의 전략을 활용하는 것을 확인한 캘퍼스는 1998년 위트워스에게 2억 7,500만 달러를 추가적으로 배분했다.[9] 이 투자금액이 규모가 매우 큰 것처럼 보이지만, 이는 당시 캘퍼스가 운용하던 총자산 1,400억 달러에 비하면 매우 적은 부분이라는 것을 알아야 한다.[10] 캘퍼스에 이어서 지배구조에 집중하는 다른 기관투자자들도 릴레이셔널에 투자했다. 1995년에 설립된 주주

행동주의 투자 전략

행동주의 기관투자자, 헤르메스Hermes Pension Mangement Ltd.도 릴레이셔널에 자산을 배분했다. 런던에 위치한 이 펀드는 초기에 브리티시텔레콤British Telecom과 영국우편공사British Post Office로부터 조달한 자산으로 시작되었다. 또한 온타리오공무원연금Ontario Municipal Employees Retirement System과 버니지아공무원연금Virginia Retirement System도 위트워스의 펀드에 자산을 배분했다. 로스앤젤레스의 억만장자 론 버클Ron Burkle은 이와 비슷한 방식을 통해 기관투자자들을 모집하고 지배구조에 집중하는 주주행동주의활동을 펼치고 있다. 유카이파Yucaipa Companies를 설립한 버클은 2007년 지배구조 스타일의 주주행동주의 헤지펀드를 설립했다.[11] 다른 주주행동주의 투자펀드와 마찬가지로, 버클의 펀드는 타깃기업의 지분을 대량으로 매집하고 위트워스 스타일의 지배구조 접근법을 활용해 주주가치를 향상하기 위한 목적으로 변화를 요구한다. 그의 지배구조 펀드는 특이한 구조를 가지고 있다. 이 펀드는 운용자산의 상당 부분을 노동조합들과 이들의 연기금 펀드의 지원을 받는 특이한 투자자 기반을 갖는다.[12] 전문가들은 그의 펀드가 노동조합의 원칙에 반하는 경우, 가치 향상을 위한 조치를 취하지 못하도록 압박을 받을 수 있다고 강조한다.[13]

그러나 버클이나 위트워스와 같은 주주행동주의자들이 공적 연기금과 노동조합연금 매니저들로부터 신뢰와 투자자금을 얻을 수 있는 능력이 저평가되어서는 안 된다. 다른 기관투자자들과 마찬가지로 노동조합은 주주행동주의자들과 사랑과 증오의 관계에 있다. 반면 노동조합들은 위트워스와 같은 주주행동주의자들이 지나친 보수를 받는 CEO의 해임을 위해 압박하는 것을 높이 산다. (많은 노동조합들은 홈디포의 로버트 나델리를 축출하기 위한 위트워스의 노력을 지지했다.) 그러나 세이프웨이의 사례에서 보았듯이 한편으로는 노동조합들과의 관계로 인해 주주행동주의를 펼치는 데 어려움을 겪기도 한다. 노동조합 펀드 는 임원들의 보수를 성과에 연동하도록 기업을 압박하고자 하는 반면 에, 주주가치 향상을 위한 노력 속에서 노동조합이나 조합의 펀드에 악 영향을 미칠 수 있는 조치를 취할 수 있는 주주행동주의 헤지펀드들에 대한 투자를 꺼린다. 어느 헤지펀드 주주행동주의자는 "이러한 모습에 대해서는 고객인 노동조합이나 공적 연기금 수혜자들이 부정적으로 해 석할 수 있다"라고 말한다.

뉴욕시공무원연금의 신탁관리자, 마이크 무슈라카Mike Musuraca 는 릴레이셔널과 같은 지배구조 주주행동주의 펀드들이 NYCERS의 장 기투자 목표와 잘 맞는다고 말한다. NYCERS는 다수의 노동조합들을 포함해 총 1,000억 달러의 자산을 운용하는 뉴욕의 공적 연기금 다섯 곳 중 하나이다. 무슈라카는 뉴욕의 펀드들이 2005년부터 릴레이셔널 에 자금을 할당하기 시작했다고 강조한다. NYCERS는 디즈니의 이사 회 의장 마이클 아이스너의 해임을 위한 로이 디즈니를 대변했던 샘록 캐피털이라는 또다른 주주행동주의 펀드에도 투자해오고 있다.

무슈라카는 NYCERS가 주주행동주의자들에게 할당한 총 자금 은 전체 펀드 규모의 1% 미만에 불과하다고 강조한다. 그는 유럽의 어 느 주주행동주의 펀드를 비롯해 향후 주주행동주의자들에게 추가적으 로 자금이 할당될 것이라고 덧붙인다. 자금을 받을 것으로 예상되는 펀 드로는 나이트 빈크, 영국 헤르메스의 전前 이사들이 2005년에 설립한 GOGovernance for Owners' European Focus Fund 등이 있다.[14] GO는 이미 영국 철도노조연금인 레일펜Railpen으로부터 6억 4,000만 달러라는 대규모 기관 자금을 할당받고 있다. 캘퍼스는 GO와 나이트 빈크 각각에 2억 달러씩 자산을 배분했다.[15]

　　무슈라카는 연기금들이 NYCERS처럼 장기적 투자기간을 가지는 주주행동주의자들에게만 투자하는 것을 경계한다. NYCERS는 릴레이셔널과 섐록캐피털에 자산을 분배함으로써, 제한된 리스크를 통한 높은 수익 창출과 포트폴리오 기업들에 대한 장기적 성과 향상 달성이라는 두 가지 기준을 만족시킬 수 있었다. 많은 주주행동주의 투자자들에 대해서 공적 연기금과 노동조합 펀드들이 가지는 문제점은 다른 기관투자자들이 주주행동주의자들에 대해 표명하는 우려사항들과 유사하다. 무슈라카는 주주행동주의를 표방하는 다수의 투자자들이 노동조합기금, 기타 기관투자자들을 비롯해 포트폴리오 기업들의 장기적 이익에 반할 수 있음에도 불구하고 기업들에게 부채수준을 높이고 자사주매입 프로그램을 설계하도록 강요한다고 강조한다. 그는 이러한 점이 공적 연기금과 노동조합연기금들이 여전히 주주행동주의자들에 투자하는 것에 대해 불안해하는 이유 중 하나라고 말한다. 그러면서 그는 위트워스를 이러한 단기적 주주행동주의와 연관짓는 것에 대해 우려한다.

　　무슈라카는 자신이 지지하는 주주행동주의 유형은 NYCERS처럼 경영진의 장기적 이해를 주주들의 장기적 이해와 일치시키는 것이라고 말한다. 무슈라카는 주주행동주의자들이 기업 경영진과 비공개 대화를 통해 변화를 만들어내는 것을 선호하며, 이것이 바로 릴레이셔널이 전형적으로 하는 일이라고 이해하고 있다고 말한다. 그는 임원에 대한 지나친 보수를 조정할 필요가 있다는 것에 대해 이사회를 설득할 수 있는 능력은 주주행동주의자들이 뉴욕의 펀드들로부터 자금을 받기 위해 갖추어야 할 자질이라고 덧붙인다.

그러나 노동조합들이 주주행동주의자들에게 더 많은 자금을 할당하기까지는 아직 먼길이 남았다. 미국노동총동맹-산업별조합회의(AFL-CIO: American Federation of Labor-Congress of Industrial Organization) 투자국의 대니얼 페드로티Daniel Pedrotty 이사는 공적 연기금들은 5조 달러의 자산을 보유하고 있으며, 아직은 헤지펀드에 대한 투자규모가 크지 않은 노동조합 계열의 펀드들은 약 4,000억 달러를 운용하고 있다고 강조한다. 페드로티는 "우리는 월스트리트처럼 운용할 수 없다"고 말한다.

다른 공적 연기금들과 기업노동조합들이 주주행동주의를 잠깐 해보다 마는 가운데, 캘퍼스는 미국 주주행동주의의 리더가 되는 것으로는 충분하지 않다는 결론을 내렸다. 또한 캘퍼스는 세계적인 리더가 되어야 했다. 캘퍼스는 주주행동주의 투자 포트폴리오를 헤지펀드로 확대하여, 미국뿐만 아니라 유럽과 아시아로도 범위를 넓혔다. 2006년 10월 기준으로, 캘퍼스는 40억 달러를 미국과 다른 국가들의 주주행동주의 기업지배구조 펀드들에 투자했다.

예를 들어 1999년 캘퍼스는 2억 달러를 헤르메스에 할당하였다.[16] 위트워스의 족적을 쫓기라도 하듯, 헤르메스의 일부 펀드매니저들은 영국의 기업들로 하여금 지배구조와 관련된 전략과 이사회의 구성을 수정하도록 압박했다.

2003년 캘퍼스는 주주행동주의자들에 대한 자산배분을 확대하기 시작했다. 우선 캘퍼스는 일본에 상장된 40여 개 기업에 대규모 지분을 매수하고 경영 개선안을 제공하기 위한 협력적인 비공개 회의를 통해 경영에 개입하는 스팍스SPARX Value Creation Fund에 2억 달러를 투자했다.[17] 스팍스는 위임장대결을 펼치거나 기업에 변화에 대한 압력을 행사하는 다른 주주행동주의자들과는 달리, 타깃기업의 임원진에 대해 공개적으로 압박하거나 의지를 꺾는 방법을 활용하지 않는다. 2006년 중반을 기준으로 스팍스는 27.81%의 수익을 거두었다.[18]

투자 후 3년이 지난 뒤, 캘퍼스는 일본에 투자하는 또다른 펀드에 더 많은 자금을 배분했다. 캘퍼스는 타이요퍼시픽파트너스Taiyo Pacific Partners와 철강왕 윌버 로스Willber Ross가 운용하는 타이요펀드Taiyo Fund에 2억 달러를 제공했다.[19] 스팍스와 마찬가지로, 타이요퍼시픽파트너스는 소수의 일본 기업들에 대해 대량 지분을 매입하고 주주와의 소통 및 수익성 향상과 같은 다양한 주제에 대해 조언을 제공하면서 임원진과 협력한다. 타이요펀드는 스팍스처럼 기업들에게 접근한 후, 이사들과 경영진이 자신들과 협력할 의사가 있는 경우에만 투자를 실시한다. 타이요펀드는 설립된 2003년부터 2006년 중반까지 32.48%의 수익률을 기록하고 있다.[20]

2004년 캘퍼스는 로이 디즈니가 선택한 투자회사 샘록캐피털에 1억 달러를 투자함으로써 미국으로 초점을 되돌렸으며, 다음해에는 자산분배에 있어서 PE 투자방식을 활용하는 지배구조펀드, 블럼에 1억 2,500만 달러를 투자했다. 블럼은 설립된 2005년 7월부터 2007년 3월 31일까지 8.87%의 내부수익률을 기록했다.[21]

2006년 캘퍼스는 또한 U.S. 뉴마운틴밴티지U.S. New Mountain

Vantage에 2억 달러를, 브리든에 4억 달러를 투입했다. 브리든은 리처드 브리든 증권거래위원회 전前 회장이 주주행동주의를 통해 중형 상장사들을 공략하기 위해 2006년 6월 설립한 주주행동주의 헤지펀드이다.[22] (브리든은 조지 부시에 의해 증권거래위원회 회장으로 임명되었었다. 그는 1989년에서 1993년까지 증권거래위원회 회장을 역임했다.)

캘퍼스가 배분한 자금은 현재까지 브리든의 운용자산의 대부분을 이루고 있다. 2007년 1월 기준으로, 브리든은 약 5억 달러의 운용자산을 가지고 있으며, 이는 당초에 계획한 12억 5,000만 달러보다 상당히 낮은 수준이다.[23]

이 모든 것의 배후에는 자산배분이라는 상을 나누어줄 준비가 된 하나의 주요 주주행동주의 투자자가 있었다. 위트워스는 "캘퍼스가 지배구조 투자를 위한 토대를 마련했기 때문에, 오늘날 많은 펀드들이 지배구조 투자자들을 위해 개별적으로 분류된 자산을 운용할 수 있게 되었다. 이것은 아무도 실행하거나 구상하지 못했던 것이며, 캘퍼스가 선구자의 역할을 하면서 유럽과 아시아에 지속적으로 선구적인 투자를 하고 있다."라고 말한다.

캘퍼스가 공적 연기금들의 주주행동주의 지배구조 투자자들과 투자하는 트렌드를 시작했지만, 이제는 이를 추종하는 세력들이 많아졌다. 요약하자면, 두 가지 트렌드가 진행되고 있다. 첫번째는, 런던의 헤르메스부터 뉴욕의 NYCERS, 토론토의 온타리오공무원연금, 그리고 북미와 유럽의 연기금들이 주주행동주의자들에게 자금을 배분하고 있다는 점이다. 두번째는, 자산의 배분이 일본이나 중국과 같이 먼 곳에 위치하는 주주행동주의 매니저들에게도 미치고 있다는 점이다. 결과적

행동주의 투자 전략

으로 기관투자자들이 주주행동주의자들에게 자산을 배분하는 것은 주주행동주의 전략의 세계화에 주요 원동력이 되고 있다.

| 15장 |

주주행동주의 헤지펀드 매니저처럼 행동하는 기관투자자들

일부 기관투자자들은 주주행동주의 헤지펀드 매니저들에게 자산을 배분하는 대신, 대량으로 지분을 매입하여 직접 기업들에 적극적인 압박을 행사하고 있다. 우리는 기관투자자들이 포이즌 필이나 이사 임기교차제를 삭제하도록 압박하면서 기업에 적극적으로 간섭하는 것을 살펴보았다. 앞으로도 상당수의 기관투자자들이 M&A 딜을 무산시키거나 이사 또는 CEO에 대한 해임을 도모하는 등 기업의 변화에 대해 압박하기 위해 다른 기관투자자나 주주행동주의 헤지펀드 매니저들과 합세할 것이다. 그러나 전통적 기관투자자들 중에는 극소수만이 위임장대결과 같이 진지한 반응을 얻기 위해 대량의 지분을 매입하고 직접 경영에 개입할 의지가 있거나, 일부만 그렇게 할 수 있도록 허용되어 있을 것이다.

예외적인 경우로 캐나다 온타리오공무원연금과 헤르메스가 있다. 위스콘신공무원연금State of Wisconsin Investment Board의 소형 상장사 포트폴리오는 소형 상장사의 5~10% 지분을 매입하고, 때때로 비공개적으로 임원진에 개입한다. 2006년 캘퍼스는 직접 지배구조 스타일의 주주행동주의 투자를 하는 것에 한 걸음 다가섰다. 캘퍼스는 주주행동주의 투자자들에게 자산을 배분한 것 이외에, 6억 달러의 자산을 주주행동주의 투자에 활용하고 있다. 위트워스는 캘퍼스가 릴레이셔널과 함께 이 방법을 테스트하고 있다고 말한다.

캐나다의 온타리오교직원연금(Ontario Teachers Pension Plan, 이하 OTPP)의 이런 활동은 캐나다 금융시장의 규정, 법률, 역사 등을 감안하면 매우 드문 경우이다. 운용자산이 약 1,060억 캐나다달러에 달하는 OTPP는 온타리오 전체의 초중고 교사 16만 3,000명과 은퇴교사 10만 1,000명의 연금을 운용한다. 대부분의 기관투자자들과는 달리, OTPP는 미국에서는 찾아볼 수 없었던 차원의 주주행동주의를 표방한다. 지금은 폐지된 캐나다 연기금 법안이 OTPP로 하여금 이러한 방향으로 진화하는 데 큰 영향을 미쳤다. 최근까지 OTPP를 비롯한 캐나다의 연기금들은 거의 캐나다 내에서만 투자하도록 법적 제약을 받았었다. 1990년대 초 OTPP는 대부분의 캐나다 상장사에 대해 6~7% 수준의 대량 지분을 보유하고 있었으며, 경영진으로 하여금 기업의 자세한

행동주의 투자 전략

영업 관련 정보를 배우도록 압박했다.

1999년 OTPP의 브라이언 깁슨Brian Gibson은 주주행동주의 전문투자 펀드를 설립하고 OTPP 내에 주주행동주의 투자를 공식화했다. 이 펀드는 현재 약 50억 캐나다달러의 자산을 운용하고 있다(OTPP의 총 운용자산에 비하면 일부에 불과하지만 다른 주주행동주의 투자자들에 비하면 큰 수준이다). 릴레이션십인베스팅Relationship Investing라고도 불리는 이 계열 펀드는 위트워스와 전략적인 면에서 유사점을 가지고 있기는 하지만, 그의 릴레이셔널과 혼동해서는 안 된다. 깁슨은 자신의 투자방법이 미국의 많은 주주행동주의 매니저들의 방식을 나타낸다고 말한다. 깁슨은 릴레이션십인베스팅 펀드가 저평가된 중대형 상장사를 포착하고, 5~30% 지분을 매수한 뒤, 사업에서 가치를 창출하기 위한 실무적 역할을 직접 수행한다고 말한다. 필요에 따라 릴레이션십인베스팅 펀드가 이보다 많은 지분을 확보하여 변화를 요구하는 데 필요한 협상력을 키울 수 있다. 그는 OTPP 투자역들이 홈에서의 이점을 활용할 수 있다는 이유로 릴레이션십인베스팅 펀드가 캐나다 상장사들에만 주주행동주의 에너지를 집중한다고 말한다. 특히 릴레이션십인베스팅 펀드는 캐나다 시장에서 주요 투자자 및 기업들에 대한 정보력이 강하기 때문에 매우 유리하다.

실무적 역할은 현직 이사를 교체하기 위한 비공개 제안에서부터 심지어 기업인수를 위한 가격 제안까지 모든 것을 의미한다. 그러나 많은 수의 주주행동주의 헤지펀드 매니저들과 달리, OTPP의 투자자들, 즉 연금 수령자들이 이 펀드로 하여금 즉각적인 성과를 내도록 압박하지는 않는다는 차이가 있다. 따라서 릴레이션십인베스팅은 주주행동주의 전략을 펼치는 가운데 보유 주식을 장기적으로 보유할 수 있게 됨으로써 투자기간적인 측면에서 유연하게 운용할 수 있다. 깁슨은 "우리의 전략은 장기적인 경우가 많다. 우리는 치고 빠지기식으로 투자하지 않는다."라고 말한다.

1999년 이전에 OTPP는 약간의 주주행동주의를 활용하였으나, 이들은 대부분 즉흥적으로 이루어졌다. 전통적인 투자 전문가들은 일반적으로 주의를 기울여야 하는 투자에 집중하기 위해 일반 포트폴리오를 따로 분리한다. 그러나 OTPP가 릴레이션십인베스팅을 설립했을 때는 경영 및 생산, 그리고 투자에 대한 경험과 전문성을 갖춘 인력들을 한데 모아 주주행동주의에 특화된 팀을 결성했다. 팀원의 일부는 PE 분야에서 경력이 있었고, 다른 이들은 주요 기업들에 대한 M&A 경력을 가지고 있었다. 깁슨은 "우리는 기업들이 어떻게 돌아가는지 이해하는 사람을 필요로 했다. 전통적인 연기금 매니저들이 필요로 했던 자질과는 다른 것을 의미한다."라고 말한다.

OTPP가 초기에 진행한 유명한 주주행동주의 노력은 1990년대에 일어났다. OTPP는 캐나다의 섬유회사 도미니언Dominion Textile Inc.의 지분 15%를 축적했다. 깁슨은 주가가 저평가되었기 때문에 OTPP가 투자를 단행한 것이라고 말한다. 도미니언에는 해외에서 등장하고 있는 저가제품 생산업체들을 비롯한 경쟁업체들을 상대로 경쟁력을 갖추기 위해 할 수 있는 것들이 있었다. 깁슨은 "우리는 산업이 변화하는 가운데 도미니언이 성공할 수 있는 별도의 비즈니스 모델이 있다고 생각하지 않았다"라고 말한다.

깁슨은 대량으로 지분을 매입한 뒤 기업과 대화를 시작하여 순

이익을 향상시킬 수 있는 조치를 취할 것을 촉구했다. 1년간 이러한 대화가 지속되었지만, 기업은 지속적으로 깁슨의 조언을 무시했다. 깁슨의 제안사항 중 하나는 당시 깁슨이 국제시장에서 경쟁력이 있다고 믿었던 소재인 데님을 생산하는 데 도미니언의 자금과 에너지를 더욱 집중하는 것이었다. 논의가 진행되는 동안 도미니언의 주가는 계속해서 시들해지고 있었다.

깁슨은 OTPP가 이듬해 플랜B로 옮겨가기로 결정했다고 말한다. OTPP가 도미니언의 지분을 매수하기 전에, 깁슨을 비롯한 연금 내 펀드매니저들은 섬유산업에 대한 리서치를 진행하였고, 도미니언을 인수할 의향이 있는 전략적 경쟁자들을 일부 찾을 수 있었다. 그러나 깁슨은 도미니언으로 하여금 기업 경매를 하도록 압박하는 것은 최후의 수단이었다고 말한다. 이 기업이 독립된 회사로서 경영 개선을 달성하도록 하는 것이 첫번째 전략이었다. 그러나 도미니언이 내부적으로 사업 개선에 대한 성과를 내지 못하자, 깁슨은 잠재적 매수자들과 대화를 시작했다고 말한다.

깁슨은 도미니언 인수와 관련하여 노스캐롤라이나North Carolina 소재의 섬유기업 폴리머그룹Polymer Group Inc.의 CEO 제리 저커Jerry Zucker와 접촉했다. 저커는 이에 답했다. 1997년 폴리머는 도미니언을 4억 8,400만 캐나다달러의 현금으로 인수하겠다고 제안했다.[1] 이와 별개로, 또다른 기업인 게일리&로드Galey&Lord Inc.는 폴리머가 도미니언을 인수하면, 일부 자산을 매입하기로 동의했다.[2] 한 달 후, 저커는 인수제안가를 5억9,600만 캐나다달러로 올렸고, 딜이 성사되었다.[3] 사우스캐롤라이나South Carolina에 거주하는 저커는 이어서 2006년에는 캐나다 최대 소매업체이자 가장 오랜 역사를 지닌 허드슨베이Hudson Bay Company를 17억 달러에 인수했다.⁴

도미니언 딜을 통해 OTPP는 수익을 냈다. OTPP는 도미니언을 주당 4.5~5달러에 인수하여 약 13달러에 매각했다. 깁슨은 "폴리머는 도미니언의 사업에 집중하였고 문제를 해결했다"라고 말한다.

비슷한 시기에, OTPP는 캐나다의 채광기업 인멧마이닝Inmet Mining Corporation에 대해서도 15%의 지분을 인수했다. 깁슨은 OTPP가 이 기업도 도미니언과 마찬가지로 저평가된 것으로 믿었다고 말한다. 인멧은 남미에 광산자산을 보유하고 캐나다에 생산량이 많지 않은 채굴 사업들을 소유하고 있었다. 파산을 피하기 위해 고전하던 독일의 모회사는 재빨리 인멧에서 자금을 회수했다. 그는 "이 회사는 잡동사니 자산들을 모아놓은 것이었다. 마치 사산아와 같았다."라고 말한다.

2000년에 깁슨은 인멧의 경영에 관여했다. 그는 인멧으로 하여금 수익성 없는 일부 사업부를 분사하고 다른 사업을 인수하도록 하기 위해 노력했다. 깁슨은 이 전략이 인멧으로 하여금 소수의 주력 사업들에 대해 집중하도록 하기 위한 것이라고 말한다. 인멧의 경영진은 깁슨의 조언에 귀를 기울이지 않았으며, 주가는 지속적으로 하락세를 보였다. 깁슨은 이 시점에서 인멧의 다른 기관투자자들과 소통하기 시작했다. 깁슨은 인멧의 지분을 보유한 뮤추얼펀드와 연기금 관리자들과 대면하거나 전화를 통해 의견을 주고받았다. 깁슨은 가끔씩 인멧에 새로운 피를 공급해야 할 필요성을 알리기 위해 파워포인트 발표를 하기도 했다. 결국 많은 기관투자자들이 깁슨의 주장을 지지하기 시작했고, 깁슨은 이 소식을 인멧이사회에 알렸다. 또한 깁슨은 대립상황을 준비하면서, 인멧측이 제시하는 이사후보들에 맞서 내세울 이사후보들을 찾았다. 그러나 깁슨은 인멧의 이사회와 경영진이 자신들에게 불리한 결과가 만들어질 것을 인지하고 조용히 물러남으로 인해 위임장대결이 필요하지 않았다고 말한다. 이후 깁슨은 새로운 임원진을 구성했다.

그러나 깁슨은 기업에 변화를 압박하기 위해 다른 기관투자자들에 접근하는 것이, 특히 캐나다에서는 민감한 사항이라고 경고했다. 기관투자자들에게 자신이 다른 주주들의 이익을 침해하면서 돈을 벌지는 않는 투자자라는 것을 보여주어야 한다. 깁슨은 "당신이 기업가치 향상에 대한 장기적인 그림보다 단기적 이익에 관심이 있는 투자자라고 알려지면, 다른 기관투자자들은 당신과 더이상 대화하지 않을 것이다." 라고 말한다.

OTPP가 단행한 투자의 일부는 가치가 실현되기까지 오랜 시간이 걸려왔다. 깁슨은 1995년 캐나다 식품가공업체 메이플리프푸드Maple Leaf Food Inc.의 사례가 방만한 경영의 예시라고 강조한다. 그는 메이플리프푸드의 임원들이 설비에 대한 신규 투자를 적절히 하지 않았으며, 사업부들끼리 제 살 깎아 먹기식 경쟁을 하고, 영업사원들이 때때로 제품을 비용보다 낮은 가격에 판매하고 있었다고 말한다.

기회를 포착한 OTPP는 이 회사 지분 40%를 인수하고, 기업을 압박하고자 프렌치프라이 제조업체 매케인푸즈McCain Foods를 소유한 매케인 가문의 월리스 매케인Wallace McCain과 팀을 결성했다. 이 두 파트너는 이후 메이플리프푸드의 경영권을 얻은 뒤, 주가 향상을 위해 이사회와 긴밀히 협력했다. 2003년 OTPP는 메이플리프푸드가 성장 전략의 일환으로 스미스필드푸즈Smithfield Foods로부터 슈나이더Schneider Corporation를 인수할 수 있도록 1억 5,000만 달러를 투자했다. 1995년부터 가치가 향상되었고, 12년이 지난 후에도 메이플리프푸드는 여전히 포트폴리오에 포함되어 있다. 깁슨은 "수년간에 걸친 방만한 경영으로 당시 기업은 산송장에 가까웠다. 수리할 곳이 많은 헌 집과도 같았다."라고 말한다.

2007년 OTPP는 여태까지 가장 큰 규모의 주주행동주의 노력을 전개했다. OTPP는 벨캐나다Bell Canada의 모회사이자 캐나다 최대 통신사인 BCE BCE Inc.에 대해 변화를 압박한 후, 2007년 6월 해당 자산을 517억 캐나다달러(485억 달러)에 인수하기 위한 투자자 컨소시엄을 조직하면서 선전포고를 했다. 이 인수제안은 PE 바이아웃 역사상 최대 규모로서 기록적인 수준이었다. BCE 딜은 초기 주주행동주의 투자 조치가 없었다면 불가능했을 것이다. 2007년 4월 OTPP는 6.3% 지분에 대해 공시했으며, 증권거래위원회에 스케줄13D를 제출함으로써 BCE에 대한 전략적 선택을 고려하고 있음을 암시했다. OTPP는 대형 통신사 BCE를 장악하기 위해 캐나다와 미국에서 파트너들을 물색해오고 있었다. 갑자기 다른 컨소시엄이 끼어들어 BCE를 낚아챌 수 있는 상황이었다. 만약 이러한 것이 현실이 된다고 해도, OTPP는 BCE에 대한 투자로 막대한 수익을 거둘 가능성이 높다. 이 사례에서 보면 사실상 OTPP는 변화를 압박함으로써 수익을 창출하는 주주행동주의 펀드이다. 만약 OTPP가 딜을 성공적으로 마무리하게 된다면 변화를 압박하는 주주행동주의와 바이아웃 방식이 한데 모여 일군 성공이라고 할 수 있다. OTPP의 PE 본부장 짐 리치Jim Leech는 "당신이 소극적 투자자였다가 기업에 수시로 전화하고 연대 세력을 결성하기 시작했다면 스케줄13D를 공시해야 한다"라고 말한다.

　　직접 실시하는 주주행동주의 투자 이외에도, OTPP의 릴레이션십인베스팅 펀드들이 보유한 10억 달러의 자산은 미국과 영국의 다른 주주행동주의 매니저들에게도 배분되고 있다.

　　런던에 소재한 헤르메스도 OTPP와 마찬가지로, 주주행동주의의 성격을 가지고 있다. 헤르메스의 계열인 영국 소형주집중펀드U.K. Small Companies Focus Fund는 저평가된 영국 소형주들에 대해 지분을 대량 매입한 후 변화를 위해 협력하거나 압박한다. 영국의 소형주들은 발행주식의 과반을 차지하는 대형 주주들로 주주기반이 구성된 경우가 많기 때문에, 주주들이 특정 기업에 대해 한목소리로 압박하기가 상대적으로 용이하다.

　　일부의 경우 헤르메스의 주주행동주의는 적대적 단기투자자로부터 기업을 방어하는 데 도움을 주었다. 용접기구, 자동화기술, 일체형 절단시스템을 생산하는 사업과 발전소에서 쓰이는 공업용 선풍기를 제작하는 사업을 영위하는 런던 소재의 차터Charter Plc.가 바로 그 사례에 해당한다. 2001년과 2004년 사이 무분별하게 추진된 M&A와 증가하는 부채로 인해 차터의 주가는 고전하고 있었다. 어느 주주행동주의 주주가 차터를 장악하려 했지만, 헤르메스의 노력에 의해 저지되고 말았다. 헤르메스는 상당량의 차터 지분을 인수한 후 투자자들이 적대적 인수에 대해 반대하도록 재무적 개선을 하기 위해 경영진과 비공개적인 협력을 진행했다. 헤르메스는 은행으로서의 역할을 제공하는 등의 방법을 통해 차터의 자본재편을 지원했다. 적대적 투자자는 결국 헤르메스가 다른 투자자들에게 자본재편을 지지하도록 설득하자 보유 지분을 매각했다.

그러나 헤르메스는 이 적대적 투자자를 쫓아낸 이후에 차터로 하여금 두 개의 사업부 매각, 이사회 의장과 CEO 겸임 금지 등에 대해 조치를 취하도록 압박했다. (당시 차터의 CEO 데이비드 골러David Gawler는 이사회 의장도 겸하고 있었다.) 이후, 차터는 새로운 CEO를 영입했고, 골러는 이사회 의장직을 이어나갔다. 이러한 조치는 영국 기업들에 대해 이사회 의장직과 CEO직을 분리하고자 하는 헤르메스의 지배구조 정책과도 일치했다.

지금까지 갈등사항, 분산투자 요건 등 대부분의 기관투자자들이 주주행동주의를 피하게 되는 다양한 이유들에 대해 논의해보았다. 상충되는 목표, 서로 다른 투자기간, 잠재적인 자산운용 고객들을 쫓아버리게 될 가능성 등 이 모든 것들이 기관투자자들과 주주행동주의자들을 투자의 스펙트럼에서 양극에 위치하게 한 요인이었다.

그러나 이 장을 통해 우리는 또한 전면으로 나서서 주주행동주의를 지원하거나 심지어 직접 주주행동주의자가 되는 기관투자자들에 대해서 알아보았다. 일부 기관투자자들은 포이즌 필이나 이사임기교차제 조항을 삭제하도록 압박하면서 이후에 주주행동주의자들이 적극적으로 역할을 할 수 있는 무대를 만들고 있다. 다른 기관투자자들은 한단계 더 높은 주주행동주의로서, 특정 딜에 대해 반대표를 행사하겠다는 내용을 공개적으로 알리거나, 반대주주들이 지지하는 이사후보를 이사로 선출하기 위한 특정 캠페인을 지지하기도 한다. 기관투자자들은 홈디포에 변화를 압박하는 위트워스를 지지했으며, 하인즈의 이사선출투표에서 넬슨 펠츠에게 의결권을 행사했다.

또한 기관투자자들은 맥도날드를 대상으로 한 빌 애크먼, 제너럴모터스를 겨냥한 커크 커코리언, 타임워너와 모토로라를 상대한 칼 아이칸의 주주행동주의 캠페인에 대해서 비록 그들의 목표에 대해서는 모두 반대했지만, 조건부 지지를 보내기도 했다. (아마도 다음 기회에는 전적인 지지를 보낼 수 있을 것으로 기대해본다.) 기관투자자, 노동조합, 연기금들은 무조건 반대 전략을 보다 다양한 상황에서 더욱 빈번하게 주주행동주의 캠페인의 무기로 활용하여 이사교체뿐만 아니라 기업에 대해 여러 가지 면에서 변화하도록 압박하고자 한다. 전미지방공무원노조연맹이 주도한 무조건 반대 캠페인 성공사례가 없었다면, 기관투자자들은 홈디포의 로버트 나델리의 보수계획에 반대세력을 결집하지 않았을 것이다. 전미지방공무원노조연맹의 캠페인이 없었다면 나델리가 연차주주총회에서 주주와의 커뮤니케이션을 차단하지 않았을 것이며, 위트워스는 위임장대결을 전개할 조치를 취하지 않았을 것이다. 다시 말해 기관투자자들의 무조건 반대 캠페인들은 보다 영향력이 강력해지고 있으며, CEO들의 머리를 아프게 할 만큼 주주행동주의 캠페인에서 매우 중요한 요소로 떠오르고 있다.

더 많은 기업들이 이사선출에 대해 주주들이 참여하는 과반수투표 규정을 정관에 포함함에 따라 CEO들의 두통은 계속될 것으로 보인다. 다수결투표 제도가 사라지면, 현직 이사후보를 겨냥해 전개하는 주주행동주의 캠페인에 대해 기업들이 어떤 식으로든지 대응할 수밖에 없도록 압력이 가해질 것이다. 다수결투표 제도하에서는 주주의 90%가 이사 해임안에 동의하더라도 기업은 이를 따라야 할 의무가 없었다. 이와 같은 상황이 과반수투표 제도에서 발생한다면 결과는 전혀 달라지게 된다. 앞으로 무조건 반대 캠페인은 최소한 아예 무시하기는 힘들게 될 것이다. 또한 캘퍼스, NYCERS, 그리고 그 밖의 연기금, 일부 노동조합 등의 기관투자자들은 과거와는 다르게 주주행동주의자들에게 자금을 제공하고 있다. 릴레이셔널과 헤르메스의 지배구조와 관련한 놀라운 성공사례들로 인해, 브리든, 샘록캐피털, 나이트 빈크, GO와 같은 미국을 비롯한 전 세계의 주주행동주의자들에게도 자금이 투자되도록 장려되고 있다. 마지막으로 OTPP 사례에서 보았듯이 일부 연기금들과 기타 기관투자자들은 주주행동주의를 모방하고 있다. 이러한 모든 활동들로 인해 기관투자자들이 다양한 수단과 장치를 활용해 새로운 활력을 가지고 기업 경영진들에 개입할 수 있게 된 것으로 보인다.

분명히 주주행동주의자들은 자신들의 목표를 달성하기 위해, 특히 대기업을 상대하는 경우 기관투자자들의 지지를 필요로 한다. 소극적 기관투자자들과 수백만의 무관심한 개인투자자들은 제쳐놓더라도, 이 두 투자자 집단 간에 일종의 연대감은 형성되고 있는 것으로 보인다. 이러한 협력의 트렌드는 계속될 수 있을까? 아마도 좀더 지켜보아야 할 것이다.

Part Three

주주행동주의
2.0

16장

기술, 의사소통 그리고 행동주의자들:

게리 루틴(Gary Lutin), 에릭 잭슨(Eric Jackson), 앤 포크(Anne Faulk)

기업들이 연차주주총회를 개최하는 이유는 실제 미팅을 진행하는 것이 투자자들과 기업의 오너들이 기업의 재무적 건전성을 배우고, 이사를 선출하고, 임원들과 소통하여 사려 깊은 투자 결정을 내리기 위한 유일한 방법이기 때문이다.

그러나 오늘날 연차주주총회들은 더이상 임원진과 투자자들이 모여 자발적인 분위기에서 의견을 교류하고 이에 따라 투표를 통한 의사결정을 하는 공간이 아니다. 오히려 연차주주총회는 사전에 결정된 결과를 바탕으로 투표를 실시하여 사전에 협의된 결의를 위한 집계를 하는 형식에 불과한 것이 되었다. 임원들은 미리 준비한 짧은 문구를 가지고 연설을 한다. 게리 루틴은 "연차주주총회에 어떻게 투표할지 결정을 내리러 가는 사람은 없다. 분기별 콘퍼런스콜과 같은 지속적인 대화를 통해 모든 커뮤니케이션이 이루어진다."고 말한다.

연차주주총회에서 기업의 현 상황에 대한 불만을 터트리는 투자자들은 이전에는 불가능했었지만 함께 뭉치는 것을 가능하게 해주는 새로운 기술들을 받아들이고 있다. 인터넷의 출현으로 투자자들은 보다 빠르게, 자주 소통할 수 있게 되었다. 좌절하는 투자자들을 본 루틴은 이렇게 이용이 가능해진 기술을 활용해 기업의 연차주주총회 이외에 온라인과 오프라인으로 투자자들이 만날 수 있는 회의를 조직한다. 이 회의의 목적은 투자자들이 기업의 제약을 받지 않으면서 투자기업에 대해 토론할 수 있는 장소를 제공하는 데 있다. 지금까지 이러한 행사들은 자신이 투자한 기업에 대해 이해하고 소통하고자 하는 주주행동주의 헤지펀드 매니저들과 기관투자자들, 기타 이해관계자들에게 기적을 가져다주고 있다. 루틴은 그가 조직하는 주주들의 포럼은 부분적으로 인터넷을 비롯한 새로운 기술들로 인해 가능했다고 말한다.

화가 난 투자자들은 주주포럼에서 주주가치 향상이나 문제 있는 이사들에 대해 의견을 공유할 수 있다. 경영진들이 이러한 가상의 공간에서 일어나는 과정에 대해 통제할 수 없기 때문에, 결과적으로 이 회의의 의제, 시간, 장소, 질문 사항 등에 대한 영향력은 행사할 수 없다. 경영진들은 연차주주총회, 콘퍼런스콜과 같은 전통적인 투자자 커뮤니케이션 수단의 요소들만 통제할 수 있다. 사실 이미 포위된 경영진들이 전형적으로 활용하는 전술은 연차주주총회를 연기하거나, 이에 참여하는 투자자 또는 애널리스트들이 임원들에게 질문하는 것을 차단하는 것이다. (우리는 홈디포, 리퀴드오디오, 파머브러더스의 사례를 통해서 이러한 일들이 일어나는 것을 살펴보았다. 이는 일반인이 상상하는 것보다 빈번하게 일어난다.)

또한 루틴은 최근에는 자주 하지는 않지만, 그동안 뉴욕에서 주주들을 위한 회의를 수차례 조직해왔다. 루틴은 자신이 뉴욕증권애널리스트협회New York Society of Securities Analysts와 공동주최하는 이러한 공개회의들을 통해 기업의 임원진에게 무시당했다고 생각하는 투자자들이 자유롭게 소통할 수 있는 기회를 제공한다.

그러나 루틴은 그가 만든 온라인 포럼들은 기술의 발달로 인해 가능해진 새로운 주주 커뮤니케이션의 한 종류에 불과하다고 말한다. 많은 투자자들은 전화, 대면, 이메일, 인터넷 게시판 등을 활용해 소통하고 있다.

루틴이 주최하는 회의들은 온라인이든 오프라인이든 간에, 투자자들이 모든 주제에 대해 토론할 수 있는 야후 인터넷 게시판과는 달리 루틴이 직접 주관한다. 루틴은 이러한 회의들을 개최하는 이유가 투자자들의 논의가 회사 및 관련 문제에 초점을 맞추고 곁길로 새지 않도록 하기 위함이라고 말한다. 이 과정을 참관하는 루틴은 논의가 되는 해당 기업들의 지분을 보유하지 않아, 자신과 참여 주주들이 증권거래위원회의 투자자 커뮤니케이션과 관련된 스케줄13D 규정을 위반하지 않도록 한다. 루틴은 포럼을 통해 이득을 얻는 대형 주주들로 하여금 후원금을 내줄 것을 장려한다. 루틴은 "포럼 내 커뮤니케이션의 주요 부분은 보이지 않는 곳에 존재한다"고 말한다.

　　온라인과 오프라인 모두에서 회의가 진행되었던 성공적인 사례로 워싱턴 시애틀Seattle에 위치한 온라인 서점 아마존Amazon.com Inc.을 겨냥한 포럼을 들 수 있다. 투자자들은 루틴 등이 조직하는 회의들에 참석하면서 닷컴붐의 초창기인 2000년과 2001년에 아마존이 제공했던 재무정보의 유효성과 완성도에 대해 토론한다. 루틴은 당시 다른 인터넷 기업들과 마찬가지로 아마존이 가정이나 가설에 근거한 추정 재무제표를 공시하고 있었던 것이 문제가 된다고 말한다. 루틴은 또 아마존이 이러한 예측치가 실제 재무 수치들과 어떻게 연관되는지에 대해 공시하지 않고 있었다고 덧붙인다.

　　온라인과 뉴욕에서 개최되고 증권거래위원회 관계자들이 참여한 회의를 통해서 투자자들은 아마존으로 하여금 재무정보를 서구의 회계기준인 GAAPGenerally Accepted Accounting Principles에 맞추어 제출할 것을 압박하는 데 성공했다. 아마존에 대한 이러한 노력이 진행되는 가운데, 증권거래위원회는 궁극적으로 기업들로 하여금 보고서나 보도자료에 예측치를 반영한 재무자료를 활용하는 기업들에 대해서 본인들이 사용하는 자료가 GAAP와 어떻게 다른지 설명하는 것을 의무화하는 새로운 법안을 작성하기 시작하고 있었다.

　　이러한 포럼들은 IR 측면에서 무대응적인 태도를 보이는 기업들에게 투자전문가들이 질문하고 답을 구하는 장소로 활용하기 위해 조직되었다. 그러나 이러한 회의들이 점차 증가하면서 루틴은 투자한 기업과 소통이 되지 않고 있다고 느끼는 많은 투자자들의 참여가 늘었다는 점을 포착했다.

대형 투자자들 또한 경영진에게 익명으로 질문을 할 수 있게 되면서 이러한 회의를 최대한 활용하고 있다. 루틴이 조직한 포럼들은 증권거래위원회의 공시규정을 위반하지 않으면서 주주들과 정부에게 정보를 제공하고 의견을 공유하는 장소로 활용되기 시작했다.

2001년 루틴은 당시 와이어하우저Weyerhaeuser가 타깃으로 삼고 있던 미국의 목재 및 종이 생산업체 윌래미트Willamette의 투자자들을 위한 주주회의를 조직했다. 투자자들 간의 커뮤니케이션은 회의, 이메일, 전화 등을 통해 진행되었다. 이후에 인터넷 웹사이트도 개설되었다.

이 포럼은 투자자들이 서로 간의, 그리고 이사진 및 임원진과 정보와 의견을 공유할 수 있도록 하기 위해 만들어진 것이었다. 당시 윌래미트는 와이어하우저의 접근을 차단하고 있었지만, 와이어하우저가 2002년에 인수제안가를 높이면서 윌래미트는 M&A에 동의하였다.[1] 루틴은 "이 포럼은 와이어하우저와의 M&A에 대해 경영진이 질서정연하고 공개적인 검토를 하고 있으며, 윌래미트 주주들의 과반수가 지지하는 사실을 확인하기 위해, 위임장대결을 펼치지 않아도 되도록 정보를 제공했다."라고 말한다.

2001년 루틴은 론스타스테이크하우스&살룬에 투자한 불만 가득한 주주들을 위한 주주포럼을 후원했다. 애널리스트에서 주주행동주의자로 전향한 가이 애덤스는 위임장대결을 전개하여 결과적으로 자기 자신을 캔자스 위치타 소재의 이 레스토랑체인 이사회에 등재시키면서, 이사회 의장과 CEO를 겸했던 제이미 콜터Jamie B. Coulter를 이사회 의장직에서 물러나게 하였다.[2]

루틴은 이미 많은 수의 주주들이 그동안 콜터의 경영 방식에 대해서 불만 사항들을 표출해왔었다고 인정한다. 그러나 애덤스에 대한 지지 세력이 모이기 시작한 것은 이러한 주주포럼을 통해 투자자들이 론스타에 대한 견해를 공유할 수 있게 되었기 때문에 가능했다.

불만 가득한 투자자들이 큰 집단을 이루었다고 하더라도 항상 계획했던 목표를 달성할 수 있는 것은 아니다. 커피 제조업체 파머브러더스의 경영진은 주주행동주의자들과 가치투자자들의 인내심을 시험해오고 있었다. 2002년 루틴은 주주포럼을 전개해 캘리포니아 토랜스 Torrance에 소재한 이 회사에 대해 투자자들을 한데 모아 여러 가지 공통된 우려 사항에 대해서 토론할 수 있게 했다. (www.shareholderforum. com/FARM)

그해 파머브러더스는 크리스마스 다음날 연차주주총회를 개최하였는데, 이는 불만 가득한 주주들이 주주총회에 나타나 자신들의 우려 사항을 표출하는 것을 막고자 함이 분명해 보였다.[3] 이 개최 시기 또한 주주행동주의 투자자들의 의지를 꺾고자 하는 의도가 반영되어 있었다. 그러나 이러한 결정은 오히려 직접 회의에 참여하지 못하고 주식을 매도해버렸을 투자자들의 의지를 더욱 강하게 만들었다.

초기에는 파머브러더스의 대규모 투자자인 주주행동주의자 프랭클린뮤추얼어드바이저스가 이 포럼을 후원했다. 이 포럼은 투자자들이 해당 기업의 변화 또는 개선사항들, 예를 들면 법원 판결, 경영진의 성명문, 신규 고용, 정기 보고, 애널리스트 리서치 보고서, 투자은행의 기업가치평가 등 최근 변경 사항을 투자자들이 읽을 수 있는 실질적인 가상공간이 되었다. 루틴은 투자자들과 소통하지 않았던 파머브러더스와 같은 경우 이 포럼이 투자자들에게 유용했다고 말한다.

행동주의 투자 전략

사실 주주들이 불만 사항을 터뜨리기 전까지 파머브러더스는 정보를 얻고자 하는 투자자들에게 연차보고서를 보내지도, 수익에 대해서 업데이트된 정보를 제공하지도 않았다. 프랭클린이 주도하는 주주행동주의자들은 파머브러더스로 하여금 기업 경매를 포함해서 몇 가지 변화 사항을 압박하기 시작했다. 그러나 5년이 지난 뒤에도 가족이 대부분을 소유하고 있는 파머브러더스는 꿈쩍도 하지 않았다.

스탠다드인베스트먼트차타드Standard Investment Chartered Inc.의 회장 겸 CEO이자 자신을 거래량이 적은 저평가주들을 거래한다고 설명하는 잭 노르버그Jack Norberg는 이 포럼에 참석하는 파머브러더스 주주이다. 그는 루틴이 독립적인 운영자라는 점에서 이 온라인 회의는 특별하다고 말한다. 노르버그는 "이 포럼을 통해 소수주주들도 자신의 목소리를 낼 수 있게 되었다. 이 포럼은 어느 특정 대규모 세력이 주도하는 것이 아니라는 점에서 중요하다."라고 말한다.

2004년 루틴은 과거 컴퓨터어소시에이츠인터내셔널Computer Associates International Inc.로 알려졌던 CA에 대해서, 이사 2인의 해임과 관련된 제안을 놓고 주주들을 한데 모으기 위해 이러한 온라인 토론 그룹을 개설했다. 이 그룹의 목표 중 하나는 CA가 회계부정에 연루되었던 기간 중 이사회에서 활동했던 알퐁스 다마토Alfonse M. d'Amato 전前 뉴욕 상원의원을 해임하는 것이었다. 또한 많은 주주들은 살로몬브러더스에서 부회장을 역임한 적이 있던 루이스 라니에리Lewis S. Ranieri CA 회장이 이사회에서 물러나야 한다고 압박했다. 많은 주주들은 라니에리가 2001년에 제기되었던 회계부정에 대해 적절한 조사를 진행하지 않았다고 믿었다. 증권거래위원회가 해당 제안을 폐기해달라는 CA의 청원을 받아들이면서, 이러한 노력은 실패로 돌아갔다.[4] 그러나 2007년 6월 주주들은 이 부분에서 어느 정도의 승리를 얻었다. 혁명의 결과로 라니에리는 이사로서 이사회에 남게 되었지만, 이사회 의장직에서는 물러났다.

루틴은 투자자들을 결집시키기 위해 몇 가지 새로운 전략을 계획하고 있다. 그중 하나는 주주행동주의 투자자들 사이에서 논란이 되고 있는 주제를 선정해 유사한 문제점을 가지고 있는 다른 기업들에도 적용할 수 있는 제안서를 작성하는 것이다. 루틴은 스톡옵션에 대한 합리적 가격 산정이 이 포럼에서 가장 먼저 다룰 주제일 것이라고 말한다. 그는 이미 이러한 노력과 관련하여 두 개의 회의를 기획하고 있다.

루틴은 새로운 전략을 활용하더라도 기업에 초점을 맞추는 전통적인 포럼들 또한 소수주주들을 비롯한 많은 투자자들에게 있어서 그 중요성이 지속될 것이라고 믿는다. 루틴은 기업의 임원들과 이사들이 빈번하게 주주회의를 개최하면 일부의 주주들만이 참여하게 되고 비용과 리스크가 발생할 수 있다는 부담이 있겠지만, 이 포럼을 이용하면 주주들의 이야기를 경청하고 열린 자세로 주주들에게 응답하는 자리를 마련할 수 있다고 말한다. 루틴은 "이러한 포럼은 소수주주들을 포함한 모든 주주들의 이해관계를 고르게 하는 역할을 한다. 기존의 주주총회와 마찬가지로 모든 이에게 질문과 의사 표현을 할 수 있는 공정한 기회를 제공한다."라고 말한다.

그러나 문제점들도 존재한다. 루틴은 이 포럼이 수익을 창출하지 못할 뿐 아니라, 수지 자체가 맞지 않는다고 강조한다. 그러면서도 이 회의를 개최하는 것을 멈추지 않을 것이라고 덧붙인다. 그는 이 회의들이 이윤창출에 목적이 있는 것이 아니라, 공공서비스 활동을 위해 개최되는 것이라고 말한다. 루틴은 이 포럼이 비영리 독립 단체로 설립되는 것이 이상적이라고 말한다. 루틴은 "이러한 프로그램들은 시장을 통해 전체 공동체가 통제하고, 윤리성을 보장하기 위해 학계와 연계될 필요가 있다. 이 프로그램들은 한 사람의 자원봉사자가 제공할 수 있는 것 이상의 안정성을 필요로 한다."라고 말한다.

또다른 주주행동주의 투자자는 블로그Blog에서 활동하던 투자자들을 투표권을 행사하는 거대 집단으로 변화시키는 온라인 포럼을 활용하는 다른 접근법을 활용해오고 있다. 야후의 개인투자자, 에릭 잭슨Eric Jackson은 최근에 트래픽이 높은 유튜브에 자신의 동영상을 업로드했다. 잭슨은 카메라를 향해 "야후가 표류하고 있습니다. 우리 주주들이 한데 모여 변화를 만들 수 있는 기회가 있습니다."라고 말한다.

이 비디오는 잭슨이 야후에 변화를 야기하기 위해 다방면에 걸쳐 전개하는 인터넷 활용 전략의 일부이다. 이는 불만 가득한 야후 주주들이 적극적으로 목소리를 낼 수 있게 하기 위해 주주행동주의 헤지펀드 매니저들의 전술과 인터넷이라는 혁명적인 커뮤니케이션 수단을 함께 활용하고 있다. 잭슨은 자신의 접근법이 새로운 것이며, 칼 아이칸, 넬슨 펠츠와 같은 자신이 존경하는 거물급 주주행동주의 헤지펀드 매니저들로부터 동기부여를 받았고, 코네티컷 민주당 상원의원 후보 네드 러몬트Ned Lamont가 인터넷 블로그와 마이스페이스MySpace.com와 같은 온라인 SNSSocial Networking Service를 활용해 선거 캠페인에 대한 지지를 이끌어낸 방식에서 영감을 얻은 것이라고 말한다. 러몬트는 민주당 예비선거에서 승리했지만, 무소속으로 출마한 조 리버먼Joe Lieberman에게 결국 패배했다. 이러한 선거의 패배에도 불구하고, 러몬트가 인터넷을 통해 투자자들의 잠재적인 지지표와 캠페인 기부금을 모은 전략은 잭슨의 마음을 움직였다. 잭슨은 "우리는 이 접근법에 관심을 갖게 되었다. 이는 인터넷을 통해 동기부여 받은 사람들을 찾는 방법이다."라고 말한다.

야후의 침체된 주가에 격분한 잭슨은 우선적으로 자신의 블로그, 브레이크아웃퍼포먼스Breakout Performance에서 '야후! 플랜B'라는 제목을 통해 야후에 대한 우려를 자세히 나타내기 시작했다. 여기서 잭슨은 야후를 숙명의 라이벌 구글Google Inc.의 월등한 성과에 비교한다. 잭슨이 강조한 수치 중 하나는 구글이 2004년 8월 상장 이후, 야후보다 21배나 높은 성과를 내고 있다는 내용이었다.[5]

유튜브를 시작으로 잭슨은 야후에 대한 캠페인 수단을 그 밖에 투표자료, 추가적인 비디오, 링크드인LinkedIn과 같은 인터넷 비즈니스 네트워킹 사이트 등으로 확대했다. 또한 그는 위키피디아Wikipedia와 유사한 사이트를 개설해서 사용자들이 야후에 대해 가지는 생각을 추가할 수 있게 했다.

잭슨의 요구 사항들은 주로 주요 주주행동주의 투자자들이 지적하는 CEO의 성과와 관련된 우려를 반영한다. 그는 야후로 하여금 CEO를 테리 시멜Terry Semel에서 임원 중 한 명인 수잔 데커Susan Decker로 교체하도록 하는 캠페인을 전개했다. 또 10년 이상 장기 집권하고 있는 두 명의 이사를, 산업에 대한 전문성이 있으며 사비로 회사 지분을 상당량 보유할 이사들로 교체하는 방안을 모색하고 있다. 잭슨은 야후가 경쟁사들에게 대응하는 방법에 대한 비전을 세우기 위해 특별전략위원회를 조직하기를 바라고 있다. 그는 마이포토스MyPhotos나 플리커Flickr와 같이 중복되는 사업부들은 통합되어야 하며, 유보현금은 30억 달러 규

행동주의 투자 전략

모의 자사주매입 형태로 주주들에게 환원되어야 한다고 덧붙였다.

　　잭슨을 지지하는 사람 중 상당수는 야후에 대한 각자 자신들의 요구 사항을 가지고 있다. 일부는 야후 이사회가 자체적으로 임원급 인물을 물색하여 CEO직에 외부인을 영입하기를 바라고 있다. 잭슨은 자신의 제안에 대해서 열린 자세를 가지고 있다고 말한다.

　　잭슨은 전통적인 주주행동주의자들의 발자취를 따르면서, 야후 이사회 전체 12인의 이사 중 7인을 해임하도록 야후를 압박하기 위해 무조건 반대 캠페인을 전개했다. 지배구조 전문가들이 캠페인이 성공하려면 최소 20만 달러가 소요된다고 말함에도 불구하고, 이 자금이 없던 잭슨은 매우 적은 예산으로 캠페인을 계획했다고 말한다. 잭슨은 캠페인의 일환으로 수동적인 개인투자자층으로부터 지지를 얻고자 했다. 뮤추얼펀드와 기금들을 포함한 기관투자자들도 접촉해보았으나, 잭슨은 이러한 대형 투자자들을 유인하기 위해서는 더 많은 노력이 필요한 것이 사실이라고 인정한다.

　　목표는 투자자들을 모아 야후에 대해 10%의 지분율을 확보하는 것이었다. 잭슨은 야후에 등록된 주주가 2,500만 명에 달한다고 강조한다. 이들 중 10%가 50주씩 매수하고 잭슨이 결성하고 있는 집단에 합류하게 되면, 총 누적지분은 그가 목표로 하는 수준에 쉽게 도달할 수 있었다. 그러나 연차주주총회에서 잭슨을 지지하는 사람들은 예상했던 목표보다 한참 적었다. 이날 잭슨은 100명의 투자자들로부터 지지를 얻었으며, 이는 야후 주식 200만 주, 약 6,100만 달러 수준이었다. 이 규모는 현재 전체 야후 유통주식의 1%에도 크게 미치지 못하는 0.16%에 불과했다. 잭슨이 충분한 수준의 반대 세력을 결성하지는 못했지만, 어찌되었든 간에 결국에는 시멜이 물러나게 되었다. 주주행동주의자, 기관투자자, 임원들은 잭슨의 동영상–블로그 접근법을 향후 수년 뒤에 나타날 투자자들의 혁명에 대한 전조로 묘사한다.

또한 잭슨은 다음해에 다시 나타날 수 있다고 말한다. 그는 야후가 수개월 안으로 상당한 변화를 만들지 않으면 주주행동주의 캠페인을 다시 전개할 수 있다고 강조한다. 그때까지 잭슨은 모토로라에 변화를 압박하기 위한 온라인 캠페인으로 분주할 것이다. 아마도 아직까지 잭슨은 모토로라에서 칼 아이칸이 겪었던 문제들에 부딪히지는 않은 듯하다.

ISS의 팻 맥건 이사는 많은 주주행동주의 투자자들이 잭슨의 행보를 좇을 것으로 예상한다고 말한다. 맥건은 2007년 7월 1일부터 시행된 증권거래위원회의 전자위임장e–proxy 규정은 이사 해임을 위한 주주행동주의자들의 캠페인 절차를 간소화하면서 이에 대한 비용을 점차 낮추고 있다고 강조한다. 이는 이에 참여하는 기업들의 경우 주주들에게 보내는 문서와 관련한 인쇄 및 우편 비용이 발생하는 대신 투자자들이 위임장자료를 온라인으로 부칠 수 있기 때문이다. 맥건은 "증권거래위원회가 모든 투자자들이 모든 자료를 온라인으로 받을 수 있게 되기를 바란다. 우리는 인터넷상에서 더 많은 주주행동주의활동을 보게 될 것이다."라고 말한다.

애틀랜타Atlanta에 소재한 스윙보트Swingvote LLC의 CEO, 앤 포크 Anne Faulk는 잭슨이 주주들과 기업들 서로가 소통하는 방법에 대해 선봉에 서 있다고 말한다. 그녀가 운영하는 스윙보트는 인터넷 포럼을 통해 주주와 임원들 사이의 커뮤니케이션을 가능하게 한다. 포크는 새로운 기술을 통해 이 두 그룹이 서로 강력히 소통할 수 있게 되었으며 이는 과거에는 불가능했던 일이라고 말한다. 스윙보트의 시스템은 본인들이 희망하는 경우 개인신상을 밝히지 않을 수 있으며, 또한 자신들의 의견을 피력하기 위해 혁신적이고 효율적인 다른 방법을 찾을 수도 있다고 덧붙인다. 포크는 임원들도 투자자들에게 자신들의 메시지를 분명히 전달하기 위해 투자자들과의 커뮤니케이션을 위한 기술을 받아들여야 한다고 말한다. 그녀는 "이제는 유튜브 세상이다. 이제 사람들은 CEO가 주주들에게 왜 임원들이 스톡옵션 가격을 다시 산정하고 싶어하는지, 또는 왜 특정 이사들이 선출되었고, 왜 투자자들과의 소통은 이들이 투표를 통해 결의를 하는 순간에 일어나는지를 설명하는 유튜브 동영상을 보고 싶어한다."라고 말한다. 기술로 인해 주주들과 CEO들은 1년에 몇 차례가 아니라 연중 내내 지속적으로 소통할 수 있게 되었다. 그녀는 주주들이 기업의 홈페이지에 접속해 이사후보추천위원회와 헤드헌팅업체가 고려하고 있는 이사후보를 살펴볼 수 있는 미래를 꿈꾸고 있다. 만약 경영진이 지지하는 이사후보에 문제가 있다고 판단하면, 투자자들은 자신이 직접 적합한 인물의 이력서를 인터넷에 올림으로써 이사후보를 추천할 수도 있다. 포크는 "이러한 방법을 통해 커뮤니케이션을 협력의 도구로 활용할 수 있다. 커뮤니케이션은 투표 없이도 계속될 수 있다."라고 말한다.

포크는 또 주주행동주의 헤지펀드 매니저들과 기관투자자들이 위임장대결이나 무조건 반대 캠페인의 일환으로 기술을 활용할 수 있도록 도울 수 있다고 말한다. 포크는 "우리는 이러한 의사소통의 매개체 역할을 할 뿐이다. 때문에 어느 투자자가 이사후보를 지명하고 이에 대해 증권거래위원회 승인을 받고자 할 때, 우리는 이를 기쁘게 받아들일 것이다."라고 말한다.

크리스토퍼 콕스 증권거래위원회 회장은 투자자들과 임원들이 스트리밍 비디오를 활용해 소통하는 세상에 대한 준비가 되어 있다고 말한다. 그는 머지않아 증권거래위원회 관계자들과 외부 세계 사이의 의사소통이 유튜브와 유사한 방식의 전자매체를 통해 이루어지는 날이 올 것이라고 예측한다.

주주들이 만나는 곳이 가상의 온라인 포럼이든 물리적 장소이든, 분명한 것은 기술의 발전으로 인해 주주들이 다른 주주들이나 기업들과 커뮤니케이션하는 방식을 바꿔오고 있다는 점이다. 기존에 기업들로부터 무시당하고 고립되어 왔던 크고 작은 주주들은 자신들과 비슷한 투자자들을 발견하고 좌절감을 나누고 있다. 그 결과물로 이들의 집단적 목소리는 더욱 강해지고 있다.

인터넷을 통한 모든 투자자 커뮤니케이션이 모든 주주들에게 혜택을 가져다주는 것은 아니다. 아이러니하게도 야후의 인터넷 게시판은 매일 익명의 수백만 투자자들이 수천 개의 주식에 대해 의견을 공유할 수 있게 한다. 구글파이낸스와 몇몇 온라인 증권사이트에서도 투자자들이 익명으로 게시판을 활용할 수 있다. 주로 투자전문가를 대상으로 하는 루틴의 포럼과 달리, 야후와 구글의 게시판은 다양한 인센티브와 사업에 대한 제한된 이해를 가지고 있는 개인투자자들을 주대상으로 한다.

일부 인터넷 게시판 참여자들은 주가상승을 기대하는 반면, 또 다른 투자자들은 주가하락시 수익이 나도록 한 상태에서 해당 주식에 대한 부정적인 허위내용을 유포하기도 한다. 소형주 인터넷 게시판에서 소규모 투자자들은 경험이 있는 투자자였다면 단번에 무시했을 허위 내용을 사실로 받아들이기도 한다.

이러한 부정적인 면에도 불구하고, 야후와 구글의 인터넷 게시판을 무시할 수 없는 이유가 있다. 불만을 품은 직원들이 종종 의미심장한 불평의 글을 올린다. 또다른 경우에는 투기꾼들이 불투명한 회사의 사업전망에 대해 유용한 정보를 제공하기도 한다. 쓰레기 더미 속에 유용한 정보가 숨어 있을 수 있다는 것을 아는 일부 주주행동주의자들은 이러한 인터넷 게시판을 모니터링한다. 하지만 채프먼캐피털의 로버트 채프먼은 이에 대해 회의적이다. 그는 인터넷 게시판에서 유용한 정보를 찾는 것은 '건초 더미에서 바늘을 찾을 시간이 있으면' 해볼 만할것이라고 말한다.

인터넷 게시판의 정보를 통해 투자하는 혼돈의 투자자 커뮤니케이션 환경에 안주하는 이들이 대화를 위한 비디오 및 오디오 기술을 활용할 것인지는 불분명하다. 많은 이들이 지속적으로 익명성 뒤에 숨어 있는 것을 선호할 가능성이 높다. 그러나 그중에는 잡음과 소음 속에서 나와 새로운 형태의 투자자 커뮤니케이션 채널을 만드는 이도 있을 것이다. 루틴의 문제 중점을 맞춘 온건한 회의이든, 유튜브 비디오와 결합한 잭슨의 블로그이든, 투자자들은 과거에는 전혀 경험하지 못했던 방식으로 서로를 이해하기 시작했다. 기존에 수동적이고 고립되었던 투자자들은 적극적인 주주로 변모하고 있고, 기업들에 변화를 재촉할 준비가 되어 있다. 또다른 결과로 불만 있는 투자자들을 상대하는 임원들이 주주들의 의사소통을 제한하는 것에도 힘들어하고 있다. 2006년 연차주주총회에서 홈디포의 CEO, 로버트 나델리가 질의응답 시간을 없애기로 한 결정은 전체 주주들과 마찰을 빚었고, 결국 그의 시도는 역효과를 불러일으켰다. 그가 유튜브와 같은 비디오 캠페인을 통해 투자자들에게 메시지를 전달하라는 조언을 받았었다면 상황은 좀더 나았을 것이다. 더 많은 주주행동주의 및 무조건 반대 캠페인들이 나타나면서, 주주들의 지지를 호소하기 위해 더 많은 CEO들이 인터넷 비디오 및 오디오 기술을 활용해 투자자들과 커뮤니케이션하는 모습을 기대해보자.

투자자들이 다른 투자자들 및 기업 임원들과의 커뮤니케이션을 보다 주도적으로 할 수 있게 됨에 따라 주주행동주의자들의 영역도 확장되고 있다. 이는 시작에 불과하다. 온라인, 스트리밍, 오프라인 주주 포럼들이 더 많이 열릴 것을 기대해보자.

행동주의 투자 전략

| 17장 |

언제 주주행동주의 펀드를 PEF라고 부를 수 있는가? 둘의 차이점은 무엇인가?

2006년 2월 댈러스에 소재한 뉴캐슬은 1억 6,800만 달러에 레스토랑체인, 폭스&하운드Fox&Hound Restaurant Group를 인수하기 위해 스틸파트너스의 세력에 합류했다.[1] 이 딜이 특별했던 이유는 다수의 주주행동주의자들이 합세하여 딜을 체결했다는 점뿐만 아니라, 전통적인 PE 기업 없이 타깃기업과의 씨름에서 성공을 거두었다는 점이다. 바이아웃펀드 레빈라이트먼Levine Leichtman Capital Partners Inc.은 이전에 이미 1억 6,000만 달러에 폭스&하운드를 인수하기로 계약했었다.[2]

뉴캐슬의 마크 슈워츠는 자신이 먼저 폭스&하운드에 대한 적대적 M&A를 하려고 했었으나, 대부분의 전통적인 자금조달방법에서는 적대적 투자자의 적대적 M&A 시도에 자금을 후원할 수 없도록 되어 있어 자금을 조달할 수 없었다고 말한다. 그는 그때 또다른 주주행동주의와 PE 투자에 전문화한 워런 리히텐슈타인의 스틸파트너스를 발견했다. 이 두 매니저들은 스스로 기업인수 자금을 마련했다. 슈워츠는 "우리는 타인자본으로 자금을 조달할 수 없었다. 그래서 매입대금의 100%를 자기자본으로 조달해야 했다."라고 말한다.

이번 인수 건은 일부 주주행동주의자들 사이에서 일어나는 변화를 의미했다. 리히텐슈타인은 한때 주가가 저평가된 기업에 대해 대규모 소수지분을 매수하고 위임장대결이나 이사회와의 협상을 통해 기업에 변화를 압박하는 주주행동주의 전략에 에너지를 집중했다. 그러나 최근에 그는 이러한 접근법에 전통적인 PE 펀드처럼 전면적으로 기업을 인수하는 새로운 전략을 덧붙였다. 폭스&하운드 인수로부터 8개월이 지난 후, 스틸파트너스와 바이아웃펀드 아메리칸인더스트리얼 American Industrial Partners은 1억 1,000만 달러에 캔자스에 소재한 앰뷸런스 제조업체 콜린스인더스트리스Collins Industries Inc.를 인수하기 위해 힘을 합쳤다.[3]

이 주주행동주의자들은 어떻게 바이아웃펀드가 되었는가? 이는 PE에 참여했었던 과거 경험 때문에 가능했다. 슈워츠는 자신과 리히텐슈타인이 유사한 방식으로 변화해왔다고 말한다. 이 둘은 모두 약 15년 전에 자신들의 펀드를 설립했다. 슈워츠는 1백만 달러 미만의 운용자산으로 1993년 1월 1일, 뉴캐슬을 설립했다. 2006년 말, 뉴캐슬의 운용자산은 7억 5,000만 달러에 달했다. 리히텐슈타인은 1989년 3억 2,000만 달러에 연구기업 데이먼을 인수한 주주행동주의 및 바이아웃 투자회사 발란트래파트너스Ballantrae Partners 출신이다. 이는 리히텐슈타인에게 잊을 수 없는 경험이 되었다. 슈워츠는 PE를 운용하던 라마 헌트Lamar Hunt 가家에 재무자문을 제공하며 1990년대에 바이아웃 투자에 대한 경험을 보유하게 되었다.

이 두 명의 주주행동주의자들은 수년간 주주행동주의활동을 함께 진행해왔다. 이들은 정기적으로 기업들을 인수했지만, 바이아웃 투자방식은 각각의 헤지펀드 규모가 커지고 난 이후에야 가능했다. 슈워츠는 많은 헤지펀드 매니저들이 같은 길을 걸으며 진화하고 있다고 말한다. 슈워츠는 "가치투자자로 먼저 시작하고, 그뒤 주주행동주의자가 되고, 그다음으로는 PE로 확장하게 된다."라고 말한다.

슈워츠는 PE에서 발생하는 높은 수익을 무시할 수 없었다. 오늘날 그는 몇 개의 기업을 소유하고 있으며, 이들 기업은 총 약 8,000명의 직원을 고용하고 있다. 뉴캐슬은 설립일로부터 14년간, 약 23.3%의 연평균수익률을 기록하고 있다. 바이아웃 투자를 진행함에도 불구하고, 슈워츠의 주주행동주의 소수지분 투자 스타일은 사라지지 않았다. 슈워츠는 자신이 적극적으로 압박해온 몇몇 기업들에 대해 대량의 지분을 보유한다. 2006년 슈워츠는 소수지분을 보유하고 있던 테네시Tennesse 멤피스 소재의 서비스마스터ServiceMaster Company로 하여금 기업을 매각하도록 압박하기 시작했다. 슈워츠는 서비스마스터 CEO와의 비공개 대화를 통해 기업 매각 등의 방식으로 기업가치를 향상시킬 수 있는 방법을 강조했다고 말한다. 서비스마스터는 트루그린로운케어

TruGreen LawnCare와 레스큐루터Rescue Rooter와 같은 소비자 제품들로 유명하다. 2006년 11월 슈워츠의 노력이 결실을 맺는 것으로 보였다. 11월에 서비스마스터는 뉴욕에서 열린 투자자 콘퍼런스에서 투자은행 두 곳과 법무법인 한 곳을 선정해 기업 매각을 고려하고 있다고 발표했다.[4] 2007년 서비스마스터는 바이아웃전문업체 클레이턴 두빌리어&라이스 Clayton, Dubilier&Rice Inc.에게 55억 달러에 매각되었다.

앞서 2004년에는 피자헛Pizza Hut을 모방한 피자레스토랑체인 피자인Pizza Inn의 이사회 의석 네 개를 가까스로 확보했다. 이후, 외부로부터 피자인에 전문성을 불어넣고자 했던 슈워츠는 피자인 이사회에 폭스&하운드 관계자 2인을 진출시켰다. 슈워츠와 리히텐슈타인은 이후에 폭스&하운드 바이아웃펀드의 자금을 활용해 7,500만 달러에 또다른 레스토랑인 챔스엔터테인먼트Champps Entertainment Inc.를 인수했다. 또한 그는 텍사스 포트워스Fort Worth에 소재한 홀마크파이낸셜Hallmark Financial Services을 소유하고 있다.

주주행동주의자들을 PE의 세계로 이끄는 또다른 요인은 운용자산 규모의 증가이다. 기업인수에 있어서 규모의 경제는 중요하다. 지난 수년간 스틸파트너스는 가용할 자금이 넘쳐나게 되었다. 1993년 설립 당시 350만 달러였던 운용자산은 현재 약 60억 달러 규모로 증가하였다.[5]

1980년대 말 기업사냥을 방지하기 위해 채택된 은행업 규정들은 대부분의 전통적인 금융기관들로 하여금 투자기업들이 진행하는 적대적 M&A를 지원하는 것을 금하고 있다. 주주행동주의자들은 전통적인 방법으로 자금을 조달할 수 없으며, 적대적 M&A 진행을 위해서는

행동주의 투자 전략

자기자본을 조달해야 한다. 슈워츠는 "관련 규정들이 변했다. 우리는 더이상 럭비를 하지 않는다. 우리가 하는 것은 이제 럭비보다 거친 미식축구다."라고 말한다.

그러나 피츠버그Pittsburgh에 소재한 토프, 리드&암스트롱Thorp, Reed&Armstrong LLP의 피터 블럼Peter Blume 파트너는 주주행동주의자가 바이아웃을 위해 자기자본을 조달할 수 있는 능력은 큰 장점이 된다고 말한다. 블럼은 "이러한 주주행동주의자들은 경영진을 상대로 장기전을 펼칠 수 있다. 따라서 기업의 임원진은 바이아웃의 위협에 대해 좀더 신중하게 생각해야 한다."라고 말한다.

주주행동주의자들은 운용자산의 규모가 커질수록 일부 기업들의 경영권을 얻고, 다른 기업들에 대해 위임장대결을 펼침에 있어서 보다 높은 유연성을 갖게 된다. PE 방식의 인수를 진행하더라도 분산된 투자 포트폴리오를 운용할 수 있다. 약 5년 전만 하더라도 기업의 경영권을 얻으려면 총자산의 25% 정도가 필요했지만, 오늘날의 주주행동주의자들은 과거에 비해 자금상의 여유가 생겼으므로 총자산의 5% 수준이면 될 것이다.

이렇게 자금이 많아진 주주행동주의 투자자들은 몇 개의 소형주 기업들을 인수하고서도, 다른 기업들에 대해 기본적인 주주행동주의 전략을 계속 구사한다.

바이아웃펀드와 주주행동주의 투자사는 유사점이 많다. 주주행동주의 펀드의 투자목표와 투자기간은 PE와 비슷하다. 전통적인 헤지펀드 매니저들이 1년 미만의 단기로 투자를 하는 반면, 주주행동주의자들은 3~5년의 투자기간을 갖는다. 주주행동주의 투자도 바이아웃펀드와 마찬가지로 투자기간이 길다. 슈워츠는 주주행동주의자들이 바이아웃펀드 매니저들과 비슷한 사고를 하기 때문에 헤지펀드 업계보다 PE 업계에 더욱 가깝다고 주장한다. 대규모 소수지분을 매수하는 결정은 상장기업이 사모시장에서 거래될 때의 가치를 이해하는 것을 필요로 한다. 이는 헤지펀드 매니저들이 가지지 못하는 특수한 기술들을 요구한다. 사실 주주행동주의자들이 인수하는 대규모 소수지분은 타깃기업에 대해 미치는 영향으로 인해 지배지분으로 간주된다. 이들의 투자 전략은 자신들이 소수지분을 보유한 타깃기업에 대해 경영자처럼 생각하는 것이다.

슈워츠는 "현명한 인수자가 타깃기업의 지분을 100% 인수하기 위해 얼마를 지불할 것인지는 다음주 시장에서 해당 상장사의 가치를 어떻게 평가할 것인가와는 매우 다른 문제이다. 나머지 헤지펀드들은 공모시장가치와 높은 매도가를 통해 어떻게 수익을 창출할 것인가에 더 관심을 가진다."라고 말한다.

스틸파트너스와 뉴캐슬 이외에도 주주행동주의와 바이아웃 스타일을 혼합한 형태의 하이브리드 전략을 구사하는 주주행동주의 투자자들이 많이 존재한다. 실력 있는 주주행동주의자 커크 커코리언은 GM으로 하여금 주가 향상을 위해 변화하도록 압박하기 위해 지배구조 스타일의 주주행동주의 노력을 전개했으나, 크라이슬러에 대해서는 연속적인 입찰을 통해 인수에 성공했다. 우선 커코리언은 크라이슬러에 대해 200억 달러의 입찰가를 제시하기 위해 1995년 리 아이아코카Lee Iacocca 크라이슬러 전前 CEO와 파트너십을 결성하였고, 2007년 4월에는 당시 다임러-크라이슬러의 사업부였던 크라이슬러를 인수하기 위해 단독으로 45억 달러의 인수제안을 전개했다.[6] 커코리언은 해당 입찰에서 74억 달러를 제시한 하이브리드 헤지펀드 PE 기업인 서버러스에게 패했다.

칼 아이칸도 이러한 유형에 속한다. 주주행동주의자에서 부실채권투자자로 변모한 에디 램퍼트Eddie Lampert가 지배하는 ESLESL Investments Inc.과 샌프란시스코 소재의 밸류액트도 이러한 유형에 속한다. 밸류액트는 2007년 휴스턴 소재의 오일 및 가스 업체 시텔Seitel Inc.에 대해 7,800억 달러 규모의 차입매수를 완료하였다.[7] 딜로직Dealogic에 따르면, 2006년 한 해 동안 헤지펀드들은 대략적으로 50개 PE 딜에 참여했으며, 이중 일부는 주주행동주의 매니저들에 의해 완료되었다.

대처 프로핏&우드의 스티븐 하워드 파트너는 주주행동주의 헤지펀드 매니저들이 은행이나 제3자로부터 자금을 조달하지 않아도 엄청난 자금을 통해 차입매수의 상황을 빠르게 진행할 수 있는 수준으로 규모가 커졌다고 말한다. 그는 주주행동주의자들이 차입매수 전략을 통해 하룻밤 사이에 급격한 주주가치상승을 달성할 수 있게 되었다고 덧붙인다.

주주행동주의 매니저들이 전보다 많은 자산을 운용하게 된 현상은 이들이 투자자 기반을 변화시켜온 것의 영향을 크게 받았다. 기업 및 공적 연기금, 대학교 기부금 펀드, 재간접헤지펀드 등의 기관투자자들이 주주행동주의 헤지펀드들의 성장에 크게 기여하고 있다. 이들 기관투자자들이 주주행동주의 헤지펀드들에 할당하는 자금은 고액자산투자자들이 주주행동주의에 배분하는 전통적인 자금에 더해진다. 이러한 변화는 18장에서 보다 자세하게 논의된다. 오퍼튜니티파트너스의 필립 골드스타인은 "운용자산이 많아진다는 것은 주주행동주의자가 기업인수제안을 더욱 적극적으로 할 수 있고, 경영진에 보다 거센 압력을 행사할 수 있게 됐다는 것을 의미한다."라고 말한다.

샌프란시스코에 소재한 폴, 헤이스팅스, 자노프스키&워커Paul, Hastings, Janofsky&Walker LLP 투자관리그룹의 미첼 니히터Mitchell Nichter 파트너는 산업의 통합이 나타나고 있다고 말한다. 상장기업 소수지분을 인수해 변화를 압박하던 주주행동주의 헤지펀드 매니저들이 바이아웃을 제안하는 수준으로 진화했다. 반면에 일부 PE 매니저들은 대규모로 소수지분을 매수하고 바이아웃 파트너들을 물색하기 위해 임원진을 도우면서 동시적으로 준準 주주행동주의자로 변신하고 있다. 니히터는 주주행동주의자로 변모한 바이아웃펀드 매니저들이 전통적인 주주행동주의자들보다 기업에 도움이 될 수 있다고 말한다. 바이아웃 형태의 주주행동주의자들은 PE 세계에서 자신들의 기술과 네트워크를 활용하여 적극적이면서도 우호적인 태도로 활동한다. 바이아웃 전략을 구사했던 KKR의 클리프턴 로빈스가 운영하는 블루하버그룹이 좋은 사례이다. 로빈스의 블루하버그룹은 대규모 소수지분을 매입하여, 기업과 주가향상을 위해 비공개적으로 협력하고 있다.

왜 이러한 변화가 일어날까? 니히터는 새로운 수익처를 모색하기 위한 매니저들의 노력의 결과라고 말한다. 많은 전통적 헤지펀드 매니저들과 주주행동주의 헤지펀드 매니저들의 수익률이 다소 떨어졌으며, 그 결과 투자자들은 투자자산의 가치를 향상시킬 수 있는 새롭고 혁신적인 전략을 모색하고 있다. 이는 어떤 이들에게는 주주행동주의를 시도해보는 것을 의미할 수 있다. 많은 주주행동주의자들에게 성공이

란 유동성이 낮은 PE의 세계를 경험해보는 것일 수 있다. 주주행동주의를 지향하는 PE 기업들에게는 유동성을 높이면서 동시에 비공개적으로 기업 개선 작업에 적극적으로 개입할 수 있게 한다. 부실기업에 투자하는 주주행동주의 벌처펀드들은 부실채권인수와 출자전환을 통한 지분 획득 전략의 일환으로 부실기업에 대해 대규모 채권을 인수하기 시작했다. 니히터는 "이들은 모두 수익 창출을 위한 새로운 방법을 찾고 있다"라고 말한다.

인수하지 않으면서 입찰에 참여하기

주주행동주의 전략이라고 하기에는 다소 거리가 있는 전략으로, 해당 자산을 인수할 전략적 인수자 또는 PE 인수자가 나타나기를 기대하며 인수와 관련한 입찰을 하는 것이 있다. 이 접근법은 적대적 주주행동주의자가 제안한 것보다 경영진에게 우호적인 가격에 기업을 인수해줄 '백기사' 역할의 전략적 인수자와 같은 다른 투자자들을 유인하기 위해 타깃기업에 대해 먼지바람을 일으키는 방법을 활용한다. 뉴캐슬의 슈워츠는 가짜 입찰자와 진짜 입찰자를 구별하는 방법은 과거에 실제로 기업을 인수한 적이 있었는지 구분하는 것이라고 말한다. 슈워츠는 "해당 주주행동주의자가 현재 기업들을 소유하고 있는지 확인하는 것이 중요하다. 만약 소유하고 있는 기업이 없다면, 그 의미를 잘 짚어보아야 한다."라고 말한다.

이 주주행동주의자들은 타깃기업이 자신들의 적대적 인수제안을 진지하게 받아들일 것이라고 믿지도 않지만, 기업이 자신들의 거짓 인수제안을 받아들인다고 하더라도 실망할 것이 없다. 이 전략을 구사하는 주주행동주의자들은 일반적으로 기업의 경영진과 이사회에서 거절할 것으로 예상하는 수준으로 낮은 가격을 제시한다. 이들이 노리는 것은 이사회와 기업이 이에 반응하도록 만드는 것이다. 이러한 접근법은 1980년대 많은 기업사냥꾼들이 활용했으나, 당시 시장환경은 지금과는 달랐다. 모건조지프의 랜디 램퍼트는 "많은 주주행동주의자들은 기업 전체를 인수하기를 꺼린다. 이들은 타깃기업이 다른 투자자에게 인수되게끔 압박한다."라고 말한다.

오퍼튜니티파트너스의 골드스타인과 그의 투자그룹은 2005년 9월 미네소타 헥터Minnesota Hector에 소재한 통신사 헥터커뮤니케이션즈Hector Communications Inc.를 인수하기 위해 1억 1,500만 달러를 제시했다.[8] 그의 제안은 10개월 뒤 미네소타의 통신사들로 구성된 컨소시엄이 1억 4,700만 달러에 헥터커뮤니케이션즈를 인수하기로 함에 따라 무용지물이 되었다.[9] 골드스타인은 오퍼튜니티파트너스가 투자 파트너십을 통해 900만 달러의 투자금에 대한 65%의 수익, 600만 달러를 거두었다고 말한다.

2004년 8월부터 헥터커뮤니케이션즈에 기업 경매를 압박해온 골드스타인은 9월에 발표한 인수제안이 헥터커뮤니케이션즈 매각을 촉발한 주요 요인이었다고 말한다. 헥터커뮤니케이션즈는 골드스타인이 인수를 제안하기 전부터 이미 투자은행 스티펠 니콜라스&컴퍼니Stifel, Nicolaus&Company를 고용하여 기업 매각과 같은 전략적 선택에 대해 살펴보도록 하고 있었다. 그러나 골드스타인은 헥터커뮤니케이션즈가 결정을 내리기까지 너무 많은 시간을 소비했고, 이 제안을 통해 기업 경매의 속도를 높이도록 임원들을 압박했다고 말한다. 골드스타인은 "우리는 일반적으로 다른 인수자들을 찾으라고 경영진을 압박하기 위해 인수를 제안한다. 실제로 입찰에 참여할 때, 기업이 경쟁적 입찰을 통해 더 높은 가격에 매각될 수 있다고 자신한다."라고 말한다.

골드스타인은 자신이 기업을 인수하기 위한 입찰에 참여하지만, 경영자는 아니라는 점을 인정한다. 그는 자이로다인컴퍼니오브아메리카Gyrodyne Company of America Inc.와 웰스파이낸셜Wells Financial Corporation을 적대적으로 인수하기 위해 입찰에 참여했지만, 두 회사 모두 그의 제안을 받아들이지 않았다. 그도 기업들이 이를 받아들일 것으로 예상하지 않았다고 덧붙인다. 골드스타인은 "적대적 인수제안의 역사를 살펴보면 타깃기업이 그러한 제안을 받아들인 사례를 찾아보기 힘들기 때문에, 경영진이 수용할 가능성이 매우 낮더라도 이를 걱정하지 않는다."라고 말한다.

기업들에 대한 적대적 M&A 제안으로 유명한 칼 아이칸은 전략적 인수자들을 물색하기도 하고, 직접 기업을 인수하려고도 한다. 2006년 1월 아이칸은 토론토에 소재한 페어몬트 호텔&리조트Fairmont Hotels&Resorts Inc.의 경영권을 얻고자 12억 달러를 제안했지만, 39억 달러를 제시한 사우디Saudi 왕자 알왈리드 빈 탈랄Alwaleed bin Talal과 또다른 투자자로 낙찰되면서 이 제안은 의미 없게 되었다.[10] 실제로 자신이 제안한 낮은 가격에 페어몬트 호텔&리조트를 인수했다 하더라도 만족했을 아이칸은 이 딜을 통해 높은 수익을 거두었다. 아이칸은 페어몬트 호텔&리조트에 대해 주당 평균 27.83달러를 지불했고, 이는 사우디 왕자

가 예상한 주당 45달러에 비해 낮은 가격이었다.[11]

2007년 2월, 아이칸은 경영난을 겪고 있는 자동차부품 인테리어 및 의자 제조업체 리어Lear Corporation를 인수하기 위해 27억 5,000만 달러를 제시했다.[12] 많은 사람들은 리어에 대한 아이칸의 목표가 이 기업을 인수할 전략적 투자자들이 입찰에 참여하도록 유인하는 것이었다고 추측했다. 아이칸의 제안은 종종 주주행동주의자들끼리 대치하는 의도하지 않은 결과를 초래하기도 한다. 리어의 주요 주주인 제나인베스트먼트Pzena Investment Management LLC는 이 제안가가 리어의 자산가치에 비해 지나치게 낮다며, 리어가 이 제안을 즉시 거부하라고 공개적으로 요청했다. 다른 투자자들도 유사한 선언을 공개했다. 어느 주주행동주의자는 리어의 CEO가 주주들에 대한 선관의무를 어기고 딜을 체결할 개인적인 동기를 가지고 있다는 점을 근거로, 이 딜을 무산시키기 위한 소송을 제기했다. 그해 7월 리어는 아이칸이 상향조정한 29억 달러의 인수가를 받아들였지만, 결과적으로 투자자들이 투표를 통해 이 딜을 무산시켰다. 이 사례는 아이칸이 얼마나 이 기업을 인수하려고 했는지를 보여준다. 리어를 인수하기 위해 아이칸이 설립한 뉴욕 소재의 투자회사, 아메리칸리얼에스테이트American Real Estate Partners LP는 그가 1990년 부동산 신디케이트 연합체인 인티그레이티드리소시즈Integrated Resources로부터 인수한 부동산회사이다.[13] 이 회사는 라스베이거스Las Vegas에 소재한 스트라토스피어Stratosphere 카지노, 호텔, 빌딩 등의 자산을 포함해 콘도, 호텔, 에너지 관련 자산, 골프장, 카지노 등을 보유하고 있다.[14] 아이칸이 지배하는 기업들은 약 22,000명의 종업원을 보유하고 있으며, 통신사 XO커뮤니케이션즈XO Communications에서부터 텍사스 휴스턴 소재의 친환경공업청소기업 PSC인더스트리얼서비스PSC Industrial Services Inc.까지 많은 산업에 걸쳐 있다.[15]

주주행동주의자 밸류액트는 인터넷 정보제공업체 원소스One-Source Information Services Inc.를 인수할 의향으로 2003년과 2004년 두 차례에 걸쳐 각각 1억 1,000만 달러와 9,500만 달러의 인수가를 제시했다. 인포USAInfoUSA Inc.가 수면 위로 부상했을 때, 원소스 이사회는 실제로 밸류액트의 두번째 입찰을 승인했었다. 그러나 인포USA는 1억 300만 달러에 원소스를 인수하기로 계약했고, 밸류액트와의 기존 계약이 논란이 되었다.[16] 밸류액트의 입찰이 다른 주주행동주의자들과 다른 점은 밸류액트가 타깃기업 전체를 매수할 의지와 역량을 갖추고 있었다는 점이었다.

산타모니카파트너스의 로런스 골드스타인은 유아용 제품 생산업체, 퍼스트이어스에 1억 2,500만 달러의 인수제안을 하며 전략적 인수자를 찾았지만, 만족스런 결과는 얻지 못했다. 골드스타인과 위임장 대결을 펼친 후, 퍼스트이어스는 마지못해 기업 경매 절차를 시작했고, 2004년 6월 골드스타인이 반대했던 가격인 1억 3,680만 달러에 RC2에 매각되었다.[17]

주주행동주의자들이 기업에게 거짓입찰을 하는 경향은 전 세계적으로도 나타난다. 2006년 10월 스틸파트너스는 일본의 국수제조업체 묘조Myojo Foods Company에 대한 적대적 입찰서를 제출했다. 그러나 얼마 지나지 않아 일본 최대의 인스턴트라면 생산자이자 전략적 인수자인 니신푸드Nissin Food Products Company가 묘조에 대해 우호적 입찰을 진행했다.[18] 스틸파트너스는 묘조 인수가로 많은 전문가들이 기업인수를 위해 필요하다고 믿는 것보다 현저히 낮은 주가 대비 14.9%의 프리미엄을 제시했다.[19] 전문가들은 스틸파트너스가 낮은 입찰가를 제시하며, 실제로는 전략적 인수자들을 협상테이블로 유인하여 타깃기업을 게임에 참여하게 하려 한 것이라고 말한다.

니히터는 기업인수에 대한 거짓입찰을 내는 일부 주주행동주의자들이 결국 해당 기업을 운영해야 하는 상황이 벌어질 수도 있다고 우려한다. 그는 "성공적인 헤지펀드 매니저의 능력은 기업을 운영하는 능력과 직결되지 않을 수도 있다. 헤지펀드 매니저들은 역량과 중점사항 면에서 전통적인 PEF와 다르다."고 말한다.

이러한 인수제안은 기업들이 기관투자자들의 신뢰를 얻고, 주주행동주의자들의 접근을 막기 위한 자사주매입이나 특별배당 등의 변화를 실행하도록 압박할 수 있다. 오퍼튜니티의 골드스타인은 적대적 인수제안이 기업들로 하여금 소수 성향의 이사후보들을 이사회에 선출하고 자사주매입 규모를 확대하도록 압력을 행사하는 데 유용한 방법이 될 수 있다고 강조한다.

스틸파트너스는 일본의 유시로화학Yushiro Chemical Industries Company Ltd.과 섬유염색가공업체 소토Sotoh Company Ltd.에 각각 2억 5,000만 달러, 1억 9,000만 달러의 인수제안을 했다가 모두 거절당한 바 있다. 주주행동주의자들에 대한 투자자들의 지지를 저지하기 위해, 유시로와 소토는 각각 상당한 규모의 특별배당을 지급했고, 그 결과 스틸파트너스를 비롯한 모든 주주들은 이익을 얻었다. 소토는 연간배당액을 15배 늘린 주당 200엔으로 올리기로 약속했다.[20]

2005년 10월 밸류액트는 UBS증권UBS Securities Inc.을 통해 데이

터 및 소프트웨어 기업 액시옴Acxiom Corporation에 대한 20억 달러 규모의 적대적 인수제안을 했고, 결과적으로 이사회 의석 한 자리를 얻게 됐다. 그해 12월, 액시옴은 이 제안을 거절했다.[21] 2006년 4월 밸류액트는 위임장대결을 전개해 이사회에 3인의 이사를 추천했다. 최초 인수제안이 제출된 지 약 1년이 지난 그해 8월, 밸류액트는 위임장대결을 취소하고 액시옴이 반대세력의 이사후보 1인을 이사회로 영입하면서 합의가 이루어졌다.[22]

밸류액트의 액시옴 인수와 같은 적대적 인수제안은 주주들이 승인할 수도 있는 실현 가능한 제안이기 때문에 타깃기업의 경영진은 이에 응답해야 하는 압박을 받는다. 블럼은 액시옴의 경우, 적대적 인수제안이 주가가치 향상을 위한 첫걸음으로 이사를 선출할 수 있도록 도왔다고 말한다. 이사회에서 이사 1인을 확보한 밸류액트는 결국 기업으로 하여금 차입매수에 동의하도록 설득할 수 있었다. 2007년 5월 액시옴은 밸류액트와 바이아웃펀드 실버레이크Silver Lake Partners에 의해 30억 달러에 상장폐지하는 안에 동의했다.[23]

밸류액트의 노력은 주주행동주의자들이 타깃기업으로부터 실제 응답을 기대한다면, 인수제안 이후 후속 조치를 취할 수 있는 능력이 필요하다는 것을 증명한다. 인수제안에 대한 자금을 조달할 수 없는 소형 주주행동주의자의 제안은 사실상 타깃기업이나 주주들이 진지하게 받아들이기 어렵다. 따라서 기업 이사회들이 이러한 유형의 주주행동주의자들이 제시하는 인수제안에 대해 응답할 가능성은 낮다.

밸류액트는 2004년에도 다소 규모가 작다는 점을 제외하고 이와 유사한 성공을 거두었다. 밸류액트는 3억 5,700만 달러에 MSC 소프트웨어MSC Software Corporation를 인수하기 위한 입찰을 제출했다. 그러나 PE의 성격을 띄는 이 주주행동주의자는 MSC 소프트웨어가 이사회 규모를 5인에서 9인으로 확대하고, 밸류액트의 파트너 그레고리 스피비 Gregory Spivy를 이사회로 영입하는 것에 동의하면서 자신의 인수제안을 철회했다. 이러한 합의는 MSC 소프트웨어가 밸류액트의 인수제안이 실현 가능한 것이며, 투자자들을 달래기 위해 무언가를 해야 한다고 인식한 것을 증명했다. 니히터는 "실현 가능한 적대적 인수제안은 기업에 변화를 촉발하기 위해 종종 활용되며, 이 방법은 때로는 성공적이다." 라고 말한다.

헤지펀드들, 기업인수를 위한 펀드를 설립하다.

상당수의 주주행동주의 헤지펀드 매니저들은 기업인수를 할 수 있도록 투자펀드의 구조를 변형하고 있다. 기업인수를 시행해본 적이 없는 매니저들도 기업인수의 가능성에 대비해 헤지펀드를 준비하고 있다.

상장사 인수가 가능하도록 하기 위해 주주행동주의 매니저들이 하는 일 중의 하나는 출자자들로 하여금 단기 환매나 자금 회수를 할 수 없도록 강제하는 것이다. 일반적인 헤지펀드는 투자자들에게 연간 4회 또는 그 이상 환매할 수 있도록 허용한다. 주주행동주의 헤지펀드는 2년 또는 그 이상이 지날 때까지 환매할 수 없도록 의무화하는 추세이다. 이는 기업들을 인수하고, 포트폴리오 기업이 펀드에 편입되어 있는 기간 동안에 충분한 규모의 투자자들이 남아 있도록 하는 것이다. 매니저들이 환매금지기간을 길게 하는 또다른 이유는 자신들의 주주행동주의 전략이 수년의 투자기간을 요하기 때문이다. 빈번한 투자자 환매는 이러한 목표를 달성하기 어렵게 한다.

이런 방법의 바이아웃펀드 조성은 일부 매니저들에게 역효과를 야기할 수 있다. 신규 주주행동주의자들은 장기간의 환매금지에 동의하는 투자자들을 유치하는 데 어려움을 겪을 수 있다. 반대로 기존에 명성이 쌓인 헤지펀드 매니저들은 환매금지기간에 동의하는 투자자들을 유치하기가 더욱 쉬워질 수 있다.

주주행동주의자들과 바이아웃펀드들 모두가 투자기간을 길게 한다고 해도, 이들 각각의 설계 구조는 매우 다양하다. 어떤 바이아웃 펀드는 포트폴리오 기업이 매각되거나, 펀드의 수명이 다할 때까지 투자자들의 투자금을 환매할 의무가 없이 5~13년 사이의 투자기간 또는 환매금지기간 동안 투자자들의 자금을 활용할 수 있다. 이러한 투자기간은 2년의 환매기간을 운영하는 주주행동주의자와 비교해도 차이가 크다. 하지만 투자금 환매금지기간이 5년으로 설정되어 있고, 포트폴리오 기업이 매각되지 않았더라도 펀드들은 환매를 어느 정도 허용해야 할 의무가 있다.

따라서 많은 주주행동주의자들은 환매금지기간 대신에 기업이나 부동산 매입을 예상하며 다른 장치를 마련하고 있다. 이를 위해 헤지펀드들은 그들의 자산을 유동자산계정과 업계에서 옆주머니라고도 불리는 비유동장기투자계정으로 구분한다. 옆주머니는 펀드 전체에서 추구하는 전략과 관계없이 기업을 인수하거나 기타 비유동자산에 투자할 수 있게 한다. 다시 말해 전통적인 주주행동주의 전략 이외에 PE 유형에 해당하는 모든 투자가 옆주머니 계정으로 분류되는 것이다.

헤지펀드 매니저가 옆주머니 계정을 만들기로 결정하면, 투자자들에게 이러한 내용의 펀드에 참여할 것인지 여부를 묻게 된다. 이때 투자자들은 옆주머니 계정에서 빠져나와 모든 투자금액을 유동자산계정에만 배분할 수도 있다. 투자자들의 투자금액 일부분만 옆주머니 계정에 할당되지만, 투자자들은 자신들의 자금을 이러한 장기적 투자에 오랜 기간 동안 묶어둘 수 있는지 생각할 필요가 있다. 일반적으로 옆주머니 계정에 자산을 배분하는 투자자들은 헤지펀드가 인수한 기업이 매각되거나 상장되기까지, 때로는 무기한으로 투자자금을 묶어두게 된다. 일부 옆주머니 계정은 매니저가 비유동자산 매각을 위한 조치를 취하기 전까지 이 계정에서 해당 자산을 최대할 유지할 수 있도록 설정하기도 한다. 이러한 옆주머니 계정은 기본적으로 PE 기업의 모델을 모방한다.

옆주머니 항목은 헤지펀드 투자자들이 1998년 구소련 국가들의 경제가 붕괴될 당시, 러시아 증권에 대해 지나치게 많은 비유동포지션을 가지고 있었다는 불평으로 인해 등장했다. 당시 많은 헤지펀드 투자자들은 폭락하는 러시아 증권에 대한 투자금을 회수하는 데 어려움을 겪었다. 먼저 지분을 청산한 초기 투자자들은 자산에 대한 유동성이 남아 있을 때 자산을 투매한 덕에 손실을 줄일 수 있었다. 그러나 환매가 늦었던 투자자들은 투자 포트폴리오가 유동성이 사라져 현금화에 어려움을 겪었다. 뉴욕에 소재한 캐튼무친로젠먼의 윌리엄 나트보니 파트너는 유동자산과 비유동자산 계정을 나누는 펀드 구조가 만들어지고 난 뒤, 소심한 투자자들을 러시아와 같은 이머징마켓으로 돌아오게 할 수

행동주의 투자 전략

있었다고 말한다.

그렇다고 운용자산의 상당 부분을 이러한 구조로 배분하지는 않는다. 나트보니는 자신의 헤지펀드 고객들로 하여금 운용자산의 25% 이상을 옆주머니 계정에 할당하지 말 것을 당부한다. 옆주머니 계정에 이보다 많은 자산을 할당하는 주주행동주의자는 투자자들에게 주요 전략이 사실상 비유동자산에 대한 투자이며, 이와 관련하여 해당 자산의 수익 실현까지 소요되는 투자기간이 변경될 가능성을 설명해야 한다. 앞서 논의한 바와 같이 주주행동주의자는 일반적으로 각각의 투자에 대해 약 3년 내 수익 실현을 목표로 한다. PE 기업들이 이미 인식하고 있듯이, 이러한 투자를 통해 수익을 실현하기까지는 오랜 기간이 걸리며 헤지펀드 투자자들은 옆주머니 계정에 투자하기에 앞서 투자기간을 고려해야 한다는 것을 인식해야 한다.

니히터는 총자산 대비 옆주머니 계정에 할당되는 비율은 해당 헤지펀드 매니저가 채택하는 전략에 따라 다르다고 전했다. 그는 만약 투자자들이 펀드 총자산의 75% 이상을 비유동 옆주머니 계정에 할당하는 주주행동주의자를 지지한다면, 해당 헤지펀드 매니저는 이러한 투자 구조를 운용함에 있어서 제약을 받아서는 안 된다고 말한다.

2003년 밸류액트는 정관을 개정하여 총 운용자산의 25%를 비유동 옆주머니 계정에 배분할 수 있도록 했다. 이전에 밸류액트는 운용자산의 15%를 옆주머니 계정 투자에 활용할 수 있었다. 밸류액트를 설립한 제프리 우벤은 당시 투자펀드의 구조를 변경한 것은 기업들을 상장폐지할 수 있는 기회가 시장에 증가했기 때문에 이를 활용하기 위함이었다고 강조한다.

2005년 4월 밸류액트의 자산은 17억 달러였으며 이중 4억 2,500만 달러는 옆주머니 계정에 할당되었다.[24] 2006년 12월까지 밸류액트의 자산은 45억 달러로 증가했으며, 옆주머니 계정에 할당된 자산은 11억 2,500만 달러에 달했다. 우벤은 밸류액트가 펀드 내 옆주머니 계정 규모를 확대하는 것을 추가적으로 고려할 것이라고 말한다. 우벤은 "나는 옆주머니 계정의 비율이 증가할 것으로 보고 있다"라고 말한다.

뉴캐슬의 슈워츠는 뉴캐슬에 투자한 투자자들에게 기업인수에 목적을 두고 설립된 특수목적 바이아웃펀드에 자산을 추가로 납입할지 여부를 선택할 수 있다고 말한다. 이렇게 배분되는 투자금은 헤지펀드 뉴캐슬에 투자되는 자금과 별개로 운용된다. 그러나 이 특수목적 펀드에 자금이 투자되면 인수기업의 매각 등의 청산 이벤트가 발생할 때까지 환매가 제한된다.

제이 배리스Jay Barris는 주주행동주의자들이 수년 후 높은 상장가를 받을 수 있을 것으로 예상하는 비상장기업의 전체 또는 일부 지분을 매수하기 전에 옆주머니 계정을 설치한다고 강조한다. 배리스는 "차세대 구글을 인수할 수 있는 좋은 기회일지 모르나, 이러한 투자는 때로는 10년 이상의 장기투자를 요구하기 때문에 인내심 많은 투자자들을 필요로 한다."라고 말한다.

다른 종류의 헤지펀드 매니저들은 지방채와 같은 대체투자부문에서 비유동자산에 투자하기 위해 옆주머니 계정을 활용한다. 이러한 준準 PE 스타일의 주주행동주의 헤지펀드들이 나타나는 현상은 재간접 헤지펀드 투자자들에게 많은 문제를 발생시키고 있다.

재간접헤지펀드는 포트폴리오 내의 헤지펀드들에 대해 일정 수준의 실사를 수행한다. 재간접헤지펀드들은 주주행동주의 헤지펀드가 투자한 주식의 가치를 정기적으로 평가한다. 그러나 비유동투자자산들은 헤지펀드의 가치평가를 어렵게 한다.

니히터는 재간접펀드들이 펀드 내 기초자산의 가치측정이 어렵다는 이유로 포트폴리오 기업을 포함해 비유동투자자산을 보유하는 주주행동주의자에게 투자하기를 꺼린다고 강조한다. 니히터는 일반적으로 옆주머니 계정으로 분류되는 인수자산들은 인수비용을 자산가치로 기록하지만, 시간이 지나면서 해당 투자자산의 가치를 정확히 측정하는 것이 어려워지면서 결국 재간접헤지펀드의 리스크를 높인다고 말한다. 그는 "헤지펀드가 비유동자산을 많이 보유할수록 재간접헤지펀드가 해당 헤지펀드의 가치를 평가하기 어려워진다"라고 말한다.

ESL 회장 겸 CEO, 에드워드 램퍼트Edward Lampert는 가장 최근에 하이브리드 PE 투자자로 변모한 거물급 주주행동주의자이다. 그는 2003년 일반 채권과 부실채권을 인수하여 K마트의 경영권을 장악한 뒤 K마트를 부도에서 벗어나게 했다. 많은 전문가들은 그의 다음 행보를 예측하지 못했다. 램퍼트는 K마트에 의한 시어즈에 대한 기업인수를 지휘했다. 이러한 인수를 기획한 램퍼트는 합병된 회사의 이사회 의장이 되어 경영에 적극적으로 참여하기 시작했다. 금융지 인스티튜셔널인베스터Institutional Investor는 램퍼트가 2004년과 2005년에 각각 10억 달러와 4억 2,500만 달러의 수익을 거두었다고 밝혔다.

그러나 K마트-시어즈 합병 이전에 램퍼트는 1990년대의 대부분을 몇 개의 기업에 대해 대규모 소수지분을 매수하고 변화를 압박하는 전통적인 주주행동주의자로서 활동했다. 1997년부터 2001년 사이

램퍼트는 대량으로 지분을 보유하고 있던 자동차부품소매업체 오토존 AutoZone Inc.이 변화하도록 압박했다.[25] 1999년 오토존의 지분 15%를 보유하고 있던 램퍼트는 오토존의 설립자 조지프 하이드 3세Joseph Hyde III를 만나 사업에 대해 논의했다. 이후 램퍼트는 오토존 이사회에 참여하였고, 경영에 더 많은 영향을 미치게 되었다. 오토존은 포이즌 필 규정을 도입하고자 했으나, 램퍼트가 이에 대한 우려를 나타내자 이를 도입하지 않기로 결정했다. 이후 오토존의 CEO, 존 애덤스John Adams가 사임한 후, 램퍼트는 특별위원회를 이끌며 후임자를 물색했다. 2001년 램퍼트는 어홀드USAAhold USA Inc.에서 임원으로 있던 스티브 오들랜드 Steve Odland를 오토존으로 영입했다.[26] 또한 램퍼트는 오토네이션AutoNation Inc.에 대해서도 대량의 소수지분을 보유하면서 이사회에도 포함되어 있었다. 램퍼트는 오토네이션에서도 변화를 압박했다. 2006년 3월, 오토네이션은 약 10억 달러 규모로 부채를 늘리고, 보유 현금을 자사주 매입에 활용했다.[27]

램퍼트는 왜 주주행동주의자에서 기업을 인수하는 투자자가 되었을까? 스티븐 하워드는 운용자산의 증가와 주주행동주의를 통해 얻은 사업에 대한 전문성이 결합하면서 그가 변화하게 되었다고 말한다.

주주행동주의 헤지펀드 매니저들이 기업을 인수하는 것이 흔한 현상이 된 것에는 여러 요인들이 복합적으로 작용했다. 주주행동주의자들에게 더 많은 자금이 배분되고, 옆주머니 계정 등의 유사 장치들이 표준화되며, 바이아웃에 자금이 몰리는 추세와 같은 요인들이 모두 합쳐지면서 이 전략이 주주행동주의의 주요 부분으로 자리잡고 있다. 옆주머니 계정이 더 많이 활용되면서, 기회가 발생할 때마다 펀드매니저들

행동주의 투자 전략

은 기업인수에 대해 더욱 유연하게 대처할 수 있게 되었다. 준※ 주주행동주의 바이아웃 업계에서 칼 아이칸과 커크 커코리언과 같은 경험 많은 투자자들은 램퍼트, 우벤, 마크 슈워츠, 워런 리히텐슈타인 등이 주도하는 새로운 세대의 주주행동주의 PE 투자회사들을 맞이하고 있다.

바이아웃 옵션 또한 헤지펀드 매니저들이 다른 주주행동주의자들 및 헤지펀드 매니저들로부터 차별화하고, 수익을 확대하기 위해 여러 혁신적인 접근법들을 모색하는 커다란 추세의 한 부분을 구성하고 있다. 나트보니는 "주주행동주의자들은 이미 유동성이 부족한 증권에 투자하고 있기 때문에, 이들이 PE 기업들이 하는 것처럼 타깃기업을 상장폐지하고 싶어한다는 사실이 놀라운 것은 아니다."라고 말한다.

그러나 주주행동주의 헤지펀드에 투자하는 어느 투자자는 주주행동주의 헤지펀드 매니저들에게 바이아웃이 최선의 전략이 되지는 않을 것이라고 경고한다. 뉴욕에 소재한 랜드마크의 서배스천 스터브 파트너는 주주행동주의자들은 본연의 분야에 충실하면서 가장 잘할 수 있는 것에 집중해야 한다고 말한다. 그는 시장에서 기회가 줄어들고 있기 때문에, 바이아웃펀드 업계가 포화 상태에 이르고 있다고 믿는다. 그는 주주행동주의자들이 성공할 수 있었던 이유가 기업인수에 필요한 시간과 에너지를 투자하지 않고도 가치 향상을 위한 변화를 달성할 수 있기 때문이라고 강조한다. 스터브는 "PE의 쇠락기를 되돌아보면, 당시 바이아웃기업들은 고전했던 반면 주주행동주의자들은 수익을 내고 있는 것을 확인할 수 있다. 9개월 미리 지분을 인수하고 기업들을 바이아웃 상황으로 압박함으로써 수익을 거둔 주주행동주의 투자는 앞으로도 수익을 낼 수 있는 수익모델이다."라고 말한다.

| 18장 |

재간접헤지펀드,
주주행동주의자들에 대한
입장을 밝히다

2003년 서배스천 스터브는 6,600만 달러 규모의 주주행동주의 재간접헤지펀드인 랜드마크를 설립했다. 이 자산을 배분받고자 많은 주주행동주의 헤지펀드 운용사들이 매년 그를 방문한다. 그는 펀드매니저의 투자자산에 대한 이해능력에 근거해 랜드마크의 포트폴리오에 편입될 주주행동주의 헤지펀드들을 선정한다. 스터브는 주주행동주의 펀드매니저들이 본인들이 투자한 기업에 대해 해당 기업을 경영하는 CEO보다 더 잘 이해하기를 기대한다. 하지만 이는 결코 쉬운 일이 아니다.

　　대부분의 펀드매니저들은 이러한 요건을 충족시키지 못한다. 랜드마크가 매년 만나는 15~20곳의 주주행동주의 펀드들 중에서 오직 한 곳만 투자대상으로 선정된다.

　　스터브의 투자방식은 주주행동주의에서 떠오르는 추세 중 하나이다. 투자자금을 한데 모아 헤지펀드들에 자산을 배분하는 방식으로 투자하는 재간접헤지펀드가 주주행동주의 매니저들에게 점점 더 큰 규모의 자산을 배분하고 있다. 이 전략은 투자의 지평을 변화시키고 있다. 수억 달러의 자산이 주주행동주의자들에게 몰리고 있으며, 이를 통해 주주행동주의자들은 운용자산 규모가 증가하고 이전보다 큰 규모의 기업들, 더 많은 기업들에 대해 개입하는 것이 용이해지고 있다.

　　자산 규모가 크지 않은 많은 개인투자자들이 사모시장에서 전문성 있는 주주행동주의 펀드에 투자하려면 아마도 재간접헤지펀드가 유일한 수단일 것이다. 규제당국은 뮤추얼펀드보다 위험성이 높고 자산이 많지 않으면 손실폭이 더 클 수 있다는 이유로, 자산이 많지 않은 투자자들로 하여금 헤지펀드에 투자하는 것을 금지하고 있다. 많은 주주행동주의자들은 내부규정을 통해 100만 달러 이상부터 출자할 수 있게 하는 등 고액자산가들로부터만 투자를 받는다. 투자 규모가 이보다 작은 고액자산가들은 주주행동주의 투자에 자산의 일부를 배분할 수 있는 재간접헤지펀드를 통해 투자에 참여한다. (헤지펀드들이 운용펀드를 공모시장에 상장하는 추세를 통해 머지않아 개인투자자들도 주주행동주의자들에 투자할 수 있는 새로운 기회를 얻게 될 것이다.)

　　일부 투자자들은 최소투자금 규모에 대한 제약이 적고, 접근할 수 없는 헤지펀드 매니저들에 투자할 수 있게 한다는 점에서, 헤지펀드에 직접 투자하는 것보다 재간접헤지펀드에 투자하는 것을 선호하기도 한다. 또한 많은 투자자들은 재간접헤지펀드를 통한 분산투자로 리스크를 최소화할 수 있다고 믿는다. 그러나 재간접헤지펀드 투자에 다중으로 부과되는 수수료는 특정 헤지펀드 매니저에 투자할 때 발생하는 리스크를 제거함으로써 창출되는 수익과 상쇄되기도 한다.

랜드마크의 재간접펀드 포트폴리오는 주주행동주의 매니저들에게 새로운 자금원을 의미한다. 5년 전만 하더라도 주주행동주의자는 대부분의 헤지펀드 매니저들과 마찬가지로, 고액 자산가들과 뮤추얼펀드, 연기금 등의 자금에 의존했다. 재간접헤지펀드들은 1970년대부터 다양한 형태로 존재해왔지만, 실제로 주주행동주의 헤지펀드에 투자하기 시작한 것은 최근의 일이다.

재간접헤지펀드들이 주주행동주의자들에게 투자하는 현상은 큰 흐름의 일부분이다. 전통적인 시장중립전략 또는 롱-쇼트전략을 구사하는 헤지펀드에 투자하여 만족한 경험이 있는 재간접헤지펀드 매니저들은 다양하고 새로운 전략으로 높은 운용성과를 보이는 잘 알려지지 않은 헤지펀드 매니저들을 물색하고 있다. 그러한 전략 중 하나가 바로 주주행동주의이다.

스터브의 주주행동주의 재간접헤지펀드 설립 결정은 하루아침에 이루어진 것이 아니다. 1999년 스터브와 그의 파트너들은 가치투자에 중점을 두는 랜드마크밸류스트레티지Landmark Value Strategies 펀드를 설립했다. 2001년 이 펀드의 파트너들 중에는 주주행동주의 매니저들과 주주행동주의에 이따금 참여했던 일명 파트타임 주주행동주의자라 불리는 가치투자자들이 있었다. 이들은 매우 좋은 성과를 거두었고, 2003년 랜드마크는 주주행동주의 재간접헤지펀드 LASLandmark Activist Stratigies를 출범하기로 결정했다. LAS는 보통 약 8∼10곳의 주주행동주의 헤지펀드에 투자한다. 포트폴리오를 구성하는 헤지펀드 매니저들은 일반적으로 소수의 기업들에 대해 대규모 지분을 보유한다. 2006년 랜드마크밸류스트레티지 펀드의 운용자산은 4억 5,000만 달러를 기록했고, 이중 20%는 주주행동주의 투자자들에게 할당되었다. 또한 랜드마크의 파트너들은 주주행동주의 및 가치투자 매니저들에게 투자하는 1억 500만 달러 규모의 랜드마크밸류스트레티지글로벌Landmark Value Strategies Global 펀드를 설립했다. 스터브는 "주주행동주의 펀드를 운용하기로 한 것은 고객들의 수요와 이러한 성향의 매니저들이 우수한 성과를 내고 있다는 것 때문에 결정한 것이다"라고 말한다.

　　스터브의 주주행동주의 펀드를 구성하는 매니저들은 주주행동주의의 스펙트럼에서 건설적이고 우호적인 성향을 띤다. 이러한 매니저들은 우선 비공개적으로 경영진과 협력적인 분위기에서 긍정적인 변화를 일으키기 위해 힘쓴다. 스터브는 밸류액티비스트펀드Value Activist Fund에 편입된 매니저들이 적대적 선동자의 성향을 띠는 주주행동주의자들과는 다르지만, 투자한 기업이 무대응적인 태도를 보이는 경우 변화를 압박하기 위해 공개적 캠페인을 전개하기도 한다는 것을 인정한다. 스터브는 "주주행동주의자들은 해당 기업의 담당자들이 전화를 받지 않는 경우, 의미 있는 실사를 진행하는 데 어려움을 겪는다."라고 말한다.

　　랜드마크의 파트너인 스터브, 아메드 패토Ahmed Fattouh, 존 살리브John Salib는 많은 주주행동주의 헤지펀드 매니저들과 같이 투자은행 M&A자문 분야에 대한 경험을 가지고 있다. 스터브는 자신을 비롯한 랜드마크의 파트너들은 투자은행에서 일하면서 기업가치평가에 대해 경험을 쌓았다고 말한다. 이러한 경험들이 주주행동주의 매니저들이 투자대상의 재무제표 주요 항목들에 대해 실제로 이해하고 있는지 평가하는 데 도움이 되었다고 말한다. 스터브의 랜드마크와 마찬가지로 배리 크로닌Barry Cronin도 주주행동주의 재간접헤지펀드를 설립했다. 2003년 크로닌은 협력적인 주주행동주의를 통해 경영에 개입하기도 하는 가치투자 매니저들을 포함한 다양한 스타일의 매니저들에게 자산을 배분하는 첫번째 재간접헤지펀드를 출범했다.

2006년 크로닌은 주주행동주의 투자 전략의 효과에 대한 믿음을 바탕으로 가끔씩 주주행동주의를 행하는 가치투자자들에 투자하는 재간접헤지펀드인 테일러웨이포인트Taylor Waypoint Fund LP를 설립했다. 그러나 크로닌은 필요한 경우에만 최후의 보루로 공개적인 조치를 취하는 장기적 지배구조 스타일의 주주행동주의자들에 집중한다고 강조한다. 스터브와 마찬가지로 크로닌은 시비를 걸 의도를 가지고 대량의 소수지분을 매수하는 주주행동주의자에 투자하는 것을 추천하지 않는다고 말한다. 또한 다른 주주들의 장기적 수익를 저해하면서 기업에 대해 단기적으로 차입증가형자본재편(leveraged recapitalization, 역주: 부채수준을 높히고 조달금을 통해 자사주매입이나 특별 주주 배당을 하는 것)을 실행하도록 압박하는 매니저들은 피한다고 말한다.

크로닌은 주주행동주의자들이 숨겨진 가치를 발견하고 그 가치를 세상에 드러나게 하는 촉매제 역할을 할 수 있다는 점에서 주주행동주의 매니저들에 투자한다고 말한다. 그는 "이러한 매니저들 중 많은 이들은 첫째로 종목선정에 뛰어나며, 둘째로 필요한 경우에만 주주행동주의자로 활동한다."라고 말한다.

그러나 초기 성공에도 불구하고 많은 주주행동주의 재간접헤지펀드 매니저들은 여전히 자신의 투자 기준에 부합하는 일부 주주행동주의자들에게만 투자하는 것에 대해 침묵하려 한다. PL캐피털의 리처드 래슐리는 PL캐피털 펀드가 10년 이상의 운용기간을 비롯해 낮은 변동성과 높은 수익률을 기록했음에도 불구하고, 재간접헤지펀드 매니저들로부터 외면을 받고 있다고 말한다. 무엇이 문제일까? 그는 재간접펀드 매니저들이 PL캐피털의 한정된 종목선정과 산업 다각화 부족 등을 문제 삼는다고 말한다. 주주행동주의 펀드인 PL캐피털은 은행과 저축은행들에만 투자하지만 매년 시장수익률을 초과하는 성과를 달성하고 있다. 앞서 논의한 것처럼 주주행동주의자들은 은행업, 의류업, 요식업 등 특성 산업에 대한 전문성을 가진다. 재간접헤지펀드 매니저들은 특정 산업의 업황이 좋지 않을 수 있다는 점으로 인해 이러한 전문화에 대해 우려한다.

특정 산업에 지나치게 집중하는 것에 대한 우려뿐만 아니라, 전통적인 재간접헤지펀드들은 주주행동주의 펀드매니저들의 포트폴리오가 일반적으로 주식시장과 상관관계가 높기 때문에 자신들이 추구하는 조건에 부합하지 않는다는 인식을 가지고 있다. 어느 재간접헤지펀드 매니저는 투자자들이 주식과 채권 리스트를 평가하는 능력은 뛰어나지만, 주식시장과 상관관계가 낮은 투자 전략을 가진 재간접펀드를 찾는다고 강조한다. 다시 말해 투자자들은 재간접펀드들이 주식시장의 움직임과 관계없이 꾸준히 좋은 성과를 내는 헤지펀드 매니저들에 투자하기를 기대한다는 것이다. 일반적으로 주주행동주의자들은 주가상승을 기대하면서 주식을 매수하고 보유하지만, 헤지펀드들은 상황에 따라 주식을 매수하기도 하고, 주가하락을 예상하는 경우 공매도를 하기도 한다.

그러나 주주행동주의 펀드매니저들과 일부 재간접헤지펀드 매니저들은 자신들의 투자가 특정 분야에 지나치게 집중되어 있고, 주식시장의 움직임과 크게 연동되어 있다는 평가에 동의하지 않는다.

랜드마크의 스티브는 주주행동주의자들이 공매도를 하거나 시장하락에 베팅을 하지 않기 때문에 S&P500과 같은 주식시장 지수에 높은 상관관계를 가지는 것으로 보이지만, 이러한 인식은 잘못된 것이라고 말한다. 그는 주주행동주의 헤지펀드의 포트폴리오가 특정 산업에 집중되어 있다고 하더라도, 타깃기업들에 대해 변화를 압박할 수 있기 때문에 시장과 상관관계가 높다고는 할 수 없다고 말한다. 스티브는 수개월 또는 수년 동안 주주행동주의자가 선정한 종목이 시장의 움직임을 따르는 것처럼 보일 수 있으나, 변화에 대한 촉매제가 발산되면 이러한 상관관계는 의미가 없게 된다고 말한다. 스티브는 "주가가 6개월 동안 수평선을 그리다가 갑자기 급등할 수 있다. 이러한 급등은 시장과 상관관계를 가지지 않는다."라고 말한다. 그는 주주행동주의자들이 '모래사장에서 다이아몬드 찾기' 또는 변화를 위한 촉매가 없어도 언젠가는 시장수익률보다 높은 주가상승이 나타날 가치가 왜곡된 숨은 기업들을 찾는 것에 전문화된 이들이라고 덧붙인다. 주주행동주의 매니저들은 또 시장에 대한 헤징의 수단으로 현금을 보유하며 기회가 나타나면 이를 활용한다. 이에 대한 한 가지 예로 2002년의 사례를 들 수 있다. 그해 주식시장은 전체적으로 성과가 좋지 않았던 반면, 대다수 주주행동주의자들은 뛰어난 성과를 거두었다. 또다른 예로 2001년 9월이 있다. 스티브는 뉴욕과 워싱턴에 대한 테러리스트 공격이 있었던 후 주식시장이 회복되기까지 오랜 시간이 걸렸지만, 주주행동주의 헤지펀드 매니저들은 지속적으로 좋은 성과를 거두었다고 말한다. 스티브는 "주식시장에 투매가 일어나는 대부분의 경우, 주주행동주의자들의 성과는 좋다."라고 덧붙인다.

오퍼튜니티파트너스의 필립 골드스타인은 이와 관련한 통계수치를 제공한다. 2002년 골드스타인의 주주행동주의 헤지펀드는 5%의 수익률을 기록한 반면, S&P500지수는 23% 하락했다. 2002년 PL캐피털은 16%의 수익률을 달성했고, 이는 같은 해 S&P500지수를 크게 상회한 수준이다. 골드스타인은 오퍼튜니티파트너스가 기록했던 최고의 수익률들은 시장이 좋지 않을 때 발생했다고 강조한다. 그러면서도 그는 오퍼튜니티파트너스의 수익률이 시장중립전략을 구사하는 헤지펀드들보다 주식시장과 높은 상관관계를 보인다는 점을 인정한다. 골드스타인은 "내가 운용하는 오퍼튜니티파트너스의 펀드는 시장중립전략 헤지펀드와 주식으로만 포트폴리오를 구성하는 주식 펀드의 사이에 있다"라고 말한다.

일부 재간접펀드 매니저들은 약간의 주주행동주의를 할 준비가 되어있지만, 운용자산의 극히 일부만 주주행동주의 전략에 배분할 것이다. 60억 달러의 자산을 운용하는 캘리포니아 산타모니카 소재의 재간접헤지펀드 코스트Coast Asset Management의 CEO, 데이브 스미스Dave Smith는 자신이 집중투자와 파트타임 주주행동주의 전략을 펼치는 주주행동주의자들을 포함한 다양한 매니저들에게 자산을 투자한다고 말한다. 소수 종목에 대규모 지분을 매수하는 주주행동주의 투자자들은 코스트에 편입되기에는 변동성이 너무 높다. 하지만 스미스의 코스트다이버시파이드펀드Coast Diversified Fund는 주주행동주의 펀드 세 곳에, 코스트시그마Coast Sigma 펀드는 두 곳에 투자하고 있다. 코스트다이버시파이드펀드에 편입된 주주행동주의 펀드는 세 곳으로, 시장중립전략과 M&A 차익거래 전략 등을 구사하는 매니저들을 비롯해 전체 포트폴리오를 구성하는 50곳에 비하면 비중이 작다. 스미스는 이 '마지못한 주주행동주의자들'이 포트폴리오에 편입된 이유에 대해, 이들이 경영성과가 좋지 않으면서 임원들에게 과도한 보수를 지급하는 기업들에게 가치향상을 위한 변화를 압박할 수 있는 유능한 매니저들이기 때문이라고 말한다. 스미스는 "이들은 엄밀히 말해 주주행동주의자들이 아니다. 이러한 주주행동주의자들이 쫓는 임원들은 본인들이 주주들을 위해 일해야 한다는 것을 진정으로 상기해야만 하는 이들이다."라고 말한다.

헤지펀드 전문화의 득과 실

배리 크로닌은 주주행동주의자들이 소수 종목(보통 열 개 미만)에 집중하여 대량의 지분을 매수한다는 이유로 전통적인 헤지펀드들보다 리스크가 높다는 평가는 잘못된 것이라고 말한다. 사실 크로닌은 전통적인 헤지펀드의 투자 스타일보다 이러한 주주행동주의 접근법의 영향을 더 많이 받았다. 그는 "소수 종목에 집중투자했을 때, 수백 개의 종목을 관리하는 헤지펀드 매니저들보다 투자자산에 대해서 더 많이 집중하고 더 많은 일을 하게 된다. 주주행동주의자들은 충분한 리서치와 의사결정을 통해 주식을 매수하고, 숨겨진 가치를 발견하여 모든 주주들을 위해 이를 세상에 알린다."라고 말한다.

랜드마크의 스터브는 자신이 소수의 종목에 집중투자하는 매니저들을 찾을 뿐 아니라, 특정 매니저가 과연 25개 이상의 투자기업에 대해서 잘 이해하고 있을지에 대해 질문을 던진다고 말한다. 스터브는 수백 개의 기업에 투자하는 펀드매니저들은 이들 각각의 펀더멘털에 대해서 충분히 이해하지 못한다고 믿는다고 말한다. 그는 랜드마크의 재간접헤지펀드가 매니저들로 구성된 펀드라기보다, 투자자산으로 구성된 펀드라고 말한다. 스터브는 "100개 이상의 종목에 투자하는 매니저는 자신의 최고의 아이디어를 희석하고 있는 것이다. 40개의 투자 아이디어에 대해 리서치하고 이해하는 것은 불가능하다."라고 말한다.

크로닌은 열 개의 종목에 집중투자하는 주주행동주의 헤지펀드 매니저들이 수백 개의 기업에 투자하는 전통적인 헤지펀드 매니저들보다 낮은 주식시장 상관관계를 보일 가능성이 높다고 강조한다. 크로닌은 "보유한 종목수가 적으면 주식시장과의 상관관계가 낮다는 것을 의미한다"라고 덧붙인다.

그러나 일부 사람들은 발생 가능한 문제들에 대해 경고한다. 게리 루틴은 재간접헤지펀드 매니저들이 주주행동주의 매니저들을 다각화해야 한다고 말한다. 주주행동주의자들에 집중투자하는 재간접헤지펀드 매니저들은 자신들이 투자한 헤지펀드들이 서로 중복되는 종목에 투자하지 않도록 해야 한다. 주주행동주의자들이 모두 같은 기업의 주

행동주의 투자 전략

식을 매수하여 경영진에 기업 매각을 압박하는 '이리떼' 접근법은 시장 수익률을 초과하는 수익을 위한 촉매제 역할을 할 수 있다. 그러나 이러한 전략이 실패하고, 특정 재간접헤지펀드가 투자한 복수의 주주행동주의 헤지펀드들이 해당 기업에 중복적으로 투자하여 수익을 내지 못한 경우, 재간접헤지펀드의 전체 수익에 문제가 발생할 수 있다. 루틴은 이와 유사한 투자로 인해 BKF캐피털이 몰락한 사례는 BKF캐피털에 몰린 주주행동주의자들에게 대량의 자산을 분배했던 재간접헤지펀드에게 시련이라는 교훈을 주었다고 말한다. 많은 주주행동주의자들이 임원 보수를 억제하기 위해 기업을 압박할 목적으로 BKF의 지분을 대량으로 매집했다. 그러나 주주행동주의자들이 위임장대결에 승리하고 난 뒤, 이 펀드에는 내부적으로 균열이 일어나기 시작했다. 설립자이자 펀드의 생명과도 같았던 CEO 존 레빈이 펀드를 떠나면서 투자자의 상당수와 함께 나갔다. 루틴은 "열 개의 주주행동주의 헤지펀드에 자산을 분산했는데, 이들이 모두 동일한 열 개 기업에 투자한다면 이는 분산의 효과가 전혀 없는 것과 같다."라고 말한다.

테일러의 크로닌은 대부분의 재간접펀드 매니저들이 헤지펀드에 투자하는 경우, 헤지펀드들이 서로 중복된 투자를 하지 않는지 확인한다고 말한다. 그는 중복투자를 막기 위해 지리적으로 분산투자하는 방법이 있다고 말한다.

스터브는 최초로 아이디어를 낸 주주에 편승하여 투자하는 현상은 주주행동주의 매니저들과 주주행동주의 전략에도 예외가 아니라고 지적한다. 이벤트투자 또는 M&A 차익거래 전략 등과 같은 다른 투자 스타일들과 마찬가지로 많은 매니저들이 리서치를 풍부하게 하고 최초로 지분을 인수하는 투자자를 따라 지분인수에 뛰어드는 밴드왜건 bandwagon 현상이 나타난다. 다른 전략을 구사하는 매니저들에게 투자한다고 해서, 집단으로 투자가 이루어지는 문제는 해결되지 않는다. 스터브는 "나는 이를 MBA 수업의 70명의 학생 중 열 명의 학생만 과제를 하고 모든 학생들이 이 과제를 돌려보는 것에 비유한다"라고 말한다.

스터브는 아직은 이러한 '이리떼' 문제가 자신의 주주행동주의 매니저들에게 해당될 정도로 만연한 현상이라고 간주하지 않는다. 스터브는 랜드마크 펀드에 속한 주주행동주의자들이 다양한 전략을 구사하고 다양한 산업과 지리적 위치에 퍼져 있는 기업들에 참여하며, 이로 인해 포트폴리오 매니저들이 같은 기업에 중복투자할 가능성은 매우 낮다고 말한다.

지리적 분산투자 역시 리스크를 줄이기 위한 주요 방법이다. UBS AG의 주주행동주의 재간접헤지펀드는 전 세계 다양한 나라의 주주행동주의 매니저들에게 투자한다. 2006년 말을 기준으로 UBS의 주주행동주의 재간접헤지펀드는 포트폴리오의 약 50%를 미국에 투자하고, 나머지 자산들은 유럽과 아시아의 매니저들에게 배분했다.

여러 대륙의 매니저들에 투자하는 재간접헤지펀드는 다양한 변수의 영향을 받는다. 예를 들어 어느 해 특정 국가의 경기가 좋으면, 다른 국가는 경기침체를 겪는다. 도리언 포일Dorian Foyil 펀드매니저는 도이치자산운용과 시모다리소스Shimoda Resources Holdings가 이머징마켓에 분산투자하기 위한 일환으로 우크라이나 키예프Kiev에 소재하고 자신이 운용하는 포일동유럽러시아집중펀드Foyil Eastern Europe&Russia Focused Fund에 자산을 배분했다고 말한다.

행동주의 투자 전략

뉴욕에 소재한 올스턴&버드의 팀 셀비Tim Selby 파트너는 투자자들과 재간접펀드 포트폴리오 매니저들이 전 세계에 지리적으로 분산된 펀드들은 상관관계가 무조건 낮을 것이라고 받아들여서는 안 된다고 말한다. 중국에서 동일한 주요 부품을 조달하는 기술주에 투자하는 미국의 주주행동주의자들과 이머징마켓의 주주행동주의자들을 결합하는 펀드들의 경우, 아시아 경기가 하락하거나 특정 산업 부분이 침체기를 겪는 경우 결국에는 집단적으로 동일하게 투자 손실이 발생할 수도 있다.

　　그러나 지역이나 산업 등에 대한 집중투자 문제에도 불구하고, 주주행동주의 재간접헤지펀드에 투자하는 것은 단일 주주행동주의자에 투자하는 것보다 이점이 많다. 크로닌은 잠재적 투자자들에게 투자를 권유할 때, 단일 주주행동주의 매니저에 투자하는 것은 리스크가 높다고 강조한다. 주주행동주의 재간접헤지펀드에 자산을 배분하는 투자자들은 20개 정도의 주주행동주의 투자자들에 투자하는 것이 된다. 주주행동주의 재간접헤지펀드는 펀드에 편입된 하나의 주주행동주의 헤지펀드 매니저의 수익률이 크게 떨어져도, 전체 수익률에 크게 영향을 미치지 않게 된다. 각각 열 개의 종목에 투자하는 열 명의 매니저들에 자산을 배분한다면, 중복되는 종목이 없다는 가정하에 총 투자 종목의 개수는 100개가 되고, 특정 매니저의 수익률이 떨어질 수 있는 리스크가 분산된다. 그는 이러한 포트폴리오가 각각의 매니저들이 선정한 최고의 종목들로 구성되고, 각각의 종목에 대한 대규모 집중투자가 이루어진다고 말한다. 크로닌은 "당신이 만약 한 명의 매니저에게 투자한다면, 매니저 선택에 엄청난 중요성을 부여해야 한다."라고 말한다.

　　주주행동주의 재간접펀드가 제공할 수 있는 또다른 위험분산요인은 매니저들이 참여하는 기업들의 크기이다. 일부 주주행동주의자들은 소형 상장사에 역량을 집중하고, 다른 주주행동주의자들은 중대형 상장사들을 상대한다. 상장사의 크기 측면에서 다양한 주주행동주의자들에 나누어 투자하는 것은 매니저들이 특정 자산에 지나치게 중복하여 투자하는 것을 방지한다. 어느 해에 소형주들의 성과가 좋은 반면 대형주가 고전한다면, 해당 펀드의 리스크는 분산이 될 것이다. 크로닌은 "대형주들이 소형주들보다 100% 높은 수익을 낼 경우, 소형주에만 투자하는 주주행동주의자들에만 투자한다면 그 펀드는 그해에 수익을 낼 가능성이 낮다."라고 말한다.

단일 주주행동주의 펀드매니저에 자산을 배분하는 투자자들은 이 펀드의 변동성이 매우 높아 수익이 실현되기까지 등락이 심할 수 있기 때문에 5년간 눈을 감고 기다릴 준비를 해야 할 것이다. 스터브는 주주행동주의자에 직접투자하는 것을 PE 투자와 비교한다. 이 두 가지 방법은 수익을 실현하기까지 오랜 기다림을 필요로 한다. 스터브는 "만약 투자 후 6개월 안으로 수익을 실현하고자 한다면, 주주행동주의에 투자해서는 안 된다."라고 말한다.

캐나다의 주주행동주의 헤지펀드 매니저이자 굿우드Goodwood Inc.의 회장인 피터 푸체티Peter Puccetti는 토론토에 소재한 자신의 펀드가 주주행동주의 투자 본연의 속성으로 인해 수익률 급락을 수차례 겪는다고 인정한다. 굿우드는 평균 20%의 수익률을 예상한다. 그는 이 말이 특정 연도의 수익률이 40% 또는 0%가 될 수도 있다는 것을 의미한다고 덧붙인다. 이 펀드의 연평균수익률은 1996년 설립일로부터 현재까지 21.3%를 기록하고 있다. 푸체티는 "우리는 시장중립전략 펀드가 아니다. 우리는 잠재고객들에게 수익률이 들쑥날쑥이거나, 마이너스 수익률이 나는 기간도 있을 수 있다고 말한다."라고 말한다.

오퍼튜니티파트너스의 필립 골드스타인은 분기 운용보고서에만 집중하는 것은 왜곡된 이해로 이어질 수 있다고 강조한다. 골드스타인은 2005년 4월부터 지역통신사 헥터커뮤니케이션즈로 하여금 기업경매 진행을 압박한 사례를 예로 든다. 2006년 6월, 딜이 체결되었고, 주가는 당시 29.5달러로 침체된 수준에서 35달러로 급등했다. 이 기업매각에 대한 발표가 며칠 늦어졌다면 오퍼튜니티파트너스의 2분기 수익률은 0.5% 정도 손실로 기록됐을 것이라고 말한다. 그는 "주주행동주의도 다른 전략들과 마찬가지로 수익률이 떨어지는 기간이 있겠지만, 전반적인 성과 기준으로는 더 높은 수익률을 기록할 것이다."라고 말한다.

각각의 주주행동주의자들이 기업의 변화를 위한 촉매 역할을 하고, 50~100개의 이러한 종목들로 구성된 포트폴리오는 보다 일관된 수익률을 낼 가능성이 높다. 주주행동주의 재간접펀드는 단일 주주행동주의자에 투자할 때 발생하는 리스크를 제거해줄 뿐만 아니라 일부 매니저들의 수익률이 좋지 않을 때도 일정한 수익을 낼 수 있도록 해준다. 크로닌은 "모든 주주행동주의자들이 매년 높은 수익률을 기록하는 것은 아니다. 변화를 위한 촉매가 수익으로 나타나기까지 시간이 필요하다. 여럿의 주주행동주의자들에 투자하는 것은 시장이 좋지 않을 때 투자자가 어려움에 처할 가능성을 줄여준다."라고 말한다.

마이클 반 비어마Michael Van Biema 전前 컬럼비아 경영대학원 교수는 다른 접근법을 활용한다. 2004년 그는 자신이 컬럼비아에서 가르쳤던 제자들과 대학교 네트워크를 통해 얻은 인재들로 구성된 가치투자 및 주주행동주의 매니저들이 운용하는 두 개의 재간접펀드를 소유한 반비어마밸류파트너스Van Biema Value Partners를 설립했다.

컬럼비아 경영대학원은 가치투자와 주주행동주의 투자에 대한 네트워크를 형성하기에 매우 좋은 환경을 가지고 있다. 반비어마밸류파트너스는 컬럼비아 경영대학원 출신의 몇몇 유명한 인재들을 보유하고 있고 이들 중 대부분은 반비어마밸류파트너스 이사회활동을 통해 주주행동주의 가치투자자가 된 경우가 많다. 가치투자 주주행동주의의 대부격인 가벨리에셋매니지먼트의 마리오 가벨리와 탁월한 가치투자자 척 로이스Chuck Royce는 반비어마밸류파트너스의 이사로 활동하고 있으며, 이 투자펀드에 대한 조언을 제공한다. 로이스와 가벨리 이외에도, 워런 버핏, 글렌 그린버그Glenn Greenberg, 월터 슐로스Walter Schloss, 존 샤피로 John Shapiro를 포함한 다수의 유명 가치투자자들도 컬럼비아 경영대학원 출신이다. 가치투자는 1920년대 컬럼비아 경영대학원의 재무학 교수였던 벤저민 그레이엄과 데이비드 도드David Dodd가 정의한 것이다. 그레이엄과 도드는 주식의 진정한 가치는 리서치를 통해 찾을 수 있다고 믿었다. 당시에도 그레이엄은 주주행동주의를 실행하고 있었다.

반비어마밸류파트너스의 포트폴리오를 구성하는 20개가 넘는 헤지펀드들은 다양한 스타일의 주주행동주의 전략을 구사한다. 이중 일부는 경영진에 비공개적으로만 개입하며, 또다른 일부는 자신들의 캠페인을 공개적으로 진행하는 것을 두려워하지 않는 적극적인 주주행동주의 전략을 펼친다. 다른 이들은 '마지못한 주주행동주의'의 범주로 분류된다. 반 비어마는 "우리가 투자한 매니저들 중에는 주주행동주의를 꺼리는 매니저도 있지만, 그도 도가 지나친 기업에 대해 특단의 조치가 필요하다며 적극적으로 경영에 개입하고 있다."라고 말한다.

이 펀드는 약 1억 8,000만 달러의 자산을 운용하고 있으며, 1,000만~5억 달러를 운용하는 매니저들에 자산을 배분한다. 반 비어마의 미국 내 투자펀드는 2004년 설립일로부터 연평균 13.3%의 수익률을 기록하고 있으며 이는 내부 목표를 초과하는 수준이다. 전략은 능력은 있으나 규모가 작고 역사가 짧아 월스트리트의 레이더에 잡히지 않는 매니저들에 투자하는 것이다. 이것은 이 펀드가 투자하는 대부분의 매니저들이 헤지펀드 업계에 잘 알려져 있지 않다는 것을 의미한다. 반 비어마는 이들을 보통의 헤지펀드 매니저들이 고려하지 않는 아이디어나 기업에 투자하는 소형펀드라고 말한다. 그는 "우리의 투자는 다양한 투자 스타일을 포함한다. 우리가 투자하는 매니저들의 일부는 소형 장외주식에 대해 기회주의적인 접근을 하는 반면, 다른 이들은 독창적인 투자 아이디어를 통해 대형주에 투자한다."라고 말한다.

반 비어마는 반비어마밸류파트너스의 포트폴리오에 속하는 매니저들 중 열 명 정도는 운용기간이 7년 미만이라고 말한다. 하지만 이전에 명망 받는 매니저들이 운용하는 대형 운용사에서 일한 경험이 있는 이들이 대부분이다. 그는 "이 매니저들은 그냥 갑자기 나타난 것이 아니다"라고 말한다. 나머지 열 명의 매니저들은 이보다 오랜 경력과 운용펀드를 보유하고 있다. 어느 매니저는 22년간 연평균수익률이 19%에 달하기도 한다.

주주행동주의 가치투자자 앨런 칸Alan Kahn은 처음에는 반 비어마의 방식에 대해서 의문을 품었다고 말한다. 칸은 다른 재간접펀드들과 마찬가지로 반비어마밸류파트너스의 펀드가 청구하는 이중수수료 구조가 하위펀드들이 창출한 수익률을 낮게 할 것이라는 점에 대해 걱정했었다고 말한다.

그러나 몇 차례에 걸쳐서 반 비어마와 회의를 한 칸은 그가 운용하는 재간접펀드에서 투자기회를 포착하고 추려내는 역할을 하는 이사회에 참여하는 것에 서명했다. 이 펀드에 투자하기로 결정한 칸도 반 비어마가 높은 전문성을 가지고 '모래 속에 진주'와 같은 주주행동주의 및 가치투자 매니저들을 찾아내는 능력이 있다는 것을 확인한 뒤로 마음이 바뀌었다고 말한다. 칸은 "비어마는 남보다 먼저 재능 있는 가치투자 매니저들을 발견하는 능력을 가지고 있다"라고 말한다.

반 비어마는 재간접펀드의 이중수수료 구조에 대한 사람들의 우려에 대해 민감하다고 말한다. 그러나 그는 최고의 매니저들을 물색하는 고된 노력을 감안하면 이러한 수수료 구조는 충분히 마땅하다고 강조한다. 반 비어마는 "이러한 매니저들을 찾기란 거의 불가능에 가까울 정도로 힘들다. 우리는 이러한 작업을 감당하기 때문에 그 수수료를 받는 것이다. 또한 나는 지난 수년간 쌓아온 세계 최고의 인적 네트워크를 가지고 있다."라고 말한다.

미국과 캐나다에 투자하는 펀드를 설립하고 운용을 모니터링한 후, 반 비어마는 북미 이외 지역의 기업들에 자금을 배분하는 매니저들에게 투자하는 두번째 펀드를 설립했다. 그는 이 펀드를 통해 투자자들이 미국과 글로벌 자산배분의 측면에서 분산투자할 수 있게 하고자 한다. 반 비어마는 투자자들이 자산배분을 좀더 집중화하고 싶다는 요청을 하자, 현재 글로벌 펀드를 유럽과 아시아 두 개의 부문으로 분리하고

행동주의 투자 전략

자 한다. 반 비어마는 "우리는 이러한 전략이 미국에서 효과를 내는 것으로 판단되면 글로벌 시장으로 확장한다"라고 말한다.

실사

재간접헤지펀드의 자금을 유치하고자 하는 많은 주주행동주의 매니저들은 일반적으로 자신들의 전략과 포트폴리오에 대해 설명하고자 스터브와 만나기 위해 먼 걸음도 마다치 않는다. 대부분의 매니저들은 과거에 있었던 투자실적, 잠재적 투자에 대한 케이스 연구, 자신들의 펀드에 투자해야 하는 이유를 담은 파워포인트 발표 등을 활용한다.

스터브는 대부분의 매니저들이 처음에 세 개의 투자 아이디어를 제시하는데, 그후에는 프레젠테이션이 점점 작아진다고 말한다. 스터브는 투자 대상 기업의 운용상 자세한 부분까지 이해하고 열세번째, 열네번째, 열다섯번째 기업들에 대해서 일관된 투자목적과 분석을 설명할 수 있는 매니저들이야말로 자산배분을 받아 마땅한 수준으로 실사를 수행한 매니저라고 할 수 있다고 말한다. 스터브는 최고의 매니저들은 일반적으로 투자하기 전에 투자 대상에 대해 최소 10~12주가량 리서치를 실시하며, 언제쯤 투자 대상의 숨겨진 가치가 제대로 평가받을 수 있을지에 대해 이해한다고 말한다. 그는 "많은 주주행동주의자들이 직접 리서치를 하지 않은 상태에서 루머를 듣고 다른 투자자들을 따라하고 있는지 알게 되면 매우 놀랄 것이다"라고 말한다.

투자 대상 기업에 대해 이해하고 면밀한 검토를 수행하는 것은 매우 중요하다. 스터브는 이러한 검토과정이 기업의 주가를 향상시키는 방법을 파악하기 전에 기업의 임원진, 판매책, 공급업체, 산업전문가 등을 알아보는 것을 의미한다고 말한다. 주주행동주의자가 투자하는 기업에 대해 얼마나 긴 기간 동안 지분을 보유할 의지가 있는지도 고려해야 할 중요한 요소이다. 랜드마크는 단기 수익만을 좇는 주주행동주의자들은 고려하지 않는다. 스터브는 스타일을 바꾸는 주주행동주의자들을 피한다고 덧붙인다. 다시 말해 투자자들에게 특정 전략을 구사할 것이라고 말하고는, 파트너들에게 공지하지 않고 투자 전략을 수정하는 매니저들을 용납하지 않는다는 것이다.

종목 선정에 뛰어나고 과거 투자실적이 우수한 주주행동주의자들은 크로닌의 투자목록에서 상위권에 위치한다. 기관투자자들과 대화를 통해 해당 주주행동주의자가 기관투자자들 사이에서 어떠한 평가를 받고 있는지 알아보는 것도 중요한 방법 중 하나이다. 부정적인 반응은 좋은 징조가 아니다. 10장에서 논의한 것처럼 기관투자자들의 지지를 받는 주주행동주의자는 경영진과의 우호적인 비공개 논의와 공개적 주주행동주의 캠페인 모두에서 더 큰 영향력을 가질 수 있다. 일부 기관투자자들은 대부분의 경우 특정 주주행동주의자들을 지지하지는 않을 것이다. 포트폴리오에 편입을 고려하고 있는 주주행동주의 펀드를 상대한 적이 있는 기업의 임원들과 대화를 하는 것도 또다른 실사의 방법이다. 이러한 대화는 해당 매니저와 기업의 CEO가 가치 향상에 대해 협력할 수 있는지를 가늠하는 데 유용하다. 마지막으로 주주행동주의자의 사회적 인식 또한 중요하다. 크로닌은 모든 주주들 사이에서 부정적인 이미지를 가지는 주주행동주의자는 펀드에 편입될 수 없다고 말한다. 크로닌은 "다른 투자자들과 타깃기업의 CEO의 신뢰를 얻을 수 있는 능력은 성공에 대한 중요한 요소이다. 주주행동주의자에 대한 다른 주주들의 평판은 매우 중요하다."고 말한다.

재간접헤지펀드들은 얼마나 지속적으로 주주행동주의자들에 자금을 투입할 것인가? 피츠버그에 소재한 토프, 리드&암스트롱의 피터 블럼 파트너는 적어도 단기적으로는, 기관투자자들과 재간접헤지펀드들이 지속적으로 주주행동주의 헤지펀드 매니저들에 자금을 공급할 것으로 예상한다. 이러한 추세가 장기적으로 이어질 것인지에 대한 여부는 주주행동주의자들이 견고한 포트폴리오를 통해 꾸준한 수익을 창출할 수 있는 능력에 달려 있다. 블럼은 "이들의 성공에 따라 재간접헤지펀드 매니저들이 주주행동주의자들에게 자금을 투입하는 현상이 지속될 것이라고 생각한다. 장기적으로 봤을 때 주주행동주의자들의 높은 수익률을 유지할 수 있는 능력에 달렸다."라고 말한다.

그러나 주주행동주의자들이 새로운 투자자들을 유치하는 데에는 몇 가지 제약이 있다. 폴, 헤이스팅스, 자노프스키&워커의 미첼 니히터 파트너는 기업이나 부동산 인수를 통해 비유동자산에 투자하는 주주행동주의자들은 재간접헤지펀드의 관점에서는 부정적인 의미를 가진다고 강조한다. 주주행동주의자들이 인수한 기업의 지분을 옆주머니 계정으로 분류하는 경우 인수비용을 자산가치로 기록하는데, 시간이 지날수록 투자자산의 가치를 정확하게 평가하기가 어려워진다. 일부 재간접펀드들은 이러한 가치평가의 문제로 인해 비유동자산에 투자하는 주주행동주의자들에 투자하는 것을 지양한다. 재간접헤지펀드 매니저들은 정기적으로 투자자들에게 가치평가 내용을 제공해야 하는데, 비유동

투자자산은 이러한 작업을 매우 어렵거나 불가능하게 한다. 결국 헤지펀드에 대해 정확한 가치를 산출할 수 없는 대부분의 경우, 재간접펀드 매니저는 해당 헤지펀드의 과거 실적이 아무리 좋다고 하더라도 자금을 투입하지 않을 것이다. 따라서 기업인수를 위한 것이든, 투자대상의 이 사회활동으로 인한 지분 매입이든, 유동자산투자에서 비유동자산투자로 방향을 바꾼 주주행동주의자는 재간접펀드의 투자목록에서 제외될 수 있다. 니히터는 "헤지펀드 투자자산의 비유동성이 높을수록 재간접펀드가 이에 대한 가치를 평가하기가 더 어려워진다"라고 말한다.

랜드마크의 스터브는 하위펀드에 투자한 투자자들이 자금을 회수하기 어렵다는 이유로 비유동자산을 많이 보유한 매니저들에게 투자하는 것을 지양한다고 말한다. 랜드마크는 포트폴리오를 구성하는 하위펀드의 매니저들과 마찬가지로 환매금지기간을 2년으로 설정하고 있다. 워싱턴의 미 의회는 헤지펀드와 많은 재간접펀드들에 대해 세금을 늘리도록 하는 법안을 검토하고 있다. 이 법안이 통과되면 늘어난 세금으로 인해 주주행동주의펀드를 설립 또는 운용하려는 기업들이 의지가 상당히 저해될 것이다.

유동성과 세금 관련 문제에도 불구하고, 재간접헤지펀드들은 지속해서 주주행동주의자들에 자금을 배분하고 있다. 사실 주주행동주의자들은 자산배분의 편의를 추구하는 재간접헤지펀드의 요구에 부응하기 위해 전략을 다각화하고 있다. 예를 들어 재간접펀드 매니저들이 다양한 대륙의 주주행동주의자들을 포트폴리오에 포함하고자 할 때, 주주행동주의자들은 전 세계 다양한 국가에 사업부를 설치하여 이러한 수요에 대응한다.

이러한 재간접펀드는 주주행동주의자들의 세계화에 기여할 뿐만 아니라, 중형주에 집중하거나 가치투자와 주주행동주의가 결합한 형태의 전략을 구사하는 등의 새로운 혁신적인 주주행동주의 전략을 개발하도록 매니저들을 압박한다. 재간접헤지펀드로부터 자금을 받고자 하는 주주행동주의자들은 투자 의사결정에 있어서 더욱 촉각을 곤두세운다. 열두 개 투자자산 중 세 개 투자자산의 펀더멘털만 이해하는 정도로는 재간접펀드로부터 자금을 배분받기 어렵다.

진정한 주주행동주의 재간접헤지펀드의 출현으로 주주행동주의는 주류 헤지펀드와 나란히 경쟁할 수 있는 하나의 진정한 투자 전략으로 자리매김했다. 이들의 주주행동주의 접근법은, 롱-쇼트, 채권, 매크로 등과 더불어 투자방식에 대한 하나의 공식단어로 인정되었다. 주주행동주의자들에 대한 재간접헤지펀드들의 자산배분은 앞으로도 지속될 것이다. 다만 주주행동주의가 성숙해지고 헤지펀드 투자세계에서 각광받게 된 현 상황에서 주주행동주의자들에게 얼마나 많은 자산이 배분될 것인지에 대한 질문은 여전히 남아 있다. 주주행동주의 헤지펀드들의 수익률만이 이 질문에 답할 수 있을 것이다.

| 19장 |

부실자산투자:
주주행동주의 매니저들이 부실채권을 매입하고 기업에 트집을 잡는 방법

부도 직전에 있는 기업이나 이미 파산보호신청 단계까지 몰락한 기업은 투자자들이 가까이하고 싶지 않은 회사일 것이다.

그러나 투자전문가들은 매일매일 이러한 부실기업의 증권(채권 또는 주식)을 매수한다. 일부 기업들은 부도 단계로 넘어가거나 회생하는 반면, 어떤 기업들은 재무적 부실 상태에 빠져서 부도를 피하기 위해 부채재조정debt restructuring을 진행한다. 부채재조정과정에서 더이상 부채를 상환할 수 없는 기업은 재무제표상의 부채비율을 변경하면서까지

은행, 채권자, 공급자 등과 협상해야 한다.

부실 상태에 빠진 기업의 채권자들은 보유한 채권에 대해 우려하게 된다. 해당 부실기업이 수익을 개선하고 수익성을 되돌리기 위해 몸부림치는 가운데, 채권자들은 가지고 있는 증권이 종잇조각이 될 때까지 보유하고 기다리는 것보다 이를 매도하려 할 것이다. 많은 기관투자자들은 보유하던 채권을 발행한 기업이 부실화되는 경우, 내부 정관이 규정하는 리스크 한도에 따라 부실화가 시작될 때 해당 부실채권을 매각해야 한다. 상당량의 D등급 불량채권을 보유한 보험사와 뮤추얼펀드와 같은 기관투자자들은 이를 매각하지 않으면 내부규정에서 허용된 수준을 초과하게 된다. 부실채권과 레버리지금융시장에 대한 데이터 및 뉴스 기관인 데트와이어Debtwire의 에디터, 매트 워즈Matt Wirz는 "금융시장에서 나타나는 투매현상은 기술적이고 심리적인 요인에 따른 것이다"라고 말한다.

이때가 바로 벌처펀드로 알려진 부실채권 행동주의 투자자들이 덮치는 때이다. 이 행동주의 투자자들은 직접 타깃기업에 대한 심도 있는 실사를 실시한 후, 기존에 증권을 보유하고 있는 이들로부터 매우 할인된 가격으로 해당 증권을 매입한다. 대다수의 경우 행동주의 투자자들은 당장은 해당 기업이 고통을 겪고 있지만, 미래에 대한 전망이 밝다고 믿는다. 부실자산투자 전략을 구사하는 행동주의 투자자들은 부실기업이나 부도기업의 주식이나 채권에 대해서 1달러당 1센트 미만의 가격을 지불한다.

이들 벌처펀드는 해당 부실기업이 회생하거나 머지않아 다른 기업에 프리미엄을 얹은 가격으로 매각될 수 있다고 예상한다. 뮤추얼펀

행동주의 투자 전략

드나 보험사들은 이러한 부실자산에 대해 투자하거나 이를 보유하는 것에 대해 정관상 제약이 있는 반면 벌처펀드들은 그러한 제약이 없다. 사실 벌처펀드 매니저들은 부실기업투자를 통해 막대한 수익을 거둘 수 있다는 것에 베팅하는 것과 같이 리스크를 감수할 의향이 있다. 이들은 기업에 적극적으로 개입하여 가치 향상 작업이 실현되도록 할 것이다. 주식의 세계와 마찬가지로 직접 밸류에이션 리서치를 하지 않는 여러 투기성 부실채권 투자자들 또한 최초 투자자의 뒤를 이어 몰려들 것이다.

주주행동주의자들과 기타 부실채권 투자자들은 결국 다양한 투자방법을 통해 수익을 창출할 수 있다. 가장 흔히 활용되는 방법은 기업이 부도에서 회생할 때 쓰이는 출자전환이다. 행동주의자들은 채권자로서 구조조정 후의 기업에 대한 채권의 일부 또는 전체를 포기하는 대신에 주식을 발행받는 것에 동의한다. 그렇게 되면 이 행동주의자들이 상장사의 지분을 통제하게 된다. 그러나 출자전환이 구조조정이나 부도난 기업을 통해 벌처펀드들이 수익을 얻을 수 있는 유일한 방법은 아니다. 행동주의 부실자산 투자자들은 해당 기업의 구조조정이 진행되고 있는 상황에서도 부실채권 거래를 통해 수익을 거둘 수 있다. 주주행동주의 채권자가 인수한 담보부채권의 일부는 부도 상황에서 차환될 수 있다. 어느 부실채권 전문가는 "부도기업의 구조조정이 끝나지 않은 상태에서도 투자금을 회수할 수 있다"라고 말한다.

유명한 가치투자자인 투자회사 서드애비뉴Third Avenue Management LLC의 마틴 휘트먼Martin Whitman 매니저는 부실자산투자에 집중하여 막대한 수익을 기록했다. 휘트먼은 엔론 사태 이후에 발생한 기업들의 부도 속에서 K마트와 같은 부실기업들의 채권을 인수했다. 이 기간 서드애비뉴가 채권을 인수한 기업들의 상당수는 기업회생과정에서 이러한 채권을 주식으로 전환했다.

데트와이어의 워즈는 행동주의 주주들과 채권자들이 서로 매우 유사하다고 주장한다. 그는 주식을 활용하는 행동주의자들이 부실채권 투자자가 될 수 있는 능력을 갖추고 있다고 강조한다. 사실 많은 주주행동주의자들이 실제로 채권 분야에 손을 대기도 하며 행동주의 채권자들도 주식을 활용하기도 한다.

부실채권을 활용하는 행동주의자들은 행동주의 주주들과 마찬가지로 타깃기업의 발행증권을 대량으로 매집한다. 차이점은 행동주의 채권자들이 부실화된 기업이나 구조조정의 과정에 있는 기업의 증권을 인수한다는 점이다. 부실채권 행동주의 펀드는 행동주의 전략을 실행하기 위해 기업의 채권을 인수할 가능성이 높다. 또한 전통적인 주주행동주의자들처럼 부실채권 투자자들은 대량의 채권을 보유함으로써 해당 기업에 변화를 압박할 것이다. 그러나 전통적인 주주행동주의자들과 달리, 대다수의 경우 소송이 아니라 다른 채권자들이 함께 참여하는 과정들을 통해 관련 협상이 이루어질 것이다.

부실채권 투자자들은 일반적으로 기업이 발행한 채권의 충분히 큰 규모의 지분(약 30% 정도)을 인수하여 경영진이 자신들의 이야기에 귀를 기울이게 한다. 총 발행 채권의 3분의 1 정도의 지분을 보유하면, 기업의 임원진이 이들의 요구를 무시할 수 없을 정도로 의미 있는 규모가 된다. 이러한 방법은 기업에 변화를 압박하기 위해 필요한 수준으로 상당한 주식지분을 인수하는 주주행동주의자들의 모습과 유사하다. 코네티컷 하트퍼드Hartford에 소재한 브레이스웰&줄리아니Bracewell&Giuliani

LLP의 에번 플라셴Evan D. Flaschen 파트너는 "부실채권투자에 특화된 행동주의 펀드는 대량의 채권을 인수하여, 경영진에 다가가 '우리는 당신들이 무시할 수 없을 수준으로 채권을 보유하고 있다'라고 말할 것이다. 이 같은 방법을 통해 기업과 벌이는 구조조정 협상에서 채권은 중요한 역할을 하게 된다."라고 말한다.

이 두 가지 방법의 유사성으로 인해 많은 행동주의자들이 주식과 부실채권 스타일 모두를 활용한 캠페인을 전개하기도 한다. 워즈는 부실채권투자 전략에 특화했던 앨라배마 버밍햄Alabama Birmingham에 소재한 하빈저캐피털Harbinger Capital Partners이 채권과 주식을 모두 활용한 행동주의 전략에 집중한다고 말한다. 실버포인트Silver Point Capital와 엘리엇 어소시에이트와 같은 상당수의 행동주의 펀드들은 부실채권 전략과 전통적인 주주행동주의 전략을 동시에 구사한다.

주주행동주의자들과 부실채권투자자들 간의 관계는 다른 방식으로 나타나기도 한다. 앞서 살펴본 사례들과 같이, 주식시장의 일부 주주행동주의자들은 자사주매입에 활용할 자금을 조달하기 위해 부채 수준을 높이라고 기업을 부추기면서, 기업들의 레버리지 수준이 높아지는 추세를 이끌고 있다. 어느 증권 변호사는 전면에서 기업에 고위험의 높은 부채수준을 강요하는 행동주의자들 중에 해당 기업이 일정 부분 이러한 높아진 부채로 인해 유발된 부실상태에 빠지게 될 때, 뒤에서는 반대로 차입금을 제공할 준비를 하고 있는 이들이 적지 않을 수 있다고 말한다. 그는 "이들은 기업을 앞뒤 양면으로 공격한다"라고 말한다.

구조조정이 진행중이거나 파산 상태에 있는 기업의 채권을 상당 부분 보유하는 주주행동주의자는 기업이 회생되기 시작하면서 다양한 방면에서 막대한 영향력을 행사할 수 있다. 보스턴에 소재한 프로스카우어로즈Proskauer Rose LLP의 피터 앤토직Peter Antoszyk 파트너는 이 주요 채권자들이 이사회 참관 권한이나 이사직을 요구할 수 있다고 말한다. 대형 채권자들은 종종 기업의 사업계획에 영향을 미치려 하며 이에 성공한다. 앤토직은 "상당한 양의 채권을 보유하는 것은 구조조정과정에 큰 영향을 미칠 수 있다"라고 말한다.

부실채권 인수와 출자전환을 통한 지분 획득

주주행동주의자들은 때로는 전혀 다른 수준으로 부실기업의 경영에 영향을 미치려 한다. 2003년 칼 아이칸은 버지니아 레스턴Reston에 소재한 통신 및 브로드밴드 사업자 XO 커뮤니케이션즈의 경영권을 장악했다.

그는 일반적으로 기업의 경영권을 얻을 때 사용되는 주식 매수 방법을 활용하지 않았다. 그는 XO커뮤니케이션즈가 부도 위기에 처해 있을 때 이 회사의 채권을 매입하는 방법을 활용했다. 칼 아이칸은 XO커뮤니케이션즈가 발행한 선순위은행채권의 대부분을 인수한 후, 구조조정과정에서 이를 주식으로 전환하여 지배지분을 획득했다. 결국 아이칸은 출자전환을 통해 구조조정이 끝난 후에는 이 기업에서 발행한 주식의 80% 이상을 보유하게 되었다.[1]

아이칸이 XO커뮤니케이션즈 인수에 성공하게 한 이러한 방법은 '부실채권 인수와 출자전환을 통한 지분 획득' 전략이라고 불린다. 여기에서 주주행동주의 펀드는 막대한 수준의 부실기업채권에 투자하거나 또는 차입금을 빌려준다. 부실채권에 투자하는 행동주의자들은 부채를 조달한 기업이 해당 채권에 대한 이자를 지급할 능력을 상실하고 파산보호신청을 신청하게 될 합리적인 가능성이 있다고 판단되는 경우, 채권을 매입한다. 기업은 예정된 채권이자 지급을 못하는 등의 다양한 이유로 인해 파산신청을 한다. 어떤 경우에는 주주행동주의자들이 타깃 기업에 파산보호를 신청하도록 압박하기도 한다. 기업이 파산 상태에 빠지면 아이칸과 같은 '부실채권 인수와 출자전환을 통한 지분 획득' 전략 투자자들은 보유한 채권을 구조조정이 끝난 기업의 지배지분으로 전환하고자 한다. 투자펀드들은 보유하고 있는 채권의 일부 또는 전체에 대한 채무조정의 대가로 현금을 지급받을 수 있다. '부실채권 인수와 출자전환을 통한 지분 획득' 전략은 전통적으로 은행의 업무였던 자금 제공의 역할을 하게 된 행동주의 헤지펀드 활동의 큰 흐름에 속한다.

점점 더 많은 부실채권 행동주의 투자자들이 차별화를 위한 수단으로 '부실채권 인수와 출자전환을 통한 지분 획득' 전략을 활용하고 있다. 이러한 전략을 통해 더 높은 수익을 찾고 있는 것이다. 플라셴은 "이는 기업의 경영권을 얻기 위한 합법적인 방법이다. 어떤 펀드가 구조조정을 마친 기업의 지배지분을 인수하면, 경영 목표에 영향을 미치고 기업가치 및 자기자본수익률을 최대화할 수 있는 기회를 갖게 된다."라고 말한다.

플라셴은 경영권을 얻고자 하는 행동주의 투자자들이 경제적인 이유로 부실 상태에 있는 기업을 겨냥해 채권인수 방법을 사용한다고 덧붙인다. 플라셴은 "부실채권을 매수하는 방법은 부실채권을 할인된 가격에 인수할 수 있는 능력이 있는 행동주의 펀드에게 적대적 M&A보다 경제적인 접근법이다"라고 말한다.

　　어느 행동주의 헤지펀드는 파산절차를 진행하여 하나가 아닌 두 개 기업의 경영권을 장악했다. 하버트부실자산투자마스터펀드Harbert Distressed Investment Master Fund Ltd.라고 알려진 하빈저는 2005년 12월 경영난에 봉착한 조지아 사바나Savanna 소재 보석전문체인 프리드먼스Friedman's Inc.의 경영권을 인수했다. 하빈저는 이어서 프리드먼스와 합병하려는 목적으로 캘리포니아 오클랜드Oakland 소재의 크레센트Crescent Jewelers 무담보채권을 모았다.[2] 브레이스웰&줄리아니의 플라셴은 하빈저가 크레센트의 무담보채권을 인수한 사례는 충분한 규모로 대량의 채권을 가진 부실채권 투자자가 어떻게 기업의 구조조정 계획에 제동을 걸고 자신이 세운 계획을 기업에 제시하는지를 보여준다고 말한다.

　　하빈저의 노력에 반대했던 크레센트의 경영진은 결국 이들의 계획을 받아들일 수밖에 없다는 것을 깨달았다. 크레센트의 부도기업 회생 절차는 하빈저의 주도하에 진행될 것이다. 우리는 이미 ESL의 에디 램퍼트가 훨씬 더 큰 규모로 K마트와 시어즈의 M&A를 위해 이와 비슷한 행동주의 출자전환 방법을 활용한 것을 살펴보았다.

　　프로스카우어로즈의 피터 앤토직은 행동주의 부실채권 투자자들이 증가함에 따라 부실기업의 임원들이 압박감을 느끼고 있다고 강조한다. 그는 파산보호절차가 채권자로부터 경영진을 보호하고 임원진으로 하여금 기업의 구조조정을 진행할 수 있도록 하기 위해 고안된 것이라고 말한다. 그러나 호전적인 행동주의 벌처헤지펀드들은 부실기업의 경영권을 장악하면서, 기업의 임원진을 배제한다. 피터 앤토직은 "행동주의 부실자산투자 매니저들은 매우 공격적일 수 있다"라고 말한다.

　　때로는 부실채권 투자자들이 채권단을 결성하여 기업에 변화를 압박하기도 한다. 이 접근법은 기업 전략에 반대하기 위해 우호지분을 모으는 '이리떼' 주주행동주의 전략과 흡사하다. 플라셴은 벌처펀드들이 때때로 상당량의 채권을 인수하고 직접 경영진과 협상을 벌이고 싶어한다고 강조한다. 다른 경우를 보면 어떤 펀드는 주 채권자가 되고 규모가 다소 작은 기타 채권자들은 채권에 투자한 후 주 채권자들이 주도하는 노력을 따른다.

　　부실채권투자를 이해하고 이에 투자를 집중하는 투자자들은 실제로 지난 수년간 수익률이 높은 편이었다. 많은 헤지펀드 전략들이 변동성이 높은 반면, 부실자산 투자는 지속적으로 높은 성과를 기록해오고 있다.

　　물론 이로 인해 다른 행동주의 헤지펀드들도 이 전략으로 몰리고 있다. 헤지펀드리서치의 부실증권지표에 따르면, 부실채권 투자자들 연평균수익률은 2006년 15.8%, 2005년 8.27%, 2004년 18.89%를 기록했다. 뉴욕 대학교의 에드워드 올트먼Edward Altman 교수는 약 160개의 투자펀드들이 부실기업 투자에 전문화하고 있으며, 이 수치는 지난 수년간 상당히 증가하고 있다고 발표했다. 2003년, 부실자산 투자자들은 특히 할인채(discounted debt, 역주: 회사의 경영 악화에 따라 회사의 부채가 할인된 가격에 매매되는 것) 투자에서 높은 성과를 거두었다. 2001년과 2002년 엔론, 월드컴을 비롯한 주요 기업들이 무너진 뒤로, 마틴 휘트먼과 같은 부실자산 투자자들은 초대형 기업들의 파산 속에서 부실채권 거래를 통해 수익을 거두었다. 헤지펀드리서치에 따르면, 2003년

이러한 투자자들은 전체적으로 연평균 30%의 수익률을 기록했다. (도표 19.1 참조)

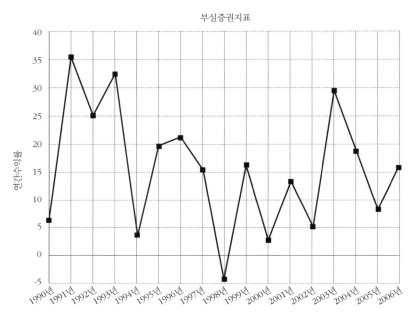

도표 19.1 부실채권 투자 수익률
출처: 헤지펀드리서치

  부실자산 투자는 점점 더 많은 기업들이 부채를 조달하는 현상으로 인해 앞으로도 지속될 투자모델이다. 오늘날 우리가 볼 수 있듯이 지나치게 과장된 M&A 환경 속에서 기업들은 라이벌과 효과적으로 경쟁하기 위해 필요하다고 믿는 수준의 사업규모를 뒷받침할 자금을 조달하기 위해 재무제표상 부채를 늘리고 있다. 이러한 추가적인 자금조달이 없으면 임원들은 미국과 전 세계 시장에서 경쟁사들에 대항할 수 있는 강점을 가지기 위해 필요한 투자금을 마련할 수 없다는 염려를 하게 된다. 문제는 (때로는 행동주의 헤지펀드 매니저들의 부추김으로 인해) 기업들의 재무제표상에 부채가 많아질수록 기업들이 부담해야 할 채무의 규모 또한 커짐으로 인해 기업들이 성공하기 어려워진다는 점이다. 이 모든 요소들은 결국 더 많은 부실기업을 양산하고, 부실자산에 투자하는 투자자들이 더 많은 수익을 얻게 한다. 워즈는 "결과적으로 재무제표가 부실해진 기업들이 증가하게 된다. 따라서 결국에는 이러한 차입금을 제공하는 부실자산 투자자들도 더욱 많아지게 된다."라고 말한다.

| 20장 |

서유럽, 아시아, 캐나다의 주주행동주의자들

'기업수호자'라 자칭하는 가이 와이저-프랫Guy Wyser-Pratte은 점점 수가 늘어나고 있는 유럽의 CEO들을 존중하지 않는다. 그는 미국에 비해 기업지배구조와 경영권에 대한 적절한 규정이 많지 않기 때문에, 유럽의 많은 CEO들이 현실에 안주하는 경향이 있다고 말한다. 유럽의 상당수의 기관투자자들과 규제당국은 지나친 주주행동주의적 접근을 금지해오고 있다. 그 결과 유럽의 기업 이사회들은 주주를 위한 경영투명성을 무시하는 '큰 형님들의 사교장'처럼 되어버렸다.

와이저-프랫은 그리스 신화를 인용하며, 유럽의 임원들에게는 자신들의 머리 위에 있는 데모클레스의 검(Sword of Damocles, 역주: 왕좌의 머리 위에서 번뜩이는 숙명의 검. 권력의 매력과 위태로움을 상징.)이 없다고 말한다. 다시 말해 독일과 프랑스 등의 국가에서 기업 임원들은 권력의 자리에 있음에도 불구하고, 일자리를 잃을 수 있다는 걱정을 하지 않는다. 와이저-프랫의 관점에서 임원들은 이러한 걱정을 해야만 하며, 적어도 이들은 주주들에게 책임감을 가져야 한다. 와이저-프랫은 오직 파트타임 주주행동주의자들만이 유럽의 기업들과 임원들을 자극하고 바로 세우는 역할을 하고 있다고 말한다. 그는 유럽에 자유시장경제에 대한 제약이 많다고 말한다. 와이저-프랫은 이러한 기업 환경으로 인해 상당수의 유럽 기업들의 주가가 하락하게 되고, 미국 및 다른 나라 금융시장이 글로벌 경쟁우위를 갖게 한다고 분석한다. 와이저-프랫은 이러한 상황 때문에, 유럽 기업들이 저평가 기업의 숨겨진 가치를 세상에 드러내려는 주주행동주의자들의 주요 타깃이 되고 있다고 말한다. 지난 수년간은 와이저-프랫이 유럽의 주식시장을 뒤엎는 유일한 투자자였으나, 최근에는 다른 이들도 이에 합류해오고 있다. 사실 독일과 기타 유럽 국가들의 행동주의 주주들은 수년 전까지만 해도 소극적이고 심지어 한적하기까지 했던 투자환경을 임원들이 딜 구조화 과정에 대해 완전히 재고해야 하는 곳으로 변모시켰다. 일부 주주행동주의자들은 나아가 일본과 한국을 비롯해 기존에 손닿지 않던 시장에서 눈치 없이 활동하는 CEO들에 대해서도 적대적인 작업을 진행해오고 있다.

2005년 미국의 주주행동주의자들인 애티커스Atticus Capital LLC, 재나파트너스, 런던의 칠드런스인베스트먼트펀드Children's Investment Fund

행동주의 투자 전략

를 포함한 주주행동주의 헤지펀드들은 프랑크푸르트증권거래소Frankfurt Stock Exchange 운영사 도이체뷔르제Deutsche Börse가 런던증권거래소London Stock Exchange를 인수하려는 데 있어서 형편없는 가격을 제시했다고 판단하고 이 M&A 제안을 좌절시켰다.[1] 이 주주행동주의자들이 딜을 무산시키는 데 성공함으로써 독일의 많은 규제기관들은 머리를 긁적이기 시작했다. 이로 인해 당시 독일 집권당이던 사회민주당의 당수 프란츠 뮌테페링Franz Müntefering은 헤지펀드들을 가리켜 독일기업들을 망가뜨리는 메뚜기떼라고 불렀다.[2] 이러한 발언은 대서양 건너편 양측에서 헤지펀드가 경제에 미치는 영향이 긍정적인지 부정적인지에 대한 논란을 초래했다. 헨리 폴슨Henry Paulson 미국 재무부 장관은 이러한 논란에 대해, 위험을 분산하고 시장비효율을 제거한다는 점을 들며 헤지펀드를 옹호했다. 그러나 유럽의 많은 이들은 이러한 조언을 귀담아듣지 않았다. 유럽의 많은 유명인사들은 주주행동주의 헤지펀드들이 M&A를 강제하여 결과적으로 일자리를 줄이고, 경제적 불안정성을 높인다고 지속적으로 묘사했다.

주주행동주의 헤지펀드들은 종종 또다른 악마와 연계되기도 한다. 바이아웃전문업체들이 성장하면서 유럽 기업들을 덮치고 있다. 주주행동주의 헤지펀드와 PE 기업들이 국제 금융시장에 미치는 영향에 대한 대륙을 넘나드는 논쟁은, 많은 수의 미국 민주당 의원들이 이들 펀드가 산업의 고용, 노동조합, 일자리 안전성 등에 미치는 영향에 대한 우려를 표명하기 시작한 2007년에 더욱 뜨거워졌다. 주요 미 하원의원 중 한 명인 바니 프랭크는 부시 대통령으로 하여금 독일 하일리겐담Heiligendamm에서 개최된 2007년 6월 G8 정상회담에서 이들 투자자 그룹에 대해 참석자들과 논의할 것을 요청했다. 구체적으로 프랭크는 정상회담 참가자들이 이러한 펀드들이 일자리와 기업의 장기적인 생존에 어떤 영향을 미치는지 논의하기를 바랬다. 다른 유럽의 지도자들도 프랭크에 가세하여, 앙겔라 메르켈Angela Merkel 독일 총리에 보내는 메시지를 통해 주주행동주의 헤지펀드와 PE 기업들에 대한 비슷한 우려를 밝혔지만, G8 리더들은 이보다 더 심각한 주제들에 관심을 갖는 듯했다. 일자리와 경제에 긍정적 또는 부정적 영향을 미치는 것과 상관없이, 이러한 주주행동주의자들은 유럽시장에서 오랫동안 존재할 것이며 이들이 상대하는 타깃들은 점점 대형화되고 있다. 주주행동주의 헤지펀드 나이트 빈크는 몇 개의 프랑스 신문에 해당 거래가 중단되어야 하는 이유를 담은 광고를 게재하는 등의 방법을 통해 주요 프랑스 유틸리티Utilities 기업인 수에즈Suez와 가즈드프랑스Gaz de France 사이의 딜이 중단되도록 압력을 행사했다.[3]

다른 국가들에서도 미국의 주주행동주의자들을 포함한 각국의 주주행동주의 투자자들이 활동하면서, 제 기능을 하지 못하는 기업들과 무대응적인 태도를 보이는 경영진을 대상으로 하는 주주행동주의가 확대되고 있다. 코네티컷 노워크Norwalk에 소재한 파이러트와 기타 주주행동주의자들은 캐나다의 리조트회사 인트라웨스트Intrawest Corporation로 하여금 골드만삭스를 고용하여 기업 경매를 진행하도록 압박했다. 파이러트가 캠페인을 시작하고 얼마 지나지 않아 인트라웨스트는 미국의 바이아웃전문업체인 포트레스Fortress Investment Group에 매각되었다.[4] 스칸디나비아Scandinavia와 영국의 법률은 매우 주주친화적이기 때문에, 이러한 국가들에서는 주주행동주의자들이 이사회에 의석을 확보하고 이사회에 영향을 미치는 등의 전면적인 활동을 할 수 있다. 이 규제환경은 일본, 한국 등의 많은 아시아 국가들의 주주들에게는 전혀 반대로 작용하지만, 스틸파트너스의 워런 리히텐슈타인과 같은 서구의 주주행동주의자들은 어찌되었든 간에 이러한 국가들에 진출하고 있다.

오늘날에는 이 모든 주주행동주의활동이 도처에서 일어나고 있지만, 1990년대 중반까지만 해도 이러한 국가들에서 공개적인 주주행동주의활동은 소수에 불과했다는 것을 상상하기 힘들 것이다. 당시 와이저-프랫은 이미 상당수의 유럽 기업들을 들쑤시고 있었다. 그의 주주행동주의가 유럽 습격을 시작한 것은 1995년 영국의 유틸리티기업 노던일렉트릭Nothern Electric Plc.에 대해서 1%에 불과한 지분을 보유하면서도 구조조정을 하도록 압박한 사례부터였다.[5] 이후 와이저-프랫은 자신이 태어난 프랑스로 시선을 옮겼다. 1996년 그는 주주행동주의를 통해 프랑스에 소재한 벤처캐피털기업인 앙스띠뜌드 드 빠르티시빠시옹 드 루에스뜨Institute de Participations de l'Ouest를 상대로 몇 가지 변화를 압박했다. 그 이후에는 와이저-프랫은 투자회사 시파렉스Siparex, 슈퍼마켓체인 귀엔에가스코뉴Guyenne et Gascogne SA, 화학전력공급업체 다인액션Dynaction SA 등 많은 프랑스 기업들에 대해 주주가치 향상에 대한 압력을 행사하였다.[6]

와이저-프랫은 자신의 프랑스 국적과 미국, 프랑스 양국에 대한 경험으로 미국에서의 주주행동주의활동을 유럽으로도 수월하게 전환할 수 있었다고 말한다. 사실 와이저-프랫의 주주행동주의는 1929년 국제차익거래투자회사인 와이저-프랫Wyser-Pratte&Co. Inc.을 설립한 그의 아버지까지 그 역사가 거슬러올라간다. 프랑스 비쉬Vichy 출생인 그와 그의 가족은 1947년 미국으로 이주했다. 1948년, 와이저-프랫의 아버지는 뉴욕에 회사를 재설립했다. 1966년, 와이저-프랫은 6년간 미해병대 장교로 복무한 후 아버지 회사에 합류했다. 이 투자회사는 결국 1967년 바쉬Bache&Company에 인수되었다. 이후 1982년 바쉬는 프루덴셜보험Prudential Insurance Company에 인수되었다. 1971년부터 1991년까지 와이저-프랫은 이 회사의 리스크 및 M&A 차익거래 부서를 관장했다. 많은 주주행동주의자들과 마찬가지로 이러한 위험차익거래 경험은 그의 이후 주주행동주의에 기반이 되었다. 1991년 그는 와이저-프랫을 재설립하여 미국 기업들의 경영에 참여하고 변화를 위한 압력을 가하기 시작했다. 유럽의 친구들이 그로 하여금 프랑스의 기업지배구조에 대한 작업에 참여할 것을 요청하기까지 그는 이 방면에서 좋은 성과를 거두고 있었다. 이러한 경험 이후에 와이저-프랫은 자신이 가치투자자로서 대서양 반대편에 대해서도 관심을 집중할 필요가 있다는 것을 재빠르게 간파했다. 그는 많은 유럽 기업들이 미국 기업들에 비해 매우 낮은 가격에 거래되고 있었다는 점을 발견했다. 와이저-프랫은 유럽에 매료되었다. 와이저-프랫은 "누군가가 모국으로 돌아가 옳은 일을 하는 것은 특별한 일이 아니다"라고 말한다.

오늘날 와이저-프랫의 펀드는 약 10~15개의 중소형 상장사에 대해 대규모 주주행동주의 지분을 보유하고 있다. 일곱 명의 전문 운용역을 포함하여 총 열여섯 명으로 구성된 임직원은 이러한 기업들의 임원들과 적극적으로 소통한다. 조정작업이 비공개적으로 이루어질 것을 기대하고 경영진과 막후협상을 시도하는 다른 주주행동주의자들과 달리 와이저-프랫은 모든 주주행동주의활동을 공개적으로 실행한다. 종종 유럽의 투자은행들로 하여금 타깃기업에 대한 리서치를 돕도록 하는 이 펀드는 연평균 약 25%의 수익률을 기록하고 있다. 와이저-프랫은 "우리는 우리의 보유 지분 현황과 우려사항에 대해서 공개적으로 밝힌 다음 경영진에게 우리의 의견을 전달한다"라고 말한다.

　와이저-프랫이 지난 수년간 집중했던 기업들 중 하나는 독일의 산업기계제조사 IWKA IWKA AG이다. 2003년 와이저-프랫은 IWKA로 하여금 포장 및 가공 기계를 생산하는 사업부들을 매각하고 수익성이 높은 산업로봇 사업부에 집중하도록 압박했다. 2007년 1월부터 이회사의 CEO를 맡은 게르하르트 비데만Gerhard Wiedemann은 투자은행을 고용하여 몇 달 후 3억 4,000만 달러에 자사의 포장사업부를 매각하였다.[7] 그러나 와이저-프랫이 기대했던 결과는 장기적인 것이었으며, 그의 노력은 이후에도 CEO 2인이 축출되기까지 지속적으로 진행되었다.

　와이저-프랫, 영국의 주주행동주의 기관투자자 헤르메스와 기관투자자 스레드니들Threadneedle Asset Management을 비롯한 다수의 투자자들은 매각되기를 바랬던 사업부들이 온전히 회사에 남아 있게 되자 2004년 당시 IWKA의 CEO, 한스 파어Hans Fahr를 축출하려 시도했으나 실패로 돌아갔다.[8] 그러나 파어의 승리는 오래가지 못했다. 와이저-프랫은 2005년 IWKA를 상대로 한 위임장대결에서 승리하였고, 1년 후 한스 파를 축출하는 데 성공했다.

　파어의 뒤를 이은 볼프강 디트리히 하인Wolfgang- Dietrich Hein은 기대수익률을 만족하지 못하는 모든 사업부를 매각하기로 했다. 2006년 가을, 하인은 도이치뱅크를 통해 포장사업부의 매각을 검토했지만, 사내에 보유하기로 결정했다.[9] 그는 이러한 내용을 발표한 직후 사임하였다.[10] 나중에 결국 포장사업부를 매각한 비데만이 하인의 사임 직후 CEO직을 맡게 되었다. 와이저-프랫은 "정말 오랜 기간의 노력이 필요했다"라고 말한다.

와이저-프랫은 다른 기업들에 대해서도 다양한 전략을 활용해 주주가치 향상을 도모했다. 인터넷기업과 통신사에 기술서비스를 제공하는 프랑스 기업 프로조디Prosodie SA는 최근에 와이저-프랫의 소송 타깃이 되었다.[11] 프로조디의 이사인 와이저-프랫은 이 사례에서 기업 이사회가 프로조디를 미국의 바이아웃전문업체인 에이팩스Apax Partners Inc.에 매각하고자 하는 설립자이자 CEO인 알랭 베르나르Alain Bernard의 계획을 모르고 있다고 주장했다. 현재 낭테르 상업법원Commercial Court of Nanterre이 검토하고 있는 소송에서 와이저-프랫은 과거에 브리티시텔레콤이라고 불렸던 BT가 프로조디 인수에 대해서 주당 27유로를 제안했음에도 이를 무시하고 낮은 가격에 기업을 매각했다는 점을 들어, 경영진이 주주들에 갖는 선관의무를 다하지 않았다고 주장했다.[12]

2006년 10월 에이팩스는 나머지 지분에 대해서도 연말까지 순차적으로 인수하겠다는 조건하에, 베르나르가 보유한 40% 지분을 주당 20유로(25.70달러)에 인수하기로 동의했다. 이어서 에이팩스는 나머지 지분에 대해 주당 23.40유로를 제시했다. 와이저-프랫은 베르나르가 주주들의 투자금을 통해 자신과 조력자들에게 이득이 되는 방향으로 딜이 체결되도록 했다고 주장한다. 2007년 2월, 에이팩스는 인수제안가를 주당 25.25유로로 올렸다. 와이저-프랫은 이 사건과 관련한 소송과 대중의 분노가 에이팩스가 나머지 지분에 대한 인수제안가를 올린 주요 이유라고 주장한다. 와이저-프랫은 "우리가 분노의 목소리를 높

행동주의 투자 전략

이기 전까지는 이들에게 이득이 되는 딜이 순탄히 진행될 것으로 보였다"라고 말한다. 와이저-프랫은 수십 년간에 걸쳐 주주행동주의 투자로 높은 성과를 낸 덕분에 2007년 인스티튜셔널인베스터뉴스Institutional Investor News가 출판하는 대안투자뉴스Alternative Investment News로부터 '평생공적표창'을 수여받았다.

유럽의 주주행동주의가 자생되는 부분도 있다. 스웨덴에서 태어나고 자란 두 명의 주주행동주의자들은 자국의 대표적인 제조업체 볼보Volvo AB에 대해 일격을 가했다. 안전한 자동차로 유명한 볼보는 최근 수년간 세계에서 두번째로 큰 트럭 및 버스 제조사로 탈바꿈했다. 그러나 이러한 사업개편은 라르스 푀르베리Lars Förberg와 크리스테르 가르델Christer Gardell의 눈에는 충분하지 않았다.

이 두 명의 스웨덴 주주행동주의 매니저들은 1997년부터 저평가된 스웨덴 상장사들에 대해 대규모 지분을 인수하고 변화를 촉구해왔다. 2002년 이들은 스웨덴 스톡홀름Stockholm에 북유럽공모시장에 집중투자하는 주주행동주의 펀드 세비안Cevian Capital LP을 설립했다. 이들은 스웨덴, 핀란드, 덴마크, 노르웨이 등의 기업들에 대해 전문성을 키웠다. 세비안의 홈페이지에는 이들의 전략을 상장기업들에 대한 PE 접근법이라고 묘사하고 있다.

왜 푀르베리와 가르델은 북유럽에 집중할까? 북유럽시장에 대한 이들의 전문성과 역량, 이사 및 경영진 후보군, 문화 등과 더불어 투자자에 우호적인 규제환경은 주주행동주의 투자자인 이들에게 북유럽시장을 금광과도 같은 곳으로 만들어주었다. 북유럽 대부분의 기업 이사회들은 사외이사들이 다수를 차지한다. 각각의 기업들은 독립된 이사후보추천위원회를 운영하고 있으며, 일반적으로 위원회에는 4~5인의 최대주주들이 포함되어 있다. 미국 기업과는 달리, 스웨덴의 모든 기업 이사들은 매년 주주총회를 통해 선출된다. 발행주식의 10% 이상을 보유한 주주는 이유를 불문하고 임시주주총회를 소집할 수 있다. 이는 미국에서 주주들이 임시주주총회를 소집할 수 있는 능력과는 큰 차이를 보인다.

기업이 방어책으로 활용할 수 있는 몇 가지 수단은 분명히 존재한다. 미국, 캐나다와 마찬가지로 상당수의 스웨덴 기업들은 두 가지 종류의 주식을 발행할 수 있어 특정 투자자 또는 내부자들에게 다른 종류의 주식을 가진 주주들의 투자금보다 적은 자금으로 기업의 경영권을 유지할 수 있도록 한다. 그럼에도 불구하고 푀르베리는 전반적으로 스웨덴의 기업들은 주주들에게 더욱 투명하다고 말한다. 푀르베리는 "주주, 이사회, 경영진 사이에 책임의무를 명확히 분리하는 것이 투명성을 높인다. 스웨덴 주주들의 입지가 미국이나 다른 나라의 주주들보다 좋다."라고 말한다.

이러한 주주친화적인 환경으로 인해 주주행동주의자 칼 아이칸은 스웨덴을 투자자와 지배구조의 '파라다이스'라고 묘사했다고 한다. 푀르베리는 아이칸이 이러한 '파라다이스'에 대한 이야기를 듣자마자 세비안의 투자자가 되기로 결정했다고 덧붙인다.

세비안은 지난 10년간 50%의 연간수익률을 달성했다. 푀르베리는 세비안이 설립된 이후부터 계산하면, 투자자들이 이보다 높은 연간수익률을 얻었다고 말한다. 이 펀드의 운용자산은 25억 달러 규모이다. 세비안은 대부분의 헤지펀드들과 마찬가지로 운용수수료와 투자수익의 일부를 보수로 받는다. 자신들의 이익과 투자자들의 이익을 일치시키기 위한 노력으로, 투자수익에 대한 보수는 개별 투자자들의 환매금지기간이 종료될 때까지 보통 7년간 유보된다.

스웨덴의 기업지배구조는 고비용의 위임장대결을 통한 서구의 기업 환경과 비교했을 때 주주들이 이사직을 수월하게 얻는 것이 가능하다. 주주들이 쉽게 이사회에 참여하는 환경은 세비안이 주주행동주의 전략을 구사하는 데 도움이 되었다.

푀르베리와 가르델은 일반적으로 기업의 외부에서 변화를 압박하는 것이 아니라, 장기적으로 기업에 변화를 야기하고 주주가치를 향상하기 위해 이사회 의석을 확보하는 방법을 추구한다. 세비안은 주주행동주의 노력의 80% 정도를 투입하여 타깃기업 이사회에 선출될 이사 후보 1인을 지명한다. 그는 "이사회 의석을 확보하는 것은 스웨덴 기업들의 변화를 일으키는 데 매우 중요하다. 이사들만이 사업운영의 관점에서 기업가치 향상에 대한 의사결정을 위해 필요한 전략적 정보를 얻을 수 있다."라고 말한다.

2006년 세비안은 이사회 참여를 통해 스톡홀름 소재의 시가총액 350억 달러인 통신사 텔리아소네라TeliaSonera AB가 전체적인 사업방향을 수정하는 데 중심적인 역할을 수행했다. 우선 세비안의 가르델은 텔리아소네라의 지분을 대규모로 인수하고, 이사지명위원회의 의석 1개를 확보했다. 이사회 의장 톰 본 베위마른Tom bon Weymarn을 비롯해 주요 주주들로 구성된 이사회는 규모를 5인에서 6인으로 확대하여 가르델을 영입했다.

가르델은 그가 보유한 10% 지분을 통해서도 가능했겠지만, 이사직을 활용해 임시주주총회를 소집했다. 가르델과 세비안은 이사후보 지명위원회의 다른 이들의 지지를 받아 주주총회를 통해 텔리아소네라 이사회에 포함되어 있던 이사 5인을 해임하고 4인의 신임 이사를 선출함으로써 텔리아소네라를 재정비했다. 이사회의 규모는 8인에서 7인으로 축소되었다. 이 모든 과정은 채 1년이 걸리지 않았다. 푀르베리는 새로운 이사회가 텔리아소네라를 완전히 새로운 방향으로 이끌었다고 말한다.

　　푀르베리는 스웨덴의 주주친화적인 규제에도 불구하고 스웨덴의 기업 이사들은 여전히 외부 압력으로부터 내부자들을 보호하는 배타적인 모임의 참여자적 역할을 하고 있다고 인정한다. 그는 문제점 중 하나로 투자자들이 많은 권리를 가지고 있지만, 스웨덴에는 아직 주주행동주의 투자자들이 많지 않다고 말한다. 그는 내부자들을 위한 배타적인 성격의 이사회들이 종종 주주가치 향상을 위한 노력을 기울이기도 하지만, 분위기를 바꾸고 새로운 방법을 도입하지는 못한다고 덧붙인다. 이러한 경우 새로운 피가 수혈되어야 한다. 푀르베리는 "때때로 이사회는 당시에 옳아 보이는 전략을 채택하지만 더이상 제대로 작동하지 않는 것들이 많다. 이러한 이사들은 해당 전략을 되돌리기 힘들며, 새로운 방향으로 나아가기 위해서는 새로운 사람들이 이사회로 영입되어야 한다."라고 말한다.

　　텔리아소네라와 볼보 이외에도, 세비안은 생명보험사 스칸디아Skandia AB와 채권추심업체 인트룸 유스티티아Intrum Justitia AB에 대해서도 주주행동주의 조치를 취해왔다.

　　이들의 장기적 주주행동주의 접근법은 스웨덴 기업 환경에서

　　　　　　　　　　　　　행동주의 투자 전략

많은 이들이 헤지펀드에 대해 가지는 인식과 정반대로 전개된다. 푀르베리는 일부 사람들이 세비안을 기업의 보유 현금을 고갈시키고 사업전망을 해치는 데에 집중하는 투자회사라고 인식하고 있다고 말한다. 푀르베리는 자사주매입을 통해 활용하지 않는 현금을 주주들에게 돌려주도록 압박하는 것은 전체적인 전략의 극히 작은 부분에 불과하다고 말한다. 그는 전체적인 계획은 타깃기업의 가치를 두 배로 향상시키는 것이며, 이는 자사주매입 한 가지 방법만으로는 불가능하다고 덧붙인다.

그러한 점에서, 세비안이 볼보를 상대로 펼쳤던 활동 중에는 기업으로 하여금 사용하지 않는 현금을 자사주매입이나 특별배당에 활용하도록 압박한 것이 있다.[13] 이 활동은 세비안이 볼보에 대해 진행했던 일의 일부분에 불과했다. 또한 푀르베리는 볼보가 일부 비주력 사업부를 매각하기를 바랐다.[14] 이러한 목표를 위해 세비안은 비올레트Violet Partners를 설립하여 볼보의 지분을 5.2% 인수했다. 푀르베리와 가르델은 비올레트를 통해 6인으로 구성된 볼보의 이사후보추천위원회에 의석 한 개를 얻는 데 성공했다.

볼보의 관계자들은 기업이 현금을 보유하고 있는 것을 정당화했다. 이들은 세비안의 목표가 단기적이며 주주 대부분의 이익을 대변하는 것이 아니라고 주장한다. 볼보의 IR이사 욘 하르트벨John Hartwell은 볼보가 배당이나 자사주매입을 포함한 다양한 현금 활용방법을 고려하고 있다고 말한다. 그러나 그는 볼보가 점점 엄격해지고 있는 유럽의 자동차 배기가스 규정과 관련하여 앞으로 수년간 증가할 비용에 대비해야 할 필요가 있으며, 이를 현금 사용방법에 있어서 고려해야 한다고 강조한다. 하르트벨은 "우리는 재무제표상에 현금을 보유함으로써 그동안 배기가스 규제에 따른 요건을 충족하는 제품들을 구매할 수 있었다"라고 말한다.

하르트벨은 또 볼보가 사내에 현금을 보유함으로써 적시에 M&A를 진행할 수 있는 유연성이 보장된다고 덧붙인다. 실제로 볼보는 주주들에게 현금을 환원하라는 세비안의 요구를 거절하고, 오히려 일련의 M&A를 통해 부품 사업을 확장했다.[15] 하르트벨은 볼보 담당자들이 투자자들과 정기적인 만남을 갖고 이들의 요구를 듣는다고 덧붙인다. 하르트벨은 "일부 헤지펀드들은 3개월이나 6개월 정도 내다본다. 우리 이사회는 이보다 장기적인 전망을 한다."라고 말한다.

푀르베리는 볼보의 사내 보유 현금을 어떻게 사용하는 것이 최선인지는 감정적인 문제가 될 수 있다고 인정한다. 그는 많은 스웨덴 기업들이 재무상태표를 부풀려왔고, 이로 인해 자본비용이 높아졌다고 말한다. 중요한 것은 이러한 과거를 잊고 볼보의 향후 자본 전략에 대해 실용적인 논쟁을 해야 한다는 것이다. 그는 볼보와 많은 스웨덴의 대형 기업들이 경기 침체기를 대비해 사내에 얼마만큼의 현금을 유보해야 하는지에 대해서 지나치게 보수적인 판단을 내린다고 우려한다. 푀르베리는 "이러한 매니저들은 해당 국가의 금융시장이 제 기능을 하지 못하고 있을 때에도 여전히 과거에 머물러 있다. 이제는 앞으로 나아가야 할 때이다."라고 말한다.

그리고 그는 볼보의 재무구조가 퍼즐의 한 조각일 뿐이라고 강조한다. 푀르베리는 "기업들은 다른 전략적 사업적 변화를 이루어야 하며, 이것이 무엇보다 중요하다."라고 말한다.

행동주의 투자 전략

일본

유럽 이외에 다른 국가들에서도 이사회는 내부자들이 통제하는 사교모임의 성격을 나타낸다. 일본의 기업문화는 주주행동주의 투자자들이 기업 임원들로 하여금 주주들의 이해관계를 위해 일하라고 자극하기 어렵게 만든다. 1990년대까지 일본 기업들의 임원들과 이사들은 외부 주주들의 압력으로부터 제조사와 은행사가 연동되는 사업관계와 상호소유 등의 계열관계를 통해 상당 부분 보호막을 가지고 있었다(사실, 이러한 시스템은 전쟁 이전에 일본 기업들 간에 서로 연결되어 있는 재벌 구조보다는 느슨한 것이었다). 오늘날에도 어느 정도 잔재가 남아 있기는 하지만, 새롭게 등장한 일본 기업들과의 경쟁이 거세지면서 이러한 기업들 간의 유착관계는 점차 무너지게 되었다. 몇몇 외국 주주행동주의자들과 기관투자자들은 새로운 기회들을 놓치지 않았다.

캘퍼스의 지원을 받는 도쿄에 소재한 스팍스SPARX Asset Management Company Ltd.는 일본 기업들의 경영에 간섭하고자 하는 초기 주주행동주의자였다. 2003년에 설립된 스팍스의 일본가치창출투자펀드Japan Value Creation Investment fund는 비공개 주주행동주의 방식을 활용하며, 포트폴리오에 편입된 모든 기업들과 협력적으로 문제를 해결하고자 한다. 이 펀드는 미국의 주주행동주의 펀드들과 마찬가지로 저평가된 기업들의 지분을 대량으로 인수하고 임원들이 고려할 제안사항을 비공개로 제시한다. 그렇다고 스팍스가 해당 기업들이 자신의 조언을 받아들이지 않았다고 해서 공개적인 캠페인을 전개한다고 생각하는 것은 오산이다. 아스카Asuka Asset Management Ltd.와 타이요퍼시픽과 같은 일본의 다

른 주주행동주의자들도 이와 유사한 비공개 접근법을 활용한다.[16]

이들의 전략은 스틸파트너스가 일본에서 활용하는 공개적 압박 전술과는 반대이다. 워런 리히텐슈타인은 2001년 자신의 PE 투자 스타일과 미국에서 활용했던 주주행동주의를 일본이라는 미지의 세계로 전파할 스틸파트너스의 일본전략펀드Japan Strategic Fund LP를 구상했다. 이 일본펀드는 보스턴에 소재한 헤지펀드 리버티스퀘어Liberty Square Asset Management LP와의 합작으로 설립되었다.[17] 17장에서 간략하게 논의되었듯이 리히텐슈타인은 특별배당과 자사주매입을 비롯한 목적을 가지고 2003년 두 개의 일본 기업들에 대해 적대적 M&A를 진행했다. 그의 노력은 부분적인 성공에 불과했지만, 적대적 M&A 시도에 대해 잘 알지 못했던 국가에서 이는 천지개벽과도 같은 것이었다.

리히텐슈타인은 2억 5,000만 달러에 유시로화학을, 1억 9,000만 달러에 섬유염색가공업체 소토를 인수할 것을 제안했다. 각각의 인수제안은 모두 거절당했다. 유시로와 소토는 이 주주행동주의자들의 적대적 제안에 대한 투자자들의 지지를 저지하기 위해 평소보다 상당히 높은 배당을 실시했다. 소토는 연간 배당액으로 15배나 증가한 200엔을 지급하기로 약속했다.[18] 2006년 10월 인스턴트라면 제조업체 묘조는 스틸파트너스의 일본전략펀드가 적대적 인수를 제안하자, 니신에 인수되기로 결정했다.[19] 스틸파트너스는 묘조 인수를 위해 주당 700엔을 제안했지만 니신은 이보다 높은 주당 870엔을 제시했다. 스틸파트너스가 10월에 적대적 M&A를 제안하기 전에 묘조의 주식은 주당 약 609엔에 거래되었다.[20] 리히텐슈타인은 묘조를 인수하지는 않았지만 이를 통해 상당한 수익을 거두었을 것이다.[21]

스틸파트너스 이외에 다른 유명 주주행동주의 투자자는 일본시장에서 기업들에 대해 공개적인 압력을 행사하고 있었다. 일본 정부 관료 출신인 46세의 요시아키 무라카미Yoshiaki Murakami는 최근까지 무라카미펀드Murakami fund를 운용했다. 무라카미는 2006년 내부자거래 혐의로 기소된 후에, 한때 운용자산이 34억 달러에 달했던 자신의 펀드를 청산했다.[22]

무라카미펀드는 일본 저평가 기업의 대규모 지분을 인수하여 기업 임원들로 하여금 주주가치 개선을 위해 자신의 제안을 고려하도록 요구했다. 1999년 무라카미는 스틸파트너스가 적대적 제안을 하기 훨씬 전에 일본에서 오랫동안 이어져온 규칙을 역대 최초로 깨뜨리고, 부동산 및 전자부품제조 사업을 영위하는 쇼에이Shoei Company를 상대로 적대적 인수제안을 전개했다.[23]

그는 또한 일본의 백화점체인 마츠자카야Matsuzakaya의 지분을 대규모로 인수하여, 경영자매수(MBO: management buyout)를 포함한 전략적 선택에 대한 검토계획을 경영진에 제시했다. 무라카미는 마츠자카야 경영진이 소유구조와 관련한 지주사 전환에 대한 제안을 반대하자, 회사에 자신이 보유한 지분을 인수해줄 것을 요구했다.[24]

무라카미는 또 부동산과 유명한 일본프로야구팀 한신타이거즈Hanshin Tigers를 소유한 한신전기철도Hanshin Electric Railway Company에 투자했다. 무라카미는 한신전기철도의 지분 45.73%를 인수하여, 보유하고 있는 대지 위에 아파트와 쇼핑센터 건설을 검토하도록 압박했다. 무라카미의 압력이 있은 후, 한신전기철도는 20억 달러의 가치를 갖는 보유 부동산의 활용방법을 개선하기로 동의했다.[25] 그러나 한신전기철도는 한신타이거즈 야구팀이 IPO를 통해 분사해야 한다는 주장을 비롯한 무라카미의 다른 요구들에 대해서는 거절했다.[26]

무라카미는 자신의 펀드가 청산되기 전까지 오사카증권거래소Osaka Securities Exchange, 도쿄스타일Tokyo Style, 도쿄방송Tokyo Broadcasting Systems Inc. 등 다른 기업들에 대해서도 변화를 압박했다.

워싱턴에 소재한 미국−일본비즈니스위원회U.S.−Japan Business Council의 제임스 파더리James Fatheree 회장은 무라카미가 일본통상산업성Japanese Ministry of International Trade and Industry에서 정부관료로 일한 것 이외에 서구에서 투자은행가로 일한 적이 있다고 강조한다. 이러한 경험과 일본의 문화, 정부에서 일한 배경 등은 무라카미에게 잊을 수 없는 인상을 남겼다. 파더리는 "그는 서구의 투자은행가 마인드를 가지고 있다. 그는 저평가 자산에 투자하고 이 자산에 대한 가치 개선 작업을 한다는 서구적 관념을 일본에 도입했다."라고 말한다.

파더리는 무라카미와 스틸파트너스가 기업들을 대상으로 전개한 적대적 제안들이 일본에서는 새로운 것이었다고 덧붙인다. 이 두 주주행동주의자들은 투자자들을 종종 무시하는 국가에서 주주가치 향상이라는 목표달성에 성공해왔다. 파더리는 스틸파트너스가 얻어낸 자사주매입이나 특별배당과 같은 주주를 위한 인센티브가 일본에서 매우 드문 일이라고 강조한다.

그러나 이 투자자들이 일본에서 큰 성공을 거두었음에도 불구하고, 파더리는 단기적으로 서구 스타일의 주주행동주의자들이 도쿄와 오사카에 자신들의 자본주의 방식을 도입하여 큰 변화를 일으킬 것으로 예상하지는 않는다고 말한다. 그는 무라카미의 기소로 인해 일본에서

행동주의 투자 전략

주주행동주의자들에 대한 인식이 나빠졌다고 덧붙였다. 파더리는 "보수적인 정치인과 정부관료들은 시범 사례로 무라카미가 잘못한 부분에 대해 처벌할 수도 있다. 불법적 활동과 합법적 활동의 구분은 여기서 중요하지 않다."고 말한다.

파더리가 주주행동주의 적대적 M&A 또는 위임장대결이 즉각적으로 증가할 것으로 기대하지 않는 데에는 또다른 이유가 있다. 주주행동주의는 여전히 일본문화에서 외국의 개념이다. 일본에서는 사실상 위임장대결이 벌어지지 않을 뿐 아니라, 일본 기업들의 연차주주총회는 거의 대부분 매년 6월에 개최된다. 이러한 행사들은 큰 편차 없이 각본에 짜인 대로 진행된다.

파더리의 선언에도 불구하고 약간의 변화가 일어나고 있다. 일본의 서구 기관투자자들의 숫자가 지난 3년간 급격히 증가했다. 도쿄증권거래소Tokyo Stock Exchange의 일일거래량의 약 25~30%는 현재 외국인들의 매매가 차지하고 있다. 거래량의 대부분은 오릭스Orix Corporation나 토요타Toyota Motor Corporation와 같이 일반적으로 주주행동주의의 타깃이 되지 않는 보다 안정적인 일본의 대형주에 투자된다. 그러나 새로운 서구의 자금 일부가 소형주에 접근하고 있고, 결국 이들 중 일부는 주주행동주의에 취약해질 수 있다.

일본의 다른 주요 상장사들은 여전히 온실과 같은 일본의 시스템 속에서 성장해오고 경영권을 놓지 않으려는 구시대적인 계열 관계의 일본인 투자자들이 소유하고 있다. 이러한 투자자들은 자신들이 경영진, 공급업체, 직원 등 전체 이해관계자들 중 하나의 집단에 불과하며 각각의 이해관계자들 간에는 공생관계가 존재한다고 믿도록 교육받았다. 일본의 임원들은 승진을 통해 60세가 지난 이후에야 CEO가 될 수 있다. 파더리는 이러한 고령의 CEO들이 일본 기업들의 경영권을 쥐고 있으며, 고립된 일본의 기업시스템을 유지하고 싶어한다고 전한다. 그는 "일본은 매우 계층화된 사회이다. 연공서열이 존재하며, 성과 중심의 경쟁체제로 전환하기까지는 시간이 걸릴 것이다."라고 말한다.

하지만 그도 하루아침에 변화가 일어나지 않더라도 장기적으로 미래에는 행동주의 주주들이 활동할 공간이 생길 것이라고 예상한다. 일본 기업들의 오너와 경영진들이 점점 젊은 세대로 바뀌고 있다는 점은 주주행동주의가 좀더 쉽게 받아들여질 수 있게 할 것이다. 그러나 아직까지는 그렇지 못한 것이 현실이다. 파더리는 "일본인들은 35세 정도 된 어린아이가 나타나 기업을 장악하는 것을 원치 않는다. 그러나 세계화로 인해 일본이 변화의 압박을 받고 있으며, 이러한 일들이 일어날 가능성은 높아지고 있다."라고 말한다.

한국

일본의 계열 문화와 마찬가지로 한국에서도 재벌이라는 것이 존재한다. 대기업집단 내의 기업들이 서로 지분이 얽혀 있는 이 구조는 열 개 정도의 대형 가족경영 기업으로 구성되어 있고, 정부의 금융지원을 받으면서 한국 경제에서 매우 큰 역할을 맡고 있다.[27] 가족과 일부 기업군들이 대부분 기업들에 대해 지배지분을 보유하는 중앙화된 소유제도에서는 외부의 행동주의 주주들이 활동할 수 있는 공간이 제한된다.

행동주의 투자 전략

그러나 주주행동주의자들이 활용할 예외적인 기회도 존재하는 것도 사실이다. 스틸파트너스는 한국의 담배인삼공사 KT&G가 한국의 전형적인 재벌기업일 뿐만 아니라 지분의 약 75% 정도가 시장에서 자유롭게 거래되고 있다는 것을 발견했다. 또한 이렇게 시장에서 거래되는 주식의 50%를 외국인들이 보유하고 있어, KT&G는 외부 투자자의 영향이 제한된 국가에서는 매력적인 타깃이었다.

리히텐슈타인은 KT&G과 몇 차례 회의를 가진 후 자신이 제안한 사항들이 진지하게 받아들여지고 있지 않다고 느꼈다. KT&G의 CEO 곽용균은 회의를 통해 리히텐슈타인에게 만약 스틸파트너스가 KT&G의 전략에 대해 만족하지 않는다면 지분을 처분하면 될 것이라고 말했다. 불행히도 곽용균은 상대 측의 반응을 예상하지 못했다. 곽용균의 발언으로 인해 리히텐슈타인은 지분을 매도하는 대신 기업에 변화를 일으키기 위해 더욱 집요하게 개입하기로 결심했다.

리히텐슈타인은 인삼사업부를 분사하고, 보유하고 있는 부동산 자산을 독립된 사업부로 처분하고, 배당을 늘리라는 등의 내용을 KT&G 조언했다. 압박을 시작한 지 몇 달 후, 리히텐슈타인은 칼 아이칸에게 KT&G 개선을 위한 압박에 동참해줄 것을 요청했다. 아이칸은 이에 동의하여 이 둘은 도합 7.68%의 KT&G 지분을 공동으로 관리하기 위해 KT&G총가치위원회KT&G Full Value Committee라는 투자회사를 설립했다.

이후 아이칸과 리히텐슈타인은 미국에서 많은 성공을 거두었던 위임장대결 전략을 진행했으나, 주주친화적이지 않은 한국시장에서는 그 누구도 성공적으로 이 방법을 활용한 적이 없었다. 리히텐슈타인은 캠페인을 진행하기에 앞서 한국의 규제에 대한 조사를 실시하였고, 한국의 증권감독기관이 위임장대결을 허용하고 있다는 것을 발견했다. 이 위임장대결을 관찰하던 한 전문가는 "이들은 어둠 속에서 자신들의 길을 알고 있었다. 양쪽 모두 규정집을 보면서 하나같이 '진짜 우리가 이걸 할 수 있다고?'라고 말하고 있었다."라고 지적했다.

리히텐슈타인은 12인으로 구성된 KT&G 이사회 선출과 관련해, 자신과 변호사, 미국의 담배산업 전문가로 구성된 3인의 이사후보를 지명했다. KT&G의 감사위원회의 네 석을 포함하여 총 여섯 석이 투표에 부쳐졌다. 리히텐슈타인의 계획은 최소한 KT&G의 내부사정을 잘 알 수 있는 감사위원회의 한 석을 얻는 것이었으나, 그가 뜻한 대로 되지는 않았다. 리히텐슈타인의 영향력을 제한하고자 KT&G 경영진은 위임장대결 상황에서 논의된 요구사항이 아니라는 점을 들어 스틸파트너스로 하여금 감사위원회의 이사후보를 지명할 수 없다고 말했다.[28]

그 결과 리히텐슈타인이 지명한 3인의 이사후보들은 KT&G의 감사위원회를 제외한 열두 개의 이사회 의석에만 선출될 수 있었다.[29] 좌절했지만 단념하지 않은 리히텐슈타인은 서한을 통한 캠페인을 활용해 주주들에게 자신의 견해를 담은 내용을 알리기 시작했다. 스틸파트너스의 공개적 캠페인의 일환인 이 서한들은 KT&G 경영진에게 전달되었고, 곧이어 위임장대결을 다루는 기자들에게도 공개되었다.

국제위임장자문기업인 글래스, 루이스는 보고서를 통해 주주들이 리히텐슈타인 측의 이사후보단에 표를 행사할 것을 조언했다.[30] 투표일이 다가올수록 양측의 구분은 극명해졌다. KT&G의 CEO 곽용균은 유럽, 미국, 그리고 아시아 일부 국가들을 방문하여 60%가 넘는

KT&G 지분을 보유하고 있던 외국인 주주들의 지지를 호소했다.[31]

리히텐슈타인의 요구사항 중 하나는 KT&G가 보유한 자사주를 소각하라는 것이었다. 리히텐슈타인은 경영진을 돕고자 하는 투자자가 자사주를 인수할 경우, 스틸파트너스와 기타 외국인 투자자들을 포함한 소수주주들의 지분율을 희석시킬 것이라고 우려했다. 우리금융그룹Woori Financial Group과 한국중소기업은행Industrial Bank of Korea을 비롯한 한국의 투자자 집단이 경영진이 지명한 이사후보들에 표를 행사할 목적으로 자사주를 인수할 계획이라는 전망이 나오고 있었다.[32] KT&G성장위원회KT&G Growth Committee를 설치한 이 집단은 이미 KT&G의 지분을 보유하고 있었으며, KT&G 경영진이 지지하는 이사후보들에 표를 행사할 계획이라고 발표해왔다. 한국중소기업은행 지분의 57.7%는 한국 정부가 소유하고 있었다.

그해 2월 24일 리히텐슈타인과 아이칸은 약 100억 달러에 KT&G에 대해 적대적 M&A를 제안하면서 주주행동주의 노력에 박차를 가했다. 며칠 후, 이 제안은 거절되었다.[33] 얼마 지나지 않아 리히텐슈타인은 주주들에게 직접적으로 인수제안을 제시함으로써, 공개적으로 적대적 M&A를 시도할 것임을 암시했다. M&A를 적대적인 태도로 진행하는 것은 리히텐슈타인과 아이칸이 어떤 기업도 인수하기 어렵다는 것을 의미한다. 일본에서와 마찬가지로 한국에서도 적대적 M&A는 찾아보기 어려운 것일 뿐만 아니라, 성공한 예는 더욱 드문 일이었다.

한편, 리히텐슈타인은 여러 위임장대결을 지속했다. 주주총회가 일주일도 채 남지 않은 시점에서, 리히텐슈타인은 KT&G가 소재한 지역에 위치한 대전지방법원District Court of Daejeon에 KT&G가 자신으로 하여금 이사후보를 선출을 하지 못하게 함으로써 한국의 법률을 위반하고 있다고 주장했다. 이 노력은 실패로 돌아갔다.[34] 리히텐슈타인은 또 다른 시련을 겪었다. 한국의 투자규제기관인 한국예탁결제원Korea Securities Depository은 많은 투자자들이 마감일로 예상하고 있던 날보다 하루 빠른 3월 9일 갑자기 주주들로부터 전자표를 받는 것을 중단했다.[35]

하지만 주주들은 리히텐슈타인을 이사로 선출했다. 스틸파트너스가 지지한 나머지 이사후보 2인은 선출되지 못했지만, 이 결과는 놀라운 승리였으며 한국 기업에 대해 반대주주가 지명한 이사후보가 처음으로 선출된 사례였다. 리히텐슈타인은 일부 한국 투자자들로부터 지지를 받았지만, 그가 이사로 선출된 데에는 많은 수의 외국인 투자자들의 지원이 컸다. 많은 기관투자자들은 KT&G가 적절한 기업지배구조 기록을 가진 좋은 기업으로 평가했지만, 상당수의 외국 기관투자자들은 감사위원회 구성원 선출 재심사 등 다양한 장치들을 교묘하게 이용하는 것에 염증을 느끼게 되었다.

8%의 KT&G 지분을 보유한 준準 주주행동주의 투자회사 프랭클린뮤추얼어드바이저스가 리히텐슈타인의 노력을 지지한다고 발표한 3월 8일은 중요한 전환점이 되었다. 리히텐슈타인의 연합세력에 대한 프랭클린의 공개적 지지성명은 리히텐슈타인의 이사회 진출에 많은 역할을 했다. 프랭클린뮤추얼의 입장에 대해서는 초기에 혼동이 있었다. KT&G의 CEO 곽용균이 프랭클린뮤추얼의 관계자들과 만난 후, 한국의 신문사 매일경제는 프랭클린뮤추얼이 경영진이 지명한 이사후보단을 지지하기로 동의했다고 보도했다. 이 보도자료는 익명의 정부 관계자의 말을 인용하기도 했다. 그러나 이후 2월 22일 프랭클린은 블룸버

그 기자에게 보내는 이메일을 통해 KT&G 측의 이사후보단에 대한 지지를 거부했다고 밝혔다.[36] 캠페인이 진행되는 동안, 이 주주행동주의자들은 언론에서 상당한 악평을 받아야 했다. 아이칸은 한국의 언론에의해 해적이나 상어에 비유되었다.

위임장대결과 적대적 M&A는 외국인 투자자들의 역할과 주식시장의 속성에 관련해 한국인들 사이에 상당한 논쟁을 야기했다. 리히텐슈타인과 칼 아이칸의 KT&G 관련 활동은 한국인들로 하여금 한국이 서구적 자본주의로 나아갈 것인지 아니면 현 상황을 유지할 것인지에 대해 생각하도록 만들었다. 위임장대결 이전의 시점에서 많은 한국인 투자자들과 대중들은 담배자산에 대해 매우 국수주의적으로 변했다. 이들의 입장은 모든 주요 한국 기업들에 대한 일반적인 국민정서를 나타냈다. 한국의 투자계에 지배적인 인식은 스틸파트너스가 단지 KT&G를 분해하고 청산하는 데에만 관심이 있는 단기적 침략자라는 것이었다. 결과적으로 한국인 주주들의 다수가 KT&G 경영진이 지지하는 이사후보단에 표를 행사했다. 서구의 주주친화적 자본주의 체계로의 전환은 아직 멀어 보였다. 스틸파트너스의 캠페인에 익숙한 어떤 이는 "이 사건은 한국 금융시장의 개방도를 측정하기 위한 리트머스 테스트였다. 국제시장의 참여하고 싶다면, 국제적으로 통용되는 규정에 따라 운영해야 할 것이다."라고 말한다.

리히텐슈타인은 이사회에서 의석 한 개를 획득하는 데 그쳤지만, 결국 어느 정도의 변화를 이루어냈다. 2006년 8월 리히텐슈타인과 아이칸의 압박에 대한 반응을 보이며 KT&G는 29억 달러의 현금을 주주들에게 배당의 형태로 지급하기로 결정했으며, 이러한 방식의 주주

를 위한 인센티브가 전무했던 국가에서 투자자가 거둔 승리였다.[37]

리히텐슈타인은 이사회에 포함된 후 KT&G에게 국내소매업체 바이더웨이Buy The Way에 대하여 보유하고 있는 43.7%의 지분을 매각하도록 압박했다.[38] 리히텐슈타인은 또 KT&G로 하여금 주주가치를 향상시킬 수 있는 다른 방안을 강구하도록 장려했다. 인삼사업부와 부동산사업부 매각 등 리히텐슈타인의 초기 노력에도 불구하고, 관련 자산들은 여전히 그대로 유지되고 있었다. 그러나 리히텐슈타인은 현시점에서 인삼사업을 회사 내에 보유하고 있는 것에 대해서 문제삼지 않는다. 그의 계획은 인삼사업부의 운영을 개선하는 것에 있기 때문에 KT&G는 나중에 높은 가격에 인삼사업부 매각을 고려해볼 수 있게 되었다.

한편 아이칸은 2006년 12월 지분을 청산하여 1억 1,100만 달러의 수익을 거두었으며, KT&G에 대한 적대적 인수제안의 가능성을 종식시켰다.[39] 이 지분매각은 아이칸의 행보가 특히나 한국에서 부정적인 이미지를 가지고 있는 가운데, 단기성 서구 투자자의 전형적인 모습이라는 전문가들의 지적을 불러일으켰다. 그러나 아이칸은 보통 약 1년간 지분을 보유하는데 이는 한국의 단타성 투자자들과 비교하면 장기적인 투자라고 할 수 있다. 그 이후에도 리히텐슈타인은 여전히 대형 주주이다. 리히텐슈타인이 KT&G 이사회를 더욱 강력히 통제하기 위해 또다른 위임장대결을 전개할지 여부는 지켜보아야 할 것이다.

한국의 위임장대결에 있어서 KT&G 사례는 한국에서 성공적으로 진행된 위임장대결이지만, 최초로 시도된 것은 아니다. 2005년 두바이Dubai에 소재한 투자회사 소버린글로벌Sovereign Global Investment fund은 한국의 정유사 SK의 회장을 해임하는 것을 시도했다. SK의 회장이 회계부정으로 기소가 된 상태였지만, 이 노력은 무산되고 말았다.[40] 서구의 전문가들은 이에 대해 놀라운 결과라고 말하겠지만, 현실적으로 이는 외부인들을 몰아내겠다는 한국 투자자들의 의지가 나타난 것이라고 할 수 있다.

스틸파트너스와 칼 아이칸의 공동 활동이 전개되면서, 또다른 투자자 집단이 어느 한국 기업에 대한 개입을 확대하기 시작했다. 뉴욕의 라미어스Ramius Capital Group는 약 80억 달러의 운용자산을 보유하고 있으며, 이중 절반은 재간접헤지펀드에 투자되고 있다. 또 회사는 4억 달러를 운용하며 대부분을 저평가된 미국 기업에 투자하는 주주행동주의 헤지펀드, 스타보드 밸류 앤드 오퍼튜니티 펀드Starboard Value and Opportunity Fund를 운용하고 있다.

라미어스의 또다른 사업부인 세이프하버마스터펀드Safe Harbor Master Fund LP는 이벤트투자회사로 나스닥에서 거래되는 한국의 인터넷 게임개발사 그라비티Gravity Company Ltd.의 지분을 보유하고 있다. 이 게임업체의 재무상태에 대해 면밀히 실사를 실시한 후, 라미어스의 관계자들은 그라비티 경영진과 이사들 사이에서 이해가 상충되는 거래가 이루어지고 있으며 이로 인해 소액주주들의 이익이 침해되고 있는 것을 발견했다. 라미어스의 관계자들은 상황을 재검토하고 그라비티 경영진과 만나 문제에 대해 논의한 후, 적절한 조치를 취할 필요가 있다고 판단했다. 라미어스는 또다른 뉴욕의 투자자 문캐피털Moon Capital Management LP과 함께 상당한 규모의 지분을 매집한 뒤, 2006년 3월 그라비티에 대한 스케줄13D 공시를 제출했다. 이후 이들은 다른 투자자들의 지지를 얻기 위한 일환으로 '그라비티소액주주공정대우위원회'를 설치했다.

     이 게임회사에 변화를 유발하는 것은 쉽지 않았다. 라미어스의 타깃 중 하나인 그라비티의 CEO 류일영은 유통주식의 52%를 보유하고 있어, 주주들의 혁명이 효과적으로 이루어질 가능성이 매우 낮았다. 주주행동주의자들은 그라비티의 사외이사들에게 소액주주들을 고려해달라고 간청했으나, 이러한 노력은 받아들여지지 않았다. 라미어스는 그라비티가 개발한 유명 온라인게임의 일본 라이선스를 경매를 통해 매각하거나 해당 사업을 분사하여 관리해야 한다고 주장했다. 그라비티는 이러한 요구를 무시했다. 양측은 상황에 대해 논의하기 위해 만났다. 그라비티의 임원들은 미국을 방문하여 라미어스와 만났고, 라미어스 관계자들은 이후에 한국의 그라비티 관계자들을 방문했지만, 협의를 통해 어떠한 가시적인 성과를 만들지는 못했다.

     제안이 거절되자, 이 두 주주행동주의자들은 소송과 공개적 압력을 활용한 노력을 시작했다. 이들은 그라비티로 하여금 12월에 임시주주총회를 개최할 것을 요구했다. 11월까지 그라비티의 지분을 17.6% 보유한 문캐피털과 라미어스는 그라비티의 CEO 류일영과 그라비티의 투자자들에게 소액주주들은 그라비티의 내부거래를 용납할 수 없다는 내용의 메시지를 전달하기 위한 캠페인을 전개했다.[41] 이들은 합동으로 그라비티의 CEO 류일영을 포함한 임원 2인을 해임하기 위한 노력을 펼쳤다. 만약 이 주주행동주의자들이 나머지 소액주주들의 대부분으로부터 지지를 얻게 된다면, 그라비티의 경영진이 더이상 이들의 목소리를 무시하지 못할 가능성이 높았다.

     이 캠페인은 라미어스의 기대만큼은 성공적이었다. 이들이 보유한 지분을 포함해 약 87%의 소액주주들이 이들의 노력을 지지했다.[42] 일부 한국의 소액주주들이 투표에 참여하지 않았다는 점을 감안하면, 이 결과는 더욱 기울어진 것이었다. 표를 행사한 소액주주들의 97.4%가 라미어스의 제안에 찬성했다. 다시 말해 290만 표가 라미어스의 제안에 찬성한 반면 4,600표만이 이에 반대하고 나머지는 기권한 것이다. 물론 이 집계는 그라비티의 CEO 류일영의 보유 지분이 제외된 계산이다. 결국 12월 26일 그라비티는 투자자들이 현 경영진 유지를 지지한다고 발표했다.[43] 라미어스의 경영에 참여하는 제프리 솔로몬Jeffrey M. Solomon은 "소액주주들이 이렇게 돌아오는 것은 매우 드문 일이다. 이러한 결과는 우리의 활동을 정당화시키며, 이제 우리는 기업이 내부적인 노력을 통해 전체 주주를 위한 가치를 창출할 수 있게 압박해야 한다."라고 말한다.

솔로몬은 그라비티의 상황이 라미어스의 아시아 투자에 있어서 예외적인 사례라고 말한다. 그는 "실제 그라비티의 상황은 과반수의 주주가 소액주주들을 학대하고 있는 형국이다. 대부분 회사들의 상황은 이와 다르다."라고 말한다.

라미어스는 그라비티 외에도 다른 아시아 기업들의 임원진에 간섭한다. 그러나 솔로몬은 대부분의 경우 이러한 노력은 비공개적으로 진행된다고 말한다. 그가 활용하는 전략 중 하나는 임원진과의 브레인스토밍과정을 자극하는 것이라고 한다. 솔로몬은 "우리는 경영진에 직접적으로 개입하여 경영진이 더 좋은 제안을 내놓기를 기대하면서 우리의 의견을 제시한다"라고 말한다.

일본의 계열이든 한국의 재벌 시스템이든 간에, 서로 지분구조가 얽힌 사업들과 이사회에 포진된 내부자들은 모두 전 세계 수백 개 기업들의 가치를 낮게 평가되게 한 요인들이다. 윌리엄 나트보니는 이렇게 서로 지분이 엮여 있는 사업들은 아시아에만 국한된 것이 아니라고 주장한다. 많은 사례에서 볼 수 있듯이, 극동의 사교모임 분위기의 기업문화는 유럽과 미국에서도 발견된다. 유일한 차이점은 최근에 들어서 이러한 국가들의 CEO와 이사회들이 기업가치를 찾아내려는 주주행동주의 투자자들의 영향을 받기 시작했다는 것이다.

캐나다와 전문분야

뉴욕에 소재한 크레센도파트너스의 매니징디렉터이자 주주행동주의 헤지펀드 매니저인 아르노 애들러는 자신이 캐나다에서 주주행동주의자로 활동하는 것을 사랑한다고 말한다.

많은 미국의 주주행동주의자들은 그의 견해에 공감하며, 북쪽에 위치한 이웃국가에 겁을 주기 위해 국경을 넘는 것을 마다하지 않는다. 애들러는 스웨덴이나 영국과 마찬가지로 캐나다에서는 미국보다 주주권리가 더 강하며 그 자체만으로도 캐나다의 저평가 기업에 투자할 인센티브가 될 수 있다고 말한다.

예를 들어 캐나다에서는 5~10% 지분을 보유한 주주들이 특별한 조건 없이 대부분의 기업에 대해 특별주주총회를 소집할 수 있는 권한을 갖는다. 앞서 논의한 바와 같이 미국에서는 일부 기업들만이 주주들에게 임시주주총회를 소집하는 것을 허용하고 있으며, 이들 중에서도 대다수의 경우 갖가지 제약조건을 만들어 이 마저도 어렵게 하고 있다. 또 미국 기업의 약 50% 정도는 이사임기교차제 등을 통해 투자자들의 입김을 줄이려는 반면, 대부분의 캐나다 기업은 매년 이사회 전체가 새롭게 선출된다. 토론토에 소재한 캐나다좋은지배구조연합Canadian Coalition for Good Governance의 윌리엄 매켄지William Mackenzie 이사는 이러한 다양한 요소들에 따라 캐나다 기업들에 대한 주주행동주의 투자자와 일반 주주들의 영향력이 커지게 된다고 말한다. 매켄지는 "미국과 캐나다의 이사회, 임원진, 투자자들을 비교해보면 힘의 균형 측면에서 확연한 차이가 나타난다."라고 말한다.

그러나 캐나다에서도 굳건히 버티는 경영진들의 사례도 볼 수 있다. 캐나다의 200대 대형 상장사 중 약 20%는 차등의결권 제도를 가지고 있다. 이러한 기업은 소유권과 의결권이 분리되어 있다. 일부 기업의 경우 가족이 통제하는 경영진들이 한 주당 500개의 의결권을 갖는 등 차등의결권주식을 보유하여, 소수주주들의 영향력이 거의 없는 수준이다. 미국의 기업 중에도 비록 미국 경제 전체에서 차지하는 비중은 작지만, 이와 같이 임원진의 경영권을 강하게 만드는 전술을 활용하는 기업이 많이 존재한다. 앞서 논의한 바와 같이 차등의결권주식은 많은 유럽 국가에도 존재한다.

토론토의 주주행동주의 펀드인 굿우드는 비공개적인 방법을 통해 주주행동주의를 실행하고 있다. 피터 푸체티 회장과 CEO 캐머런 맥도널드J. Cameron MacDonald가 운용하는 이 펀드는 1996년에 운용자산 300만 달러로 시작되었으며, 2007년에는 운용자산이 60억 달러를 넘어섰다. 설립 시점으로부터 현재까지 굿우드는 수수료 수취 후를 기준으로 연평균 21.3%의 수익률을 기록했다.

　　푸체티는 이 펀드의 절반가량을 주주행동주의 투자에 배분하며, 투자 규모로 상위 대여섯 개 종목들이 총자산의 40~50%를 이룬다고 말한다. 그와 맥도널드는 펀드의 성과를 유지하기 위해, 적대적인 아이디어를 구상하고 관련 지분을 보유하는 전면적인 주주행동주의 펀드를 표방하지는 않기로 결정했다. 푸체티는 "우리는 가치투자펀드를 운용함으로써 언제든지 투자금을 회수할 수 있고, 때로는 주주행동주의 입장을 취할 수 있다는 점에 만족한다. 만약 주주행동주의 투자를 항상 해야 한다면 저평가된 가치가 없는 경우에도 기업들에 서한을 보내야 한다는 압박에 시달렸을 것이다."라고 말한다.

　　뉴저지 몬트베일Montvale에 소재한 대형 슈퍼마켓기업, 그레이트 애틀랜틱Great Atlantic&Pacific Tea Company을 겨냥한 비공개 접근이 진행된 사례가 있다. 굿우드와 그레이트애틀랜틱 CEO 사이의 관계는 3년에 걸쳐 형성되었다. 처음에 푸체티와 맥도널드는 퀀트상 싼 가격이라는 이유로 그레이트애틀랜틱의 지분을 매수했다. 이 주주행동주의 헤지펀드들은 수년간 지분을 보유한 끝에 그레이트애틀랜틱이 보유한 소형 슈퍼마켓체인인 A&P온타리오A&P Ontario가 시장에서 제대로 평가받지 못하고 있다는 것을 알아챘다. 푸체티는 회사가 미국 시장에서 내부적인 문제를 겪고 있었기 때문에 경영진과 이 문제에 대해 이야기하는 것이 쉽지 않았다고 말한다. 그레이트애틀랜틱은 멀리 떨어진 매사추세츠 낸터킷Nantucket이나 온타리오 서드베리Sudbury와 같은 지역에서 연차주주총회를 개최하는 등 주주들과의 소통을 피하기 위해 모든 힘을 다하고 있었다.

푸체티는 그레이트애틀랜틱의 경영진에 서한을 보내고 이들과 만나기 시작하며 A&P온타리오가 캐나다 시장점유율은 15%에 불과하지만, 노바스코샤Nova Scotia의 소비스Sobeys Inc.와 몬트리올의 메트로Metro Inc.와 같은 캐나다의 중형 슈퍼마켓체인들에게 매력적인 인수대상이 될 것이라고 강조했다. 이들 슈퍼마켓체인들은 전국적인 체인인 온타리오 브램톤Brampton에 소재한 로브로Loblaw Companies Inc.와 보다 효과적으로 경쟁하기 위해 덩치를 키우고자 노력하고 있었다. 푸체티는 그레이트애틀랜틱이 A&P온타리오를 매각하도록 하기 위해 A&P온타리오가 캐나다 시장을 잠식하고 있는 월마트와 경쟁하기 어렵다는 점을 피력했다고 말한다. 2005년 7월 그레이트애틀랜틱은 결국 236개의 매장을 가지고 있는 A&P온타리오를 메트로에 15억 달러에 매각하였다.44 푸체티는 이 인수과정에서 평가된 자산가치가 미국의 애널리스트들이 예상한 6억~10억 달러보다 훨씬 높은 수준이었다고 말한다. 푸체티는 "이 과정에서 위임장대결이나 공개적인 압력은 진행되지 않았다. 이 모든 것들은 비공개적으로 진행되었다. 모든 논의는 자산 매각의 최적의 타이밍에 대한 합리적인 대화에 초점이 맞춰졌다."라고 말한다.

그레이트애틀랜틱에 대한 굿우드의 노력은 여기에서 멈추지 않았다. A&P온타리오 매각이 끝난 후, 푸체티는 그레이트애틀랜틱 이사회로 하여금 또다른 슈퍼마켓체인 패스마크Pathmark Stores Inc.와 합병해야 한다고 설득하기 시작했다. 수개월간의 소문 끝에 2007년 3월 패스마크와 그레이트애틀랜틱은 13억 달러 규모의 딜을 체결했다. 푸체티는 그레이트애틀랜틱의 CEO 에릭 클로스Eric Claus가 딜이 체결되기 전 자신에게 그레이트애틀랜틱 이사회에 패스마크와의 합병에 따른 이득을 정리한 서한을 써줄 것을 요청했다고 말한다. 푸체티는 "우리는 경영진과 좋은 관계를 유지하고 있었다. 클로스가 나에게 서한을 써달라고 요청한 사실은 우리의 굳건한 관계를 증명한다."라고 말한다.

굿우드가 그레이트애틀랜틱에 대해 펼친 노력은 주주행동주의자와 임원들이 경우에 따라 협력할 수 있다는 것을 보여주었다. 임원들이 종종 이사회에 특정 조치를 취할 것을 설득하려 해도, 이사들과 다른 주주들은 이 임원들의 설득에 반응하지 않을 수 있다. 반면 경영진의 목표에 동의하는 대형 투자자는 CEO의 캠페인에 힘이 될 수 있다. 굿우드는 2003년 평균적으로 주당 약 8달러에 그레이트애틀랜틱 지분을 매수했다. 그레이트애틀랜틱의 주가는 이후에 합병 가능성에 대한 뉴스가 나오자 37달러까지 치솟았다. 패스마크와 합병이 체결되기 전, 그레이트애틀랜틱은 주주들에게 상당한 규모의 배당을 실시하였고 이는 굿우드에게도 수익을 안겨주었다.

때로 굿우드 경영진은 자신들의 걱정거리를 더이상 숨기지 않고 공개해야 하는 경우가 있다. 그러나 그러기 위해서는 미국으로부터의 섬세한 도움과 신뢰할 만한 동맹군이 필요했다. 프린팅산업 디지털 장비 공급업체, 크레오Creo Inc.는 한때 산업 내에서 전문성으로 인해 시장점유율이 100%에 달했다. 이 같은 특성은 굿우드가 투자를 고려할 때 활용하는 기준에 속하는 '높은 진입장벽'이라는 범주에 해당했다. 굿우드는 공개적 캠페인이 필요할 것이라는 예상을 하지 않은 채 크레오의 지분을 매수했다. 그러나 크레오의 시장점유율이 떨어지기 시작했다. 크레오는 이익을 개선하고자, 프린팅산업에서 플레이트plate 제품을 생산하는 것을 포함한, 자본집약적인 팽창전략을 고려하기 시작했다.

브리티시컬럼비아에 소재한 버나비Burnaby는 디지털프린팅장비를 새로운 플레이트 제품과 함께 판매하고 싶어했다. 그러나 푸체티는 크레오가 후지Fuji, 이스트만코닥Eastman Kodak, 아그파Agfa 등 플레이트 생산 산업의 총 점유율이 92%에 달하는 이 세 개의 기업들과 경쟁하기 매우 어려울 것으로 믿었다. 푸체티는 "우리는 새로운 전략이 상황을 개선할 수 있을지에 대해 우려했다"라고 말한다.

이때 이들은 크레오에 대해 공개적 압력을 행사하고 위임장대결을 전개하여 더 큰 기업에 스스로를 경매 매각하도록 할 계획을 세웠다. 그러나 굿우드는 신뢰할 만하고 이러한 계획에 대한 성공 경험이 있는 동맹군이 필요했다. 공개적 압박 캠페인을 넘어서서 주주기반을 동원할 수 있는 누군가가 필요했다. 푸체티는 굿우드가 당시 이러한 공개적 주주행동주의활동 경험이 부족했기 때문에, 동맹세력이 필요했다고 말한다. 그러나 신뢰할 만한 조력자를 찾는 것은 시간이 필요했다. 푸체티와 맥도널드는 약 1년 동안 압력과 위임장대결을 직접 성공적으로 완수한 경험이 있는 다수의 주주행동주의자들에 접근을 시도했다. 굿우드는 이들 중 한 명이 크레오를 상대로 주도적으로 주주행동주의 캠페인을 전개해주기를 기대했다. 크레센도의 주주행동주의자 에릭 로젠펠드는 푸체티를 만나기 위해 토론토를 방문했지만, 크레오를 겨냥해 캠페인을 주도하기에는 너무 바빴거나 관심이 없었다.

푸체티와 맥도널드는 서로 안면이 있으며, 자기 자신이 직접 성공적인 기업 개선 프로젝트를 주도한 일련의 경험이 있는 미국의 주주행동주의 투자자 로버트 버턴Robert G. Burton Jr.을 소개받았다. 2000년에서 2002년까지 버턴은 어려움을 겪고 있던 캐나다의 프린팅기업 무어Moore Corporation가 가지고 있던 다수의 문제를 해결했다. 1991년부터 1999년까지 버턴은 뉴욕의 바이아웃전문업체 KKR의 포트폴리오에 편입되어 있던 월드컬러프레스World Color Press Inc.를 운영했다.[45] 푸체티는 버턴이 헤지펀드의 요람인 코네티컷 그리니치에 소재한 투자회사 버턴캐피털Burton Capital Management LLC을 운영하면서 준準 은퇴 상태에 있다는 것을 알게 되었다. 처음 연락한 지 일주일이 채 지나지 않아서 버턴이 참여하기 시작했다. 크레센도는 버턴과 함께 전면적인 개입을 공개하고 기업 개선 작업에 돌입했다. 이들은 2004년 10월 '합동 스케줄13D'를 제출하고, 이사회를 축출하기 위한 위임장대결을 시작했다. 2005년 10월 압박에 못 이긴 크레오는 이스트만코닥에 9억 8,000만 달러, 주당 16.50달러에 매각되었다.[46] 이 매각가격은 굿우드가 위임장대결을 전개하기 직전 대량으로 지분을 인수할 때 지불했던 가격의 약 두 배 수준이었다.

　　푸체티는 성공적인 매각에 대한 공을 버턴에게 돌리며 그가 기존의 주주를 비롯해 위임장대결이 시작된 뒤 지분인수에 참여한 다른 주주행동주의 투자자들의 신뢰를 산 것이 큰 역할을 했다고 말한다. 푸체티는 합동 스케줄13D가 제출되고 한 달 이내에 약 70%의 표가 뒤집혔다고 말한다. 푸체티는 "스케줄13D 공시를 제출하고 투자자들의 신뢰를 얻는다면, 매각에 관심을 가지는 주주기반을 동원함에 있어서 큰 차이를 만들어낼 수 있다."라고 말한다.

　　푸체티는 이 같은 위임장대결에서 승산이 충분히 높지 않은 경우, 부담해야 할 위험은 매우 높아진다고 말한다. 이러한 노력에 소요되는 법적 비용은 상당하며 굿우드와 버턴의 경우 약 70만 달러를 나누어 지불했다.

크레오에 대해 성공을 거둔 후 버턴은 굿우드에게 프린팅산업에서 또다른 기회에 참여할 것을 요청했다. 이 두 그룹은 2005년 다시 힘을 합쳐 콜로라도 이글우드Colorado Englewood에 소재한 상업용 인쇄회사 켄베오Cenveo Inc.에 대해 변화를 촉구했다. 버턴과 굿우드는 9.6%의 지분을 인수하고, 2005년 4월 스케줄13D 공시를 제출했다. 버턴은 지분공시와 함께 켄베오 이사회에 자신을 이사회 의장 겸 CEO로 임명할 것을 요구하는 내용의 서한을 보냈다. 9월 켄베오는 마지못해 하면서, 버턴을 이사회에 영입하고 CEO로 임명하는 것에 동의했다.[47] 푸체티는 이 같은 노력이 성공한 주요 이유로 버턴이 직접 기업을 운영하는 것을 바라는 투자자들의 신뢰를 얻어낸 그의 능력을 꼽았다.

캐나다에서 발생하는 다른 주주행동주의 캠페인 중에도 성공한 사례들이 있지만, 대다수의 경우 크레오의 경우와 같이 미국의 주주행동주의자들의 지원을 필요로 한다. 토론토의 엔터프라이즈캐피털Enterprise Capital Management Inc.과 뉴욕의 크레센도를 포함한 미국과 캐나다의 주주행동주의자들은 연합하여 L-3커뮤니케이션즈L-3 Communications Holdings Inc.에 스파에어로스페이스Spar Aerospace Ltd.가 매각되도록 압박했다. 미국의 하이필즈Highfields Capital Management LP는 캐나다의 몰슨Molson Inc.과 미국의 아돌프쿠어스Adolph Coors Company의 합병을 저지하기 위해 다른 투자자들과 세력을 합쳤다(이 노력은 실패로 돌아갔다).[48] 2006년 하이필즈는 그레이트캐나디안게이밍컴퍼니Great Canadian Gaming Company의 CEO 로스 맥리언Ross McLeon에 주식을 매각한 것을 항의했다.[49]

지역 통신사업자 마니토바텔레콤Manitoba Telecom Services Inc.을 겨

냥한 캠페인은 2004년 발생했다. 엔터프라이즈캐피털은 보스턴의 하이필즈캐피털과 같은 미국의 투자자들을 포함한 주주행동주의활동을 이끌었다. 이 주주 캠페인은 마니토바텔레콤으로 하여금 세금혜택을 통해 주주가치를 향상시킬 수 있도록 신탁회사 형태로 전환할 것을 요구했다. 마니토바텔레콤은 이 계획을 실행에 옮길 가능성을 내비쳤으나, 이후 방향을 전환해 토론토에 소재한 통신사 올스트림Allstream Inc.을 인수하기로 했다.[50]

일본이나 한국의 기업들을 겨냥하는 워런 리히텐슈타인이나 캐나다 기업들에 변화를 요구하는 에릭 로젠펠드나 분명한 것이 하나 있다. 미국의 주주행동주의자들이 활동범위를 아시아, 유럽, 캐나다 등으로 확대하고 있다는 것이다. 이는 다른 국가에서는 자생적인 주주행동주의가 존재하지 않는다는 것을 말하고자 하는 것이 아니다. 스웨덴 세비안의 뵈르베리와 캐나다 굿우드의 푸체티는 각 나라에서 자생한 주주행동주의의 예시이다. 본국을 벗어나 다른 국가로 모험하는 미국의 주주행동주의자들은 자신들의 노력이 제대로 작동하기 위해서는 지역적 전문성이 필요하며 반대의 경우도 마찬가지라는 점을 깨닫고 있다. 굿우드의 주주행동주의 노력은 코네티컷의 버턴과 합쳐져 성공적인 주주성과를 이루어냈다. 뉴욕의 리히텐슈타인에게는 한국의 KT&G에 대해 주주행동주의 전략에 큰 도움이 된 지역전문가가 있었다.

모든 경우에 외국인 투자자가 성공하거나, 최소한 무엇이 잘못되었는지 알기 위해서는 해당 국가의 관습, 문화, 법률 등에 대한 일정한 이해가 필수적이다. 그러나 초국적 협력사례들은 전 세계에서 주주행동주의가 새로운 길을 걷게 하는 다국적 파트너십이 증가하고 있다는 것을 가리킨다.

　　일부 주주행동주의자들은 부분적으로 해당 국가의 주주친화적인 법적 환경을 인용하며 자신들의 해외진출을 정당화한다. 캐나다나 스웨덴과 같이 영국의 주요 투자자들은 특별주주총회를 소집하여 자신들의 의제를 가지고 기업을 압박할 수 있다. 영국은 CEO 보수 체계에 대해 '조언적 투표'를 행사하는 것이 허용되어 있다. 예일 대학교Yale University 경영대학원School of Management의 스티븐 데이비스Stephen Davis 특별 연구원에 따르면, 영국 기업들은 이러한 투표로 인해 기업의 평판이 나빠지는 것을 매우 염려하기 때문에 주주들과 임원 보수나 기타 사안에 대해 비공개적으로 논의할 의지를 가지고 있다. 주주권리단체들과 일부 미국의 국회의원들은 런던에서 효과적인 제도라면 미국에서도 그러해야 한다고 주장하며, 임원 보수와 관련해 이와 유사한 '조언적 투표' 제도를 미국에 도입할 방안을 모색하고 있다. 그러나 기업단체들은 미국과 영국에는 기업지배구조에 대한 접근법에 영향을 미치는 각각의 고유한 속성이 있기 때문에, 양국의 시스템을 비교하는 것이 불가능하다고 말한다. 한 예로 기업을 상대로 주주들이 집단소송을 제기함에 있어 미국의 투자자들이 영국의 투자자들보다 더 높은 유연성을 가진다는 것이다.

　　그러나 이러한 국가들의 기업과의 비공개적인 논의과정에서 주주들의 영향력이 커진 것은 '조언적 투표' 제도의 결과이며, 다른 주주친화적인 규제들 역시 간과해서는 안 된다. 캐나다와 스웨덴에서는 상당한 규모의 주주행동주의활동이 기업 이사회나 전화를 통해 비공개적으로 진행된다. 이들 국가에서는 해당 기업의 CEO에게 특정 투자자가 자동적으로 임시주주총회를 개최할 수 있다는 것을 인식시키는 것만으로도 CEO가 주주들의 목소리를 듣게 하기에 충분하다.

와이저–프랫과 같은 다른 주주행동주의자들은 독일이나 프랑스와 같이 상대적으로 덜 주주친화적인 국가들에는 투자할 만한 타깃으로 가득하다고 주장한다. 와이저–프랫은 이 국가들이 적절한 지배구조 규정을 가지고 있기 않기 때문에 저평가 기업들이 나타나고, 주주행동주의자들만이 이들의 참된 가치를 세상에 드러나게 할 수 있다고 주장한다. 스웨덴의 주주행동주의자 푀르베리는 북유럽 국가들의 투자자친화적 규제환경에도 불구하고, 그 자신은 북유럽의 전통적인 소극적 투자자 계층이 여전히 두텁게 존재하기 때문에 다른 유럽국가들처럼 많은 기업들이 매우 저평가된 상태가 유지된다고 믿고 있다. 따라서 북유럽의 주주행동주의자들에게는 와이저–프랫의 유럽 대륙적 환경과 마찬가지로, 기업의 가치를 드러낼 수 있는 기회가 많다. 푀르베리는 북유럽에도 다른 유럽과 마찬가지로 뒤처진 지배구조와 형편없는 기업 경영의 사례가 만연하다고 말한다. 푀르베리는 "주주행동주의자들이 기업들에 영향을 미치기 위해 활용할 수 있는 도구들은 준비가 되어 있을지라도, 필요한 역량이나 재무적 자료, 권한 등을 모두 갖춘 투자자들이 드물기 때문에 대부분의 경우 이러한 기회를 잡지 못한다."라고 말한다.

라미어스의 솔로몬은 미국 외 지역에서 투자대상을 사냥할 때에는 기업지배구조가 주주행동주의자들이 고려해야 할 주요 요소라고 믿는다. 그는 이사회 개혁을 압박하려는 주주행동주의 투자자들이 한국이나 일본 등의 지역에서 신뢰를 얻는 데 도움을 준다며, 엔론 사태 이후 새롭게 나타난 기업지배구조 규정을 반긴다. 솔로몬은 다른 국가들이 미국에서 이사회 독립성이 제대로 작동한다는 것을 확인한다면, 다른 이들도 각자의 국가에서 이와 관련된 아이디어를 갖게 될 것이라고 말한다. 솔로몬은 "세계가 작아지고 있다. 한 국가가 기업지배구조를 개선하면 투자자들은 그곳으로 몰린다."라고 말한다.

2007년 S&P가 인도India의 신용등급을 BBB-로 상향조정한 이후로 국제 기관투자자들은 인도 채권에 투자하기 시작할 가능성이 있다.[51] 솔로몬은 인도의 금융시장이 개선됨으로써 투자자들이 다른 국가들에서 자산을 회수하게 될 것이라고 주장한다. 투자자들은 투자금을 환수하기 전에 여러 가지 요소 중에서 이사회 독립성을 고려할 것이다. 그는 "세계 금융시장은 오늘날 서로 영향을 미친다. 우리의 역할은 임원들, 이사들과 대화하여 우리가 주주의 다수 의견을 대변한다는 점을 명확히 하는 것이다."라고 말한다.

전투를 갈구하는 적대적 투자자들이 모험을 떠날 수 있는 마지막 남은 거대한 투자지인 이머징마켓은 이러한 새로운 국제 금융시장의 한 부분을 구성한다. 다음 장은 중국과 러시아와 같이 투자자들에게 친화적이지 않을 뿐만 아니라 적대적이기까지 한 국가들에 진출하여 현지 기업들에 대해 주식가치 향상을 촉구하는 주주행동주의자들에 대해서 다룰 것이다. 대부분의 경우 이들은 극복하기 어려운 문제에 봉착한다.

21장

동과 서가 만나다:
헤지 주주행동주의, 글로벌에서 신흥국으로 가다

미국의 매리어트코트야드Marriott Courtyard나 레드루프인Red Roof Inn에 비유할 수 있는 중국의 호텔체인인 진지앙Jin Jiang International은 최근 프라이드치킨 사업에 착수했다.

이 호텔체인의 매니저들은 중국에 KFC 프랜차이즈를 설립하기로 결정했다. 사업성도 좋고 프라이드치킨 판매는 잘되고 있으며, 진지앙은 현재 중국 전역에 150~200개의 KFC 프랜차이즈 매장을 보유하고 있다.

주주행동주의 헤지펀드 마르코폴로퓨어차이나펀드Marco Polo Pure China Fund의 에런 보에스키Aaron Boesky 이사의 경우를 살펴보자. 홍콩에서 활동하는 보에스키는 중국의 선전증권거래소Shenzhen Stock Exchange와 상하이증권거래소Shanghai Stock Exchange에 상장된 주식에 투자한다. 진지앙과 중국 시장을 면밀히 검토한 보에스키와 그의 투자팀은 수익성 예측에 기초하여 진지앙이 KFC에 더 많은 투자금을 할당하고 호텔사업에 대한 투자를 줄이도록 장려했다. 보에스키는 "KFC의 매출이익률이 호텔사업보다 높은 것을 확인했다. 우리는 진지앙으로 하여금 KFC에 더 많은 자금을 투자하도록 압박했다."라고 말한다.

보에스키가 진지앙에 제시한 조언은 마르코폴로퓨어차이나펀드의 매니저들이 포트폴리오 기업들에게 제공하는 전형적인 사업분석과 제안사항이다. 베이징국제관계대학Beijing Foreign Affairs College에서 언어학과 경제학을 전공한 보에스키는 중국어에 능통하며, 2001년부터 변화하는 중국 시장을 이해하는 데 에너지를 집중해오고 있다.

마르코폴로퓨어차이나펀드는 약 5,000만 달러의 자산을 운용하며, 높은 수익률을 기록해오고 있다. 보에스키는 자신의 성공 요인으로 잘 알려지지 않은 중국 기업들에 대해 사전검토를 진행하고 이들에게 국제적인 사업기회와 서구의 전략을 제공하는 것을 꼽았다. 그는 마르코폴로의 방식이 자신의 사촌인 이반 보에스키Ivan Boesky와는 아무런 관련이 없다고 말한다. 내부자거래로 10년형을 선고받은 이반 보에스키는 1980년대 스타일의 자본주의 극단을 보여줬다.[1]

마르코폴로펀드는 중국 기업들과 협력하고 이들에게 국제통상과 소통의 가능성을 제공하는 새로운 전략을 대표한다. 현재까지 이 펀드에게는 유사한 경쟁자들이 별로 없다. 외국인 지분보유한도로 인해 상하이 시장의 1% 정도만 외국인들이 보유하고 있다. 마르코폴로펀드는 종종 포트폴리오 기업의 최초 외국인 투자자가 되기도 하는데, 이는 다른 서구 투자자들이 의지와 역량을 가지고 투자에 참여하기 전에 먼저 상황을 알려준다는 점에서 마치 '광산 속에서 유독가스가 발생하고 있음을 알려주는 카나리아 새'처럼 앞으로 다가올 미래를 암시하는 역할을 한다. 그러나 변동성이 심한 중국의 사업환경으로 인해 이 전략은 매우 위험하다.

이러한 위험에도 불구하고, 투자를 실행하는 투자자들도 있다. 중국의 외국인 지분소유 규제는 완화될 것이고 이에 따라 더 많은 서구의 투자자들이 중국 금융시장으로 몰려들 것으로 전망한다. 그렇게 되면 1986년과 1990년 사이 대만 주식시장에서 300% 이상의 상승폭을 기록했던 것과 같이 기록적인 상승률을 낮게 할 정도로 외국인 자금이 넘쳐날 것이다. 보에스키는 상하이증권거래소 상장사들을 자신의 경쟁자들이 주목하는 미국의 저평가 소형주 기업들과 비교한다. 보에스키는 "기업의 경영진과 만날 의향이 있는 사람들이 기회를 활용할 수 있는 비효율적 가격형성 현상이 심각하다"라고 말한다.

에런 보에스키의 마르코폴로퓨어차이나펀드는 때로는 이해하기 어렵고 불투명한 경제시스템을 가진 국제시장에 진출하는 주주행동주의 현상을 반영한다. 대부분의 주주행동주의 투자자들은 전통적으로 자신들이 법률과 산업 문화를 잘 이해하는 기업에 집중하며 미국 시장에 머문다. 그러나 최근 국제적인 이동과 커뮤니케이션 비용이 낮아지면서, 미국의 주주행동주의자들은 더욱 먼 곳까지 모험을 단행하고 있다.

우리는 21장에서 이들이 유럽과 아시아의 기업들을 상대하는 것을 살펴보았다. 보에스키와 같은 이들은 새로운 기회들을 명확하게 파악하려 한다. 이러한 미국 주주행동주의자 세대의 일부는 시장수익률을 초과하는 알파를 얻을 수 있는지 알아보기 위해 중국, 러시아 등의 국가로 사업을 이동하고 있다. 보에스키는 마르코폴로를 설립하기 전에 미시간Michigan에서 가족의 투자펀드를 운용했다. 그러나 새로운 전망에 대한 소명은 그를 새로운 길로 인도했다. 뉴욕에 소재한 태넌바움 헬펀 시러큐스&허쉬트리트Tannenbaum Helpern Syracuse&Hirschtritt LLP의 마이클 태넌바움Michael Tannenbaum 파트너는 "주주행동주의 펀드들이 새로운 기회와 높은 수익률을 위해 미국 이외의 지역에 눈을 돌리고 있다. 이들은 비효율성이 높은 해외 시장에서 기회를 모색한다."라고 말한다.

미국 주주행동주의자들이 자신들의 역량을 활용해 다른 국가들을 공략하는 현상은 해당 국가의 투자자들로 하여금 직접 주주행동주의를 실천하도록 유도한다. 한때는 미국과 영국에서 특별한 현상이었던 주주행동주의는 이제 이들 국가에만 국한되지 않는다. 뉴욕에 소재한 캐튼무친로젠먼의 윌리엄 나트보니 파트너는 "주주행동주의의 원칙은 미국에서 시작된 것이며 이에 익숙하지 않은 국가들에도 주주행동주의가 퍼지고 있다"라고 말한다.

그러나 모든 사람이 중국과 같은 곳에서 주주행동주의자가 될 준비가 되어 있는 것은 아니다. 적합한 배경, 교육, 에너지를 갖춘 특수한 조건을 갖추어야 이머징마켓에서 성공적으로 주주행동주의 투자를 실행할 수 있다. 이를 위해 필요한 특성으로는 이머징마켓과 그 규제 및 투자 환경에 대해 남들이 알지 못하는 특별한 정보, 그리고 현지 네트워

행동주의 투자 전략

크와의 관계 등이 포함된다. 그러나 서구적인 배경과 금융에 대한 학습 또한 당연히 요구된다. 이렇게 '동과 서의 만남을 주도하는' 주주행동주의자들이 일반적으로 가장 성공적이다. 뉴욕에 소재한 올스턴&버드의 팀 셀비 파트너는 "투자계는 일반적으로 이머징마켓에 대해 잘 알지 못한다. 이러한 시장에서 현명한 투자결정을 내릴 수 있는 이들은 많지 않다."라고 말한다.

일반적으로 주주행동주의의 타깃이 되지 않는 국가에서 특별한 투자기회를 찾아내는 것은 해당 투자자가 미국의 경쟁자들이 얻는 수익과는 상관관계가 낮은 수익률을 얻을 수 있는 가능성을 높여준다. 다른 펀드들과 차별화된 방식으로 좋은 수익을 낼 수 있다는 장점이 이러한 글로벌 주주행동주의 추세를 이끌고 있다. 구소련 국가들에서 주주행동주의를 통해 수익을 도모하는 것은 특색 있는 투자를 찾는 재간접헤지펀드의 자금을 유치하는 데 도움이 될 뿐만 아니라, 포화 상태에 이른 미국 시장을 피하려는 투자자들과 직접적인 관계를 형성하는 데 도움이 된다. 반면에 투자자들은 이머징마켓에 대해서 잘 알지 못하기 때문에 이러한 시장에서 활동하는 주주행동주의자들에게 투자를 함으로써 예상되는 위험과 수익에 대해 판단을 유보할 수 있다. 반면 셀비는 "미국의 주주행동주의 펀드에 투자하고자 하는 투자자들도 아직 많기 때문에, 이머징마켓의 주주행동주의 펀드에 투자하고자 하는 투자자들은 그렇게 많지 않다."라고 말한다.

그러나 이러한 주주행동주의자들을 믿고 자산을 투자하려는 투자자들은 이머징마켓의 혼란이 오히려 기회가 된다는 점을 인정한다. 러시아, 중국 등의 많은 이머징마켓 국가들은 법률체계가 모호하고 제기능을 하지 못할 뿐만 아니라, 국제 리서치 및 분석 기업들이 다루지 않기 때문에 시장은 자연적으로 비효율적일 수밖에 없다. 이러한 국가들에서는 미국에서는 찾아보기 힘든 저평가 기업들이 양산된다. 셀비는 깊이 파고들어 이머징마켓의 기업에 대해 진정으로 이해하는 현명한 투자자들은 러시아에서 차세대 마이크로소프트를 발굴해 낼 이들이라고 말한다.

이러한 시장에서 기업들을 개선하고 이들의 숨은 가치를 드러내는 것에 적극적으로 개입하는 것은 어려운 일이며, 때로는 위험할 수도 있다. 어떤 시장에서는 기업가치 개선을 위한 해당 작업이 부패와 절도가 기승을 부리는 곳에서 찔끔대는 것에 불과할 수 있기 때문에, 가장 용기 있는 일부 주주행동주의자들만이 주주행동주의를 실천하고 있을 것이다. 주주행동주의 전략은 법률과 규제체계의 효율성에 좌우된다. 개발도상국에서는 이러한 체계가 자리잡고 있지 않기 때문에, 주주행동주의자의 노력이 실패할 위험성이 높다. 일부 시장에서는 경제 전체가 무너질 가능성도 존재한다.

예를 들어, 러시아에서 주주행동주의 헤지펀드 허미티지Hermitage Capital Management Ltd.는 소수의 에너지 기업들에 대해 내부거래를 청산하고 전체 주주들의 이익을 위해 활동하도록 압박하고 있다. 운용자산 40억 달러와 11년의 역사를 가진 이 펀드는 러시아에서 '좋은 기업지배구조에 대한 선도적인 대변자'라고 자칭한다. 이 펀드의 매니저들은 기업에 변화를 압박하기 위해 소송과 서구 스타일의 위임장대결이라는 두 가지 주주행동주의 방식을 활용한다. 하지만 이들의 행동은 강력한 반발을 불러일으켰다. 허미티지를 설립한 영국의 윌리엄 브로더William

행동주의 투자 전략

Browder는 국가안보에 위협이 된다는 평가에 의해 러시아로 돌아오는 것이 금지되었다. 자신의 펀드가 투자하는 기업들의 부패와 기업지배구조 문제를 브로더가 세상에 드러나게 한다는 점으로 인해 그의 비자는 거절당했다.[2]

브로더가 추방되자, 존 매케인John McCain과 빌 프리스트Bill Frist를 포함한 다수의 유명 미국 상원의원들이 부시 대통령에게 서한을 보내어 러시아 정부가 이에 대해 충분한 설명을 해야 한다고 주장했음에도 불구하고, 브로더는 여전히 런던에서 비공개적으로 허미티지를 운영하고 있다.[3] 이 서한은 2006년 7월 세인트피터스버그St. Petersburg에서 개최된 G8정상회담 이전에 부시 대통령에게 전달되었다. 같은 달, 러시아 대통령 블라디미르 푸틴Vladimir Putin은 왜 러시아에서 브로더의 입국이 금지되었는지 알지 못한다며 아마도 그가 러시아의 법규를 위반한 것이 아니냐고 덧붙였다.[4]

한편 모스크바의 허미티지는 업무로 인해 바쁜 일상을 보낸다. 펀드매니저인 세르게이 암바르추모프Sergei Ambartsumov는 펀드를 운용하는 다른 매니저들과 함께 러시아의 에너지공룡 가스프롬OAO Gazprom의 문제를 파악하고 변화를 일으키려 한다. 많은 러시아 주주행동주의 투자자들과 마찬가지로, 암바르추모프는 러시아와 서구의 경험을 배경으로 하고 있다. 그는 런던 정경대London School of Economics에서 회계와 재무를 공부했으며, 이후에 모스크바에서 뱅크오브인베스트먼트&노베이션Bank of Investment&Novations과 알파뱅크Alfa-Bank 등에서 성공적인 커리어를 이어갔다. 이 모든 요소들은 그가 오늘날 주주행동주의 투자자가 되기까지 많은 영향을 미쳤다. 2001년 허미티지에 합류한 암바르추모프는 국제적으로 러시아에서의 부패를 조명한다면 이 문제가 개선될 수 있을 것이라고 말한다.

정치커뮤니케이션 컨설팅기업 헨딘컨설턴츠Hendin Consultants의 로스 헨딘Ross Hendin은 허미티지 이외에도 언론의 관심을 유도하여 러시아의 부패 문제를 해소하기 위해 노력하는 이들이 있다고 강조한다. 헨딘은 전前 유코스오일Yukos Oil CEO인 미하일 호도르콥스키Mikhail Khodorkovsky가 러시아의 부패한 사업문화에도 불구하고 투명한 기업이 어떻게 성공적일 수 있는지를 예시를 통해 보여줌으로써, 러시아의 부패에 대해 조명하기 위해 노력했다고 주장한다. 헨딘은 호도르코프스키가 유코스오일의 CEO직을 맡던 당시 서구의 회계기준과 투명성 요건을 충족하기 위한 장치를 도입했다고 말한다. 그러나 그뒤 유코스오일은 파산신청을 했으며, 호도르코프스키는 시베리아의 수형소에서 탈세혐의로 8년형을 살고 있다. 유코스오일의 주주들은 8년이라는 형량은 그의 정치적 야욕에 대한 형벌이라고 믿는다. 파산한 유코스오일의 자산은 그후 다양한 인수자들에 매각되었다.[5]

허미티지는 수년간 가스프롬 이사회에 자신들의 이사후보를 선출하려 시도했으나 실패했다. 러시아에서 주주가 자신의 이사후보를 지명하기 위해서는 발행된 보통주의 2% 이상을 보유해야 한다. 그리고 이사로 선출되기 위해서는 7.7%의 표를 얻어야 한다. 2006년 허미티지는 이러한 최소 요건보다 살짝 낮은 5%의 지지표를 얻었다.

허미티지의 매니저들은 자신들의 이사후보들에 대한 투자자들의 지지를 얻기 위해 매년 가스프롬에 대한 리서치 발표를 기관투자자들에게 제공한다. 허미티지 관계자들은 위임장대결에서는 실패하더라도, 가스프롬의 비효율에 대해 대중의 관심과 조사를 유발하고 경영진으로 하여금 허미티지와 같은 소수주주들을 포함한 전체 주주의 이익을 위해 최선을 다하도록 압박해야 한다고 믿는다. 이러한 노력은 가스프롬의 지분을 보유한 정부가 가스프롬 내부에서 어떤 일이 일어나고 있는지 이해하게 만든다. 암바르추모프는 가스프롬의 이사회에서 활동하는 정부 관계자들이 어느 정도 감독기능을 수행하기도 하지만, 일반적으로 기업의 모든 사업계획에 대한 충분한 분석과 실사를 할 수 있는 자원이나 역량은 부족하다고 말한다.

예를 들어 2005년 가스프롬은 새로운 파이프라인 건설에 대한 계획을 발표했다. 해당 프로젝트가 진행되는 가운데, 허미티지의 애널리스트들은 가스프롬이 예상을 넘는 막대한 규모의 자금을 이 파이프라인 공사에 투입하려고 계획하고 있다는 것을 알게 되었다. 허미티지는 이 문제에 대해 우려를 표명했고, 같은 해 이사선출과 관련한 캠페인에서 이를 다루었다. 암바르추모프는 가스프롬이 이러한 공개적 캠페인에 대해 반응하며 비용 예상치를 다시 산정했고, 보다 합리적인 수준의 예상치를 발표했다고 말한다. 이러한 노력은 허미티지 전략의 일환으로, 공개적 매체를 활용한 캠페인을 통해 외부로부터 압력을 가하는 방법을 활용한 것이다. 2006년 가스프롬의 이사선출투표에서 소수주주들은 가스프롬 지분의 15~20%만 매수할 수 있었다. 그러나 이는 외국인 투자자들의 목소리가 더욱 커질 수 있음을 의미했다. 가스프롬은 소유구조를 자유화하여 더 많은 외국인 투자자들이 지분에 참여할 수 있게 했다. 암바르추모프는 가스프롬에 대한 지분참여가 좀더 자유로워지고 외국인 주주들이 표를 행사할 수 있다는 점으로 인해, 허미티지가 2007

년에 가스프롬 이사회 의석확보를 위해 또다시 위임장대결을 전개할 것으로 기대했다고 말한다. 그러나 러시아 정부가 2월에 허가한 이사후보 지명자 명단에는 허미티지가 지명한 이사후보들이 포함되어 있지 않았다.[6] 이 명단은 크렘린Klemlin의 지지를 받는 후보자들만 나열하고 있었다.[7]

허미티지는 시베리아에 소재한 석유가스기업 수르구트네프테가스OAO Surgutneftegas에 대해서는 다른 방식으로 접근했다. 허미티지는 초기에 위임장대결이 효과적이지 않을 것이라는 결론을 내렸다. 수르구트네프테가스 경영진은 외부로부터 오는 모든 영향에 대해 반대표를 행사할 것이 분명했다. 보통주의 60~70%를 임원진이 보유하고 있었기 때문에 외부의 사외이사후보가 선출되는 것은 불가능했다. 허미티지는 시장에서 저평가되었다고 믿는 이 기업에 대해 소송 전략을 활용하기로 결정했다.

허미티지는 기관투자자들에게 전달한 프레젠테이션 자료에서 수르구트네프테가스가 2003년부터 2005년까지 가스프롬이나 루크오일Lukoil과 같은 러시아의 다른 경쟁사들에 비해 낮은 성과를 내고 있다고 강조했다. 이 프레젠테이션은 부진한 경영성과의 이유 중 하나로 이 기업을 러시아에서 가장 주주친화적이지 않은 기업 중 하나로 만들고 있는 CEO 블라디미르 보그다노프Vladimir Bogdanov를 꼽았다.[8] 이 프레젠테이션은 또 2002년 수르구트네프테가스가 많은 러시아 기업들이 외국인 투자자들에게 해당 기업이 국제표준을 따른다는 것을 확인시키기 위해 채택하는 서구의 회계기준인 GAAP를 활용한 재무보고서 작성을 중단했다는 점을 지적했다.[9] 또한 수르구트네프테가스는 2002년 국제

행동주의 투자 전략

적으로 널리 알려진 감사를 활용하는 것을 중단했다. 한편 수르구트네 프테가스는 막대한 현금을 사내에 축적하기 시작했다.[10] 2005년 수르구트네프테가스가 보유한 사내 현금보유량은 2004년 110억 달러보다 크게 증가한 138억 달러에 달했다.[11] 이 모든 요소들이 대부분의 국제 투자자들이 지분참여를 꺼리게 만들었지만, 허미티지 매니저들은 캠페인을 통해 수르구트네프테가스의 낮은 주가를 높이도록 자극할 수 있을 것으로 믿었다.

수르구트네프테가스 경영진은 자사주의 형태로 지배지분을 보유하고 있다.[12] 러시아 기업법에 따르면 기업 경영진이 보유한 자사주는 1년 이내에 처분되어야 한다고 허미티지는 주장한다. 암바르추모프는 수르구트네프테가스가 계열사들을 통해 자사주를 지속적으로 관리해오고 있으며, 복잡한 교차지분 관계를 활용하고 있다고 말한다. 러시아 법규에는 이러한 지분구조가 허용되는지에 대해 모호성이 있다고 덧붙인다.

기업활동에 있어서 소수주주들의 목소리를 낼 수 있는 유일한 방법은 소송을 통한 방법뿐임을 확인한 허미티지는 2004년 3월 소송을 제기했다. 러시아 법률에 따르면 소송은 피고의 관할구역에서 진행되어야 한다. 따라서 허미티지는 시베리아의 한티-만시스크Khanty-Mansiysk 중재법원에 소송장을 제출했다.

암바르추모프는 러시아 기업들에 대한 주주 소송은 일반적으로 해당 지방법원 단계에서 기각되지만, 이 같은 과정을 거쳐 해당 지방법원의 소송을 우선적으로 진행해야 고등법원에 항소할 수 있다고 강조한다. 왜 주주들이 지방법원에서 승소할 확률은 낮은 것일까? 암바르추모프는 이에 대해 러시아의 소형 도시에 소재하는 대형 기업들이 지역의 정치와 경제뿐만 아니라 인구 전체에 막대한 영향을 미치기 때문이라고 말한다. 허미티지의 소송 전략의 목표는 해당 소송을 미국의 대법원에 해당하는 모스크바의 헌법법원으로 올리는 것이다. 암바르추모프는 러시아의 헌법법원이 가장 투명하며 지역의 입김의 영향이 거의 없는 곳이라고 말한다.

그러나 모스크바로 가기까지는 시간이 필요하다. 한티-만시스크 중재법원에서 패소한 후, 2004년 7월 허미티지는 시베리아 튜멘Tyumen에 소재한 연방중재법원에 항소했다. 이곳에서도 사건이 기각된 후, 허미티지는 모스크바의 헌법법원에 송장을 제출했으며 법원은 해당 사건을 현재까지도 검토중이다.

수르구트네프테가스의 가치를 향상시키고 투명성을 높이기 위한 노력은 첫번째 소송장 초안이 작성되기 직전까지도 대부분 비공개로 진행되었으며, 막대한 시간, 자금, 인내심, 의지 등을 요구했다. 수르구트네프테가스와 같은 대형 기업이 소재하는 소도시의 시민들은 일반적으로 자신들에 일자리를 제공하고 지역경제의 생명수와 같은 역할을 하는 해당 기업을 무조건적으로 지지한다. 소송을 제기하는 비용은 그 자체만으로는 크지 않지만, 수르구트네프테가스를 비롯한 왕궁과 같은 기업의 내부구조를 드러내기 위한 리서치에 들어가는 비용은 만만치 않다.

헨딘은 허미티지가 수르구트네프테가스에 대해 국제법학계의 '현지 해결책의 고갈'이라는 과정에 참여하고 있다고 설명한다. 그러면서 이 투자자들이 러시아의 모든 지방법원에 항고를 제기하는 등 필요한 행정 절차를 진행했으며, 사법체계를 통해 신뢰할 만한 노력을 기울

행동주의 투자 전략

였다고 언급한다. 이 과정은 나중에 이들이 해당 사건을 국제법원이나 재판소에 제출하고, 자신들이 해당 국가에서 할 수 있는 모든 노력을 했음에도 불구하고 정의나 접점을 찾을 수 없었다고 주장할 수 있게 하는 필수요건이다. 수르구트네프테가스에 대한 노력이 실패로 돌아갈 경우, 허미티지의 다음 행보에 대해서는 확실하게 알 수 없다.

암바르추모프는 허미티지의 리서치팀이 러시아의 지방 곳곳을 방문하고 수르구트네프테가스와 같이 복잡한 관료주의적 기업들을 조사하기 위해 수백 시간을 투자했다고 말한다. 허미티지 리서치팀의 바딤 클라이너Vadim Kleiner 이사는 허미티지의 상황에 도움이 될 수 있는 새로운 정보를 찾기 위한 작업에 착수했다. 암바르추모프는 "클라이너와 기타 허미티지 관계자들은 시베리아에 가서 현지 기록을 뒤지고 다양한 자료를 한 조각 한 조각 모은 뒤 리서치 보고서를 작성한다"고 말한다.

특정 시장에 대한 주요 지표이자 신뢰받는 자료 중 하나로 MSCIMorgan Stanley's Capital International Inc.이머징마켓 지수가 있다. MSCI 이머징마켓 지수는 동유럽, 아시아, 기타 이머징마켓에 투자하는 매니저들에게 자금을 배분할 때 활용하는 벤치마크이다. 재간접헤지펀드 매니저들과 기타 기관투자자들은 지수에서 큰 비중을 차지하는 국가들이 유동성이 충분하고 좋은 투자처가 된다는 점을 인식하고 있다. 투자자들이 합리적인 수준에서 신속하게 주식을 매매할 수 있고 급격한 주가 변동 없이 대규모 거래가 가능한 국가들만이 이 지수에 포함된다. 암바르추모프는 "투자할 만한 국가들이 지수에 편입된다"라고 말한다.

많은 투자자들은 러시아, 헝가리Hungary, 중국과 같은 이머징마켓 국가들이 여전히 부족한 유동성으로 인해 리스크가 높다고 평가한다. 앞서 본 바와 같이, 상당수의 주주들은 1998년 루블화 체계가 무너진 이후 러시아 헤지펀드에 투자한 자금을 회수하는 데 어려움을 겪었다. 조기에 펀드를 환매한 투자자들은 유동자산을 투매한 헤지펀드로부터 자금을 받을 수 있었지만, 나머지 투자자들은 현금화되지 않는 비유동자산만 남겨진 펀드를 바라보고만 있어야 했다. 이러한 경험은 투자자들에 경각심을 불러일으켰으며, 러시아를 비롯해 당시 경제에 충격을 받았던 동유럽 국가들에 대한 자금배분을 회피하게 만들었다. 루릭인베스트먼트Rurik Investment, 러시아밸류펀드Russia Value Fund, 시그넷뉴캐피털Signet New Capital을 비롯해 러시아에 투자하던 많은 헤지펀드들이 파산했으며, 허미티지 같은 헤지펀드들은 매우 어려운 시기를 겪었다. 허미티지는 1998년 −88.63%의 수익률을 기록했다.[13]

경제가 무너질 위험이 있는 시장에 투자하는 것은 주주행동주의자들과 이에 투자하는 투자자들이 고려해야 할 유동성 관련 리스크 중 한 가지에 불과하다. 특정 국가의 화폐는 불안정적일 수 있으며, 금융시장의 투명성 부족은 기업의 영업성과가 좋은지 나쁜지 가늠하기 어렵게 한다.

수르구트네프테가스로 하여금 GAAP를 재무정보에 활용하도록 하기 위해 허미티지가 펼친 노력은 이머징마켓에서 주주행동주의자들이 활동하기 위해 필요한 한 가지 예이다. 주주행동주의자들은 타깃기업들로 하여금 회계기준을 서구화하고 신뢰할 수 있는 외부감사기업을 고용하여 재무제표를 검토하도록 압박함으로써 투자자산에 대한 안정성을 개선할 수 있다. 반면 이머징마켓의 기업들이 제출한 GAAP를 따르지 않는 재무제표를 이해할 수 있는 주주행동주의자들은 특정 기업들

행동주의 투자 전략

을 이해하는 데 시간을 투자할 의지가 약한 다른 투자자들 대비 강점을 지닌다. 셀비는 "이들은 해당 기업이 GAAP를 따르지 않더라도 좋은 성과를 내는지 확인할 수 있고, 투자에 나서기도 한다."라고 말한다.

이머징마켓의 주주행동주의자들은 투자한 자산의 가치가 크게 오르는 경우 이를 매수할 인수자를 찾을 수 있는 역량에 대해 생각해보아야 한다. 헤지펀드들은 이머징마켓에서 보다 다양한 기업들의 지분을 대량으로 매수할 수 있게 되었다. 이로 인해 헤지펀드들은 시장에서 더욱 민첩하게 움직일 수 있게 되었다. 그러나 주주행동주의자들은 시장 여건이 좋고 나쁨을 떠나서, 추후 청산시 유동성 때문에 매도에 어려움이 따를 수밖에 없는 수준의 대규모 지분을 매수해야 한다. 이머징마켓 투자는 매우 복잡할 수 있다. 시장이 붕괴할 수도 있고, 소송에서 패소할 수도 있으며, 기업가치를 드러내기 위한 어떠한 노력이 실패할 수도 있다. 유동성이 낮은 주식을 대량으로 보유한 주주행동주의자들은 지분을 매수 또는 매도할 때 시장을 움직일 확률이 높다. 주식을 매수하면 주가가 올라 추가적인 지분 인수가 어려워진다. 대량의 지분을 조금씩 나누어 매도하는 것은 비유동 주식의 가격을 낮추는 결과를 초래하여 역시 좋지 않은 결과를 낳게 된다.

유동성이 낮은 시장에서 대량의 지분을 매수 또는 매도하는 것은 시간이 걸릴 수 있다. 예를 들어 주당 10달러에 대량으로 매도 주문을 내더라도, 이에 관심있는 매수자가 부족하기 때문에 오랜 시간이 지나도 거래가 체결되지 않거나, 낮은 가격에 거래가 체결될 수 있다. 일부 지분에 대해서는 주당 10달러를 받겠지만, 나머지 주식에 대해서는 수개월에 걸쳐 주당 9.5달러나 8달러에 매도할 수 있을 것이다. 이러한 점이 바로 대량의 지분을 매도하고자 하는 주주행동주의자들이 매매가 즉각적으로 체결되기를 원하는 이유이다.

낮은 유동성은 주주행동주의자들로 하여금 이머징마켓에 투자하는 것을 꺼리게 만든다. 펀드매니저들은 특정 자산에 투자금을 묶어 두고 싶어하지 않는다. 지분을 처분할 수 없는 주주행동주의자는 타깃기업과의 협상에서 힘을 잃고 만다. 5~10% 정도의 상당한 지분을 보유하고 있지만 다른 투자자들의 지지를 얻지 못하고, 기업의 경영진이 해당 펀드매니저의 보유 지분 매각이 어렵다는 것을 알 경우, 주주행동주의자는 타깃기업에 변화를 압박하기 매우 어렵게 된다. 태넌바움은 "해당 주주행동주의자가 투자지분을 매도하지 못하고 이에 묶여 있다는 것을 아는 타깃기업은 상황을 좌지우지할 수 있다"라고 말한다.

또다른 가능성은 주식거래가 극도로 비유동적인 이머징마켓에서는 의미 있는 수준으로 지분을 보유한 주주행동주의자가 해당 기업을 인수하여 개선 작업을 전개할 위험을 가진다는 점이다. 셀비는 "문제가 되는 기업에 투자한 주주행동주의자가 직접 주주총회에 참여해 표를 행사하기 어려운 경우, 이에 대한 해법으로 기업을 인수하는 것을 고려할 수 있다. 이는 두 가지 상반된 결과를 낳을 수 있다."라고 말한다.

유동성이 낮은 이머징마켓에서는 정산절차가 더디거나 문제가 되는 경우가 종종 있다. 유동성이 높은 미국 시장에서는 IBM 주식 1,000주 정도는 매수 주문을 넣자마자 거래가 체결될 것이다. 그러나 유동성이 낮은 이머징마켓에서는 시스템 전반적으로 관료주의가 존재하여, 거래가 더디게 체결될 수 있다. 태넌바움은 "이러한 시장은 이베이eBay처럼 온라인으로 페이팔PayPal 계정을 통해 거래가 즉시 처리되는 곳이 아니다"라고 말한다.

　　나트보니는 이머징마켓에 존재하는 규제, 부패, 법률 등의 문제로 인해 유동성 부족과 같은 다양한 제약사항들이 생길 수 있고, 이는 투자자들이 주주행동주의 캠페인을 결심할 때 부담해야 할 리스크를 더욱 가중시킨다고 본다. 그는 "서유럽의 기업들과 동유럽의 기업들 사이에는 실제로 유동성에서 큰 차이를 보인다"고 말한다.

　　그러나 많은 이머징마켓 국가들에서의 유동성 확대와 외국인 투자자들의 증가는 해당 시장에서 자산을 운용하려는 주주행동주의자들에게 희소식이다. MSCI이머징마켓 지수에 편입된 국가들은 일반적으로 외국인 투자가 많으며 유동성도 높아, 주주행동주의자들이 접근하기에 용이하다. 가스프롬과 같은 러시아의 대형 에너지 기업들도 유동성이 좋아지고 있으며, 이는 구소련 국가들의 오일 및 가스 사업을 영위하는 기업들에 투자하는 주주행동주의자들에게 긍정적인 부분이다.

　　가스프롬은 MSCI이머징마켓 지수에서 비중이 매우 작았지만, 최근에 러시아의 블라디미르 푸틴 대통령이 외국인의 지분참여에 대한 제한을 완화되면서 변화가 일어났다. 몇 년 전 가스프롬은 MSCI이머징마켓 전체 지수의 일부에 불과한 MSCI러시아 지수에서도 고작 3% 비중에 머물렀었다. 2006년 5월 외국인 지분참여 완화계획의 1단계가 진행되었고, MSCI러시아 지수는 약 8.7% 상승했다. 2006년 8월에 2단계가 실시되면서 해당 지수는 11% 증가했다.

　　반면 우크라이나와 같은 일부 이머징마켓은 MSCI이머징마켓 지수에 포함될 만한 충분한 유동성을 가지고 있지 않다. 실제로, 키예프국제증권거래소Kiev International Stock Exchange의 일일거래량은

700~1,000만 달러에 불과하다. 미국 대형 상장사들의 일일거래량이나 러시아 증권거래소들의 일일거래량인 3억 달러에 비교하면 매우 적은 규모이다. 결국 타깃기업에 변화를 만들어낼 수 있다면 높은 수익률을 거둘 수 있겠지만, 주주행동주의자에게 우크라이나에 투자하는 것은 다른 이머징마켓 국가들보다 투자위험이 높다. 나트보니는 "더 좋은 수익률을 거둘 가능성이 높지만, 동시에 리스크 또한 높다는 것을 의미한다. 애매한 법률제도를 가진 국가에서 문제 기업의 지분을 대량으로 인수한 뒤, 가치 향상을 위한 촉매를 자극하는 데 성공하면, 대부분의 사람들이 해당 주식의 가치를 저평가 하고 있기 때문에 이를 통한 수익률은 훨씬 높을 것이다."라고 말한다.

투명성과 유동성이 낮고 부패에 물든 시장일수록 매도가와 매수가 사이의 차이가 크다. 포일Foyil Asset Management의 도리언 포일 회장은 이머징마켓에 대한 리스크를 무릅쓰고 투자하여, 최근에 높은 수익률을 거두었다. 포일동유럽러시아집중펀드는 2006년과 2005년 각각 32.9%와 74.5% 수익률을 기록했다. 그가 운용하는 펀드는 약 50개 기업의 대규모 지분을 보유하며, 종목 하나가 전체 포트폴리오의 30%에 달하는 경우도 있다. 이 펀드는 운용자산이 6,000만 달러로 국제기준에 비하면 여전히 소규모 펀드이다. 하지만 이 수치는 1999년 50만 달러, 2005년 900만 달러보다 크게 증가한 것이다.

포일은 자신이 운용하는 펀드의 주요 성공 요인으로 자신을 비롯한 72명의 임직원 대부분이 활동하고 있는 우크라이나에 투자한 것을 꼽는다. 그의 접근법은 우크라이나 타깃기업들이 서구적 지배구조와 회계기준을 신속하게 도입하는 것에 대해 경영진을 압박하거나 이들과 협력하는 것에 노력을 집중하는 것이다. 그러나 이러한 노력은 매우 많은 시간과 인내를 필요로 하며, 개인적으로나 업무적으로나 높은 위험을 부담해야 한다.

이 펀드는 운용자산의 약 60%를 우크라이나에 투자하며 나머지 자산은 주로 러시아에 할당하고 헝가리와 폴란드Poland에도 일부 투자하고 있다. 포일은 우크라이나 시장에 유동성 문제가 존재하여, 이로 인해 많은 잠재적 투자자들이 해당 시장을 외면하게 한다는 점에 동의한다. 그러나 그는 우크라이나 시장의 매력을 떨어뜨리는 요인들이 동시에 투자기회를 제공한다고 말한다. 그는 유동성이 부족하면 시장의 비효율성이 높아지고, 결국 이를 통해 투자자들은 리스크를 최소화하면서 높은 수익률을 거둘 수 있다고 말한다. 그는 이러한 기회를 효과적으로 활용하기 위해 우크라이나에 두 발을 딛고 있어야 한다고 말한다. 이는 해당 시장에서 연구원들이 타깃기업들에 대해 깊게 이해해야 한다는 것을 의미한다. 포일의 리서치팀은 다양한 재무적 전문성과 배경을 가진 아홉 명의 애널리스트들로 구성되어 있으며, 이들은 각각 우크라이나, 아제르바이잔, 벨라루스Belarus, 러시아, 스코틀랜드Scotland 출신들이다.

서구의 자본주의에 대한 경험도 물론 필수적이다. 캘리포니아 태생인 포일은 필라델피아의 템플 대학교Temple University에서 회계와 컴퓨터공학을 전공하였고, 이후 펜실베이니아 대학교 와튼스쿨Wharton School of Business에서 경영학 석사를 받았다. 포일은 학업을 마친 후, 세계적인 투자은행 UBS의 기업금융과 국제영업 부서에서 근무했다. 이후 포일은 런던으로 건너가, 유럽 대륙의 통신장비 및 서비스 기업들에 대해 증권애널리스트로 활약했다. 그 다음으로 포일은 UBS의 고객사인 가치투자회사 프랭클린템플턴Frankline Templeton Investments에 입사하여, 그레이터유러피언펀드Greater European Fund로 알려진 포트폴리오를 운용했다. 당시 이 펀드는 서유럽 국가들을 넘어서 이머징마켓의 기업들에도 자금을 배분했다. 포일은 헝가리와 폴란드에 투자할 수 있도록 프랭클린템플턴으로부터 허가를 받았지만, 러시아, 에스토니아Estonia, 체코, 우크라이나 등과 같은 다른 이머징마켓에 대해서는 투자 허가를 받을 수 없었다. 당시 우크라이나는 민영화 작업을 시작하는 중이었고, 포일은 이 과정에서 발생된 기회들을 잡기 위해 당장 행동을 취해야 한다고 느꼈다.

포일은 1996년 11월 어지러웠던 우크라이나 금융시장에 투자하는 자신만의 펀드를 설립했다. 우크라이나기회펀드Ukrainian Opportunities Fund란 이름의 이 펀드는 폐쇄형 펀드였다. 포일은 이 펀드를 통해 유동성이 낮은 주식에 집중적으로 투자할 수 있었다. 이 펀드의 총자산의 약 75%가 우크라이나에 투자되었고, 초기 투자성과는 매우 좋았다. 이 전략은 '바우처 민영화(voucher privatization, 역주: 러시아 등 옛 공산국가들의 국영기업 민영화 방식의 하나로 국민들에게 증서바우처를 주어 민영화 기업의 주식과 교환토록 하는 방식)'라는 것이었다. 공산주의가 몰락한 이후 1990년대에는 우크라이나를 비롯한 많은 동유럽 국가들이 국민들에게 증서나 바우처를 주어 민영화하는 공기업의 주식과 교환할 수 있도록 했다. 포일은 30여 명을 고용해 소위 '스쿱카(Skupka, 역주: 매점) 팀'을 만들고, 해당 기업 연금수급자들과 직원들을 일일이 방문하여 민영화된 우크라이나 기업들의 바우처나 주식을 매수하게 했다. 포일은 3주에

한 번씩 방탄차량을 대여해 바우처들을 정부기관 건물에 실제로 모아놓고, 이를 등록시켰다. 포일은 이 과정에서 많은 기업들에 대해 상당한 규모의 소수지분을 획득했다. 포일은 "우리는 대량으로 민영화 증서를 매수하고 있었다"라고 말한다. 포일은 1990년대 말 어느 시점에서는 그의 펀드가 우크라이나 민영화 바우처 보유자들 중 규모면에서 3위에 오른 적도 있다고 강조했다.

이 투자방법은 1998년 러시아 경제가 무너질 때까지 1년 미만의 기간 동안만 뛰어난 효과를 보았다. 당시 포일의 수익률은 악화되고 있었고, 자산가치는 50% 가까이 떨어졌다. 르네상스캐피털Renaissance Capital과 같은 대형 이머징마켓 헤지펀드들은 우크라이나 사업을 철수했다. 러시아와 다른 동유럽 시장에서와 마찬가지로, 우크라이나 시장에 대한 외국인 투자자들의 관심은 말라갔다. 자신이 운용하는 펀드가 구조적으로 철수하기 어렵기도 했지만, 포일은 우크라이나 시장을 떠나지 않았다. 우크라이나기회펀드는 정관을 통해 펀드의 환매를 금지하고 있었다. 이 펀드에 남아 있던 5,000만 달러의 투자자금은 비유동 우크라이나 증권에 묶여 있었다. 포일은 모든 이들이 철수하는 가운데에서도 우크라이나 시장에서 투자를 지속할 수밖에 없었다고 말한다. 포일은 수동적으로 지분을 보유하는 대신, 실의에 빠진 다른 투자자들이 매도하던 많은 기업들의 지분을 공격적으로 대량 매수하기 시작했다.

포일은 기업들의 주식을 헐값에 사들이면서, 우크라이나의 양조회사, 제지회사, 기계생산업체, 화학기업 등에 대해 대규모 지분을 쌓게 되었다. 2003년 포일은 펀드를 청산하는 대신, 합병을 통해 추후에 그의 대표 펀드가 된 동유럽러시아집중펀드를 만들기로 결심했다. 당시 포일은 자산의 큰 부분을 러시아 및 기타 시장에 집중하면서 투자를 분산하기로 결정했다. 그럼에도 불구하고, 우크라이나에 배분된 자산은 총 투자금에서 큰 비중을 차지했다.

　　약 4년 반이 소요된 회복과정을 통해 포일은 투자자산에 대해 적극적인 역할을 펼쳐야 할 필요성을 느꼈다. 그가 이전 투자에 적극적으로 임하지 않았다는 것은 아니다. 포일은 임원들과 다른 투자자들, 중개기관들과 자주 만났으며, 회계법인, 투자은행, 증권거래소 등과도 협력했다. 이사회의 통제권을 획득하거나 또는 최소한 자신들의 이사후보를 이사회로 보내는 것은 이사들과 임원들의 인센티브를 주주들의 이익과 일치하게 만들기 위해 필요한 전술이었다. 이사후보를 지명하는 것이 특별히 어렵지는 않았다. 우크라이나 법률에 따르면, 기업의 10% 이상의 지분을 가진 주주는 누구나 특별주주총회 또는 임시주주총회를 소집하여 해당 주주총회의 안건을 통제할 수 있다. 포일은 자신의 이사후보들이 선출되도록 하기 위해 이 전술을 빈번하게 활용했다.

　　포일과 그의 팀은 이러한 특별주주총회를 통해 기업의 성과를 개선할 것으로 예상되는 여러 가지 요인들을 정리하여 주주들에게 발표했다. 이러한 노력들은 우크라이나 기업들로 하여금 재무보고서의 작성 빈도를 늘리고, 재무자료를 국제회계기준에 맞추어 작성하며, 서구 출신의 감사를 선임하도록 하는 데 초점이 맞추어져 있었다. 이러한 전략의 목표는 불투명한 우크라이나 시장에 관심을 갖지 않는 서구의 투자자들에게 우크라이나 기업들의 투자 매력을 어필하기 위함이었다. 이 전략의 주요 실행방안 중 하나는 기업들로 하여금 공개시장에서 주식을 매수하고, 매수한 주식을 임원들에게 주도록 장려하는 것이었다. 포일은 대부분의 우크라이나 기업 CEO들이 자신이 경영하는 기업의 지분을 거의 또는 전혀 보유하지 않았기 때문에 주가 향상에 별다른 관심을 가지지 않았다고 말한다. 기업의 주식을 보유한 임원들은 주주들의 이익을 위해 최선을 다해 기업을 운영하도록 하는 적당한 인센티브를 갖게 된다. 이러한 주식들은 대부분 연말 보너스의 형태로 지급되었다.

한때 우크라이나의 2대 양조회사였던 로건부루어리OJSC Rogan Brewery는 임원들에게 주식을 부여하려는 노력에 따른 혜택을 받았다. 포일은 로건부루어리의 지분 25%를 축적했고, 경영진으로 하여금 서구의 전략적 투자자에게 경매를 통해 기업을 매각할 것을 촉구했다. 포일은 문제를 신속하게 해결하기 위해, 2000년 임시주주총회를 소집하여 자신을 이사후보로 지명했다. 포일은 이 주주총회에서 로건부루어리가 경영진에게 주식을 지급하고 재무보고서를 서구의 회계기준에 맞추어 작성하도록 장려했다. 포일의 캠페인은 효과적이었고, 그는 이사회에 선출되었다. 더욱 중요한 것은 임원들이 기업의 주식을 부여받았다는 것이다. 얼마 지나지 않아 로건부루어리는 기업 매각을 진행하기 시작했다. 2001년 로건부루어리는 벨기에Belgium의 양조회사 인터브루Interbrew NV에 매각되었다. 포일은 경영진에게 지분이 부여되었기 때문에 기업 매각이 적기에 이루어질 수 있었다고 말한다. 그는 동유럽러시아집중펀드가 기업 경매 과정에서 400%의 투자수익을 거두었다고 말한다. 포일은 "기업을 매각할 때까지, 임원들은 보유 지분을 통해 이미 여섯 배의 수익을 거두었다."라고 주장한다.

포일은 우크라이나 북서부에 위치한 시멘트회사를 겨냥해 더욱 어렵고 위험한 활동을 전개했다. 이 기업에 대해 10%의 지분을 보유하고 있던 포일은 별다른 어려움 없이 특별주주총회를 소집하여 자신의 의제를 피력했다. 문제는 임시주주총회를 소집하는 것이었다.

포일은 바우처 민영화를 통해 볼린Volyn Cement Zdolunivske의 지분 10%를 축적했다. 그러나 포일이 지분취득 과정에서 인수대금을 지불하지 않고 주식을 전용하고 있다는 주장이 제기되는 가운데, 2001년 우크라이나 금융기관 그라도은행Grado Bank이 볼린의 지분 54%를 인수했다. 포일은 아마도 입찰 관계자들이 뇌물을 받고 입찰과정에서 정보를 제공하여, 그라도가 최고 입찰가를 상회하는 금액을 쓰도록 했을 것이라고 말한다.

볼린의 새 주인이 된 그라도는 직원들 임금과 공급업체들에 대금을 지불하는 것을 중단했다. 장비와 유지보수에 대한 비용은 삭감되었다. 볼린의 임원들은 해고되고 새로운 이들이 선임되었다. 사실 그라도는 투자회사 모놀리스Monolith를 통해 우크라이나 시멘트산업을 통합하고자 했다. 볼린의 사업을 폐쇄하는 것은 이 전략에서 매우 중요한 부분이었다. 알려진 바에 따르면, 그라도는 기업이 창출한 수익을 회사 밖으로 유출하기 위해, 직원들과 주주들의 이익을 침해하면서 이사들에 대가를 지불했다고 한다. 포일은 "그라도의 아이디어는 임금과 대금 결제를 지연하고 빠른 시일 안에 최대한 많은 현금을 모으는 것이었다"라고 말한다.

한때 그라도의 지분 25%는 국영부동산펀드가 보유하고 있었다. 이때 포일은 자신이 그라도로부터 시멘트기업 볼린의 경영권을 가져올 기회가 있다고 판단했다. 그는 우선 자신의 리서치팀에서 두 명을 지정해 이 특별 프로젝트에 집중하도록 했다. 그후 그는 볼린에 대한 지분

행동주의 투자 전략

을 40%까지 확대했다. 그리고 위임장대결에서 자신이 지명한 이사후보에 대해 찬성표를 던질지에 대해 알아보기 위해 국영부동산펀드에 접근했다. 이 펀드가 우호적인 입장을 보이자, 포일은 위임장대결을 전개했다. 포일은 이번 연차주주총회에 대해서 만큼은 자신이 일부 적대적인 반대자들의 노여움을 샀다고 믿었고, 연차주주총회가 확실하게 개최될 수 있도록 확인하는 노력을 기울였다.

그는 메르세데스 차량 두 대, 전직 우크라이나 국가안보 관계자, 40명의 군인으로 구성된 소규모 부대를 포함한 개인경호팀을 고용했다. 볼린의 어느 주요 주주로부터 발생할 수 있는, 임시주주총회 직전에 회의장 전기공급을 차단하는 등의 과격한 공격에 대비하기 위해서였다. 우크라이나의 법률에 따르면 회의장에 전기가 차단될 경우 그 회의는 무효가 된다. 당시에는 회의 직전에 전원공급을 차단하는 것이 투자자들의 변화를 저지하기 위해 활용하는 전형적인 방법이었다. 포일은 또 회의장으로 가면서 잠재적인 추적을 따돌리기 위해 검정색 밴에서 빨간색 밴으로 옮겨 탔다고 말한다.

포일은 회의장소에 도착하면서, 자신이 고용한 부대가 현장에서 군사훈련을 마치는 것을 확인했다. 시간이 되자 이 부대는 회의장이 위치한 건물을 둘러싸고 순찰하기 시작했다. 그는 또 주주총회가 별다른 방해를 받지 않고 예정대로 진행될 수 있도록, 키예프에 소재한 텔레비전방송국에 해당 주주총회를 취재하도록 요청했다. 포일은 "우리는 만약 주주총회를 방해할 만한 사건이 발생한다면, 모든 것을 기록하여 필요한 경우 법정에서 싸우는 데 활용할 수 있도록 할 수 있는 모든 방법을 동원했다."고 말한다.

주주총회는 결국 개최되었고, 포일은 자신이 보유한 40%의 지분을 통해 자신이 지명한 이사후보단에 표를 행사했다. 여기에 국영부동산펀드가 보유한 25%의 표가 더해져, 포일의 이사후보단은 선출되었다. 주주총회가 끝난 후, 포일은 그라도에 의해 쫓겨났었던 전前 볼린 임원들을 고용해 기업의 구조조정을 시작했고, 외국인 인수자에 경매를 통해 매각될 수 있도록 했다.

그러나 그라도가 경영권을 가졌던 기간 동안 볼린의 상황은 심각하게 악화되어 파산할 지경에 이르렀다. 포일은 볼린에 차입금을 제공하여 지급해야 하는 채무를 변제하도록 했다. 그는 연체된 지급액에 대해 기간을 재조정하고자 국세청과 협약을 체결했다. 공급업체들에게도 대금이 지불되었다. 그의 이러한 전략은 스스로 원자재를 구매하고 수익을 창출할 수 있도록 볼린을 정상화시키는 것이었다.

곧이어 볼린은 판매 계약을 맺었다. 포일은 두 명 정도의 해외 전략적 인수자들이 볼린에 관심을 보이고 실사를 진행할 것으로 예상했다. 놀랍게도 일곱 개의 기업들이 나타났다. 독일의 하이델베르크시멘트Heidelberg-Cement AG, 프랑스의 라파즈Lafarge S.A., 멕시코의 시멕스Cemex S.A. de C.V.를 비롯해 유럽과 일본의 많은 시멘트회사들이 이에 관심을 보였다. 결국 독일의 뒤케르호프시멘트Dyckerhoff Zement International Gmbh가 경매에서 승리했다.

볼린에 대한 포일의 2년 반에 걸친 노력은 115%의 순투자수익률을 일구었다. 한편 그라도의 투자자산가치는 희석되었고 결국 파산을 신청했다. 우크라이나 국회의원이자 그라도의 주요 관계자는 독일에서 체포되었다. 그는 홀로코스트Holocaust 피해자들에게 독일 정부가

행동주의 투자 전략

지급할 예정이던 8,700만 마르크Deutsche Mark의 자금을 횡령한 혐의를 받고 있었다.[14] 포일의 말에 따르면 그라도가 이 펀드자금을 배분하는 권한을 확보하는 입찰에 성공했었다고 한다. 포일은 "우리는 세상을 바꾸려고 하지 않는다. 우리는 단지 기업이 앞으로 나아가게 하기 위해 노력했을 뿐이다."라고 말한다.

포일은 볼린에 대한 활동을 되돌아보며, 기업이 올바르게 개선되게 하기 위해 자신이 한 일들이 자기 자신도 믿기 어렵다고 말한다. 그는 "모두가 이 기간에 대해서 기겁을 한다. 나는 이때를 되돌아보면서 '음, 다소 극단적으로 대응을 했었군'이라고 생각하기도 하지만, 당시로써는 필요한 조치였다."라고 말한다.

이제 우크라이나 기업들에 개입함에 있어서 더이상 이러한 극단적인 노력이 필요하지는 않다고 한다. 포일은 기업의 CEO들이 주주들과 대화의 가치를 알아가고 있다고 말한다. 이제 경영진들은 공시자료를 더욱 탄탄하게 하고, 서구의 회계방식을 도입하고, 지분거래에 있어서 유동성을 높게 유지하는 것이 기업과 경영진에도 유리하다는 것을 이해하고 있다. 포일은 과거와 같이 전투적인 자세로 기업들에 변화를 압박하는 대신, 주주가치 향상을 위해 임원들과 협력할 수 있다는 것을 깨닫게 되었다.

2006년 포일은 150명의 우크라이나 기업 임원들을 대상으로 서구의 회계법인, 투자은행, 벤처캐피털 등과 만남의 기회를 제공하는 교육 콘퍼런스인 제2회 CEO정상회의를 주최했다. 주요 연사로는 런던증권거래소와 영국 리서치기관들의 대표들이 있었다. 포일은 이 행사를 우크라이나 기업의 임원들이 국제 투자자들에게 자신들을 알리고, 유용한 교육을 받을 수 있게 하기 위한 목적으로 추진했다. 세미나 주제로는 우크라이나 기업이 런던증권거래소에 상장할 수 있는 방법, 유럽과 북미의 애널리스트들이 우크라이나 기업을 분석하는 방법, 기업과 주주 사이에 커뮤니케이션을 개선하기 위해 IR담당자를 고용해야 하는 이유 등이 있었다.

포일은 또 우크라이나가 머지않아 MSCI지수에 편입될 것이라는 것에 대해 낙관적인 시각을 가지고 있다. 그는 우크라이나가 이 지수에 포함되면 많은 우크라이나 기업들이 국제무대에 설 수 있는 촉매제가 될 것이라고 말한다. 그러나 이 지수에 편입되지 않다고 하더라도, 우크라이나 시장은 외국인 투자자들이 인지하는 것보다 이미 유동성이 늘어났고, 리스크도 감소했다. 무디스Moody's Corporation와 S&P를 비롯한 국제신용평가사들은 이미 우크라이나 기업채권에 대해 신용등급을 매기고 있다. 이 신용평가사들은 외국인 인수자들에게 자산을 매각하고자 하는 우크라이나 기업들에 비공개적 가치평가 서비스를 제공할 의향도 가지고 있다. 포일은 이머징마켓에서 성공하려면, 장기적인 큰 그림을 그릴 수 있어야 한다고 말한다. 우크라이나에서 변화의 촉매가 되고자 하는 매니저들은 뉴욕이나 런던에서 활동하면 안 된다. 그는 우크라이나 시장에서 성공하고자 하는 매니저들은 실제로 현지에서 활동하면서 해당 기업의 임원들과 정기적인 만남을 가져야 한다고 말한다.

주주행동주의 투자자들이 이러한 국가들에 물리적으로 소재해야 하는 이유는 CEO들을 직접 만나기 위함뿐만 아니라, 이익에 보다 깊게 영향력을 행사할 수 있는 정치 관계자들과 관계를 형성하는 것이 필요하기 때문이다. 헨딘은 투자자들이 현지 기업들과 정치문화의 구

행동주의 투자 전략

체적인 사항을 알아야 성공할 수 있다고 말한다. 로비는 이머징마켓에서 선진국과 전혀 다른 양상으로 전개될 수 있다. 헨딘은 "이머징마켓에 투자하는 매니저는 해당 시장에서 실제로 활동하면서 해당 기업의 사업이 제대로 돌아가는지, 또한 중요한 관계가 형성되고 유지되는지 확인해야 한다."라고 말한다.

포일은 자신들의 역량을 이머징마켓에서 활용하고자 하는 주주행동주의 투자자라면 후진성, 부패, 뇌물 등으로 얼룩진 이러한 시장이 개선될 수 있다는 것에 대해 믿음을 가질 필요가 있다고 말한다. 우크라이나 또는 다른 동유럽 국가들에 대해서 이해하기 위해 시간을 투자하기를 원하지 않는 주주들은 이머징마켓의 잠재력을 이해하려 하지 않을 것이다. 포일은 자기 자신도 우크라이나가 개선될 수 있다는 믿음을 잃었던 적이 있었다고 고백한다. 그는 "만약 세상이 절대 변하지 않을 것이라고 믿는다면, 우크라이나에 투자해서는 안 된다."라고 말한다.

그러나 포일, 워런 리히텐슈타인 그리고 기타 주주행동주의자들은 세계가 변할 것이며, 최소한 한 번에 기업 한 곳씩은 변화시킬 수 있을 것이라는 결론을 내려왔다. 많은 주주행동주의자들에게 러시아, 중국, 우크라이나와 같이 불투명하고 유동성의 변동이 심한 국가에 투자함으로써 발생되는 어려움은 감수할 만한 것이다. 이러한 주주행동주의자들은 자신들의 장기적인 노력이 이 지역 기업들의 숨은 가치를 드러냄에 있어서 큰 차이를 만들 수 있고, 만들어낼 것임을 직관적으로 이해한다.

이러한 주주행동주의자들에게는 스스로가 변화의 촉매가 되는 것이 가치를 만들 수 있는 유일한 방법이다. 이머징마켓에 투자하는 주주행동주의자들과 유럽과 북미에 투자하는 주주행동주의자들 간의 중요한 차이점이 있다. 미국의 주주행동주의자들은 자신들의 주가 향상을 위한 노력이 실패하더라도 저평가된 투자자산의 가치가 향상할 것으로 예상한다. 하지만 이머징마켓에서 쉽게 변하지 않는 기업들을 맞이하는 주주행동주의자들은 자신들의 노력이 없으면 주가가 낮은 상태로 유지되거나 심지어 하락할 가능성이 높다는 것을 안다.

결과적으로 이러한 이머징마켓의 주주행동주의자들은 기업에 변화를 자극하기 위해 다양한 방법을 구사한다. 허미티지의 수르구트 네프테가스를 겨냥한 소송 전략이든, 볼린을 상대로 한 포일의 특별주주총회, 위임장대결 그리고 무장에스코트이든, 이머징마켓의 주주행동주의는 고유의 고난과 위험, 비용 요소를 가지고 있다. 뇌물은 이머징마켓에서 일상적으로 지출되는 사업비용이다. 이러한 시스템이 어떻게 작동하는지 이해하는 것만으로도, 체계가 잡히고 투명한 규제시스템이 존재하는 서구 국가들에서는 발견할 수 없는 복잡성이 야기된다. 사실상 이머징국가 내에서의 서구적 주주행동주의는 밤중에 숲속을 걷는 것과 같다. 한발 한발 내디딜 때마다 투자자는 미궁의 어둠 속으로 더욱 깊이 빠지게 된다. 결국 시간과 연습만이 좋은 결과를 얻게 할 것이다.

행동주의 투자 전략

| 22장 |

가치투자 Vs. 주주행동주의:
어느 것이 더 좋은가?

캘리포니아 어바인Irvine에 소재한 파브라이Pabrai Investment Funds 의 모니시 파브라이Mohnish Pabrai 매니징디렉터는 진정한 가치투자자이 다. 펀더멘털에 기초한 투자원칙은 그의 투자 전략에 큰 영향을 미쳤으 며, 이러한 투자원칙은 투자자와 경영진 사이의 의사소통을 포함하지 않는다.

이 방법은 매우 효과적이었다. 그는 1999년 7월 펀드 설립일로 부터 지금까지 수수료 수취 이후를 기준으로 연간 28.6%의 수익률을 달성하고 있다. 1999년에 파브라이에 10만 달러를 투자했다면, 2006년 말까지 수수료와 제반비용을 제하고 약 66만 달러의 수익을 얻을 수 있음을 의미한다.

파브라이는 주주행동주의자들과 달리, 지분을 인수한 기업의 이사진에 개입하거나 심지어 이사들과 대화하고자 하지도 않는다. 어느 날 한 기업의 임원이 그에게 전화하여 조언이나 아이디어가 있는지 물었다. 이 기업에 18%의 지분을 보유하고 있던 파브라이는 이 전화가 큰 실수였다고 말한다. 파브라이는 "나는 여태까지 내가 투자한 기업의 경영진에게 전화를 걸어본 적이 없다. 나는 기업의 경영진이 나에게 전화를 건다면 문제가 있다고 본다."라고 말한다.

파브라이는 기업의 임원들은 독립적으로 일하며 사업운영에 에너지를 집중해야 한다고 믿는다. 파브라이의 행적을 보면 그가 임원들을 존중한다는 것을 알 수 있다. 인도의 뭄바이Mumbai에서 태어난 파브라이는 미국으로 건너와 기술자로 일했다. 1990년, 파브라이는 직원수 225명에 시스템통합정보기술사업을 영위하는 기업, 트랜스테크Trans-Tech Inc.를 설립하여, 이를 2000년에 매각했다. 같은 시기 그는 인터넷 사업에 대한 아이디어를 활용해 디지털디스트럽터즈닷컴DigitalDistrupters.com이라는 회사를 설립했다. 하지만 이 회사는 자금조달능력 부재로 인해 사업을 접게 되었다. 이 실패에도 불구하고, 파브라이의 사업경험은 임원진, 투자, 주주행동주의 투자자에 대한 그만의 인상을 남겼다. 파브라이는 "CEO들이 사업에 집중할 수 있게 해야 한다. 나에게는 기업 경영보다 증권분석에 에너지를 집중하는 것이 효율적이다."라고 말한다.

행동주의 투자 전략

가치투자자들의 전략으로 파브라이와 많은 가치투자자들이 높은 수익을 거두기는 했지만, 주주행동주의 근원적인 접근법과는 정반대의 것이다. 평균적으로 가치투자자들의 수익률은 주주행동주의 수익률과 비슷하다. 모닝스타Morningstar Inc.에 따르면 가치투자 뮤추얼펀드들은 연평균수익률이 2006년 18%, 2005년 5.87%, 2004년 13.25%를 기록했다. 반면 헤지펀드리서치에 따르면, 주주행동주의 헤지펀드들의 연평균수익률은 2006년 16.72%, 2005년 16.43%, 2004년 23.16%를 기록했다.

파브라이는 주주행동주의자들의 기업가치를 높이기 위한 노력이 실제로 타깃기업의 사업에 있어서 장기적으로 가치를 향상시키는지에 대한 질문을 던진다. 그러면서 그는 CEO들과 이사들이 자신들이 경영하는 기업의 주식을 활용해 자신들의 이해관계를 주주들과 일치시켜야 한다고 생각한다.

오퍼튜니티파트너스의 필립 골드스타인은 주주행동주의자들이 기업의 장기적 가치에 기여하지 않는다는 견해에 대해 반박한다. 그는 주주행동주의 전략이 결실을 맺기 위해서는, 타깃기업에 장기투자하는 기관투자자들의 승인을 얻어야 한다고 말한다. 주주행동주의 전략은 기업의 장기적 전망에 관심 있는 투자자들로부터 충분한 지지를 얻지 못하면 힘을 발휘할 수 없다. 골드스타인은 타임워너에 대해 부분적인 성공과 실패를 거둔 칼 아이칸의 사례가 기관투자자들이 장기적인 결과를 추구한다는 점을 증명한다고 말한다. 타임워너의 경우, 기관투자자들은 기업을 분할해야 한다는 아이칸의 제안에 반대했다. 하지만 타임워너가 자사주매입 규모를 늘린 것은 아이칸이 기관투자자들로부터 어느 정도 힘을 얻어냈다는 것을 증명했다.

왜 이러한 접근법이 더 나을까? 골드스타인은 주주행동주의와 가치투자 각각의 수익성을 비교하는 것은 공정하지 못하다고 말한다. 사례별로, 펀드별로 분석을 해야 한다는 것이다. 각각의 전략이 서로 다른 상황에서 성공이 될 수도 실패가 될 수도 있으며, 하나의 전략이 성공적이었다면 이는 다른 전략과 맞물려 그렇게 된 것일 수도 있다.

가치투자자와 주주행동주의자들 사이에는 확연한 차이점과 유사점이 있다. 대부분의 경우 가치투자자들은 앉아서 투자자산의 가치가 향상되기를 조용히 기다리는 반면, 주주행동주의자들은 다른 투자자들로 하여금 자신들의 노력을 지지해줄 것을 호소하는 데 성공해야 한다. 전통적인 가치투자자들은 기업에 대한 리서치와 수년 내로 가치가 상승할 기업들을 찾는 것에 능숙하다. 가치투자자들과 마찬가지로, 대부분의 주주행동주의자들 또한 저평가된 것으로 판단되는 기업들에 투자한다. 2006년 발표된 '헤지펀드 행동주의, 기업지배구조, 기업 성과' 보고서에는 2004년과 2005년 사이에 공시된 수백 개의 주주행동주의 스케줄13D 사례의 3분의 2가 해당 공시를 작성한 주주행동주의자가 자신이 지분을 보유하고 있는 기업이 저평가되어 있다고 믿는다는 내용이 담겨 있다.[1] 이 보고서는 "타깃기업의 재무제표에 대한 분석에 따르면, 타깃기업들은 가치투자자들이 찾는 전형적인 기업의 모습과 유사하다."라고 말한다.

그러나 전통적인 가치투자자들과 달리 주주행동주의자들은 타깃기업의 법적 구조에 대한 지식, 소송을 제기하고 경영진에 개입과 협상을 할 수 있는 능력, 변화를 압박하고 가치를 향상시킬 수 있는 위임장대결 등을 활용할 것이다. 주주행동주의자들은 가치투자자들이 5년 이내에 가치가 오를 것으로 기대하고 투자한 뒤, 5년이 지난 후 경영진이나 외부요인으로 인해 여전히 온전하게 저평가되어 있음을 발견하게 되는 '가치의 덫'에 걸리지 않도록 주의해야 한다고 주장한다. 주주행동주의자들은 수동적인 가치투자자들이 앉아서 주가가 알아서 오르기를 기다리는 반면에 자신들은 직접 변화를 요구하기 때문에 이러한 '가치의 덫'에 걸리지 않는다는 것이다.

그러나 주주행동주의 헤지펀드 매니저들도 이와 유사한 덫에 걸릴 수 있다. 우리는 이를 '주주행동주의의 덫'이라고 부른다. 주주행동주의자는 특정 상황에서 자신들이 투자하는 시간과 자금이 변화를 위한 촉매를 자극할 것으로 기대한다. 그러나 만약 5년 후에도 아무런 일이 일어나지 않고 기업이 그대로 있거나 심지어 더욱 악화되어 파산한다면, 이 매니저는 주주행동주의의 덫에 걸린 것이다. 주주행동주의의 덫에 걸리는 것이 가치의 덫에 걸리는 것보다 더 위험하다는 주장이 나올 수 있다. 주주행동주의자는 기업가치를 자극하기 위해 상당한 시간과 에너지, 자금을 투자했다. 이 상황에서 아무런 성과가 나오지 않을 경우, 실패한 가치의 덫에 일부의 자산만 배분한 전통적인 가치투자자보다 종합적인 결과를 놓고 볼 때 주주행동주의 펀드는 더욱 큰 타격을 입게 된다.

댈러스에 소재한 운용자산 5,000만 달러 규모의 가치펀드 센토 Centaur Capital Partners를 설립한 지크 애슈턴Zeke Ashton은 주주행동주의자와 가치투자자 사이의 주요 차이점 중 하나가 기질이라고 말한다. 애슈턴은 "성공적인 주주행동주의자가 되기 위해서는, 상대와 대립할 수 있는 기질을 필요로 한다. 경영진과 싸워 특정 목표를 달성할 사람을 필요로 한다."라고 말한다.

골드스타인도 주주행동주의에서 기질이 중요하다는 점에 동의한다. 성공한 주주행동주의자는 소송이나 CEO에 고함을 지르는 것을 싫어하거나 염려하지 않는다. 그는 주주행동주의자라면 변화의 촉매가 되는 것을 즐겨야 한다고 덧붙인다. 골드스타인은 "당신은 부당행위에 대해 옳지 않다고 말하지 않고 참을 수 있는가? 누군가 나를 향해 소송을 걸 때 쭈그러지는 제비꽃이 되어 보호막을 향해 도망 다녀서는 안 된다. 그렇지 않으면 괴롭힘을 당할 것이다."라고 말한다.

많은 전통적인 가치투자 매니저들도 특정 상황에 대해 짜증이 난다면, 마지못해 주주행동주의자가 될 것이다. 심지어 가치투자자이자 가장 성공적인 종목선정가인 워런 버핏도 가끔씩 주주행동주의 방법을 활용한다. 2001년 어느 콘퍼런스콜에서, 버핏은 부동산기업 이지스리얼티Aegis Realty Inc.가 댈러스에 소재한 쇼핑센터개발사 몽고메리P.O'B. Montgomery&Company를 2억 300만 달러에 인수한 결정에 대해 불만을 표출했다.[2] 또 그는 1962년 버크셔해서웨이Berkshire Hathaway를 인수하기 전에도 이 기업의 경영진과 수차례에 걸친 분쟁에 가담하기도 했다.[3]

트위디, 브라운Tweedy, Browne Company LLC의 가치투자자 크리스토퍼 브라운 매니징디렉터 또한 가끔은 주주행동주의 노력을 펼치기도 한다. 한때 가치투자자 벤저민 그레이엄이 주요 투자자로 참여하기도 했던 트위디브라운은 저평가주 투자 전략을 구사하며, 뮤추얼펀드와 헤지펀드를 통해 약 100억 달러의 자산을 운용하고 있다. 브라운의 가장 잘 알려진 주주행동주의 노력은 2003년 발생한 홀링어 사례이다. 트위드브라운의 애널리스트로부터 홀링어에 대해 비판적인 평가서를 접한 브라운은 미디어기업인 홀링어의 이사회가 CEO 콘래드 블랙이 지배하는 비상장 지주회사에 승인된 결제 내용에 대해서 어떤 역할을 했는지 조사할 것을 요구했다. 500페이지가 넘는 이 보고서는 홀링어의 주가실적이 악화되고 있음에도 4억 달러 이상의 기업 자금을 회사 밖으로 빼돌렸다며 블랙과 기타 인물들을 비난했다.

　　브라운은 이후 홀링어에게 트위디브라운이 변호사들에게 이 결제와 관련해 법률자문료로 지급한 500여 만 달러에 대해 소송을 제기했다. 이 법률자문은 결국 블랙의 해임 원인이 되었다.[4] 홀링어는 합의조로 트위디브라운의 변호사들에게 350만 달러를 지불하기로 동의했다.[5] 그러나 오랫동안 지속되면서 비용도 많이 소요된 이 모든 과정에도 불구하고, 브라운은 이 노력이 주주의 관점에서는 별다른 가치가 없다고 믿었다. 2007년 3월 글로브&메일은 브라운이 홀링어 주주들은 더욱 나쁜 상황에 있으며, 시간을 돌릴 수 있다면 블랙을 참여시키지 않았어야 했다고 믿는다고 보도했다.[6] 시간이 많이 소요되는 소송은 가치투자기업 T2파트너스의 공동창업자 휘트니 틸슨이 시애틀의 의류업체 커터&벅Cutter&Buck에 대해 정말로 활용하고 싶지 않았던 방법이었다. 그러나 커터&벅이 2000년 수익자료를 조작한 것으로 드러나자, 틸슨은 기업이 신속하게 회복할 수 있도록 자신이 무언가 해야 한다는 것을 알게 되었다.[7] 주가는 서서히 하락하고 있었다. 당시 T2파트너스는 커터&벅 지분의 약 2%를 보유하고 있었다. 이 지분은 틸슨이 운용하는 총자산 대비 6%에 달하는 규모로 그에게는 매우 중요했다. 그는 주주소송의 주요 신청인이 되었고, 조속한 합의를 통해 기업이 원상태로 회복하는 것을 목표로 한다고 명시했다. 틸슨은 자신의 노력이 전체과정을 신속히 진행되도록 했다고 말한다. 2003년 6월 커터&벅은 틸슨을 비롯한 투자자들과 합의에 이르렀고 그 일환으로 주주들에게 400만 달러의 현금을 지급할 것에 동의했다.[8] 틸슨은 "나는 소송에 참여하는 것이 나의 이익을 보호하기 위한 최선의 방법이라고 생각했다. 소송이 늦어지면 기업의 회복만 더뎌질 뿐이다."라고 말한다.

약 1년 후 커터&벅의 CEO는 틸슨에게 이사회에서 활동하지 않겠냐는 제안을 했다. 같은 시기 주주행동주의 투자자 파이러트는 대규모로 커터&벅 지분을 인수하며 위임장대결을 할 것이라고 협박했다. 틸슨은 자신이 주주행동주의의 반대편에 있다는 점을 발견했다. 2005년 9월 파이러트는 커터&벅이 특정 적대적 M&A 방어수단을 제거하겠다고 하자, 위임장대결 시도를 중단하는 데 동의했다. 2007월 4월 커터&벅은 스웨덴의 의류업체 뉴웨이브New Wave Group AB에 1억 5,650만 달러에 매각되었다.[9]

로스앤젤레스에 소재한 가치투자기업 퍼스트퍼시픽First Pacific Advisors의 스티븐 로믹Steven Romick 파트너는 일반적으로 그늘에서 머무르기를 고수한다. 그러나 그도 때로는 기업들에 대해 주주행동주의 전략을 펼치기도 한다. 로믹은 오하이오 콜럼버스Ohio Columbus에 소재한 소매기업 빅로츠Big Lots Inc.의 임원 보수 체계를 검토한 후, 이 기업의 이사보수위원회 의장에게 전화를 걸어 진행중인 스톡옵션 계획에 대한 우려를 표명하고, 이어서 자신은 스톡옵션 계획에 대해 반대표를 행사할 것이라는 내용을 담은 서한을 보냈다. 이후 이사보수위원회가 스톡옵션이 부여되기 이전에 몇 가지 목표가 달성될 것이라고 안심시키자, 그는 입장을 바꿔 스톡옵션 계획을 지지하기 시작했다. 현재 로믹은 상황을 지켜보는 입장이다. 로믹은 "기업이 잘될 때는 요구사항을 충족하기가 쉽지만, 기업이 어려움을 겪고 있을 때에도 과연 스톡옵션이 지속적으로 지급될 것인지는 지켜볼 필요가 있다."라고 말한다.

골드스타인은 최고의 투자자들은 변화하는 환경에 따라 가치투자와 주주행동주의 전략 모두를 민첩하게 구사할 수 있는 자들이라고 말한다. 그는 필요한 경우 수동적인 투자 전략에서 주주행동주의로 신속하게 전환할 수 있는 매니저들이 투자에 성공할 가능성이 높다고 덧붙인다. 틸슨은 비공개적으로 경영진에 적극 개입하는 것은 가치투자 전략의 성공에 매우 중요하다고 믿는다고 말한다. 로믹은 임원들과 대화하는 것 외에도, 대부분의 주주행동주의자들과 마찬가지로 철저한 실사를 실시한다고 말한다. 이는 공급업체, 고객, 다른 투자자 등 기업의 가치를 가늠하는 데 도움이 되는 모든 이들과 대화하는 것을 의미한다. 로믹은 심지어 경영진을 점검할 인력을 고용하기도 한다. 그는 "수치에만 의존해 주식을 매수하는 것은 무언가 부족하다"라고 말한다.

틸슨은 주주들과의 만남을 원하는 작은 기업의 임원들과는 자주 만난다. 하지만 해당 주주행동주의자의 지분 규모가 크지 않고, 기업이 클수록 CEO와 대화시간을 마련하기 힘들다. 그러나 틸슨은 콘퍼런스콜이나 공개 발표회 등을 통해 임원들과 접촉할 기회를 만들 수 있다고 말한다. 틸슨은 "일부 가치투자자들은 투자결정을 내리기 전에 CEO들을 만나고, 눈으로 직접 보면서 일정한 느낌을 받아야 한다."라고 말한다.

많은 가치투자자들도 주주행동주의자들처럼 임원진에게 개입하는 것을 보면, 각각의 전략을 별개의 것으로 보기 어렵다. 골드스타인은 저평가 기업의 지분을 보유하는 가치투자자들로부터 좋은 투자 아이디어를 얻는다고 말한다. 일부 투자의 경우 가치투자자들은 투자대상의 주가가 적어도 단기적으로는 오르기 힘들다는 것을 알아차린다. 경영진은 방어벽을 치고, 주가는 하락세를 멈추지 않는다. 가치투자자는 특정 주식을 수년간 보유하면서 여러 가지 이유로 주가가 올라야 한다고 예상하는 '가치의 덫'에 빠진다. 어떤 경우는 스스로 행동을 취하기도 한다. 골드스타인은 많은 가치투자자들이 자신이나 다른 주주행동주의자를 찾아와 도움을 구한다고 말한다. 골드스타인은 "이들은 내가 어떠한 변화를 유발할 수 있는지 알고 싶어한다"고 했다.

성공적인 가치투자자들 중에는 운용자산의 규모가 비대해져서 주주행동주의자가 될 수밖에 없는 경우도 있다. 재간접헤지펀드 매니저인 마이클 반 비어마는 헤지펀드 퍼싱스퀘어의 빌 애크먼이 원래는 수동적인 가치투자자였으나 시간이 지날수록 펀드가입자가 늘면서, 지속적으로 높은 수익률을 달성하기가 어려웠다고 강조한다. 운용해야 할 자금이 늘면서 높은 수익률, 분산투자 및 투자유동성 등 펀드가 요구하는 기준을 충족하는 투자 아이디어를 찾아야 하는 부담이 커지고 있다는 것이다. 반 비어마는 애크먼이 일정한 수익률을 유지하기 위해서 맥도날드와 같은 대형 기업들에 투자하여 변화를 압박해야 할 필요가 있다고 결심했다고 말한다. "자산가치가 커질수록, 애크먼은 자신이 투자한 저평가주로부터 기대되는 기회만을 기다리는 것이 힘들어졌다. 그는 자신의 수익률을 유지하고 싶었지만 이 과정에서 많은 어려움을 겪었고 동시에 신규 투자자들은 늘어나고 있었기 때문에 주주행동주의

행동주의 투자 전략

의 세계로 들어오게 되었다."라고 말한다.

　가치투자자들은 주주행동주의자가 존재를 드러내는 시점에 이미 해당 주식을 보유하고 있는 경우가 많다. 센토의 애슈턴은 애크먼이 맥도날드의 가치 개선을 위한 공개적 압력을 시작하기 전부터 이 기업의 지분을 보유하고 있었다고 강조한다. 또한 센토는 오퍼튜니티파트너스의 골드스타인과 산타모니카의 로런스 골드스타인이 공개적 압박 캠페인을 펼치기 이전부터 블레어의 주주였다. (이 주주행동주의자들은 블레어가 2005년에 매출채권 사업부를 1억 7,600만 달러에 매각하도록 결정을 내리는 데 도움이 되었다.[10]) 그러나 애슈턴은 주주행동주의자가 공개적으로 변화를 압박하기를 시작하면 가치투자자들이 해당 기업의 주식을 매수하지 않을 가능성이 높아진다고 덧붙인다. 이러한 주식들은 매수하기에는 이미 주가가 오른 경우가 많다고 말한다.

　T2파트너스의 틸슨은 주주행동주의자가 스케줄13D 공시를 제출하고 지속적으로 주가가 오르는 경우도 있다고 말한다. 하지만 이러한 경우에도, 틸슨은 애슈턴과 마찬가지로 즉각적으로 투자를 진행하지는 않을 가능성이 높다. 주주행동주의자가 공개적으로 겨냥하는 기업들의 주가가 주주행동주의자들이 캠페인 이전에 매집했던 주식 가격보다 낮은 수준으로 깊게 하락하는 경우도 있다. 틸슨은 주주행동주의자들이 상당한 가치를 창출하는 데 성공할 것이라는 예상에 근거하여 주식을 매수할 것이라고 말한다. 그는 "우리는 주주행동주의자들이 현 상황 속으로 들어오는 것을 환영한다. 주주행동주의자들은 자본할당에 대한 경영진과 이사회의 관심을 집중시킨다."라고 말한다.

　틸슨은 자신이 투자하기 전에 주주행동주의자의 과거 투자실적과 평판을 살펴볼 것이라고 말한다. 그러면서 주식을 분석하는 데 시간을 투자하고 가치창출이 발생할 가능성에 대해 깊이 생각한다. 또한 주주행동주의자들과의 대화를 통해 투자에 대한 팁을 찾기도 한다. 그는 "주주행동주의자가 공개적으로 개입하는 기업들은 대부분 분기보고서를 발표하고 주가가 적절한 가격으로 하락한다. 이때, 우리는 주주행동주의자가 결국에 촉매제를 자극하는 데 성공할 것을 예상하며, 주식을 사들인다."라고 말한다.

틸슨은 투자 아이디어를 얻기 위해, 스케줄13D 공시를 주시할 뿐만 아니라, 13F 공시도 검토한다. 13F 공시는 펀드매니저들이 자신들의 투자 선택에 대해 공개적으로 공시하기 위해 정기적으로 제출해야 하는 증권거래위원회 공시자료이다(오퍼튜니티의 골드스타인은 이 13F 공시 항목이 없어지기를 바라고 있다).

주주행동주의자가 기업을 압박하기 시작할 때, 지분을 보유한 가치투자자들은 이에 대해 지지하는 입장을 취할 것인지에 대해 판단해야 한다. 퍼스트퍼시픽의 로믹은 이 상황에서 의사결정의 가장 중요한 요소는 주주행동주의자가 해당 기업에서 추출해낼 자금을 투자할 새로운 대상을 찾을 수 있는 능력이라고 말한다. 로믹은 "만약 주주행동주의자가 기업에게 사업을 매각하거나 차입증가형자본재편을 하도록 압박한다면, 내가 자금을 회수한 이후에 어느 곳에 다시 투자할 것인지 알고 있을수록 이 주주행동주의자의 행동을 지지할 가능성이 높아진다."라고 말한다.

주주행동주의자와 가치투자자의 또다른 주요 차이점은 매수하려는 지분의 크기를 말할 수 있다. 애슈턴은 주주행동주의 압박을 통해 기업에 변화를 야기하려면 시가총액 10억 달러의 타깃기업에 의미 있는 수준의 지분율을 확보하기 위해서는 운용펀드의 총자산 5,000만 달러를 모두 동원해야 할 것이라고 말한다. 대부분의 가치투자자들은 소수지분을 매수하기 때문에 이러한 지분율로는 기업에 대한 영향력에 제약이 있을 수밖에 없다. 1~3%의 지분을 보유한 가치투자자는 비용 대비 수익 측면에서 소송이나 위임장대결을 위해 시간과 자금을 투자하지 않을 것이다. 투자스펙트럼의 정반대 편을 살펴본다면, 상당한 자금을 보유한 주주행동주의자들만이 개입하고 있는 기업들에 대해 의미 있는 영향력을 행사할 수 있다.

때로는 가치투자자들의 소극적인 태도는 주주행동주의자들을 화나게 한다. 오퍼튜니티의 골드스타인은 최근 어떤 기업에 대해 자신이 구상하고 있는 위임장대결을 지지할 것인지를 알아보기 위해 상당한 지분을 보유한 어느 가치투자자에 접근했다고 말한다. 골드스타인은 이 기업의 이사들과 임원들로 하여금 기업 매각에 대한 압력을 행사하기 위해 위임장대결을 고려하고 있었다. 이 특정 가치투자자가 지지를 보낸다면, 기업 경영진에 충분한 압력이 될 수 있었다. 골드스타인은 이러한 도움이 없이는 임원진을 흔들기에는 영향력이 부족할 것이라고 믿었다고 말한다.

골드스타인은 "나는 이 가치투자자들에게 기업의 가치가 떨어질 상황에 놓여 있으며 이 방향을 바꾸기 위해서는 무엇인가의 조치가 필요하다고 믿는다고 말했다"고 한다. 가치투자자들은 골드스타인이 원하는 것과는 다른 반응을 보였다. 실제로 위임장대결이 진행되기 전까지 가치투자자들은 판단을 유보했다. 이들은 골드스타인에게 진행될 가능성이 있는 노력에 대한 지지 여부를 밝히지 않았다. 골드스타인은 "이 가치투자자들은 자신들이 해당 지분을 왜 보유하고 있는지 알고나 있을까? 이들은 냉담하게 있으려 하지만, 그런 자세는 자신들에게 투자한 이들에 대한 선관의무를 위반하는 것이다. 특히나 결정을 내리지 못하는 이유가 업무량이 많아지기 때문이라면 투자자들에 대한 선관의무를 위반하는 것이다."라고 말한다.

캐널캐피털을 운영하는 카를로 캐널은 자신이 고집을 부리는 투자대상에 대해 조치를 취할 필요가 있으며, 그렇게 하지 않을 경우 투자자들에 대한 선관의무를 다하지 않는 것이라는 점에 동의한다. 캐널은 캐널캐피털이 가치투자, 롱-쇼트 전략, 부실채권 등 모든 전략을 구사한다고 말한다. 캐널은 때로는 주주행동주의 투자를 실행할 것이라고 말하지만, 그는 전면적으로 이 전략을 구사할 계획은 없어 보인다.

캐널은 전면적인 주주행동주의자가 되는 것이 최선의 전략은 아니라고 생각하는 이유를 설명하기 위해, 자신의 오래되고 낡은 회색의 문서보관함을 언급한다. 그가 1992년에 중고로 구매한 이 보관함은 수백 개의 기업들에 대한 문서를 보관하는 네 개의 수납공간으로 되어 있다. 일부 문서들은 캐널이 특정 기업들에 대해 전개한 주주행동주의 활동을 담은 보고서로 최대 200여 페이지로 구성되어 있다. 또한 이 문서철에는 일반적으로 녹취록, 증거물, 증권거래위원회 공시자료, 기타 서류 등이 포함되며, 대부분의 문서철은 15페이지 내외의 얇은 서류이다. 캐널은 각각의 투자 문서철과 투자수익을 비교하던 중 흥미로운 사실을 발견했다. 캐널은 "서류철의 두께와 투자수익 간에는 역의 상관관계가 존재한다. 서류가 두껍다는 것은 투입되는 시간, 자금, 노력 등도

행동주의 투자 전략

많다는 것을 의미한다."라고 말한다.

캐널은 전문적인 주주행동주의 투자자들의 서류철들이 모두 두 꺼울 것이라고 상상하면서도, 자신의 서류철보다 얇을 것인지에 대해서도 의심한다. 또한 그는 전업 주주행동주의자들이 상당한 수익을 얻기 위해 투입해야 하는 시간량은 대다수의 경우 얻은 수익에 비해 상당히 높은 수준일 것이라고 예상한다. 다시 말해 그는 주주행동주의자들의 이익보다 비용이 클 것이라고 말한다.

그러나 그럼에도 불구하고 캐널은 상황이 좌시할 수 없는 상태로 돌변하면 결국 주주행동주의를 실행할 것이다. 이에 해당하는 상황이 시장조사기업 오피니언리서치Opinion Research Corporation에서 나타났다. 이 기업은 결국 캐널의 두꺼운 서류철 중의 하나가 되었고, 이 사례에서 주주행동주의 전략을 구사하는 비용이 투자한 노력과 자금에 대한 가치를 지니는지는 아직 더 지켜보아야 한다.

애초에 캐널은 오피니언리서치 지분에 대해 소극적인 자세를 취했다. 2004년 오피니언리서치에 이사회 의석 두 개를 확보했던 바이아웃기업 LLR에쿼티LLR Equity Partners LP는 이사회의 독립성에 대해 의문을 품기 시작했다. 실제로 한 시점에 LLR에쿼티는 위임장대결을 고려하기도 했다. 이 사례를 지켜보던 일부 헤지펀드 매니저들에 따르면, LLR에쿼티의 압박에 대한 반응으로 오피니언리서치가 LLR에쿼티가 보유한 19.8% 지분에 대하여 약 2,000만 달러의 특별 프리미엄을 지불하면서 이들은 경영에 관여하지 않게 했다. 이 거래가 진행되는 것을 지켜보던 펀드매니저들은 이 거래가 자신들이 알고 있는 그린메일의 개념에 해당하며, 이 프리미엄은 LLR에쿼티가 당초 지불했던 금액보다 두 배

높은 수준이라고 말한다.

이 상황에서 캐널은 오피니언리서치의 CEO 존 쇼트John Short가 기업을 정상화시키지 못할 것이라는 점을 알아챘다. 캐널은 자신이 이에 대해 조치를 취해야 하며, 그렇지 않을 경우 투자자들에 대한 선관의무를 다하지 않는 것이라고 깨달았다. 캐널은 "우리는 이들이 모든 주주들을 공정하게 대우하기를 원했다. 우리는 어떠한 뒷거래도 원하지 않았다."라고 말한다.

2004년 12월 캐널은 기업의 이사들이 LLR에퀴티가 보유한 지분을 지나치게 높은 가격에 매수함으로써 투자자들에 대한 선관의무를 위반한 점을 들어, 오피니언리서치 이사회를 상대로 델라웨어 법원에 소송을 제기했다. 캐널은 오피니언리서치가 전략적 투자자들의 제안을 애초에 고려하지도 않고 해당 제안을 거절하였으며, 동시에 CEO는 경영 정상화에 실패했다는 의혹으로 인해 소송을 결심했다고 말한다.

2006년 2분기 오피니언리서치는 투자은행을 통해 기업 매각을 검토했다. 2006년 8월 또다른 마케팅기업 인포USA는 부채가치를 포함하여 주당 12달러 또는 총액 1억 3,400만 달러에 오피니언리서치를 인수했다.[11] 이 시기 델라웨어 법원은 조사에 착수했고, 캐널이 품었던 의심의 대부분이 사실로 드러났다. 캐널은 "기업이 무시했던 제안들이 우리가 예상한 것보다 많았다"라고 말한다.

법원의 문서에 따르면 1999년 오피니언리서치는 11개의 기업들에 접촉하였으며, 두 곳에서 진지한 관심을 표시했었다.[12] 그러나 투자은행을 통해 검토해본 오피니언리서치는 주당 14달러 이하의 제안들은 수용하지 않기로 결정했으며, 이 금액은 당시 주가보다 상당히 높은

510

가격이었다.[13] 오피니언리서치는 2000년부터 2003년까지 기업 전체를 인수하겠다는 주당 14~16달러의 제안들도 거절했다. 오피니언리서치는 일부 사업부에 대한 인수제안들 또한 거절했다. 어느 시점에서 오피니언리서치는 텔레마케팅사업부에 대한 매각을 추진했고, 두 개의 제안을 받았으나 모두 거절했다.[14] 이 제안은 2003년 오피니언리서치의 경영건설팅, 마케팅, 기술 사업부인 ORC 마르코ORC Marco를 인수하기 위한 것이었다. 법원 문서에 따르면, 매각 절차는 지연되었고 입찰자는 결국 입찰제안을 철회했다.[15] 기업 전체 또는 일부 사업부에 대한 인수제안들을 모두 거부한 후, LLR에퀴티가 보유한 지분을 프리미엄에 인수하기로 한 결정을 정당화하기 위해 2004년 8월 오피니언리서치는 투자은행을 통해 이 거래를 평가하여 정당화하도록 했다. 오피니언리서치에 대한 사전조사를 마친 CIBC 은행Canadian Imperial Bank of Commerce의 한 계열사는 "결과적으로 긍정적인 분석과 의견에 도달할 것에 대해 우려한다"고 발표했다.[16] 법원자료에 따르면 또다른 은행인 재니몽고메리스콧Janney Montgomery Scott LLC은 긍정적인 의견에 도달하기에 충분한 분석을 마쳤다고 발표했다.[17] 당연히 오피니언리서치는 제니몽고메리스콧을 고용했다.[18] 이 두 은행들은 모두 오피니언리서치와 업무를 함께한 경험이 있어 기업의 내부사정을 잘 알고 있다. 캐널은 "오피니언리서치가 정상적인 경매를 진행했다면 더 높은 가격을 받을 수 있었을 것이다"라고 말한다.

　　인포USA에 매각 후, 캐널은 보유 지분을 현금화하여 수익을 얻었다. 그러나 그는 델라웨어 법원에 제기한 소송을 철회하지 않았다. 캐널의 변호사들은 오피니언리서치 경영진이 주주들에 대한 책임을 다하지 않았다고 주장하며, 오피니언리서치로부터 합의를 얻을 수 있을 것이라고 믿는다. 캐널은 오피니언리서치에 주주행동주의를 시도하는 것에 대해 주저했지만, 이 기업과 관련해 발생한 일련의 사건들로 인해 주주행동주의 방식이 수익을 낼 수 있는 유일한 방법임을 깨달았다고 말한다. 그는 "누군가 투자자들로부터 무언가를 빼앗는다면, 우리는 우리의 투자자들에 대한 선관의무를 다하지 않는 것이다."라고 말한다.

우리는 가치투자자들과 주주행동주의자들은 비교하면서, 두 전략 중 어느 것이 우월한지 등의 문제에서 다양하고 복잡한 내용을 살펴보았다. 결국 캐널, 파브라이, 골드스타인 중 누가 선호한 방법이 더 좋은 것인지는 불분명하다. 앞서 살펴본 것처럼 주주행동주의의 영향력을 배제한 채 가치투자를 고려하는 것은 불가능하다. 주주행동주의자와 가치투자자 사이의 구분은 종종 불분명하다. 대부분의 매니저들은 어느 한 가지 틀에 꼭 들어맞지는 않는다. 때로는 각각의 투자방식의 시작과 끝을 알기 어렵다. 특정한 상황이 발생되어 이에 대한 압력을 받는 경우, 마지못해 주주행동주의자가 되는 가치투자자들을 살펴보았다. 가치투자자들 중에는 주주행동주의 및 다양한 다른 전략에 참여하는 이들도 있다. 전업 주주행동주의 매니저들은 종종 주주행동주의 투자와 소극적 가치투자 양쪽에 포트폴리오를 분산하기도 한다. 결국 대부분의 가치투자자들은 주주행동주의자들 하는 것처럼, 비공개적으로 임원진, 공급업체, 고객 등에 개입할 것으로 보인다.

펀드매니저의 성과를 지나치게 단기간을 기준으로 평가하지 않는 것이 중요하다. 10년 이상의 장기적인 결과를 평가하는 것이 투자성과에 대해 신뢰할 수 있는 측정이 가능하게 하는 유일한 방법이다. 전

행동주의 투자 전략

설적인 가치투자자 마틴 휘트먼의 서드애비뉴가치펀드는 설립된 1990년부터 지금까지 연평균수익률이 약 17%에 달한다. 또한 유명한 가치투자자 월터 슐로스의 펀드는 1955년부터 2000년까지 45년간 연평균 15.7%의 수익률을 기록했다.[19] 휘트먼과 슐로스는 상당히 높은 수익률을 기록했다.[20] S&P500은 슐로스의 투자기간 동안 연평균 12.2% 수익률을 기록했다.[21]

주주행동주의자들이 가치투자자들을 이기는 것이 가능한가? 대다수의 경우, 주주행동주의자들은 일반적으로 보다 단기적이긴 하지만 이와 유사한 성과를 달성했다. 스웨덴 스톡홀름에 소재한 세비안의 주주행동주의자 라르스 푀르베리와 크리스테르 가르델은 지난 10년간 수수료 수취 후를 기준으로 연평균 약 50%의 수익률을 기록했다. 캐나다 주주행동주의 헤지펀드 피터 푸체티는 자신이 운용하는 펀드 굿우드가 설립일로부터 현재까지 연평균 21.3%의 수익을 달성하고 있다고 말한다. 주주행동주의를 구사하는 PL캐피털의 파이낸셜에지펀드Financial Edge Fund는 펀드가 설정된 1996년부터 2006년까지 18%의 연평균수익률을 기록하고 있다.

결국 우리는 많은 수의 가치투자자들과 주주행동주의자들이 상호의존적이라는 것을 확인했다. 가치투자자들은, 특히 잠재력을 더 빠르게 드러내 보이고 싶은 기업들에 대해서 주주행동주의자들에게 투자 아이디어를 제공한다. 때로는 직접 소송을 진행하기 곤란한 경우 주주행동주의자를 찾기도 한다. 반대로 가치투자자들은 주주행동주의의 뒤에서 지원하거나 이미 주주행동주의자가 휘젓고 있는 기업에 투자함으로써 투자에 성공한다. 많은 가치투자자들이 더 높은 수익을 더 빠르게 얻는다는 점에서 주주행동주의자로 변모한다. 적어도 최근 가치투자자들의 성공 요인으로 주주행동주의자들을 꼽을 수 있을 것으로 보인다. 주주행동주의자들 또한 그들의 지지와 아이디어에 대해 전통적인 가치투자자들에게 고마워할 수 있을 것이다. 이 두 전략은 결국 불가분의 관계라 할 만하다.

| 결론 |

주주행동주의 시장은
포화된 것일까?

주주행동주의 투자자들이 미미한 규모의 운용자산을 보유하고 있고, 진지한 장기적 기관투자자들은 이들에게 실제로 큰 관심을 보이지 않는다는 점으로 인해 주주행동주의 시장이 용두사미가 될 것이라고 단정하기는 쉬울 것이다. 이는 미국의 경제계가 여러분들에게 믿도록 하고 싶은 것이다. 그러나 대부분의 헤지펀드 매니저들은 다르게 생각한다.

시카고의 헤지펀드리서치는 2004년부터 매년 점점 더 많은 헤지펀드들이 투자자들에게 보내는 마케팅 자료에 주주행동주의가 자신들의 중심전략이라고 기술하고 있다고 추정한다. 다른 연구들에서는 전통적인 헤지펀드 매니저들이 2008년 이후 규모가 커진 운용자산을 보유한 주주행동주의자들의 수가 늘어날 것으로 생각한다는 것을 보고했다.

주주행동주의 헤지펀드들이 크기와 숫자 면에서 증가한다는 세간의 인식 뒤에는 몇 가지 추세가 존재한다. 그중 한 가지는 과거보다 주주행동주의자들이 자금을 조달할 방법이 늘어났다는 점이다. 재간접 헤지펀드 매니저들은 주주행동주의 펀드에 투자하고 있다. 이들은 심지어 주주행동주의 재간접헤지펀드를 설립하고 있다.

또한 다양한 종류의 기관투자자들도 주주행동주의자들에 과거보다 더 많은 자산을 배분하고 있다. 토론토에 소재한 OTPP와 캘퍼스와 같이 기존에 수동적이었던 연기금들은 전 세계 주주행동주의자들에게 자산을 배분하는 것뿐만 아니라 직접적인 주주행동주의 참여도 늘리고 있다.

런던에 위치한 칠드런스인베스트먼트펀드는 수백만 달러 규모의 비영리사업부를 운영하고 있으며, 이 펀드의 이사회는 UN 산하기관의 관계자들을 포함하고 있다. 이 펀드가 특별히 투자와 노력을 집중하는 대상 기업들을 검토해보면, 새로운 종류의 주주행동주의가 나타나고 있다는 것을 보여주고 있다. 칠드런스인베스트먼트펀드가 네덜란드 은행 ABN 암로로 하여금 분할매각 또는 전체매각을 하도록 최초로 압박한 지 2개월 후, 바클레이즈Barclays Plc.는 910억 달러에 이 은행을 인수하기로 동의했다. 최근에 칠드런스인베스트먼트펀드는 톰슨Thomson

Corp.이 172억 달러에 매입할 재무정보 및 뉴스 제공기업인 로이터Re-uters Group Plc.로 관심을 돌렸다.

이외에도 몇 가지 경향들은 주주행동주의의 성장이 단기적인 현상이 아니라는 점을 증명한다. 예를 들어 주주행동주의자들은 지나치게 차입이 많고 부실화된 부도기업들을 강력히 흔들 수 있는 부실자산 투자 등으로 영역을 넓히며 확장해오고 있다. 일부 주주행동주의자들은 PE에도 손을 대고 있다. 주주행동주의자들은 운용자산의 증가에 힘입어 대량의 지분을 매수하고 다양한 형태와 크기의 기업들에 대해 변화의 압력을 행사한다.

주주행동주의자가 떠오르고 있다는 또다른 현상은 AOL-타임 워너 사건 이후, 투자자들이 기업가치를 저해할 것으로 예상되는 M&A에 대해서 더이상 수동적인 자세를 취하지 않는 것이다. 이들은 오히려 M&A를 저지하고 있다. 이들은 기업에 M&A를 하도록 압박하고, M&A를 저지하고, 더 높은 가격을 지불할 다른 인수자들을 물색한다.

이들은 이전보다도 더욱 빈번하게 소송을 제기하고 마찬가지로 더 많은 소송을 당한다.

동시에 주주행동주의 투자자들은 연대 세력을 형성하고 더 많이 소통하고 있다. 과거보다 이들은 기관투자자들, 임원진들, IR담당자들과 더 자주 소통한다. 또한 이들은 다른 투자자들과 대화하는 데 더 많은 시간을 투자하고 있다. 온라인회의, 회의장, 특별주주총회, 연차주주총회 등 어느 곳에서든 이들은 서로를 찾고 있다.

주주행동주의자가 전개하는 모든 공개적 압박 캠페인의 뒤에는 비공개 회의들이 많이 진행된다. 투자자들과 기업 임원진 간에 얼마나 많은 비공개 회의가 진행되는지는 알기 힘들지만, 주주들이 자신들의 의견을 더욱 효과적으로 피력할 수 있도록 변했기 때문에 이러한 주주행동주의 방식은 급증했을 것이다.

일부 비판가들은 이들의 크기와 숫자가 늘어나면서 주주행동주의 전략은 자연적으로 포화 상태에 도달할 것이고, 그렇게 되면 주주행동주의자들이 겨냥할 수 있는 저평가 기업들의 숫자가 줄어들 것이라고 주장한다. 주주행동주의자들은 점점 더 규모가 커지고 있는 많은 비공개 거래를 주도해오고 있다. 많은 기업들이 공모시장을 떠날수록, 주주행동주의자들과 PE 기업들의 입장에서는 기회가 줄어들게 된다. 만약 바이아웃전문업체들이 좋은 딜 기회의 부족으로 사업을 접기 시작한다면, 전략적 인수자가 없는 경우가 늘고, 이들에 의지하던 주주행동주의자들은 타격을 입을 것이다. 이는 즉 앞으로 주주행동주의자들의 수가 지나치게 많아지고 기회는 줄 것이라는 것을 의미한다. 의회가 검토하고 있는 헤지펀드 세금인상 법안이 통과될 경우 헤지펀드 매니저들 또한 주주행동주의를 구사하는 데 어려움을 겪을 수 있다.

일부 전문가들이 주주행동주의자들의 노력을 저해할 것으로 주장하는 다른 요소로는 공시가 있다. 만약 증권거래위원회가 스케줄13D 제출의 정시성에 대해서 요구 수준을 높이고, 보다 자세한 공시를 요구한다면, 적어도 미국에서만큼은 일부 주주행동주의자들의 캠페인에 제동이 걸릴 수 있다. 영국의 규제당국 또한 주주행동주의의 성장을 주시하고 있다. 칠드런스인베스트먼트펀드의 대규모 주주행동주의는 몇몇 다른 주주행동주의 헤지펀드들과 더불어, 최근 헤지펀드의 시장조작에 대한 가이드라인을 발표한 미국 규제당국이 분노하게 된 원인일

행동주의 투자 전략

것이다. 가이드라인의 내용에는 영국재정청Financial Services Authority of the U.K.이 다른 주주행동주의자가 지분공시의무를 피하도록 돕기 위해 타깃기업의 지분을 인수하는 헤지펀드들을 곱지 않은 시선으로 바라볼 것이라는 부분이 포함되어 있다.

그러나 주주행동주의자들은 투자기회가 줄어들거나, 공시기준의 잠재적 강화, 시장의 포화 등에 대해 적어도 아직까지는 우려할 만한 것이 아니라고 여기는 듯하다. 이들은 흥미로운 사실을 이야기한다. 일반적으로 주주행동주의자들은 이미 진행하고 있는 여러 개의 캠페인이 있어도, 다른 잠재적 타깃에 대해서도 행동을 취할 준비를 한다. 자금, 에너지, 시간, 인력 등의 부족은 이러한 대체 타깃들에 행동을 취하기까지 잠시 기다려야 한다거나, 아예 이러한 기업들에 대해서는 캠페인이 진행되지 못할 수도 있다는 것을 의미한다. 현재는 많은 주주행동주의자들이 한번에 한두 개 이상의 캠페인을 감당할 수 없다. 이는 잠재적 타깃들에 대해서는 단기적으로 행동을 취하지 않는다는 것을 의미한다. 손대지 않은 기회들은 여전히 존재한다는 것이다.

또다른 요인으로 주주행동주의자들이 많아질수록 특정 주주행동주의 헤지펀드가 자신을 도울 다른 주주행동주의자를 찾을 가능성이 높아진다는 것이 있다. 주주행동주의 스타일의 주주들이 증가하여 소극적이고 경영진에 우호적인 표를 남발하는 투자자들을 대체한다면, 주주행동주의자가 기업에 변화를 압박하여 그들의 반응을 이끌어낼 가능성은 높아질 것이다. 결국 주주행동주의가 강화된다는 것은 주주행동주의자들에 더 많은 기회들이 생긴다는 것을 의미한다.

또한 기술이 모든 것을 가능하게 할 것이다. 위임장대결을 통해 언론을 활용한 캠페인을 전개하고자 하는 주주행동주의자가 온라인에서 유튜브, 블로그, SNS를 활용하는 것을 기대할 수 있다. 증권거래위원회는 기업들과 주주들 모두에 대하여 전자위임장 환경을 선도하고 있다. 이는 무엇을 의미하는가? 헤지펀드 매니저들이 새로운 주주행동주의자 세력인 주주행동주의 개인투자자들을 만난다는 것이다. 에릭 잭슨이 야후와 모토로라에 대해 펼친 노력을 따라, 다른 개인투자자들은 기업의 규범을 흔들기 위해 풀뿌리 캠페인을 전개했다. 그리고 이들이 기관투자자들의 지지를 받으려 한다는 점에 주의해야 한다.

그러나 성장통은 여전히 존재한다. 주주행동주의자들의 집단적인 성과는 여전히 전체적으로, 또한 지속적으로 S&P500을 초과하기는 하지만 초과분은 감소하고 있는 것으로 나타난다. 일부 신규 주주행동주의 투자자들은 이 전략을 구사함에 있어서 문제를 겪을 가능성이 높다. 이들은 아마도 주주행동주의에 필요한 공격적인 성향과 철면피 기질이 결여되어 이 전략을 활용하는 데 능숙하지 못할 수 있다. 이유가 무엇이든 간에 일부 주주행동주의자들은 소모전으로 인해 자취를 감출 것이다. 만약 이들이 성공하는 경우, 이들은 랠프 위트워스를 비롯한 다른 성공한 지배구조 주주행동주의자들의 반열에 오르기 전에 이 전략을 올바로 구사하기 위한 시간이 필요할 것이다.

기업들의 반응 또한 잘 살펴보아야 한다. 임원들과 IR담당자들은 주주행동주의 시도에 대해 대응할 준비가 되어 있고 신속하게 대응한다. 기업은 곧 주주행동주의 캠페인에 대해 즉각적인 반응을 이끌어낼 수 있는 유튜브 등의 활용에 투자할 것이다. 투자자들이 표를 행사하기 위해 준비하는 동안, 기업 임원들은 자신들의 입장을 설명하는 비디오 팝업창을 띄울 것이다. 경영진들이 주주행동주의자들에 대항해 투자자들을 더욱 신속하게 동원할 수 있는 능력이 커지고 있는 것도 무시할 수 없는 부분이다.

아마도 다른 전략들처럼 주주행동주의 투자 전략도 유행이 돌고 돌 것이다. 새롭고 매력적인 것을 시도하고자 하는 매니저들은 성공적이기 위해서 매우 많은 시간과 노력이 필요할 것이라는 예상을 하지 않고 주주행동주의 전략에 뛰어들 수 있다. 전환사채와 주식 간에 가격 비효율성을 통한 차익거래 전략 또한 유행이 돌고 돌았다.

그러나 채프먼캐피털의 로버트 채프먼은 주주행동주의 분야는 기본적으로 주주행동주의 캠페인의 성공 여부를 떠나 주가가 상승할 펀더멘털상 저평가된 기업에 투자하기 때문에 포화 상태에 도달하거나 매력을 잃게 될 것이라는 점을 믿지 않는다고 말한다. 그는 "우리는 위험과 보상에 초점을 맞춘다"라고 말한다. 필립 골드스타인은 주주행동주의가 사라질 것이라는 생각은 가치투자 전략이 갑자기 없어질 것이라는 생각처럼 말도 안 되는 것으로 들린다고 말한다. 그는 "그렇게 될 가능성은 없다"라고 잘라 말한다.

ISS의 크리스토퍼 영은 다른 견해를 가진다. 그는 소형주 기업들을 인수하는 주주행동주의자들의 증가는 해당 규모의 기업들에 대한 기회가 줄어드는 결과를 초래한다고 믿는 반면, 5년 전까지만 해도 시도할 수 없었던 다른 기회들이 많아진다고 말한다. 운용자산이 증가하면서 대부분의 주주행동주의자들이 과거에는 엄두를 내지 못했던 대형주 기업들에 대해서 새로운 기회들이 열리고 있다. 운용자산 규모로 인해 전통적으로 소형주를 공략해왔던 주주행동주의자들은 자산규모가 수십억 달러로 성장했다. 이들의 규모가 커진 것은 이들이 홈디포, 모토로라, 보다폰, 다임러-크라이슬러, 맥도날드와 같이 몇 년 전에는 손을 댈 수 없었던 대형주 기업들에게 자신들의 존재를 알릴 수 있게 되었음을 의미한다.

중형주 기업군 또한 새로운 분류의 투자기회가 되고 있다. 브리든이 시가총액 19억 달러의 레스토랑체인 애플비스Applebee's International Inc.를 상대로 전개한 공개적 압박 캠페인은 주주행동주의자들이 새로운 분류의 투자처를 찾고 있다는 것을 증명한다. 전前 증권거래위원회 회장이자 브리든의 이사인 리처드 브리든은 애플비스가 인수자들을 물색하고 사외이사를 선임하겠다고 약속하자 위임장대결 계획을 취소했다. 2007년 7월 애플비스는 아이홉IHOP Inc.와 두 명의 투자자들에게 21억 달러에 매각되었다.

지난 수년 동안 분명히 많은 변화가 있었다. 1954년, 루이스 울프슨은 시카고에 소재한 백화점체인 몽고메리워드를 상대했다. 2006년 워런 리히텐슈타인은 한국의 담배인삼기업 KT&G의 이사회와 대결하기 위해 지구 반대편까지의 여정을 감수했다. 주주행동주의자들이 기존에 투자자들의 공격을 경험하지 못한 국가들을 향해 확장하는 것은 수년 전에는 존재하지 않았던 새로운 기회를 보여준다. 주주행동주의자들이 도이체뵈르제의 런던증권거래소 인수 시도를 저지할 때, 그 노력은 주주행동주의를 생각해보지 못한 많은 유럽인들의 관심을 주주행동주의로 모으는 역할을 했다. 특별하고 굳건한 수익을 얻고자 하는 주주행동주의자들은 자신들의 역량을 발휘해 러시아, 우크라이나, 한국, 중국, 일본, 그리고 독일, 인도, 아프리카Africa, 아제르바이잔 등에서 자

행동주의 투자 전략

신들의 투자회사를 설립하고 있다.

　　스웨덴의 라르스 푀르베리에게 물어보라. 그는 주주친화적인 북유럽에서는 주주행동주의의 한계가 없다고 믿는다. 한때 유럽대륙에서 외롭게 주주행동주의를 외쳤던 가이 와이저-프랫은 새로운 유럽 주주행동주의자 세대와 함께 활동한다.

　　만약 북미 시장에 포화가 발생하고 약한 주주행동주의자들이 도태된다면, 더 많은 주주행동주의자들이 나타나고 미지의 새로운 세계로 뻗어나갈 것이다. 미국 외의 지역에서 주주행동주의자들이 출현한 것은 많은 이들을 더욱 놀라게, 혼란스럽게 하고 있다. 한때 기업 상하구조의 상에서 안락한 시간을 보내던 유럽 또는 아시아 기업의 임원들은 이제 투자자들로부터 회사의 사업 전략에 대한 새롭고 어려운 질문들을 직면해야 한다. 또한 주주행동주의자들은 아직도 건드리지 못한 시장들이 많다. 전 세계 기업들을 상대하는 주주행동주의 경향은 이 전략이 내일 당장 사라지지는 않을 것이라는 것을 믿기에 충분한 이유가 된다. 이미 러시아, 한국, 일본의 규제당국, CEO, 다른 투자자들은 자신들의 머리를 긁적이고 있다. 과연 이 주주행동주의자들은 누구인가?

| 주석 |

도입

1_ April Klein, associate professor, Stern School of Business, New York University; Emanuel Zur, doctoral student, Stern School of Business, NYU, "Hedge Fund Activism," September 2006, p.2.

2_ Alon Brav, associate professor of finance, Duke University; Wei Jiang, associate professor of business, Columbia University; Frank Partnoy, law professor at University of San Diego; and Randall Thomas, professor of Law and Business at Vanderbilt University, "Hedge Fund Activism, Corporate Governance and Firm Performance," September 22, 2006, p.2.

3_Mark Hullbert, "A Good World for Hedge Fund Activism," New York Times, February 18, 2007.

4_See note 2.

1장

1_S.Randy Lampert, Andrew Shiftan, Sasha Soroudi, Amar Kuray, "Management in an Era of Shareholder Activism," Morga Joseph & Co., July 2006, p.5.

2_Id.

3_Reinhardt Krause, "MCI Bidding War Calls To Question AT&T Acquisition; SBC Purchase Price Too Low?; Some Analysts Argue AT&T Selling Itself Cheap, in Light of the Verizon, Qwest Saga," April 11, 2005.

4_Lapert et al. p.6.

5_Anastasia Ustinova, "Prison Firm Going Private: Sale Draws Objections from Some Investors," Houston Chronicle, October 10, 2006.

6_Press release, "Committee on Capital Markets Regulation Recommends Enhancing Shareholder Rights and Curbing Excessive Regulation and Litigation," November 30, 2006.

7_Glenn Hubbard, dean of the Columbia School of Business, and John Thornton, Chairman of the Brookings Institution. The Committee on Capital Markets Regulation is an independent, bipartisan and diverse group of 22 experts from the investor community, business, finance, law, accounting and academia. "Interim Report on U.S. Public Companies Going Private," revised December 5, 2006, www.capmktsreg.org/research.html

8_Diana B. Henriques, White Sharks of Wall Street: Thomas Mellon Evans and the Original Corporate Raiders. New York: Scribner, 2000.

9_Id.

10_Alan J. Wax, "Corporate Raider to Corporate Savior," Newsday, October 12, 1986.

11_Id.

12_Ken Auletta, "The Raid; Annals of Communications," New Yorker, March 20, 2006.

13_David Smith, "Hedge-Fund Master, Ex-Oilman Pickens to Talk in Little Rock," Arkansas Democrat Gazette, November 22, 2006.

14_Mark Tatge, "Irv the Operator," Forbes, November 29, 2004.

15_The Associated Press, "Investor Group Increases Stake in Avon," November 28, 1989.

16_Kathleen Pender, "Asher Edelman Says He'd Break Up Lucky," San Francisco Chronicle, September 26, 1986.

17_Diana B. Henriques, "Wall Street; Pity These Minority Shareholders," New York Times, May 12, 1991.

18_Andrew Dolbeck, "Investors, IPOs, and Shark Repellent," Weekly Corporate Growth Report, June 28, 2004.

19_David Vise, "Fed Proposes Restriction on Financing Takeovers," The Washington Post, December 7, 1985.

20_Ralph Whitworth, "United Shareholder Association: Mission Accomplished." Remarks of Ralph Whitworth, Investor Responsibility Research Center, Conference on Shareholder and Management Cooperation, October 27, 1993.

21_Id.

22_Id.

23_Id.

24_Id.

25_Christopher Palmeri, "Meet the Friendly Corporate Raiders; When Relational Investors Buy In, the Board Often Takes Its Advice without a Fight," Business Week, September 20, 2004.

26_Barry Rosenstein, "Activism Is Good for All Shareholders," Financial Times, March 10, 2006.

2장

1_Jonathan Stempel, "Bond Fund Manager Takes Activist Stance/Agitation Is Rare for Listless Investors," Houston Chronicle, March 24, 2002.

2_Brett Cole, "Yankee Candle OKs Buyout by Madison Dearborn LLC," Bloomberg, October 26, 2006.

3_James Politi, "Ripplewood Group to Buy Reader's Digest," Financial Times, November 17, 2006.

4_PR Newswire, "Pirate Capital Wins GenCorp Proxy Contest," April 7, 2006.

5_S. Randy Lampert, Andrew Shiftan, Sasha Soroudi, Amar Kuray, "Management in an Era of Shareholder Activism," Morgan Joseph & Co., July 2006, p.3.

6_April Klein, associate professor Stern School of Business, New York University; Emanuel Zur, doctoral student, Stern School of Business, NYU, "Hedge Fund Activism," September 2006, p.5.

7_Press release, "Agreement to Include Acquisition of Blair Credit Portfolio," April 27, 2005.

8_Press release, "Ligand Announces Sale of AVINZA, September 7, 2006; press release, Ligand Announces Sale of Oncology Product Lines as Next Step in Shareholders Value Maximization Process; Aggregate Cash Consideration to Ligand from Commercial Products Sales of AVINZA and Oncology Product Lines Exceeds $500 Million Plus AVINZA Royalties," September 7, 2006.

9_Press release, "Ligand Announces Sale of Real Estate," October 26, 2006.

10_Press release, "Chapman Capital Recommends Reorganization of Cypress Semiconductor Corporation," December 28, 2006.

11_Id.

12_Business Wire, "Six Flags Announces Results of Consent Solicitation," November 29, 2005.

13_Glenn Singer, "Embattled CEO McLain Quites Boca-based Nabi," South Florida Sun-Sentinel, February 16, 2007.

14_Press release, "Carl C. Icahn Appointed Chairman of ImClone Systems," October 25, 2006.

15_Press release, "Multimedia Games and Liberation Investments Resolve Proxy Contest; Special Shareholders' Meeting Will Not Be Held," October 25, 2006.

16_PR Newswire, "Computer Horizons Announces Certified Results of Special Meeting of Shareholders," October 18, 2005.

17_Press release, "Computer Horizons Announce Reorganization of Commercial Division and Corporate Cost Reductions," December 1, 2005.

3장

1_Alon Brav, associate professor of finance, Duke University; Wei Jiang, associate professor of business, Columbia University; Frank Partnoy, law professor at University of San Diego; and Randall Thomas, professor of Law and Business at Vanderbilt University, "Hedge Fund Activism, Corporate Governance and Firm Performance," September 22, 2006, p.2.

2_Press release, "Knight Ridder Reports Third Quarter Results," October 14, 2005.

3_Press release, "McClatchy Completes Acquisition of Knight Ridder," June 27, 2006.

4_Brav et al., p.22.

5_Id., p.3.

6_Id.

7_Id.

8_Hu, Henry T.C. and Black, Bernard S., "Empty Voting and Hidden (Morphable) Ownership: Taxonomy, Implications, and Reforms." Business Lawyer, Vol.61, pp.1011-1070, 2006.

9_Id.

10_Press release, "The Brink's Company Closes Sale of BAX Global for $1.1 Billion," January 31, 2006.

11_Press release, "The Brink's Company Announces Self-Tender Offer For up to

10,000,000 Shares of Common Stock," March 8, 2006.

12_Dale Kasler, "GenCorp Replaces Chairman; Amid Pressure over Fiscal Results, CEO Position and the Top Board Job Are Split," Sacramento Bee, February 17, 2007.

13_Advocate staff report, "Hibernia Stock Deal Triggers Possible Civil Action on Hedge Fund," Baton Rouge Advocate, November 2, 2006.

14_"Activist Hedge Fund Pressures Southern Union to Amend Bylaws," National Gas Intelligence, January 22, 2007.

15_"Gabelli Settlement Underscores Auction Bid Frauds," Telecom Policy Report, July 17, 2006.

16_Lisa Gewirtz-Ward, "Outback Walkabout Leads to LBO," The Deal, November 7, 2006.

17_Id.

18_Id.

19_Press release, "Bally Total Fitness Announces Closing of Crunch Fitness Sale," January 20, 2006.

20_Press release, "Bally Total Fitness Announces Election Results," February 10, 2006.

21_"Bally Total Fitness Plans to File for Bankruptcy," Reuters, May 31, 2007.

4장

1_"Liquid Audio to Reimburse Shareholder for Proxy Fight," Mercury News, January 18, 2003.

2_PR Newswires, "Delaware Supreme Court Invalidates August 2002 Expansion of Liquid Audio Board of Directors," January 9, 2002.

3_Chuck Bartels, "Wal-Mart Begins Testing Online Music Service," CMP TechWeb, December 18, 2003.

4_Tamara Loomis, "Beware Delaware," New York Law Journal, May 15, 2003.

5_PR Newswire, "MM Companies, Inc. Responds to Liquid Audio, Inc. Lawsuit," August 22, 2002.

6_"Judge Delays Caremark Shareholder Vote," AFX Asia, February 14, 2007.

7_Ben Stein, "Shareholders? What Shareholders? New York Times, January 21, 2007.

8_Lewis Krauskopf and Jessica Wohl, "CVS Boosts Caremark Bid with Sweeter Dividend Plan," Reuters News, February 13, 2007.

9_Id.

행동주의 투자 전략

10_Associated Press, "CVS completes $26.5B Caremark Acquisition, to Buy Back Shares," March 22, 2007.

11_Reuters News, "Carter-Wallace Agrees to Be Split For $1.1 Billion," May 8, 2001.

12_Id.

13_Cede & Co., Inc. v. MedPointe Healthcare Inc., No. Civ. A. 19354-NC, 2004 WL 2093967 (De. Ch. August 16, 2004), p.2.

14_Geoffrey C. Jarvis, "State Appraisal Statutes: An Underutilized Shareholder Remedy," Corporate Covernance Advisor, May/June 2005, p.3.

15_Cede & Co., Inc. v. MedPointe Healthcare Inc., No. Civ. A. 19354-NC, 2004 WL 2093967 (De. Ch. August 16, 2004), p.31.

16_"Gabelli Gets 40 Pct Premium in Carter-Wallace Deal," Reuters News, November 1, 2004.

17_Brett Duval Fromson, "Companies to Watch," Fortune, September 28, 1987.

18_Id.

19_Id.

20_Id.

21_"Kahn Brothers' Irving, Alan & Tommy Kahn. We're Dealing in Blemished Fruit. Polished Apples Are Too Damned Expensive." Outstaning Investor Digest, Vol.VI, Nos. 8 and 9, November 11, 1991, p.28.

22_Andrew Bary, "Street Fighter," Barron's, March 13, 1995.

23_The proxy rules referred to herein were promulgated by the SEC pursuant to the Securities and Exchange Act of 1934.

24_PR Newswire, "Delaware Court Rejects Bally's 'Poison Pill' Motion; Liberation Addresses Bally's Governance Reforms," Liberation Partners, January 12, 2006.

25_S. Randy Lampert, Andrew Shiftan, Sasha Soroudi, Amar Kuray, "Management in an Era of Shareholder Activism," Morgan Joseph & Co., July 2006, p.12.

26_Howard O. Godnick, Partner Litigation, William H. Gussman, Jr., Special Counsel, Litigation, "Beware the Counterattack Against Activist Investors: The Group Trap," Schulte Roth & Zable, 2006, p.1.

27_Id.

28_Godnick et al.,p.2.

5장

1_Jerry Hirsch, "California Farmers Bros. Makes Inquiry into Repurchasing Shares. The Coffee Company Has Held Talks with a Major Investor in Exploring the Possibility of Going Private, Sources Say," Los Angeles Times, April 30, 2003.

2_Business Wire, "Farmer Bros. Reports First Quarter Loss of $0.08 per Share," November 8, 2005.

3_Forum for Shareholders of Farmer Brothers, "Request for SEC Action to Require Provision of Information Prior to Voting at Annual Meeting," February 13, 2004, www.shareholderforum.com/farm/Process/20040213_letter.htm.

4_S. Randy Lampert, Andrew Shiftan, Sasha Soroudi, Amar Kuray, "Management in an Era of Shareholder Activism," Morgan Joseph & Co., July 2006, p.9.

5_Id.

6_Lampert et al., p.11.

7_Press release, "Multimedia Games and Liberation Investments Resolve Proxy Contest: Special Shareholders' Meeting Will Not Be Held," October 25, 2006.

8_Lampert et al., p.8.

9_Sheila McGovern, "Takeover of Cinar Is Completed: Shareholders Accepted Offer of $144 Million U.S.," Montreal Gazette, March 16, 2004.

10_Lampert et al. p.11.

11_Martin Lipton, Eric M. Roth, March Wolinsky, Joshua R. Cammaker, Mark Gordon, "Be Prepared for Attacks by Hedge Funds," Wachtell, Lipton, Rosen & Katz, December 21, 2005.

12_Id.

13_Id.

14_PR Newswire, "Golden Gate Capital Completes Acquisition of GEAC Computer Corporation for US$1 Billion, Cash Price of US$11.10 per Share," March 14, 2006.

6장

1_Press release, "Glenayre Technologies Proposes Name Change to Entertainment Distribution Company, Clarke Bailey to Serve as Chairman Non—Executive—Jim Caparro Appointed to President, Chief Executive Officer and Elected as Director," November 7, 2006.

행동주의 투자 전략

2_Institutional Shareholder Services, "Hot Topics for the 2006 Proxy Season and Beyond," 2006, p.28.

3_Andrew Ward in Atlanta, James Politi in New York, "Home Depot Chief Nardelli Steps Down," Financial Times, January 11, 2007.

4_David Cay Johnston and Julie Crewsell, "Home Depot Proxy Fight Is Settled," New York Times, February 6, 2007.

5_Id.

6_Videsh Kumar, "Yahoo! Holder Building a Dissident Nation," TheStreet.com, January 10, 2007.

7_Johathan R. Laing, "Insiders, Look Out!" Barron's, February 19, 2007.

8_"What's a CEO Worth?" Globe and Mail, January 8, 2007.

9_Id.

10_Id.

11_Karen Jacobs, "Home Depot Investors Try to Halt Ex—CEO Exit Pay," Reuters News, January 10, 2007.

12_Executive Compensation and Related Person Disclosure, SEC Release Nos. 33—8732A; 34—54302a September 8, 2006.

13_Id.

14_Id.

15_Nicholas Neveling, "SEC Enters Digital Age," Accountancy Age, October 5, 2006.

7장

1_Press release, "Synergy Financial Group, Inc. Announces Annual Meeting Voting Results," April 13, 2006.

2_Id.

3_"New York Community bank buys Synergy for $168 mln," Reuters, May 14, 2007.

4_PR Newswire, "Seidman to Continue to Pursue Board Representation and Improved Financial Performance at Yardville National Bancorp," May 15, 2006.

5_Peter Moreira, "PNC to buy Yardville National Bancorp for $403M," (The Daily Deal, June 7, 2007).

6_Eric Schlelzig, "Massey to Buy Back $500M of Common Shares," Associated Press Newswires, November 15, 2005.

7_"Houston Exploration Rejects Fund's Offer, Will Explore 'Strategic' Options," Gas Daily, June 27, 2006.

8_Purva Patel, "ANADARKO's ACQUISITIONS/Exploration Powers Deals/Storied Name Likely Getting Local Address/Longtime Oklahoma Drilling Company Already Has 800 Houston Workers," Houston Chronicle, June 24, 2006.

9_John Hanna, "Shareholders Re—Elect Three to Payless Board," Associated Press Newswires, May 27, 2004.

10_"US: Cocozza Joins Stride Rite Board," just—style.com, May 30, 2006.

11_PR Newswire, "Steven Madden, Ltd. and the Barington Capital Group Reach Agreement – Company Will Allocate $25 Million to Share Repurchase and/or Dividends in 2005—Company Will Add an Additional Independent Director to the Board," February 2, 2005.

12_ Nancy Dillon, "Nautica Agrees to Dock with VF," New York Daily News, July 8, 2003.

13_ David Moin and Vicki M. Young, "Investor Group Takes 5.6% Warnaco Stake," Women's Wear Daily, August 22, 2006.

14_ Elisabeth Butler, "Warnaco's Popularity Just a Flash in the Pan: Surge On Sale Rumors Doesn't Dispel Basic Woes: Chaps Chafes," Crain's New York Business, August 21, 2006.

15_ April Klein, associate professor Stern School of Business, New York University; Emanuel Zur, doctoral student, Stern School of Business, NYU, "Hedge Fund Activism," September 2006, pp.10,11.

16_"Lone Star Says Shareholder Wins Proxy Fight," Reuters, July 12, 2001.

17_"Funds Say to Vote "No" on Lone Star Buyout," Reuters News, November 1, 2006.

18_"GEAC to Be Sold to Golden Gate for $1 Billion," Reuters News, November 7, 2005.

19_ Business Wire, "Vector Capital Completes $200 Million Take—Private Buyout of Register.com; Private Equity Firm to Help Register.com Expand Online Services Offered to Small Business, November 7, 2005.

20_ Kevin Murphy, "Register.com Rejects Rogue Director Buyout Bid," ComputerWire News, June 21, 2005.

21_PR Newswires, "Aladdin Finalises US$5 Million Acquisition of Preview System's ESD Business," July 19, 2001.

22_ Ross Kerber, "Shareholder's SEC Filing Targets Edgewater's Ties with Customers," Boston Globe, January 23, 2001.

8장

1_"Deals: The Two Sides of Chrysler's War," Mergers & Restructuring, July 8, 1996.

2_Ralph Whitworth, "United Shareholders Association: Mission Accomplished." Remarks of Ralph Whitworth, Investor Responsibility Research Center, Conference on Shareholder and Management Cooperation, October 27, 1993.

3_Miriam Hill, Patricia Horn, and Wendy Tanaka, "Disney Strips Eisner of Chairman's Role; He Remains CEO, Aided by Mitchell," Philadelphia Enquirer, March 4, 2004.

4_Fran Hawthrone, "What the New SEC Rules Do for Activism," Institutional Investor, April 1, 1993.

5_Id.

6_Id.

7_PR Newswire, "JP Shareholder Supports Changes in SEC Proxy Regulations," September 2, 1992.

8_Id.

9_Regulation of Takeovers and Security Holder Communications, SEC File No. S7−28−98; Release No.: 34−42055, October 26, 1999.

10_Disclosure of Proxy Voting Policies and Proxy Voting Records by Registered Management Investment Companies, SEC Release Nos.34−47304, IC−25922, April 14, 2003.

11_James Paton, "New Rules on Fund Proxies to Help Disclosure," Reuters News, August 25, 2003.

12_Disclosure Regarding Nominating Committee Functions and Communications between Securitiy Holders and Boards of Directors, SEC Release Nos. 33−8340; 34−48825, December 11, 2003.

13_Internet Availability of Proxy Materials, SEC Release No.: IC−27182, File No.: S7−10−05, December 8, 2005.

14_Kaja Whitehouse, "NYSE Postpones Ruling on Broker−Vote Proposal," Dow Jones Newswire, September 22, 2006.

15_Nick Snow, "Institutional Investors Council Offers Its Own Auditor Reform Suggestions," Petroleum Finance Week, February 11, 2002.

16_Jennifer E. Bethel, associate professor at Babson College in Wellesley, and Stuart L.

Gillan, TIAA CREF Institute, "The Impact of the Institutional and Regulatory Environment on Shareholder Voting," TIAA CREF Institute, 2002, p.20.

17_Id., p.2.

18_See note 14.

19_Gretchen Morgenson, "NYSE Postpones Plan on Shareholder Voting," New York Times, October 4, 2006.

20_Id.

21_Id.

22_Executive Compensation and Related Person Disclosure, SEC Release Nos. 33-8732A; 34-54302a, September 8, 2006.

23_Security Holder Director Nominations, SEC Release No. 34-48626, October 23, 2003.

24_Id.

9장

1_Alon Brav, associate professor of finance, Duke University; Wei Jiang, associate professor of business, Columbia University; Frank Partnoy, law professor at University of San Diego; and Randall Thomas, professor of Law and Business at Vanderbilt University, "Hedge Fund Activism, Corporate Governance and Firm Performance," September 22, 2006, p.4.

2_April Klein, associate professor Stern School of Business, New York University; Emanuel Zur, doctoral student, Stern School of Business, NYU, "Hedge Fund Activism," September 2006, p.3.

3_Howard Silverblatt, analyst at Standard & Poor's, "Standard & Poor's Investment Services, S&P 500 Industrial (old) cash and Equivalents Levels," 2006.

10장

1_Julie Jargon, "Big Mac Faces Fund Attack; Agitator's Plan Draws Hedge Funds into McDonald's Stock," Crain's Chicago Business, November 21, 2005.

2_"Big Shareholder Says Satisfied with McDonald's Changes," AFX Asia, January 26, 2006.

3_Business Wire, "Director Voting Results Certified in Heinz Proxy Contest," September 15, 2006.

4_April Klein, associate professor Stern School of Business, New York University; Emanuel

Zur, doctoral student, Stern School of Business, NYU, "Hedge Fund Activism," September 2006, p.15.

5_Id.

6_David Haarmeyer, "Active Investors Can Go Where Others Fear to Tread," Financial Times, August 22, 2006.

7_Business Roundtable, "SEC Response to AFSCME v. AIG Decision," September 29, 2006, p.2.

8_Phineas Lambert, "Icahn Attacks Time Warner Board," The Deal, October 12, 2005.

9_David Lieberman, "Icahn Ends Threat to Fight for Time Warner Control," USA Today, February 20, 2006.

10_Chris Young, "General Motors—"Know When to Fold 'Em?" ISS M&A Insight Note, December 1, 2006.

11_Rachel Beck, "ALL BUSINESS: Motorola's Defeat of Investor Icahn Considered Blueprint for Proxy Fights," (Associated Press, June 5, 2007)

12_Id.

13_Id.

14_"Wagoner Fends off Kerkorian, Ghosn," Automotive News, January 1, 2007.

15_"Analysts Divided about Kerkorian's Impact on GM: Buyouts Began after Kerkorian Bought Stock," Bufffalo News, December 4, 2006.

16_Chris Young, "General Motors, "Darkening Clouds," ISS, October 10, 2006.

17_Id.

11장

1_David Morrill, "Novartis Raises Chiron Bid," Oakland Tribune, April 4, 2006.

2_Michael Liedtke, "Providian Shareholders Approve Sale to Washington Mutual," Associated Press Newswires, August 31, 2005.

3_"BofA to Pay Millions to Retain MBNA Executives after Merger," Associated Press, September 20, 2005.

4_Id.

5_Steven J. Spencer, Special Counsel Business Transactions, Young J. Woo, Associate, Business Transactions, "Considerations for 'Just Vote No' Campaigns," Schulte Roth & Zabel, Fall 2006, p.1.

6_"MONY Trims Golden Parachute, Boosts Dividend in Bid to Win over Shareholders," Best's Insurance News, February 23, 2004.

7_New York University law professor Marcel Kahn and University of Pennsylvania School of Law professor Edward Rock, "Hedge Funds in Corporate Governance and Corporate Control," 2006, p.38.

8_Id.

9_Id.

10_"Shareholders Kill Steel Merger Plan," Nikkei Weekly, February 26, 2007.

11_Andrew Morse and Sebastian Moffett, "A Landmark Vote in Japan: Shareholders Just Say No," Wall Street Journal, February 23, 2007.

12_See note 10.

13_Ian Bickerton, "Knight Vinke Backs Down over Consortium's Offer for VNU," Financial Times, May 19, 2006.

14_"Mylan Officially Calls Off $4 Billion Merger with Brand Firm King," Generic Line, March 9, 2005.

12장

1_Andrew Countryman, "Shareholders Renewing 'Just Vote No' Campaigns," Chicago Tribune, February 11, 2005.

2_Harry R. Webber, "Home Depot to Allow More Questions at Future Annual Meetings," Associated Press, June 1, 2006.

3_Jonathan R. Laing, "Insiders, Look Out!" Barron's, February 19, 2007.

4_Jenny Strasburg, "Safeway CEO Burd Survives Vote/Campaign to Strip Him of Chairman Role Falls Short," San Francisco Chronicle, May 21, 2004.

5_"Safeway Inc," ISS Proxy Analysis, May 2004, p.12.

6_Id.

7_Id.

8_Id.

9_Id.

10_James F. Peltz, "Investors Lose Bid to Oust Safeway Chief; Steven Burd retains his board sear, but 17% of votes are withheld in a move led by CalPERS," Times Staff Writer, May 21, 2004.

행동주의 투자 전략

11_Jim Wasserman, "Activist Blames Ceos, Governor/California Labor Leader Lost Top Job at Pension Fund," Houston Chronicle, December 30, 2004.

12_See note 5.

13_Dale Kasler, "Safeway Chairman Beats Back Shareholder Revolt," Sacramento Bee, May 21, 2004.

14_PR Newswire, "JANA Partners Announces Material Withhold Votes at Houston Exploration as a Message to the Board," PR Newswires, April 28, 2006.

13장

1_"Scorecard of Key 2006 Shareholder Proposals Voted On," Institutional Shareholder Services, 2006, www.issproxy.com/proxyseasonreview/2006/index.jsp.

2_Id.

3_"Board Practices/Board Pay—2007 Edition," Institutional Shareholder Services, 2007, p.12.

4_Id.

5_"2006 Post Season Report, Spotlight on Executive Pay and Board Accountability," www.issproxy.com/pdf/2006PostSeasonReportFINAL.pdf), Institutional Shareholder Services, 2006, p.3.

6_Id., p.27.

7_Id., p.4.

8_Id., p.27.

9_"US Corporate Governance Core Principles and Guildelines," www.calpers—governance.org/principles/domestic/us/page05.asp#, p.5.

10_See note 5, p.22.

11_See note 5, p.22.

12_Elizabeth Amon, "Majority Rules; Corporate Governance," Corporate Counsel, July 1, 2006.

13_Robert Profusek, "Majority Voting for Directors," Mondaq Business Briefing, November 1, 2006.

14_Id.

15_See note 5, p.2.

16_Id.

17_Id.

18_Id.

19_Id

20_Press Release, "CalPERS to Seak Majority Vote for Corporate Directors—Pension Fund to Use Public Company Accounting Oversight Board Auditor Independence Proposals as Guidelines for Proxy Votes," CalPERS, March 14, 2005.

21_"Corporate Governance Annual Report 2006," www.sbafla.com/pdf/governance/Corp-GovReport.pdf), The State Board of Administration of Florida, 2006, pp.58–59.

22_2005 Post Season Report, Corporate Governance at a Crossroads," www.issproxy.com/pdf/2005PostSeasonReportFINAL.pdf, Institutional Shareholder Services, 2005, p.10.

14장

1_"CalPERS Approves $275 million investment to Relational Investors LLC," CalPERS press release, May 19, 1998.

2_Deborah Yao, "Pressured Sovereign Bank Chief Quits," Associated Press, October 12, 2006.

3_Christopher Palmeri, "Meet the Friendly Corporate Raiders; When Relational Investors buys in, the Board Often Takes Its Advice without a Fight," Business Week, September 20, 2004.

4_Id.

5_Id.

6_"California Public Employees' Retirement System Hybrid Investment Monitoring Report," CalPERS, second quarter 2006, p.41; Relational AUM, "About Us,"www.rillc.com/about.htm.

7_Jonathan R. Laing, "Insiders Look Out!" Barron's February 19, 2007, p.27.

8_Id.

9_Press release, "CalPERS approves $275 Million Investment to Relational Investors LLC," May 19, 1998.

10_Id.

11_Mathew Miller, "The Rise of Ron Burkle; He Built A Fortune Betting on Out–of–Favor Assets—Including U.S. Democrats. Now It's Time to Cash In," Forbes, December 11, 2006.

12_Id.

13_Id.

14_Press release, "New European Venture Gets CalPERS Backing," CalPERS, October 3, 2006.

15_Id.

16_"California Public Employees' Retirement System Hybrid Investment Monitoring Report," CalPERS, second quarter 2006, p.42.

17_Id., p.43.

18_Id.

19_Id., p.45.

20_Id.

21_"California Public Employees' Retirement System Hybrid Investment Monitoring Report," CalPERS, first quarter 2007, p.80.

22_"California Public Employees' Retirement System Hybrid Investment Monitoring Report," CalPERS, second quarter 2006, p.50.

23_Lynnley Browning, "From Ethics Overseer to Hedge Fund Boss," New York Times, January 19, 2007.

15장

1_Reuters, "Polymer Group Making Dominion Textile Bid," Octover 27, 1997.

2_Id.

3_Konrad Yakabuski, "Higher Offer Ends Battle over Domtex Polymer Wants Non-Woven Fabric Business; Other Units Likely to Be Sold," Globe and Mail, November 18, 1997.

4_Sheila McGovern, "Hudson's Bay Board Says Yes to Zucke: U.S. Businessman Increases Bid. He'll Pay $15.25 a Share for Canada's Largest Retailer, Oldest Corporation," Montreal Gazette: Financial Post contributed to the report, January 27, 2006.

16장

1_Peter Thallarsen, "Willamette Accepts Rival's Dollar 6bn Bid," Financial Times, January 22, 2002.

2_Press Release, "Lone Star Confirms Results from Annual Shareholder's Meeting," July 20, 2001.

3_Jerry Hirsch, "California Timing of Farmer Bros. Meeting 'Bizarre' Some Dissidents Suspect December 26 Shareholders Meeting Is a Move to Defeat Efforts to Elect Independent Directors, Increase Disclosure," December 9, 2002.

4_Mark Harrington, "CA Gets SEC Support," June 27, 2006.

5_Erick Jackson, "Finalized Plan B Sent to Yahoo! Today," Breakout Performance, February 23, 2007, http://breakoutperformance.blogspot.com/2007/02/finalized-plan-b-sent-to-yahoo-today.html.

17장

1_Luisa Beltran, "Newcastle, Steel Chase Fox & Hound," The Deal.com, February 1, 2006.

2_Id.

3_"Shareholders Approve $110 Million Deal to Take Hutchinson Bus Maker Private," Kansas City Star, October 31, 2006.

4_Amos Maki, "ServiceMaster Studies Sale—Company Says relocation to Memphis Will Proceed," Commercial Appeal, November 29, 2006.

5_Laura Santini, "A Firm Activist Lichtenstein Wins Big in South Korea," Wall Street Journal, August 10, 2006, p.C1.

6_Micheline Maynard, "Kerkorian Offers $4.5 Billion for Chrysler," New York Times, April 6, 2007.

7_"Seitel, Inc. Completes Merger with ValueAct Capital," Reuters Significant Developments, February 14, 2007.

8_"Bulldog Drops Bid for Hector," AFX Asia, June 29, 2006.

9_"Hector Communications Agrees to $147M Buyout," St. Paul Pioneer Press, June 28, 2006.

10_Ian Austen, "Bid for Canada Hotel Firm Surpasses Icahn's," New York Times, February 1, 2006.

11_Id.

12_John D. Stoll, Neal E. Boudette, Gregory Zuckerman, "Icahn Offers $2.75 billion for Lear," Wall Street Journal, February 6, 2007.

13_Riva Atlas, "The Lone Raider Rides Again (corporate takeover specialist Carl Icahn) (includes related article on Icahn's financial advisers," Institutional Investor, June 1, 1997.

14_Deepak Gopinath, "Inside Icahn's Empire," Bloomberg Markets, May 2006, p.34.

15_Id., p.38.

16_David Shabelman, "Acxiom Awaits ValueAct Offer," TheDeal.com, July 13, 2005.

17_"RC2 to buy FirstYears, Playing Mantis," Reuters News, June 4, 2004.

18_Ryushiro Kodaira, "Did Steel Partners Really Want Myojo Foods?" Nikkei Weekly, November 20, 2006.

19_Id.

20_Edwina Gibbs, "U.S. Fund Fails in Hostile Bid for Japan's Sotoh," Reuters News, February 24, 2004.

21_Claire Poole, "Acxiom Rejects ValueAct Offer," TheDeal.com, December 20, 2005.

22_David Shabelman, "ValueAct, Acxiom Find Calm," TheDeal.com, August 7, 2006

23_Peter Moreira, "ValueAct and Silver Lake take Acxiom Private," The Daily Deal, May 17, 2007.

24_Ron Orol, "Truth or Dare," The Deal, April 15, 2005.

25_Geraldine Fabrikant, "Big Returns, Minus the Pleasantries," The New York Times, February 17, 2002.

26_Id.

27_Susan Chandler, "AutoNation Plan No Lemon for Lampert: Hedge Fund to Reap Millions in Buyback," Chicago Tribune, March 8, 2006.

18장

1_James Altucher, "Lessons from a Few Bruising Battles," Financial Times, February 21, 2006.

19장

1_Jonathan Berke, "Icahn Charts Course for XO," The Daily Deal, January 17, 2003.

2_Marie Beaudette, "Vulture' Funds Say They Serve a Purpose: Bankruptcies Prevented," Dow Jones, December 20, 2006.

20장

1_Ivar Simensen, "FT.com Site: Atticus's D Borse Stake Nears 9%," Financial Times, January 4, 2007.

2_Claire Poole, "Blunt Object," The Deal, August 4, 2006.

3_Jo Wrighton, "Night, Knight," Institutional Investor, February 8, 2007.

4_Associated Press, "Intrawest Stockholders Approve $1.8 Billion Takeover Offer," October 17, 2006.

5_David Lanchner and Guthrie McTigue, "Shareholders Who Scare the#@*% out of Companies," Global Finance, February 1, 1998.

6_"Guy Wyser-Pratte Active in France for Ten Years," Le Figaro, April 7, 2000.

7_"German IWKA Sells Packing Machines Unit for 255 Mln Euro," German News Digest, March 28, 2007.

8_Christiaan Hetzner, "IWKA Chief Executive Quits Amid Power Struggle," Reuters News, June 3, 2005.

9_Christiaan Hetzner, "Germany's IWKA Sees Bleak Outlook Ahead for 2006," Reuters, November 9, 2005.

10_"IWKA Sale of Packaging Seen in 6 Months—Source," Reuters News, October 19, 2006.

11_Les Echos, "Guy Wyser-Pratte Takes Summary Action against Prosodie," November 29, 2006.

12_Alex Armitage, "BT Ends Prosodie Offer after Bernard Accepts Apax Bid," Bloomberg News, October 31, 2006.

13_David Ibison, "Funds Call for Volvo Rethink on Cash Pile Activism," Financial Times, September 6, 2006.

14_"Interview: Cevian Mulls Activist Tie-ups to Pile Pressure on Scandinavian Firms," AFX International Focus, November 10, 2006.

15_"RPT-Update 3-Volve to buy Ingersoll-Rand Road Unit for $1.3 bln," Reuters News, February 27, 2007.

16_"Analyst: 'Friendly' Shareholder Activists Gaining Influence," Nikkei Report, July 25, 2006.

17_Chris Leahy, "Japan's Just-in-Time Corporate Overhaul," Euromoney, May 1, 2004.

18_Edwina Gibbs, "U.S. fund fails in hostile bid for Japan's Sotoh," (Reuters News, February 24, 2004)

19_"Nissin Completes Myojo Bid, Raises Stake to 86 Pct," Reuters News, December 14, 2006.

20_Id.

21_Id.

22_"Fallen Murakami Fund to Liquidate," Nikkei Weekly, November 13, 2006.

23_Kenji Hall, "High Season for Raiding: Yoshiaki Murakami Is Showing How Japan's Economic Recovery and Deregulations Are Turning Stodgy Companies into Gold Mines," Business Week, November 14, 2005.

24_"Murakami Fund Asks Court to Handle Row over Matsuzakaya Share Sale," Kyodo News, August 24, 2006.

25_See note 23.

26_Id.

27_Wikipedia, http://en.wikipedia.org/wiki/Chaebol.

28_William Sim, "Icahn Nominees Win Right to Vie for KT&G Board Seats," Bloomberg, February 14, 2006.

29_William Sim, "KT&G Says It Will Seek Proxy Votes From Shareholders," February 17, 2006.

30_Christopher Faille, Financial Correspondent, "KT&G Fight: Charges and Alliances Over Weekend," HedgeWorld News, March 13, 2006.

31_William Sim, "KT&G Rejects Icahn's Demand to Vie for 3 Board Seats," Bloomberg, February 16, 2006.

32_Id.

33_William Sim, "KT&G's Shares Rise on Bid From Icahn, Lichtenstein," Bloomberg, February 24, 2006.

34_William Sim and Young-Sam Cho, "Icahn Loses KT&G Ruling, Undermining Asset Sale Purchase," Bloomberg, March 14, 2006.

35_Christopher Faille, Financial Correspondent, "KT&G Fight: Charges and Alliances Over Weekend," HedgeWorld News, March 13, 2006.

36_Sangim Han, "Franklin Mutual Denies Report It Will Support KT&G (Update1)," Bloomberg, February 22, 2006.

37_"KT&G Will Return $2.9 Billion to Shareholders," Korea Times, August 10, 2006.

38_William Sim, "KT&G Accepts Icahn's Demand to Sell Stake in Retailer," April 19, 2006.

39_Wohn Dong-hee, Sohn Hae-yong, "Icahn Turns $111 Million Profit with KT&G Stock Sale," Joins.com, December 6, 2006.

40_Laura Santini, "Activism Grows in Asia, Minority Holders Gain Stature at Korea's Gravity," Wall Street Journal, January 8, 2007.

41_Id.

42_Id.

43_"S. Korea Gravity says Shareholders Back Management," Reuters News, December 26, 2006.

44_Jon Springer, "Metro to Buy A&P Canada," Supermarket News, July 25, 2005.

45_John Partridge, "Dissidents Push for Creo Coup; Canadian and U.S. Shareholders Seek to Force Ouster of Directors and CEO," Globe and Mail, October 13, 2004.

46_Craig Wong, "Creo Rebels Welcome Kodak Takeover," February 1, 2005.

47_Wojtek Dabrowski, "Burton Wins Proxy Fight, Takes Helm at Cenveo: Looking to Cut Costs," Financial Post, September 12, 2005.

48_"Molson-Coors Merger Approved by Quebec Court," CanWest News Service, February 3, 2005.

49_"Activist Shareholders," National Post, July 1, 2006.

50_Mark Evans, "Can Irate MTS Investors Derail Allstream Plan?: Some Say It's a Bad Deal: Analyst Surprised Merger Not Going Before Shareholders," Financial Post, March 20, 2004.

51_Oliver Biggadike and Cherian Thomas, "India Gain Looms on Debt Grade; AROUND THE MARKETS BUSINESS ASIA" Bloomberg News, February 1, 2007.

21장

1_"The Boesky Name Lives on in Post-Gordon Gekko Era," South China Morning Post, August 28, 2005.

2_Richard Orange, "A "Year in Exile, but Still in the Game," The Spectator, November 11, 2006.

3_Neil Buckley, Daniel Dombey, and Holly Yeager, "Senators Press Bush over Hedge Fund Chief Russia Ban," Financial Times, July 6, 2006.

4_Tom Miles, "Putin says Doesn't Know Why Russia Barred Browder," Reuters News, July 16, 2006.

5_Russia Clears Mystery Winners of Yukos auctions," Reuters News, May 28, 2007.

6_"Oil & Gas Holdings, Government Approves List of Nominees to Gazprom Board," SKRIN Newswire, February 2, 2007.

7_Id.

8_Hermitage Capital Management, "Case Study: Surguteftegas," February 2006, pp.47, 48.

9_Id., p.48.

10_Id.

11_Id., p.52.

12_Id., p.49.

13_Hermitage Capital Management, "Fund Prices: History for the Period from September 30, 1997 to December 29, 2006," January, 2007.

14_"In Brief—HK Link in Theft of War Victims' Cash," South China Morning Post, October 15, 2000.

22장

1_Alon Brav, associate professor of finance, Duke University; Wei Jiang, associate professor of business, Columbia University; Frank Partnoy, law professor at University of San Diego; and Randall Thomas, professor of Law and Business at Vanderbilt University, "Hedge Fund Activism, Corporate Governance and Firm Performance," September 22, 2006, p.2.

2_JeAnnine DeFoe, "Buffett Criticizes Aegis Deal," Bloomberg News, March 15, 2001.

3_Patrick Hosking, "The Pinball Wizard Who Moved Up to Magic on the Stock Market; The Tao of Warren Buffett," The Times, February 26, 2007.

4_"Hollinger International Inc.: $3.5 Million to Settle suit in Ouster of Black," Bloomberg News, May 25, 2006.

5_Id.

6_Joan Crockatt, "Because He Got Under America's Skin; Conrad Black Exudes and Aristocratic Pride That Has Blinded U.S. Prosecutors to Their Prejudice, Says Joan Crockatt— And It's the 'Little Guys' Who will Pay," Globe and Mail, March 17, 2007.

7_Jake Batsell, "Cutter & Buck Settles 2 Shareholder Lawsuits," Seattle Times, June 17, 2003.

8_Id.

9_"New Wave Buys Cutter & Buck," Women's Wear Daily, April 16, 2007.

10_"Alliance to Buy Private Label Credit Portfolio," Reuters News, April 27, 2005.

11_Associated Press, "InfoUSA to Buy Opinion Research," August 4, 2006.

12_Cannell Capital LLC and Phillip Goldstein v. Opinion Research Corp., InfoUSA Inc.,

John F. Short, Frank J. Quirk, Dale J. Florio, John J. Gavin, Brian J. Geiger, Stephen A. Greyser, Steven F. Ladin, Robert D. LeBlanc, Seth J. Lehr, LLR Equity Partners L.P., and LLR Equity Partners Parallel L.P., Civil Action No. 895-N, (De. Ch. December 18, 2006), p.6.

13_Id., p.7.

14_Id., p.9.

15_Id., p.10, 11.

16_Id., p.16.

17_Id., p.16.

18_Id., p.16.

19_Eli Rabinowich, "Going Out on Top: Walter & Edwin Schloss," The Bottom Line, April 17, 2003.

20_Id.

21_Id.

행동주의 투자 전략

로널드 D. 오롤Ronald D. Orol은 워싱턴에서 활동하는 다우존스 마켓워치 소속의 금융기자이며, 증권, 헤지펀드, 금융업 규제를 비롯해 미 의회 등의 주제에 대해 취재한다. 오롤은 마켓워치 이전에는 금융지 더딜과 M&A 시장을 집중적으로 다루는 더데일리딜The Daily Deal에서 시니어라이터로 활동했다. 오롤은 더딜에서 헤지펀드 산업을 다루면서 주주행동주의투자자, 기업, 워싱턴 규제당국 사이의 상호작용에 집중했다. 또한 오롤은 BBC월드 텔레비전, CNBC, CTV, 내셔널퍼블릭라디오의 해설자이자, 유명한 헤지펀드 저널리스트로서 헤지펀드와 워싱턴 규제당국에 대한 전문가 회의를 조직하고 조정한다.

오롤은 더딜에 합류하기 전, 워싱턴 다우존스뉴스와이어에서 주주행동주의 헤지펀드와 M&A를 다루었다. 또한 그는 뉴욕의 포브스닷컴Forbes.com, 그리고 프로비던스저널Providence Journal을 비롯한 몇몇 신문사의 워싱턴 통신원으로서 헤지펀드 산업과 금융 이슈를 다루었다. 2001년, 오롤은 워싱턴 포천매거진의 명망 높은 금융기자 제프리 번바움Jefferey Birnbaum의 밑에서 인턴을 했다. 오롤은 워싱턴으로 옮기기 전, 체코의 프라하포스트에서 3년간 비즈니스 및 기술 전문 기자로 활동하며 이머징마켓을 다루었다. 또한 오롤은 프라하포스트에 있는 동안 사우샘뉴스와이어서비스Southam News Wire Services, 몬트리올가제트 Montreal Gazette, 토론토스타Toronto Star, 오타와시티즌Ottawa Citizen 소속으로 동유럽 민영화와 정치 변화를 취재했다.

여기서 그는 주주행동주의자들이 이전에 손이 닿지 않았던 글로벌 시장에서 어떻게 활동하는지 이해하게 해준 소련 해체 후의 동유럽 금융시스템에 대한 전문성을 키웠다. 수년 동안, 오롤은 수십 개 나라, 수백 명의 헤지펀드 매니저들을 인터뷰했다. 오롤은 미국 수십 개 도시와 모스크바, 런던, 토론토 등 전 세계 다양한 도시들에 방문하여 주주행동주의의 전선에서 활동하는 주주행동주의 매니저들과의 만남을 통해 형성한 글로벌 헤지펀드 네트워크를 활용했다. 그는 칼 아이칸, 랠프 위트워스, 가이 와이저-프랫을 포함한 많은 유명 헤지펀드 매니저들을 인터뷰했다.

오롤은 우수한 성적으로 보스턴 대학교Boston University에서 경영 및 경제 저널리즘 석사학위를 받았으며, 우등으로 오타와의 칼턴 대학교Carleton University에서 저널리즘으로 학사학위를 받았다. 그는 결혼해서 워싱턴 D.C.에 거주하고 있다.

행동주의 투자 전략

| 역자 후기 |

이 책은 저자의 광범위한 데이터베이스와 인터뷰들을 기반으로 주주행동주의자들의 과거와 현재, 미래 그리고 그들을 둘러싸고 있는 각종 투자 환경들에 대해서 심도 있게 묘사하고 있다. 주주행동주의투자는 저자의 예상대로 이미 전 세계 금융시장에서 광범위하게 진행되고 있으며, 이 책에서 언급된 여러 주주행동주의 투자자들 역시 세계 금융시장의 거물로 성장했다.

주주행동주의 투자 철학은 '주주'가 결국 기업의 최종적인 주인이라는 가장 기본적인 논리에 기반을 둔 것이다. 한 기업의 모든 이해관계자들 중에서도 기업의 실적 및 성과에 따라 최종적인 자산의 가치가 좌우되는 이해관계자는 결국 주주이기 때문이다.

한국시장에서 적극적인 주주행동주의 투자를 실행하고 기업에 변화를 요구하는 과정은 각종 고충을 동반할 것으로 예상된다. 우선 경영과 소유가 분리된 서구의 기업 구조와는 달리, 아시아 및 국내 기업들은 사주社主가 경영에 직접 참여하는 경우가 많아 외부 의견이 결정 과정에서 검토되는 경우는 제한적이다. 또한 단기매매에 치중하는 국내 개인투자자들과 보수적인 기관투자자들을 감안하면 적극적인 의결권 행사는 사실 기대하기 어렵기 때문이다.

그러나 국내 주주행동주의 투자자들에게 긍정적인 신호 역시 존재한다. 한국시장은 타 선진 국가들보다 주주권익보호를 위한 제도적인 장치들이 준비되어 있다. 이미 국민연금을 비롯 대형 투자기관들이 주주의 이익에 배치되는 의안들에 대해 반대표를 행사하기 시작했다. 또한 단기매매 관점의 주식 투자가 펀드 및 퇴직연금의 형태로 변화하고 있어 국내 기관투자자들의 의결권이 증가하고 있다. 마지막으로 외국인 투자 비중이 점차 확대되면서 적극적인 의결권 행사 계층은 지속적으로 확대될 것으로 전망하기 때문이다.

주주행동주의 투자자들에게 금융시장의 국제적인 장벽은 이미 사라졌으며, 자본의 국적도 정치적 사안(특정 산업 및 국가)이 연결되어 있지 않는 한 글로벌 시장에서 더이상 논란거리가 되지 않는다. 한국시장에서도 이미 KT&G와 SK에 대한 해외 투자자들의 주주행동주의 캠페인이 진행된 바 있다. 다양한 경험을 쌓을 수 있다면 글로벌 금융시장에서 가치투자에 기반을 둔 주주행동주의 철학을 펼치는 한국 투자기관의 탄생도 충분히 가능하다고 믿는다.

2014년 10월

공태현

행동주의 투자 전략

행동주의 투자 전략

행동주의 투자 전략

초판 인쇄   2014년 9월 26일
초판 발행   2014년 10월 2일

지은이   로널드 D. 오롤
옮긴이   공태현
펴낸이   김승욱
편집   김승관 한지완
디자인   이효진 이정민
마케팅   방미연 이지현 함유지
온라인마케팅 김희숙 김상만 한수진 이천희
제작   강신은 김동욱 임현식

펴낸곳   이콘출판(주)
출판등록   2003년 3월 12일 제406-2003-059호

주소   413-120 경기도 파주시 회동길 216 2층
전자우편   book@econbook.com
전화   031-955-7979
팩스   031-955-8855

ISBN | 978-89-97453-27-6   03320

이 도서의 국립중앙도서관 출판시도서목록(CIP)은 e-CIP 홈페이지(http://www.
nl.go.kr/ecip)와 국가자료공동목록시스템(http://www.nl.go.kr/kolisnet)에서 이용하
실 수 있습니다. (CIP제어번호: CIP2014027596)